ÜST DÜNYALARI EDİNMEK

"Bana kalbinde iğne ucu kadar yer aç, sana dünyaları ifşa edeceğim"

Michael Laitman

ISBN: 978-1-77228-077-7
© Laitman Kabbalah Publishers

YAZAR : **Kabalist Dr. Michael Laitman**
ÇEVİRİ: Laitman Kabbalah Publishers

www.kabala.info.tr

Kapak: Laitman Kabbalah Publishers
Basım Tarihi: 2023

İçindekiler

Giriş	7
Yazılanları Nasıl Okumalı	8
Yaradan'ı Algılamak	11
Kalbin Penceresi	15
Mantık Ötesi İnanç	20
Manevi Yol	27
Yaradan'ın İlahi Takdiri	30
Yaradan'ın Yönetiminin Farkına Varmak	34
Yemek Sofrası	36
Sahne 1	36
Sahne 2	39
Kişisel Menfaatleri Etkisiz Kılmak	55
Kabala Rehberin Olsun	60
Kabala Çalışmanın Amacı	62
Manevi İlerleyiş	65
İnanç: Yaradan'ın Tekliğine İnanmak	68
Algılarımız	72
Maneviyatın Yapısı	74
Sahte Zevkler	79
Yardım İçin Talep	80
Kabalist Baruh Aşlag'ın Anısına	83

İçsel Hareket ve Gelişim	89
Özgecil Zevklere Doğru İlerlemek	96
Egoizmi Yok Etmek	109
Yaradan'ı Arayış	122
Kabala'nın Yolu	129
Haz Alma Arzusu	136
İfşa ve Gizlilik	143
Egoizmi Özgeciliğe Çevirmek	158
Aşamalı Manevi Islah	165
İçsel Nitelikler ve Dışsal Etkenler	176
Manevi Basamaklar	181
Dört Temel Bakış	184
Yaradan'la Bütünleşmek	190
Yalnız Kalamayan fakat Her Güce Sahip Sihirbaz: Büyükler İçin Bir Masal	205
Manevi Seviyeler	214
Yaradan'a Dönüş	225
Manevi Yol	240
Egoizmin Islahı	254
Manevi Niteliklere Özlem Duymak	265
Manevi Gelişim	282
Manevi Çalışma	303
Güven ve İnanç	314

Michael Laitman — Üst Dünyaları Edinmek

Yaradan'a Boyun Eğme Süreci	318
Manevi Dünyayı İdrak Etmek	326
Daha Üst Manevi Seviyeleri Anlamak	329
Islahın Aşamaları	333
İnanç Egoizmi Islah Etmenin Tek Çaresidir	336
Islahı Getiren Işık	339
Kendim İçin Değil	347
"Lişma"yı (O'nun adına yapmak) Edinmek	351
Doğamızın Dönüşümü	357
Yaradan Korkusu	361
Özgecilik Tohumu	366
Yaradan'ın Tekliğini Algılama Savaşı	370
İhsan Etmek İçin Almak	377
Istırap Mutlak İyilik Olarak Gönderilir	383
Kötü Eğilim	390
Üç Çizgi Üzerinde Çalışmak	395
Gerçek Doğamızı Anlamak	403
Manevi Alıntılar	411

Üst Dünyaları Edinmek   Michael Laitman

Mutlak özgecilik ve sevgi gibi manevi niteliklerin özünü algılamak, insanoğlunun anlayışının ötesindedir. Böyle hislerin varlığını bile anlamak algımızın çok ötesindedir; bizlerin bir çeşit kişisel menfaat sunmayan herhangi bir eylemi gerçekleştirmemiz için bir teşvike ihtiyacımız var gibi görünüyor. Bu nedenden dolayı özgecilik gibi bir nitelik bize sadece Yukarıdan verilebilir ve sadece bu niteliği deneyimleyenler onu anlayabilir.

Dr. Michael Laitman

Michael Laitman

Giriş

Çok bilinen bir soruyu kalbinizle dinlerseniz, eminim Kabala çalışma üzerine olan tüm endişeleriniz bir iz bile bırakmadan kaybolacaktır. Bu soru dünyada doğan herkes tarafından sorulan acı fakat adil bir sorudur: "Hayatımın anlamı nedir?"

Kabalist Yehuda Aşlag, Talmud Eser Sefirot'a Giriş

Öğretmenim, Kabalist Baruh Şalom Halevi Aşlag kullandığı bir çok makale ve notların içinden özellikle bir tanesini hep yanında taşırdı. Bu not defteri, babası Kabalist Yehuda Leib Halevi Aşlag, ile yaptığı sohbetlerin yazılarını ihtiva ediyordu. Kabalist Yehuda Aşlag, Zohar Kitabı'nın 21 ciltlik tefsirinin yazarı ve ayrıca Kabalist Ari'nin Kabala üzerine çalışmalarının ve makalelerinin 6 ciltlik tefsirinin yazarıdır.

1991 yılında yeni yılın ilk günü hocam beni yatağının başına çağırdı ve bana not defterini vererek şöyle dedi: "Bunu al ve ondan öğren". Bir sonraki sabah öğretmenim kollarımda vefat etti; ben ve benim gibi bir çok öğrencisini bu dünyada rehbersiz bırakmıştı.

Bana şöyle derdi: "Sana, benden ziyade Yaradan'a dönmeyi öğretmek istiyorum, çünkü tüm varoluşun tek gücü, tek Kaynağı, sana yardım edebilecek bir Tek O var ve O senin yardım dualarını beklemektedir. Bu dünyanın bağından özgür kalma arayışında yardım istediğinde, kendini bu dünyanın üzerine yükseltirken ve kendini bulmakta yardıma ihtiyaç duyduğunda, Yaradan'a dönmelisin, zira seni Kendisine dönmeye zorlamak için tüm bu arzuları yollayan O'dur."

Bnei Baruch Eğitim ve Araştırma Enstitüsü

Üst Dünyaları Edinmek

Michael Laitman

Bu kitapta öğretmenimin not defterinden fikirleri toparlamaya çalıştım. Burada yazılanları tamamıyla açıklamak mümkün değil zira her birimiz o anki algımızın limitleri dahilinde okuduğumuzu anlayabiliriz çünkü her birimiz kişisel ruhlarımızın nitelikleriyle sınırlıyızdır. Dolayısıyla, Yüce Işık'la karşılıklı iletişim sürecinde her birimiz bu fikirleri ruhumuzun algıladığı şekliyle tercüme ederiz.

Kabalist Yehuda Aşlag'ın düşünceleri en büyük oğlu hocam aracılığıyla bu dünyaya ulaşsın ve bu dünyadaki yaşamlarımızın seyrinde Yaradan'la bütünleşmemizi sağlasın!

Dr. Michael Laitman

Yazılanları Nasıl Okumalı

Bu kitabın gerekliliği öğrencilerimin sorduğu sorulardan, radyo röportajları ve çeşitli seminerlerde sorulan sorulardan ve tüm dünyadan yağmaya devam eden sorulardan ortaya çıktı.

Kabala'nın anlatılmasında ve öğretilmesindeki zorluk manevi dünyanın bu dünyada karşılığının olmamasından kaynaklanıyor. Çalışmamızın amacı net bile olsa, anlaşılırlığı geçicidir. Öğrendiklerimiz manevi parçamızın algılayışıyla netleşir ki bu Yukarıdan sürekli yenilenir.

Dolayısıyla, daha önce anladığımız bir konu sonradan anlaşılmaz hale gelebilir. Ruh halimize ve manevi koşulumuza göre okuduğumuz yazı son derece derin anlamlar taşıyabilir ya da tamamen manasız gelebilir.

Eğer dün çok açıkça anladığınız bir şey bugün tümüyle anlaşılmaz bir hale gelirse umutsuzluğa kapılmayın.

Yazılar anlaşılmaz, garip veya mantıksız gelse bile pes etmeyin. Kabala teorik bilgi edinmek için çalışılmaz, bizden gizlenmiş olanı görmemiz ve algılamamız içindir. Manevi gücü anlayıp edindikten sonra görmeye ve algılamaya başladığımızda sonuç olarak edinilen manevi Işıklar ve seviyeler bize mutlak bilgiyi bağışlar.

Üst Işığı kavrayana ve bize sunduklarını algılayana dek evrenin nasıl inşa edildiğini ve çalıştığını anlayamayız çünkü dünyamızda bu kavramları örnekseyecek bir şey yoktur. Bu yazılar manevi güçleri algılamamızdaki ilk adımlarda bize yardımcı olabilir. Sonraki safhalarda ise ilerleyişimiz sadece bir öğretmenin yardımıyla olabilir.

Bu kitabı alışılagelmiş bir şekilde okumanızı önermem. Daha ziyade, bir paragrafa konsantre olmalı, onu düşünmeli ve bahsedilen konularda yansıma bulan örnekleri anlamaya çalışmalısınız. Ondan sonra da bu konuları kendi kişisel deneyimlerinize uygulayabilirsiniz.

Sabırla, cümlelerin üzerinden tekrar tekrar geçerek ve düşünerek yazarın hislerinin derinliğine girmeye çalışmalısınız. Ayrıca yavaş yavaş okuyup, yazılanların ince ayrıntılarını çıkarmaya çalışın ve gerekirse tekrar her bir cümlenin başına dönün.

Bu yöntem ya yazılara kendi hislerinizle dalmanıza yardımcı olur ya da bir konuyla ilgili hislerinizin eksikliğini fark ettirebilir. Eğer durum hislerin eksikliği ise, manevi açıdan ilerlemek bizim için çok önemli bir önkoşuldur.

Bu kitap hızlı okumak için yazılmamıştır. Kitapta anlatılan tek bir konu, "Yaradan'la nasıl bağ kuracağımız" olsa da, konu farklı yönleriyle ele alınmaktadır. Böylece her birimiz yazılanların derinliğine inmemizi sağlayacak belli bir cümle ya da kelime bulabiliriz.

Yazılarda, egoizmin arzuları ve hareketleri üçüncü kişide tarif edilmektedir, ancak kişisel bilincimizi arzularımızdan ayırabilme noktasına gelene kadar egoizmin arzularını ve tutkularını kendimizinmiş gibi dikkate almalıyız. Kitapta geçen "beden" kelimesi fiziksel gövdemizle ilgili olmayıp, "alma arzumuz" olan egoizmimizden bahsetmektedir.

Bu kitaptan en iyi şekilde faydalanmak için aynı bölümleri farklı zamanlarda farklı ruh hallerinde okumak gerekir. Böylelikle kendimizi aynı yazıya farklı durumlarda verdiğimiz farklı reaksiyon ve yaklaşımlarla daha yakından ilişkilendirebiliriz.

Yazılanlarla aynı fikirde olmamak, aynı fikirde olmak kadar iyidir. Okurken en önemli nokta yazılanlara bir tepki vermektir. Hemfikir olmamak ilk aşamaya (Ahoraym-sırt) gelmektir; bu bizi bir sonraki safhanın (Panim-yüz) algılanmasına hazırlar.

Kesinlikle yavaş, manalı bir şekilde okumak hislerin ya da "kapların" (Kelim) gelişmesini sağlar ve bunlar manevi hislerin edinilmesi için bir gerekliliktir. Kaplar yerlerine oturunca Üst Işık içlerine girebilir. Kelim'in yani kapların oluşmasından önce, Işık sadece etrafımızdadır. Biz hissetmememize rağmen ruhlarımızı sarar.

Bu kitap bilginize bilgi eklemek için yazılmadı. Ezberlemeniz için de yazılmadı. Aslında kendimizi asla yazılanlarla sınamamalıyız. Hatta yazılanları unutmak çok daha iyidir, böylelikle ikinci okumada her şey taze ve tümüyle farklı gelir. Ayrıca daha önce edindiğimiz hislerin içimize sindirilip sonra da kaybolmaları daha önce uyandırılmamış hisler için yer açmaları anlamına gelir. Yeni bir his organının geliştirilmesi süreci maneviyatta, yani ruhlarımızın algılayamadığımız yarısında sürekli yenilenme ve birikimle olur.

Okumamızdaki en önemli olgu, daha sonra değil okuduğumuz anda hissettiklerimizdir. Bu hisler yaşandıktan sonra kalpte ve zihinde ifşa olurlar ve ruhun devam eden gelişim süreci içinde her ihtiyaç duyulan anda ortaya çıkarlar.

Kitabı bitirmek için acele etmektense size cazip gelen kısımlara odaklanmanız tavsiye edilir. Okuduklarınız ancak o zaman size yardımcı olabilir ve kişisel manevi yükseliş arayışınıza rehberlik edebilir. Bu kitabın yazılış sebebi hayatın sırlarına ilgimizi çekmektir: "Neden bu dünyada doğduk?", "Buradan (bu dünyadan) manevi dünyalara girebilir miyiz?", "Yaratılışın amacını anlayabilir miyiz?", "Yaradan'ı, ebediyeti ve ölümsüzlüğü anlayabilir miyiz?", "Nasıl manevi olarak gelişmeye başlayabiliriz?".

Çok bilinen bir soruyu kalbinizle dinlerseniz eminim Kabala çalışma üzerine olan tüm endişeleriniz bir iz bile bırakmadan kaybolacaktır. Bu soru dünyada doğan herkes tarafından sorulan acı fakat adil bir sorudur: "Hayatımın anlamı nedir?"

Kabalist Yehuda Aşlag, Talmud Eser Sefirot'a Giriş

Yaradan'ı Algılamak

Nesiller gelir ve gider ama her nesil ve her kişi hayatın anlamıyla ilgili aynı soruyu sorar. Bu özellikle savaş ve global acılar zamanında ve kişisel hayatımızın bazı noktalarında başımıza gelen talihsizlikler zamanında olur. Bize çok pahalıya mal olan bu hayatın amacı nedir? Felaketlerin olmaması mutluluk olarak sayılmamalı mı?

Talmud'un "Atalarımızın Gelenekleri" bölümünde şöyle yazar: "İradene aykırı doğdun, iradene aykırı yaşıyorsun ve iradene aykırı öleceksin".

Üst Dünyaları Edinmek

Michael Laitman

Her nesil kendine düşen felaketlerden payını almıştır. Aramızda savaş dönemlerini, ekonomik yokluk zamanını ve savaş sonrası belirsizlik dönemlerini geçirmiş insanlar var. Ama görüyorum ki benim neslim acılar ve sıkıntılarla dolu ve kendisini bulamamakta ve yapılandıramamaktadır. Böyle bir ortamda hayatımızın anlamıyla ilgili soru apaçık ortaya çıkar. Bazen hayat sanki ölümden daha zor gibi görünür; dolayısıyla atalarımızın "İradene aykırı yaşıyorsun..." dediklerine şaşırmamak lazım.

Doğa bizi yarattı ve bize verdiği niteliklerle var olmak zorundayız. Sanki yarım akıllı varlıklarmış gibiyiz: Davranışlarımızın içimizde doğuştan var olan karakter ve özelliklerimizin sonucu olduğuna ve buna karşı gelemeyeceğimizi anladığımız dereceye kadar zekiyiz. Eğer doğanın merhametindeysek, bu belirsiz, mantıksız doğanın bizi nereye götürdüğünü tahmin etmek zor.

Doğalarımız tıpkı vahşi hayvanlar gibi içgüdüsel ve kısırdöngü mücadeleleriyle kişiler arasında ve tüm ülkeler arasında çatışmalarla meşgul olmaktan sorumlular. Buna rağmen yine de bilinçaltımızda varlığımızı ilkel hayvanlarla kıyaslamayı kabul edemeyiz.

Ama eğer, bizi Yaradan İlahi bir güç varsa, O'nu neden algılamıyoruz, neden bizden gizleniyor? Eğer bizden ne talep ettiğini bilseydik yaşamlarımızda bu hataları yapmaz ve ıstırap ile cezalandırılmazdık.

Eğer Yaradan insanoğlundan gizlenmiş olmasaydı, açıkça algılanabilseydi ve her birimiz tarafından tek tek görülebilseydi hayat ne kadar kolay olurdu! O zaman O'nun varlığından hiç tereddüt etmezdik. O'nun bizi saran dünya üzerindeki İlahi yönetiminin etkilerini gözlemleyebilir, yaratılışın sebep ve amacını anlayabilir, hareketlerimizin sonuçlarını ve Yaradan'ın bunlara tepkisini açıkça görebilir, tüm problemlerimizi O'nunla karşılıklı diyalog halinde tartışabilir, sorunlarımızdan dolayı O'na şikayette bulunabilir, O'ndan yardım isteyebilir, O'nun korumasını ve tavsiyesini talep edebilir ve neden bize bu şekilde davrandığını açıklamasını isteyebilirdik.

Son olarak, O'ndan gelecekle ilgili tavsiye isteyebilirdik; O'nunla sürekli iletişim içerisinde olur ve O'nun nasihatine göre kendimizi ıslah edebilirdik. Sonuç olarak O mutlu olurdu ve biz de bundan fayda görürdük.

Tıpkı bir çocuğun doğar doğmaz annesinden haberdar olması gibi biz de Yaradan'ın varlığından haberdar olurduk. O'nun bizim davranışlarımıza ve hatta niyetimize olan reaksiyonunu gözlemleyerek hayatı doğru yaşamayı öğrenirdik. Yaradan'ı tıpkı bir annenin yakınlığı kadar yakın algılardık çünkü O'nu yaratılışımızın kaynağı olarak, ebeveynimiz olarak, şimdiki varlığımızın ve gelecekteki tüm yaşamımızın nedeni olarak görürdük.

Eğer yukarıda yazılanlar gerçek olsaydı hükümetlere, okullara, öğretmenlere hiçbir ihtiyaç duymazdık. Tüm milletlerin varoluşu herkese bariz olan ortak sebep için sadece iç içe varoluşa odaklanırdı: Açıkça görülebilen ve algılanabilen Yaradan ile manevi bütünleşme.

Herkesin davranışlarına gayet net olan manevi kurallar, "emirler" rehberlik ederdi. Ve herkes de bu kurallara itaat ederdi, zira etmemek kişinin kendisine zarar vermesi anlamına gelir tıpkı uçurumdan atlamak ya da ateşin içine atlamak gibi olurdu.

Eğer açıkça Yaradan'ı ve İlahi Takdirini algılayabilseydik en zor işleri bile yapmakta güçlük çekmezdik, zira bu işlerden elde edilecek kişisel menfaat açıkça görülürdü.

Üst Dünyaları Edinmek

Michael Laitman

Sanki şu anı ya da geleceği hiç düşünmeden tüm varlığımızı bir yabancıya vermek gibi olurdu.

Bu hiçbir problem teşkil etmezdi, zira Yaradan'ın İlahi Takdirinin farkında olmak kişisel menfaatimiz olmadan hareket etmenin faydalarını görmemizi sağlardı. Bilirdik ki Yaradan'ın sonsuz iyilik ve şefkatinin gücü altındayız.

Kendimizi tümüyle Yaradan'a vermenin, tüm arzu ve düşüncelerimizi hiç gizlemeden O'na teslim etmenin ve O'nun bizden olmamızı istediği gibi olmanın ne kadar doğal olabileceğini (ayrıca şu anki gizli halindeyken bunun ne kadar imkânsız ve doğal olmadığını da) bir düşünelim.

Kendimiz için en ufak bir endişemiz bile olmazdı, kendimizi hiç düşünmezdik. Aslında kendimizi hissetmeyi bile unutur tüm his ve düşüncelerimizi O'na nakleder, O'na yaklaşmaya çalışıp O'nun düşünce ve arzuları doğrultusunda yaşardık.

Tüm bahsettiklerimizden açıkça görüyoruz ki dünyamızda eksik olan tek şey Yaradan'ın algılanmasıdır.

Böyle bir anlayış ve algıyı edinmek hayatımızın yegâne amacı olmalıdır. Bu hedefe ulaşmak için tüm çabamızı ortaya koymalıyız, zira sadece Yaradan'ı algıladığımızda O'ndan yardım alabiliriz. Bu, bizi dünyadaki felaketlerden ve manevi ölümden kurtarabilir ve ancak bu şekilde manevi sonsuzluğu edinerek bu dünyaya geri gelmek zorunda kalmayız.

Yaradan'ı algılayabilmeyi öğrenme yöntemi "Kabala" olarak bilinir. Yaradan'ın algılanmasına "inanç" denir. Bu konudaki genel yanlış, inanca Yaradan'ı görmeden ve algılamadan kafamızı karanlığa gömmek olarak bakılmasıdır. Aslında inanç kelimesinin anlamı bunun tam tersidir. Kabala'ya göre, kişiyi dolduran Yaradan'ın Işığı, Yaradan'la bağ oluşturan Işık, O'nunla bütünleşme hissini

(Or Hasadim-Merhamet Işığı) veren Işık, "İnanç Işığı" ya da kısaca "inanç" olarak bilinir.

İnanç, Yaradan'ın Işığı, bize sonsuzlukla bağ hissini verir. Yaradan'ın anlaşılırlığını, O'nunla mutlak bir iletişim ve buna ek olarak da sarsılmaz bir güvenlik, ölümsüzlük, yücelik ve güç hissini getirir bize.

Açıkça görüyoruz ki bu geçici maddesel varlığımızdan ve ıstırabımızdan (faydasız geçici heveslerin peşinde koşarak çektiğimiz acılardan) kurtulabilmemiz inanç denilen kavramı edinmekle olabilir ki bu şekilde Yaradan'ı algılayabilelim.

Genel olarak, tüm talihsizliklerimizin, yaşamlarımızın geçiciliğinin nedeni sadece Yaradan'ı algılayamayışımızdan kaynaklanmaktadır. Kabala bize öğreterek O'na doğru götürür: "Gel tat ve Yaradan'ın iyi olduğunu gör". Bu kitabın amacı size Yaradan'ı algılama yolundaki ilk adımlarda rehberlik etmektir.

Kalbin Penceresi

Görüyoruz ki dünyanın yaratılışından beri insanoğlu, çoğu zaman ölümden beter olarak tanımlanacak muazzam ıstırap ve acılar çekmiştir. Eğer tüm bu acıların sebebi Yaradan değilse, kimdir?

Tarih boyunca, kaç kişi kendi isteğiyle acılara katlanarak üstün erdemliği ve maneviyatı edinmek için çaba sarf etmiştir? Kaç tanesi bir damla manevi algı ve erdemliğini edinmek, Yaradan'ı anlamak ve O'nun gönüllü hizmetkârı olmak için kendilerini katlanılmaz acılara bıraktılar?

Buna rağmen hayatlarını bir tek karşılık almadan ve gözle görünen hiçbir şey elde etmeden yaşadılar. Tıpkı bu dünyaya geldikleri gibi, hiçbir şey de elde etmeden terk ettiler.

Neden Yaradan onların dualarını görmezlikten geldi? Neden onlara sırtını döndü ve acılarını hor gördü?

Tüm bu insanlar bilinçaltında, Evrenin ve vuku bulan her olayın çok daha yüksek bir gayesi olduğunun farkına vardılar. Bu anlayış kişinin Yaradan'la "birleşme damlası" olarak adlandırılır.

Bencilliğin had safhasında olmalarına ve muazzam acılardan geçmelerine rağmen, Yaradan'ın reddini hissettikten sonra aniden o ânâ dek gerçeğe kapalı olan kalplerinde bir pencerenin açıldığını hissettiler. O ânâ kadar kalpleri kendi arzuları ve acıları dışında bir şey hissedemiyordu. Kalplerindeki bu pencere onlara uzun zamandır özlemle bekledikleri, kalbin yıkılan duvarlarından içeri nüfuz eden, "Yaradan'la birleşme damlası"nı yaşamaya ve hissetmeye değer olduğunu gösterdi. Böylelikle tüm nitelikleri Yaradan'ın niteliklerine benzeyecek şekilde tersine çevrildi.

Ancak o zaman farkına vardılar ki Yaradan'la bütünleşmek sadece acılarının en derin noktasında mümkün oldu. Sadece o zaman Yaradan'ın Tekliğini algılayabildiler, çünkü O'nun varlığı ve O'nunla "birleşmenin damlası" orada mevcuttu. Bu iç anlayışı yaşadıktan sonra, Işık onlara ifşa oldu ve yaralarını sardı.

Tamamen algılarımızdaki ve kavramamızdaki yaralardan, ruhlarına işkence eden korkunç çelişkilerden dolayı Yaradan onları öyle sınırsız bir mutlulukla doldurdu ki daha mükemmel bir şey hayal bile edilemezdi. Bunların hepsi onlara sadece acılarının ve ıstıraplarının, bir değeri olduğunu hissettirmek içindi. Onların nihai mükemmelliği hissetmeleri için gerekliydi bunların hepsi.

Bu koşula ulaştıktan sonra bedenlerindeki her hücre onları bu dünyadaki herkesin hayatlarında sadece bir kez bile olsa,

Yaradan'la bütünleşme hazzını yaşayabilmek için inanılmaz işkenceden geçmeye razı olabileceklerine ikna etti.

Peki o zaman Yaradan neden insanların haykırışlarına karşı sessiz? Bunu açıklamanın tek bir yolu var: İnsanlar Yaradan'ı yüceltmekten ziyade kendi ilerleyişlerini ön planda tutmaktadırlar. Dolayısıyla, gözyaşları boştur ve bu dünyaya geldikleri gibi terk ederler; "hiçbir şey" ile.

Her canlının sonu yok olmaktır ve Yaradan'ı algılayamayan kişiler bu anlamda hayvanlar gibidirler. Öteki taraftan, eğer kişi kendisini Yaradan'ın yüceliğine yöneltirse o zaman Yaradan kendisini o kişiye ifşa eder.

Yaratılışın amacını gerçekleştiren "birleşmenin damlaları", Yaradan'ın yüceliği ve sevgisiyle ilgilenen kişilerin kalplerini doldurur. İlahi kanunun adaletsizliğinden şikayet etmektense kalplerinde Yaradan'ın her şeyi adil bir şekilde yönettiğine ve her şeyi onların iyiliği için yaptığına ikna olanların kalplerini doldurur bu damlalar.

Manevi olan bir şey parçalara bölünemez; bütünü ancak parça parça anlayabiliriz, ta ki tümünü anlayana kadar. Bu nedenden dolayı, manevi yolumuzdaki çabalarımızın başarısı yakarışlarımızın saflığına bağlıdır. Manevi Işık sadece kalbimizin egoizmden arınmış kısımlarına girer.

Objektif olarak varlığımızın doğasına ve etrafımızı saran her şeye bakarsak yaratılışın mucizesini bütünüyle takdir edebiliriz. Yaradan'la direkt iletişim içerisinde olan Kabalistlere göre, O'nun varlığının bizim için çok önemli gizli anlamları vardır. Eğer Yaradan gerçekten varsa ve hayatımızdaki tüm koşulları O düzenliyorsa, o zaman O'nunla olabildiğince yakın iletişim kurmaya çalışmaktan daha mantıklı bir şey olamaz.

Ancak, çok çaba sarf edip bu amacı gerçekten edinirsek, o zaman, Yaradan algılarımızdan gizli olduğu için kendimizi sanki hiçbir destek olmadan havada asılı duruyormuş gibi hissederiz. Zira görmeden, hissetmeden, duymadan ve O'ndan duyusal hiçbir şey almadan tek taraflı bir çalışmayla uğraşıp boşluğa haykırmaktan başka bir şey yapmıyor oluruz.

Peki Yaradan neden bizi kendisini algılayamayacak şekilde yarattı? Ayrıca, bizden neden saklansın ki? Dahası, O'na yalvardığımızda neden bize karşılık vermiyor ve doğanın ve çevremizin arkasına gizlenerek bizi gizli bir şekilde etkilemeyi tercih ediyor?

Eğer bizi ıslah etmeyi arzulasaydı, yani yaratılanlardaki Kendi "hatasını", bunu uzun zaman önce dolaylı ya da dolaysız olarak yapabilirdi. Eğer Kendisini bizlere gösterseydi, O'nu görür ve zekâ ve duyularımızın algıladığı kadarıyla O'nu takdir ederdik. O zaman elbette, güya bizim için yaratılan bu dünyada, nasıl davranmamız gerektiğini bilirdik.

Daha da ötesi, paradoksal olarak, ne kadar çok O'na ulaşmak, O'nu algılamak, O'na yakınlaşmak için çaba sarf etsek bu yöndeki arzumuzun yok olduğunu hissetmeye başlıyoruz. Peki, eğer Yaradan tüm hislerimizi yönlendiriyorsa, neden O'nu algılamak isteyenlerdeki bu çok büyük arzuyu özellikle yok ediyor? Ve sadece bu kadar da değil: Neden önümüze mümkün olabilecek her türlü engeli koymakta?

Yaradan'a yaklaşma çabası içinde olanlarımız genellikle geri çevriliyor. Doğrusu, O'nu arayanlara yıllar süren acılar bile yaşatabilir. Hatta bazen kurtulmamız gerektiği söylenilen gurur ve kibrin daha çok Yaradan'ın karakteri olduğunu bile hissedebiliriz! Madem Yaradan merhametli, özellikle de

O'nu arayanlara karşı, neden haykırış ve göz yaşlarımıza bir karşılık alamıyoruz?

Eğer hayatımızda bir şeyi değiştirebilecek durumdaysak, Yaradan bize özgür seçim hakkı vermiş demektir. Ancak anlamadığımız sebeplerden dolayı, bizlere varlığımız ve manevi gelişimimiz sürecinde eşlik eden ıstıraplardan kaçınmak için yeterli bilgiyi vermemiştir.

Diğer taraftan da, eğer özgür irade yok ise, o zaman yarattığı bu zalim dünyada bizlere manasızca acı çektirmekten daha insafsız ne olabilir? Bu tür şikâyetlerin elbette sonu yoktur. Ve eğer durumumuzdan Yaradan sorumlu ise elbette O'nu eleştirmek ve suçlamak için çok sebebimiz var, bunu da her acı ve ıstırap çekişimizde yapıyoruz zaten.

Yaradan kalbimizdeki her şeyi görür. Herhangi bir şeyden mutsuz olduğumuzda tatminsizlik hissi Yaradan'ı suçlamak olarak da tanımlanabilir, direkt O'na hitap etmiyor hatta Yaradan'ın varlığına hiç inanmıyor olsak bile.

Hepimiz koşullarımız dahilinde nasıl bir inanç takip ediyorsak, inancın ne olduğuna bakmaksızın, haklıyız. Bunun nedeni, o anda gerçek olduğunu hissettiğimiz ve aklımızla analiz ettiğimiz şeyi korumamızdır.

Ancak, geniş hayat tecrübesi olanlarımız bu görüşlerin yıllar içinde ne kadar büyük çapta değiştiğini bilir. Daha önce yanlış ve şimdi haklı olduğumuzu söyleyemeyiz; bugünkü görüşümüzün yarın yanlış olarak kanıtlanabileceğinin de farkında olmalıyız. Dolayısıyla, herhangi bir durumdan çıkardığımız sonuç o durum için doğru olup başka koşullarda çıkardığımız sonuçların tam tersi olabilir.

Aynı şekilde, başka dünyaları ya da onların kanunlarını değerlendiremeyiz, ya da onları bizim dünyamızın kriterlerine göre yargılayamayız. Olağanüstü bir zekâya ya da algıya

sahip değiliz, hatta kendi dünyamızın sınırları dahilinde bile sürekli yanılgıya düşüyoruz. Dolayısıyla, bilinmeyenle ilgili yorum ve sonuç çıkarmamız ve yargılamamız mümkün değildir.

Sadece gerekli doğaüstü algıya sahip olanlarımız Yukarıda ve bize doğal olanın ötesinde var olanlarla ilgili doğru yargıda bulunabilir. Hem bizim özelliklerimize hem de doğaüstü özelliklere sahip kişiler bize doğaüstü şeyleri daha yakından açıklayabilirler. Böyle bir insan Kabalist olarak bilinir – bizim dünyamızdan birisi, her birimizle aynı özelliklerde ve buna ek olarak da Yukarıdan bazı özellikler verilerek Üst Dünyaları bize aktarması sağlanmış birisi.

Bu yüzden Yaradan bazı Kabalistlerin bilgilerini geniş kitlelere açmalarına izin verdi ki diğer insanlar da O'nunla iletişime geçebilsin. Kabalistler manevi dünyaların yapısı ve işleyiş mantığının, bizim dünyamızın kanunlarına karşıt kanunlar üzerine kurulu olduğunu bizlerin de anlayabileceği bir dilde anlatırlar.

Mantık Ötesi İnanç

Bizim dünyamızla kutsal manevi dünyaları ayıran bir sınır yoktur. Ancak manevi dünya özellikleri itibariyle bizim dünyamıza göre bir "anti-dünya"dır ve algılarımızın o kadar üstündedir ki bu dünyada doğduktan sonra geçmiş koşulumuzu tümüyle unuturuz. Doğal olarak da, bu anti-dünya'yı algılamamız onun özünü, mantığını ve niteliklerini edinerek olabilir. Şimdiki doğamızı, buna tamamen zıt bir doğa edinmek üzere nasıl değiştirebiliriz?

Manevi dünyanın temel kanunu iki kelimede özetlenebilir: Mutlak özgecilik (ihsan etmek). Peki bu özelliği nasıl edinebiliriz? Kabalistler kendi içimizde bir değişimden geçmemiz gerektiğini söylerler. Sadece bu iç hareket manevi dünyayı algılamamızı ve eş zamanlı olarak hem manevi dünyayı hem de bu dünyayı yaşayabilmemizi sağlar. Bu iç dönüşüme "mantık ötesi inanç" denir. Manevi dünya "ihsan etme" (özgecilik) özelliğine sahiptir. Manevi dünyadaki hiçbir arzu ve davranış insan mantığı ya da egoizmiyle yönetilemez, orada sadece inanç işler, yani Yaradan hissi.

Eğer mantığımız davranışlarımız için önemli bir araç ise, o zaman kendimizi tümüyle aklımızdan bağımsız kılamayız gibi görünüyor. Fakat, akıl Yaradan'ın gizli bir üslupla önümüze koyduğu koşullardan sıyrılmaya imkân tanıyamayacağından engelleri aşmamızda bize pek yardımcı olamayacaktır. Bunun yerine, başımıza gelen olaylara mantıklı cevaplar bulamadan hiç desteksiz havada asılı kalacağız. Dünyamızda sadece aklımız bize rehberlik eder. Yaptığımız her şeyde mantık, yani sadece egomuz, "makul" bir hesaplama yaparak arzu ve davranışlarımızın temelini oluşturur.

Mantığımız ne kadar haz beklentimiz olduğunu ve bu hazzı edinmek için harcayacağımız çabayı (yani ıstırabı) eşleştirerek hesap yapar. Sonra maliyeti değerlendirebilmek için birini diğerinden çıkarırız ve sonra bu arzuya doğru mu çaba harcayacağız yoksa sakin sakin oturacak mıyız, karar veririz. Bizi saran çevremize karşı bu mantıklı yaklaşıma "mantık dahilinde inanç" denir. Bu durumda mantık ne kadar inanç sarf edeceğimizi (feda edebileceğimizi) tayin eder.

Çoğu zaman faydanın ya da harcanan çabanın hesabını hiç yapmadan hareket ederiz, tıpkı radikallerin ya da koşullandırılmış davranışların durumunda olduğu gibi. Bu tür "kör" davranışlar "mantıksız inanç" olarak adlandırılır, çünkü bu bir hesaplama yapmaktansa başkasının vermiş olduğu kararı körü körüne uygulamaktır.

Bunun yanı sıra, davranışlarımız yetiştiriliş tarzından dolayı öyle bir boyuta kadar ikinci doğamız olmuştur ki sırf bu alışkanlığın gücünün sebep olduğu mekanik davranışlardan kurtulmak için büyük çaba harcamamız gerekir.

Bu dünyanın kurallarına göre yaşamaktan manevi dünyanın kurallarını yaşamaya geçebilmek için bazı koşullar gerekmektedir. İlk olarak, mantığın hiç bir açıklamasını dikkate almamalı ve aklımızın hareketlerimizi belirlemesinden kurtulmalıyız. Sanki havada desteksiz asılıymışız gibi iki elle Yaradan'a tutunmaya çalışmalıyız, böylelikle hareketlerimizi sadece Yaradan'ın yönlendirmesine bırakmış oluruz. Yani bir benzetme yapacak olursak; kendi aklımızı Yaradan'ınkiyle değiştirmeli ve kendi mantığımıza ters davranmalıyız. Yaradan'ın arzusunu bizim arzumuzun üzerine koymalıyız. Bunu yapabildiğimiz an davranışımız "mantık ötesi inanç" dahilinde olur.

İlk safhayı geçtikten sonra, hem manevi dünyayı hem de bu dünyayı hissetmeye başlarız. Daha sonrasında da hem manevi dünyanın hem de bu dünyanın aynı manevi yasaya yani "mantık ötesi inanç" yasasına göre işlediğini keşfederiz.

Kendi rızamızla mantığımızı bir tarafa koymak ve sadece kendimizi Yaradan'a bırakma arzusu ile idare edilmek, manevi anlayışı içine alacağımız bir kap oluşturur. Bu kabın kapasitesi, yani manevi muhakememizin ölçüsü, bastırmaya çalıştığımız dünyevi ve bencil arzuların miktarına bağlıdır.

Manevi kabımızın kapasitesini büyütmek için Yaradan manevi yolumuzun önüne sürekli daha büyük engeller koyar. Bu bizim egoist arzularımızı ve Yaradan'a yönelik tereddütlerimizi körükler.

Ancak zaman içinde aynı engeller onları aşmamızı ve giderek daha güçlü özgecil arzuların oluşmasını sağlar. Bu şekilde manevi kabımızın gelişmesi için bize fırsat verilir.

Eğer zihnimizle Yaradan'a tutunabilirsek (yani insan aklının eleştirel yaklaşımını bir kenara bırakıp böyle bir fırsatın karşımıza çıkmasından dolayı mutluluk duyarsak) ve bu koşula en azından bir anlık bile dayanabilirsek o zaman manevi koşulun ne kadar harika olduğunu görebiliriz. Bu duruma ancak sonsuz Gerçeği (Realiteyi) edindiğimizde ulaşabiliriz.

Diğer inanışların tersine bu Gerçek (Realite) yarını değiştirmeyecek zira artık Yaradan'la bütünleştik ve tüm sonsuzluğu Gerçeğin açısından görebilmekteyiz. İlerleyiş sadece eşzamanlı üç paralel çizgi dahilinde mümkündür. Sağ çizgi inançtır ve sol çizgi de algı ve anlayış.

Bu iki çizgi asla kesişmez, zira karşılıklı birbirlerine terstirler. Dolayısıyla onları dengelemenin tek yolu iki çizgiden birden oluşan orta çizgidir. Bu orta çizgi, aklın inanç derecesine göre kullanıldığı manevi davranış anlamına gelir.

Tüm manevi nesneler, Yaradan'dan doğdukları sıralamada, Yaradan'ın üzerine kat kat örtülmüş O'nun etrafında sarılmış durumdadır. Evrende Yaradan'ın etrafına kat kat örtülü olarak var olan her şey sadece yaratılışa bağıntılı olarak mevcuttur ve "Malhut" olarak adlandırılan ilk yaratılan varlığın ürünleridir.

Bu demektir ki, Yaradan hariç tüm dünyalar ve tüm yaratılan varlıklar her şeyin kökü ya da ilk doğduğu kaynak olan tek bir Malhut varlıktırlar. Malhut sonunda kendi içinde birçok küçük parçaya bölünür. Malhut'un tüm parçalarının toplamı "Şehina" olarak bilinir.

Yaradan'ın Işığı, O'nun varlığı ve Şehina'yı dolduran İlahi şey "Şohen" olarak bilinir. Şehina'nın her parçasının doldurulmasını sağlayan yeterli süreye "ıslah süreci" denir. Bu süre içinde yaratılan varlıklar Malhut'a tekabül eden parçalarının ıslahını yerine getirirler. Her bir varlık yaratıldığı parçayı yani kendi ruhunu ıslah eder.

Yaradan tam anlamıyla Kendi yarattığı varlıklarla bütünleşene yani Kendisini tümüyle ifşa edene, ya da başka bir deyişle Şohen tümüyle Şehina'yı doldurana kadar geçen zamandaki koşula "Şehina'nın Yaradan'dan sürgünü" (Galut HaŞehina) denir.

Bu durumdayken Üst Dünyalar mükemmeliyetten uzaktır. En alt seviye olan bizim dünyamızda bile her yaratılan Yaradan'ı tümüyle algılamalıdır. Ancak çoğu zaman dünyamızın karakteristik özelliği olan boş arzularımızı tatmin etmek ve bedenimizin taleplerini körü körüne izlemekle meşgulüz.

Ruhun "Şehina toprağın içinde" denilen bir koşulu vardır. Bu halin özelliği saf manevi mutluluğun gereksiz ve saçma olduğu kanısıdır ve "Şehina'nın ıstırabı" olarak tanımlanır.

Çekilen tüm acıların nedeni mantığımızı tümüyle reddedip, gözlerimiz kapalı bir şekilde mantık ötesi inançla ilerlememiz için Yukarıdan gelen zorlamadan kaynaklanmaktadır.

Bununla beraber, ne kadar çok sebep ve mantık sahibi olursak, ne kadar güçlenirsek ve zekileşirsek inanç yolunu takip etmek de o kadar zorlaşır. Bunun sonucu olarak da kendimizi mantığımızı reddetmeye zorladıkça çektiğimiz acıyı da artırırız.

Yukarıda tarif edilen manevi gelişim yolunu seçmiş olanlarımız Yaradan'la hemfikir olmakta başarısız olur. Kalbimizde böyle bir metodun gerekliliğini kınar ve dolayısıyla Yaradan'ı haklı görmekte zorlanırız. Ancak, Yaradan bize yardım etmeden ve yaratılışın tüm resmini bize ifşa etmeden bu koşullar altında uzun süre devam etmemiz mümkün değildir.

Manevi yükselişte hissettiğimiz an ve tüm arzularımız Yaradan'a yönelik olduğunda, doğru Kabala kitaplarını çalışıp onların içsel anlamlarına nüfuz etmeye hazırızdır. Tüm çabamıza rağmen yazılanlardan hiç bir şey anlamadığımızı hissetsek bile, tekrar tekrar bu kitapları çalışmaya dönmeli ve umutsuzluğa kapılmadan devam etmeliyiz.

Öyleyse tüm bu çabalardan nasıl fayda sağlayabiliriz? Aslında Kabala ilminin gizemini anlamaya yönelik çaba Yaradan'a Kendisini ifşa etmesi için yapılan dua ile eşdeğerdir. Bu bağ için özlemimiz Kabala mevhumunu anlamaya çalışmakla güçlenir.

Dualarımızın gücü arzu ve özlemimizin gücü ile belirlenir. Bir şey için çaba harcadığımızda o şeyi edinme arzumuz artar. Arzumuzun gücü arzulananın eksikliğinin yarattığı acıyla ölçülür. Sözlerle anlatılan değil kalpte hissedilen ıstırap başlı başına bir duadır.

Yukarıda anlatılanların doğru olduğunu düşünerek ilerlersek, sadece arzuladığımız şey için yoğun çaba harcayıp başarısız olduktan sonra arzulanan şey için samimi, içten bir dua edebiliriz ki onu alabilelim. Eğer, kitaplara gömüldüğümüz zaman kalbimiz hâlâ alakasız düşüncelerden kurtulamamışsa o zaman zihin kendisini tümüyle çalışmaya veremez, çünkü akıl kalbe hizmet eder.

Yaradan'ın kabul etmesi için dualarımız kalbimizin derinliklerinden gelmelidir. Yani tüm arzularımız o duaya odaklanmalıdır. Bu nedenden dolayı, doğru arzuyu – Yaradan tarafından duyulmak – gerçekleştirmek için hiç anlamasak da kitapların içine yüzlerce kez dalmalıyız.

Gerçek bir arzu başka hiçbir arzuya yer bırakmaz. Kabala çalışırken Yaradan'ın davranışlarını inceleyeceğiz ve bu şekilde O'na doğru ilerleyeceğiz. Ve zamanla çalıştığımız şeyleri anlamaya hak kazanacağız.

İnanç, yani Yaradan'ın varlığını hissetmek Evren'in Kralı'nın önünde durmak gibi bir şey olmalı. Bu durumda hiç şüphesiz bir gereklilik olan sevgi ve korku hisleriyle sarılmış olacağız. Böyle bir inancı edinene kadar bu yolda uğraşmalıyız. Zira sadece inanç manevi dünyadan haz duymamızı sağlayıp, egoizmin derinliğine tekrar düşerek kişisel keyif arayışlarına engel olabilir.

Yaradan'ın varlığını edinme ihtiyacı daimi olarak kalacak şekilde kalbimize kazınmalıdır. Sanki onsuz hayat süremeyeceğimiz sevgiliye duyulan bir çekime benzer bu.

İnsanları saran her şey Yaradan'a duyulan ihtiyacı özellikle gölgeler ve dışarıdan hissettiğimiz haz anında manevi boşluğun acısını azaltır. Dolayısıyla, bu dünyadan alınan hazzın keyfini çıkarırken, bunların Yaradan'ı algılama ihtiyacımızı yok etmemesi hayati önem taşır, zira bu hazlar bizi manevi hislerden mahrum kılar.

Yaradan'ı algılama arzusu sadece insanlara has bir özelliktir ancak her insanda bulunmaz. Bu arzu, ne olduğumuzu, kendimizi, hayattaki amacımızı ve varlığımızın kökünü anlama ihtiyacından kaynaklanır. Kendimizle ilgili soruların cevabını araştırmak bizi hayatın kaynağını aramaya iter.

Michael Laitman

Üst Dünyaları Edinmek

Manevi Yol

İlahi Gücü algılama ihtiyacı kendi içimizde ve çevremizde, çevrilmemiş hiçbir taş bırakmadan, doğanın tüm gizemlerini çözme yolunda elimizden gelen tüm çabayı harcamamızı sağlar. Ancak, sadece Yaradan'ı algılamaya duyulan özlem gerçek bir özlemdir, zira O her şeyin kaynağıdır, her şeyin üstündedir ve bizlerin de Yaratıcısıdır. Dolayısıyla, eğer bu dünyada ya da başka dünyalarda tek bir insan yaşasaydı bile, hiç şüphesiz kişinin kendisini arayışı sonunda onu Yaradan'ı aramaya getirirdi.

Yaradan'ın yaratılanlar üzerindeki nüfuzunu (etkisini) ifşa eden iki çizgi vardır. Sağ çizgi davranışlarımız nasıl olursa olsun O'nun hepimizin üzerindeki kişisel İlahi Takdirini temsil eder. Sol çizgi hepimizin kişisel davranışlarımıza göre O'nun üzerimizdeki İlahi Takdirini temsil eder. Kötülüklerimiz için cezayı, iyiliklerimiz için ödülü simgeler.

Sağ çizgide ilerlemek için belli bir zaman seçtiğimizde kendimize dünyadaki her şey Yaradan'ın isteği o yönde olduğu için olur demeliyiz. Her şey Yaradan'ın planladığı şekilde ilerler ve hiç bir şey bizim elimizde değildir. Bu bakış açısından baktığımızda ne kötü yanımız ne de iyi yanımız vardır. Davranışlarımız dışarıdan aldığımız arzular tarafından belirlenir.

Dolayısıyla, O'ndan aldığımız (bize verilen) her şey için Yaradan'a şükran duymalıyız. Dahası, Yaradan'ın ebediyete doğru bize kılavuzluk yaptığını kavrarsak O'na karşı sevgi hisleri geliştirebiliriz. Sağ ve sol çizgileri, tam orta çizgiyi hedef alarak doğru bir şekilde kaynaştırırsak ilerleyebiliriz. Yani, sadece bu iki çizginin tam ortasında ilerleyebiliriz.

Fakat doğru başlangıç noktasından ilerlemeye başlamış olsak bile eğer kendimizi tam olarak nasıl sürekli bir şekilde gözden geçirip düzelteceğimizi bilmezsek, doğru yoldan sapmamız muhakkaktır. Dahası, bu yolda ilerlerken yaptığımız en ufak bir sapma ilerlemeye devam ettikçe her adımda hatamızı daha da büyütür. Sonuç olarak git gide belirlemiş olduğumuz amacımızdan uzaklaşırız.

Ruhlarımız bu dünyaya inmeden önce Yaradan'ın parçasıydı, O'nun küçük bir öğesiydi. Bu parça "ruhun kökü" olarak bilinir. Yaradan, ruhu bedenin içine koydu ki ruh yükselip Yaradan'la tekrar bütünleşene kadar bedenin arzularını da yükseltsin.

Başka bir deyişle, ruh bedenin içine, kişi bir bedende doğduğunda, bedenin arzularını aşması için konuldu. Ruh, bedenin arzularını aşarak yükselip daha önce sahip olduğu manevi seviyeye tekrar döner. Ancak bunu yaparken de daha önce Yaradan'ın bir parçasıyken bulunduğu noktaya çok daha büyük hazlar edinerek geri yükselir. Bu noktada, o küçücük parça (element, öğe) tümüyle manevi bir beden haline dönüşür ve bu dünyaya inmeden önceki orijinal halinin 620 kat büyüğü olur.

Dolayısıyla, tamamlanmış son safhasında, manevi beden 620 parçadan ya da organdan oluşur. Her bir parça (organ) manevi bir kanun ya da davranış/hareket (Mitsva - Sevap) olarak bilinir. Ruhun her parçasını dolduran Yaradan'ın Işığına ya da Yaradan'ın Kendisine (ikisi aynı şey) "Tora" (Işık) denir.

Yeni bir manevi seviyeye ulaşmaya "manevi bir yasanın yerine getirilmesi" denir. Bu yükselişin sonucu olarak yeni özgecil arzular yaratılır ve ruh maneviyatı, Yaradan'ı, O'nun Işığını edinir.

Michael Laitman

Üst Dünyaları Edinmek

Bu hedefe giden doğru yol orta çizgiden geçer. Bu, üç kavramı bir araya getirmek demektir: İnsan, izlenecek yol ve Yaradan. Gerçekten de dünyada üç nesne vardır: Yaradan'a geri dönmek için uğraş veren insan, Yaradan'a ulaşabilmek için izlenecek yol ve Yaradan – insanoğlunun ulaşmaya çalıştığı hedef.

Birçok kere de söylenildiği gibi, Yaradan'dan başka hakikaten var olan bir şey yoktur ve bizler kendi varlığımızın hissi içinde olan yaratılanlarız. Manevi yükseliş süreci içinde bunu açık bir şekilde görürüz.

Tüm algılarımız, ya da kendimize ait olarak gördüğümüz tüm algılarımız, sadece Yaradan'ın içimizde ürettiği İlahi Hareketlere tepkilerdir. Yani eninde sonunda hislerimiz sadece O'nun hissetmemizi istediği şeylerdir.

Bu gerçeği tam anlamıyla kavramadığımız sürece bir değil üç farklı kavram görürüz: Kendimiz, Yaradan'a giden yol ve Yaradan'ın Kendisi. Sadece manevi gelişimin son safhasına ulaştığımızda, ruhumuzun düştüğü yere tekrar yükseldiğimizde, tüm arzularımız ıslah olmuş durumda Yaradan'ı tümüyle manevi bedenimizin içine alabiliriz.

İşte o zaman Yaradan'ın tüm Işığıyla ve Yaradan'la doluruz. Bu şekilde, daha önce algımızda ayrı var olan üç nesne, kendimiz, manevi yolumuz ve Yaradan tek bir varlık – Işıkla dolmuş olan manevi beden – olarak bütünleşir.

Dolayısıyla, doğru ilerleyebilmemiz için manevi yoldaki gelişimimiz sürecinde sürekli üç çizgiyi gözden geçirmeliyiz. Böylelikle bu üç nesne algımızda ayrı olsalar bile en başından itibaren üçü için de aynı güçlü arzuyu hissettiğimizden emin oluruz. İlk başlangıçtan itibaren bu üç olguyu birleştirmek için çaba sarf etmeliyiz; yolun sonunda bu açıkça belli olacaktır. Aslında şimdi bile açıkça bariz, ancak kendi eksikliğimizden dolayı bunun böyle olduğunu henüz görememekteyiz.

Eğer bu üç nesneden bir tanesi için daha fazla arzu beslersek anında doğru yoldan çıkarız. Doğru yolda olup olmadığımızı kontrol etmenin en basit yolu Yaradan'la bütünleşmek niyetiyle O'nun özelliklerini anlamaya çalışıp çalışmadığımıza karar vermektir.

"Eğer ben kendim için değilsem, o zaman kim benim için?" ve "Eğer ben sadece kendimi düşünüyorsam, o zaman ben neyim?" Bu çelişkili ifadeler edinmek istediğimiz kişisel amaca yönelik çabaya yaklaşımımızı yansıtır. Öteki taraftan da yardım için kendimizden başka dönecek bir yer olmadığına inanmalı ve iyi davranışlarımızın ödüllendirileceğincen, kötü davranışlarımızın da cezalandırılacağından emin bir şekilde hareket etmeliyiz.

Bizler ayrı bireyler olarak hareketlerimizin bir sonucu olduğuna ve kendi geleceğimizi inşa ettiğimize inanmalıyız. Ama öteki taraftan da kendimize, "Ben kimim ki doğamı kendi başıma yenebileyim? Ancak, bana başka hiç kimse de yardım edemez" diye sormalıyız.

Yaradan'ın İlahi Takdiri

Eğer her şey Yaradan'ın planına göre yürüyorsa o zaman bizim çaba sarf etmemizin ne faydası var ki? Ödül ve ceza prensibine dayalı, kişisel çabamızın sonucu olarak, Yukarıdan Yaradan'ın yönetiminin anlayışını ediniriz. Ondan sonra Üst bilinç seviyesine çıkar ve Yaradan'ın her şeyi yönettiğini ve her şeyin önceden belirlenmiş (planlanmış) olduğunu görürüz.

Ancak öncelikle bu seviyeye gelmemiz gerekir ve gelene kadar da her şeyin Yaradan tarafından yapıldığını söyleyemeyiz. Ayrıca, o seviyeye gelene kadar o prensiplere göre de davranıp yaşayamayız çünkü dünyanın işleyişinden anladığımız bu değildir. Dolayısıyla, sadece farkında olduğumuz koşullar (dünyevi koşullar) dahilinde yaşamak zorundayız.

Sadece "ödül ve ceza" prensiplerine dayalı olarak çaba sarf ettiğimiz zaman Yaradan'ın tam güvenine layık oluruz. Sadece o zaman dünyanın gerçek resmini ve işleyiş mekanizmasını görme hakkını kazanırız. Ve bu noktaya geldiğimiz ve her şeyin Yaradan'a bağlı olduğunu gördüğümüz zaman O'na özlem duyarız.

Kişi bencil arzularını zorla dışarı atıp kalbini boş bırakamaz. Sadece kalbimizi bencil arzular yerine manevi, özgecil arzularla doldurarak eski özelliklerimizi ve arzularımızı tersiyle değiştirebilir ve böylelikle egoizmi yok edebiliriz.

Yaradan'ı sevenlerimiz egoizmden mutlaka iğrenir, çünkü kişisel tecrübemiz egoizmin ne kadar büyük zarar verebileceğini bilir. Ancak, kendimizi bundan kurtarabilecek bir yolumuz olmayabilir ve sonunda anlarız ki kendi başımıza onu yenecek güce sahip değiliz, zira bize, yaratılanlara egoizm özelliğini veren zaten Yaradan'dır.

Kendi çabamızla egoizmden kurtulamamamıza rağmen ne kadar çabuk onun düşmanımız ve manevi yanımızın yok edicisi olduğunu anlarsak ondan o kadar nefret ederiz. Sonunda, bu nefret düşmanımızdan kurtulmamız için Yaradan'ı bize getirir; bu şekilde egoizmimiz bile manevi gelişime hizmet eder.

Talmud'da şöyle der: "Ben dünyayı sadece Hak'tan yana olanlar ve tam günahkârlar için yarattım." Dünyanın

bütünüyle Hak'tan yana olanlar için yaratıldığını anlayabiliriz, ama neden biraz Hak tanır ve biraz da günahkâr olanlar için yaratılmadı?

İlahi Yönetimi bizi etkilediği şekliyle algılıyoruz. Dünyayı nasıl algıladığımıza bağlı olarak, eğer bize uygunsa "iyi" ve "merhametli", eğer ıstırap çektirirse de "kötü" ve "zalim" olarak görürüz.

Dolayısıyla, insanın Yaradan'ın dünya üzerindeki İlahi Takdirini algılayabilmesinin iki yolu vardır: Ya Yaradan'ı algılarız ve dünyayı çok güzel olarak görürüz ya da Yaradan'ın dünya üzerinde bir yönetimi olduğunu inkar eder ve tümüyle "doğanın güçleri" tarafından idare edildiğini düşünürüz.

İkinci seçeneğin küçük bir ihtimal olduğunu düşünsek de, dünyaya olan yaklaşımımız mantığımızdan ziyade hislerimizle tayin edilir. Bu nedenle, hislerimiz ve mantığımız arasındaki bu farkı gözlemledikçe kendimizi bir günahkâr olarak görürüz.

Yaradan'ın bizlere yalnızca iyilik ihsan etmek istediğini anladığımızda bunun sadece O'na daha fazla yakınlaşarak mümkün olabileceğinin farkına varırız. Dolayısıyla, Yaradan'dan uzak hissedersek bunu "kötü" olarak algılarız ve kendimizi günahkâr sayarız.

Ancak, ne kadar kötülüğümüzü hisseder ve Yaradan'a ifşa olması ve bize egoizmin köleliğinden kurtulup manevi dünyaya geçmek için güç vermesini haykırırsak o zaman Yaradan anında yardıma gelir. Bu dünya ve Üst dünyalar bu tür bir koşulda olan insan için yaratıldı.

Günahkârlığın had safhasına ulaştığımızda Yaradan'a haykırabilir ve sonunda kesinlikle Hak'tan yana (erdemli) bir seviyeye ulaşabiliriz. Bu yüzden, Yaradan'ın

yüceliğini algılamayı sadece kendi yalanlarımızdan arınıp, arzularımızın ne kadar ilkel ve bencilce olduğunu anladığımızda hak ederiz.

Yaradan'a yakın olmayı ne kadar çok arzularsak O'nu o kadar çok algılarız ve O'nun günlük hayatımızdaki ince nüanslarını ve göstergelerini daha iyi ayırt edebiliriz. Yaradan'a karşı bu derin bakış kalbimizde hislerin ortaya çıkmasına sebep olur ve sonuç olarak mutlulukla doluruz.

Etrafımızdaki insanlardan daha iyi olmadığımızı görebiliriz ve aynı zamanda da bizden farklı olarak, etrafımızdakilerin henüz Yaradan'ın özel ilgisini çekmediğini de görürüz. Dahası, diğer insanlar Yaradan'la iletişim kurabilecekleri olasılığının farkında bile değiller. Hatta Yaradan'ı algılamayı, hayatın anlamı ve manevi ilerleyişi umursamıyorlar bile.

Öteki taraftan da bizim nasıl böyle özel bir ilişkiyi hak ettiğimiz ve sadece zaman zaman bile olsa neden bize hayatın anlamı ve Yaradan'la bağımız konularıyla ilgilenme fırsatı bahşedildiği hakkında pek de net değiliz.

Eğer bu noktada, Yaradan'ın bize olan yaklaşımının değerini takdir edebilirsek o zaman sınırsız bir mutluluk ve minnet duygusu yaşarız. Kişisel başarıyı ne kadar çok takdir edersek o kadar derinden Yaradan'a şükran duyabiliriz. Her bir noktada ne kadar çok farklı his ve Yaradan'la bağ (ilişki) yaşarsak bize ifşa olan manevi dünyaların büyüklüğünü ve Kadir-i Mutlak Yaradan'ın yüceliğini o kadar çok takdir edebiliriz. Bunun sonucu olarak O'nunla gelecekteki bütünleşmemize daha güvenle bakabiliriz.

Yaradan ve yaratılan varlık arasındaki özelliklerin büyük farkını düşündüğümüzde yaratılan varlığın ancak kesin olan egoist doğasını değiştirirse Yaradan'la uyumlu hale gelebileceği sonucuna varabiliriz. Bu ancak yaratılan varlığın kendisini sanki yokmuş gibi etkisizleştirmesi ile mümkün olabilir, böylece onu Yaradan'dan ayıracak bir şey olmaz.

Sadece manevi hayatı edinmeden kendimizi ölüymüş gibi (tıpkı hayatın bedenden ayrıldığı gibi) hissedersek ve sadece manevi hayat için itici bir arzu duyarsak manevi bir soluk almak için manevi yaşama geçme olasılığını kazanabiliriz.

Yaradan'ın Yönetiminin Farkına Varmak

Kendimizle ilgili tüm endişeleri ve menfaatleri bir kenara bırakıp manevi seviyeye nasıl yükselebiliriz? Kendimizi Yaradan'a adama arzusu hayatımızın tek amacı haline nasıl gelebilir, öyle ki bunu edinmeden kendimizi sanki ölü gibi hissedelim?

Bu seviyeye yükselmek yavaş yavaş ve geri dönüşüm vasıtasıyla oluşur. Hem kitapları çalışmak hem de manevi nesnelere benzemeye çalışmak yoluyla ne kadar çok manevi arayış yolunda ilerlemek için çaba sarf edersek bu amaca kendi başımıza ulaşmanın mümkün olmadığına o kadar ikna oluruz. Manevi gelişimimiz için gerekli kitapları okuyup çalıştıkça yazılanlar giderek daha kafa karıştırıcı gelmeye başlar. Eğitmenlerimize ve bizlerle birlikte çalışan dostlarımıza ne kadar iyi davranmaya gayret edersek edelim, eğer gerçekten manevi olarak ilerliyorsak, tüm davranışlarımızın egoizmimiz tarafından yönlendirildiğini açıkça görürüz.

Bu tür sonuçlar şu prensiple ortaya çıkar: Onu "Evet yapacağım" dedirtene kadar zorla. Egoizmimizin bizi gerçeği anlamaktan ve hazla dolu sonsuz yaşamı bulmaktan alıkoyarak ölümümüze neden olduğunu kavrarsak ancak ondan kurtulabiliriz. Egoizme karşı nefret geliştirmek zamanla ondan kurtulmamızı sağlar. En önemli şey Yaradan'ın yüceliğinin farkına vararak kendimizi tutkuyla O'na vermektir (kişinin kendisini Yaradan'a vermesi demek kişinin "ben"inden (benliğinden-egosundan) ayrılmasıdır.

Bu noktada neyi edinmenin daha yüce bir amaç olduğuna karar vermeliyiz: Geçici değerleri mi yoksa ebedi değerleri mi? Kendi yarattığımız hiçbir şey sonsuza kadar kalmaz; her şey geçicidir. Sadece özgecil düşünceler, davranışlar ve hisler gibi manevi yapılar ebedidir.

Dolayısıyla, düşüncemizde, arzumuzda ve çabamızda Yaradan'a benzemeye çalışarak aslında kendi ebediyetimizi inşa ediyoruz. Ancak, kendimizi Yaradan'a adamak sadece O'nun yüceliğini anladığımızda mümkün olabilir.

Bizim dünyamızda da aynıdır: Eğer bir kişinin yüce ve saygın olduğunu düşünürsek o kişiye hizmet etmek bize büyük mutluluk verir. Hatta öyle ki, hizmet ettiğimiz kişinin hizmetimizi kabul etmekle bize iyilik yaptığını bile düşünebiliriz, bu durumda o kişiye hizmet etmiş gibi değil de sanki o bize bir şeyler vermiş gibi hissederiz.

Bu örnekle görüyoruz ki bir davranış ya da hareketin niyeti mekanik bir hareketin dış formunu – vermekten ya da almaktan – tersine çevirebilir. Dolayısıyla, Yaradan'ı gözümüzde ne kadar yüce tutarsak O'na o kadar çok düşüncelerimizi, arzumuzu ve çabamızı verebiliriz.

Hatta bunu yaparken aslında O'na verdiğimizi değil O'ndan aldığımızı hissederiz. Sanki her bir nesilde seçilmiş birkaç kişiye bahşedilen hizmet etme fırsatı bize verilmiş gibi hissederiz. Bu konu aşağıdaki kısa piyesle daha açıklık kazanabilir.

Bnei Baruch Eğitim ve Araştırma Enstitüsü

Üst Dünyaları Edinmek

Michael Laitman

Yemek Sofrası
Sahne 1

Işıkla aydınlanmış büyük odaları olan bir evde, sevimli ve cana yakın bir adam mutfakta meşguldür. Uzun zamandır beklediği bir dostuna yemek hazırlamaktadır. Hazırlıklarına başlarken bir yandan da misafirinin sevdiği yemekleri ve tatları kendisine hatırlatmaktadır.

Ev sahibinin mutluluk ve sabırsızlıkla beklediği çok barizdir. Zarafet içerisinde sanki bir dansçının hareketleriyle masayı beş çeşit yemekle donatır. Masanın yanında iki tane rahat sandalye vardır.

Kapı çalar, misafiri eve girer. Ev sahibinin yüzü aydınlanır ve misafirini içeri alıp masaya davet eder. Misafir masaya geçer ve ev sahibi özlem ve sevgiyle ona bakar.

Misafir önündeki yemeklere bakar ve nazik bir mesafeden kokusunu içine çeker. Gördüklerinden çok memnun olduğu açıktır ancak yemeğin kendisi için yapıldığını fark etmemiş gibi hayranlığını dizginleyerek ifade eder.

Ev sahibi: Gel otur, bunların hepsini özellikle senin için yaptım, bu yemekleri ne kadar çok sevdiğini bilirim. Senin yemek zevkini ve alışkanlığını ne kadar iyi bildiğimi bilirsin. Aç olduğunu ve ne kadar iştahla yiyebileceğini bildiğimden her şeyi tıpkı senin sevdiğin gibi ve son kırıntısına kadar yiyebileceğin miktarda hazırladım.

Yazar: Eğer sofrada misafir doyduktan sonra yemek kalırsa, hem ev sahibi hem de misafir mutsuz olur. Ev sahibi mutsuz olacaktır çünkü misafirin alabileceğinden daha fazlasını vermek istemektedir, misafir de her şeyi yiyemezse ev sahibini hayal kırıklığına uğratmaktan mutsuz olacaktır.

Ayrıca misafir doyar ve özenle yapılmış yemeklerden daha fazla yiyememekten de pişmanlık duyar. Bu, misafirin sunulan hazzın tamamını almak için yeterli arzusu olmadığı anlamına gelecektir.

Misafir (ağır başlılık ve ciddiyetle): Gerçekten soframda görmek ve yemek isteyeceğim her şeyi tam istediğim şekilde hazırlamışsın. Miktarları bile doğru ayarlamışsın. Hayattan isteyebileceğimin hepsi bu; bunun tadını çıkarmak. Bu benim için mutlak İlahi haz olur.

Ev sahibi: E o zaman hepsini ye ve tadını çıkar. Bu bana zevk verir.

Misafir yemeye başlar.

Misafir (haz aldığı açıkça belli ve ağzı dolu olmasına rağmen, yüzünde bir tedirginlik ifadesi vardır): Neden yemeği yedikçe aldığım haz giderek azalıyor? Aldığım haz iştahımı azaltıyor ve git gide daha az zevk alarak yiyorum. Doymaya yaklaştıkça yemeği yemekten daha az haz alıyorum.

Tüm yemeği yedikten sonra sadece hazzın hatırası kalıyor, hazzın kendisi değil. Haz sadece aç olduğum zaman vardı. Açlığım giderildikçe aldığım haz da yok olmaya başladı. Çok büyük bir arzuyla almak istediğim bir şeyi aldım ve şimdi de içimde ne haz var ne de zevk. Artık canım bir şey istemiyor ve bana haz verecek bir şey de yok.

Ev sahibi (biraz alıngan bir halde): Bunların hepsini seni memnun etmek için yaptım. Arzu ortadan kalktığı için haz almanın kendisinin zevk hissini yok etmesi benim suçum değil ki. Sonuç itibariyle, artık senin için hazırladığım şeylerle doydun.

Michael Laitman

Misafir (kendini savunurcasına): Bana hazırladığın tüm bu şeyler için sana teşekkür bile edemiyorum, çünkü bana verdiklerinden aldığım haz ve zevk bitti. Tek hissettiğim senin bana bir şeyler verdiğin ve karşılığında benim sana hiçbir şey vermediğim. Sonuç olarak, düşüncesizce kendini veren ve beni de alan durumuna sokarak bana utanç duygusu yaşattın.

Ev sahibi: Ben senin alan benim de veren olduğumu göstermedim sana. Benim doğam iyiliksever olmasına rağmen, senin karşılığında bir şey vermeden almış olman gerçeği seni suçlu hissettirdi. Ben senin yemeklerimi kabul etmenden başka bir şey istemiyorum. Bunu değiştiremem. Örneğin: Balık çiftliğim var. Ve balıklarımın umurunda değil kimin onlara bakıp yemlediği. Ayrıca kedim Minnoş'a da bakıyorum, onun da umurunda değil kimin yemeği önüne koyduğu. Ama köpeğim Fino'nun umurunda ve o herhangi birinden yiyecek almaz.

İnsanlar öyle yaratılmışlardır ki bazıları bir başkasının verdiğini hissetmeden alırlar ve sadece alırlar. Bazıları hiç vicdan azabı bile çekmeden çalarlar! Ancak insanlar benlik hissini geliştirirlerse kendilerine ihsan edeni (vereni) hissedebilirler ve içlerinde "alıcı" oldukları hissi uyanır. İşte bu, utanç, vicdan azabı ve acı hissi getirir.

Misafir (biraz teskin olmuşçasına): Peki bir yandan hazzı alıp diğer yandan da kendimi alan bir varlık olarak hissetmekten nasıl kurtarabilirim? İçimdeki senin veren benim de alan olduğum hissini nasıl etkisiz kılabilirim? Eğer burada bir – veriş – ve –alış – durumu varsa ve bu bana utanç hissi getiriyorsa, bunu engellemek için ne yapabilirim?

Belki de benim alıcı olduğum hissini yaşamamam için sen farklı bir tavır sergileyebilirsin! Ama bu sadece ben senin

varlığından habersiz olursam olabilir (tıpkı balıkların gibi) ya da seni hissedip senin verdiğini anlamazsam (tıpkı bir kedi ya da gelişmemiş bir insan gibi).

Ev sahibi (gözlerini kısarak yoğunlaşır ve düşünceli bir şekilde konuşur): Sanırım yine de bir çözüm var. Belki içindeki bu alıcıymışsın hissini etkisiz hale getirecek bir yol bulabilirsin?

Misafir (gözleri parlayarak): Tamam, buldum! Her zaman beni misafir etmek istedin. O zaman yarın buraya geleceğim ve öyle bir şekilde davranacağım ki sen kendini alıcı olarak hissedeceksin. Elbette hazırladığın yemekleri yiyerek hâlâ alan ben olacağım, ama kendimi veren birisi olarak göreceğim.

Sahne 2

Ertesi gün, aynı odada, ev sahibi bir önceki gün gibi leziz yeni yemekler hazırlamıştır. Ev sahibi sofrada oturmaktadır ve misafir yüzünde gizemli, ev sahibinin daha önce hiç görmediği bir ifade ile içeri girer.

Ev sahibi (neyin değiştiğini hissetmeden parlak bir şekilde gülümsemektedir): Seni bekliyordum. Seni gördüğüme çok sevindim, gel otur şöyle.

Misafir sofraya oturur ve kibarca yemeğin kokusunu içine çeker.

Misafir (yemeğe bakarak): Bunların hepsi benim için mi?

Ev sahibi: Elbette! Sadece senin için! Bunların hepsini benim hatırım için kabul edersen çok mutlu olurum.

Misafir: Teşekkürler, aslında o kadar da aç değilim.

Ev sahibi: Bu doğru olamaz! Aç olduğunu, bu yemekleri ne kadar çok sevdiğini ve istediğini biliyorum! Neden yemeyesin ki?

Misafir: Senden bu kadar çok şey kabul edemem. Kendimi rahatsız hissediyorum.

Ev sahibi: Ne demek rahatsız hissediyorum? Senin tüm bunları kabul etmeni çok istiyorum! Bunları kimin için hazırladığımı sanıyorsun? Bunların hepsini yersen bana çok büyük mutluluk vermiş olursun.

Misafir: Belki de haklısın, ama tüm bunları yemek istemiyorum!

Ev sahibi: Ama sadece yemek yemiyorsun ki, benim masamda oturup hazırladıklarımı kabul ederek bana iyilik yapmış oluyorsun. Bunların hepsini senin için değil, benden almanı sevdiğim için hazırladım. Bu yüzden yemeği yemeyi kabul etmen bana iyilik yapmaktır. Bunların hepsini benim hatırım için yemiş olacaksın. Sen alıyor olmayacaksın, daha ziyade bana büyük bir zevk veriyor olacaksın. Bu durumda sen benim yemeğimi almıyorsun, ben senden dolayı zevk alıyor olacağım. Aslında sen bana "vermiş" oluyorsun, ben sana değil.

Ev sahibi yalvarırcasına güzel kokulu yemeği çekingen misafirinin önüne uzatır. Misafir geri iter. Ev sahibi tekrar tabağı misafirin önüne uzatır ve misafir tekrar geri iter. Ev sahibi, tek arzusunun misafirinin yemeği yemesi olduğunu açıkça belli ederek iç geçirir. Misafir, ev sahibinin yerine geçer, yani ev sahibine iyilik yapan konumuna gelir.

Ev sahibi: Lütfen, rica ediyorum ye ve beni sevindir.

Misafir yemeğe başlar, sonra durur bir düşünür. Sonra tekrar yemeğe devam eder ve yine bir durup düşünür. Her ara verişinde ev sahibi yemeğe devam etmesi için onu cesaretlendirir. Misafir sadece ikna edildikten sonra yemeğe devam eder. Ev sahibi sürekli yeni leziz yemekler getirmeye devam eder, her defasında onu mutlu etmesi için misafirine yalvarır.

Misafir: Eğer yememin kendi istediğim için değil sadece seni mutlu etmek için olduğuna emin olabilirsem o zaman alan sen ve sana mutluluğu veren de ben olmuş olurum. Ama bunun böyle olması için kendim için değil sadece senin hatırın için yediğimden emin olmak zorundayım.

Ev sahibi: Elbette sadece benim için yiyorsun. Ben sana yemeği yiyerek beni çok mutlu edeceksin diye ısrar edene dek masaya oturup bir tek şeyin tadına bile bakmadın. Sen buraya bana mutluluk vermek için geldin.

Misafir: Ama eğer arzulamadığım bir şeyi kabul etsem bundan haz almam ve sen de benim yemeği bu şekilde kabul etmemden mutlu olmazsın. Sonuç olarak, benim senin sunduklarından aldığım haz kadar mutlu olabilirsin.

Ev sahibi: Bu yemekleri ne kadar çok sevdiğini biliyorum, her yemekten ne kadar yiyebileceğini bildiğimden bu beş çeşit yemeği hazırladım. Ne de olsa senin bu yemeklere olan arzunu biliyorum.

Bu yemeklerden aldığın hazzı bilmek benim içimde mutluluk uyandırıyor. Ayrıca benim yemeklerimden zevk aldığını da biliyorum. O yüzden senden aldığım mutluluğun gerçek olduğuna eminim.

Misafir: Bu yemeklerden sadece sen istediğin ve tüm bunları benim için hazırladığından dolayı zevk aldığımdan nasıl emin olabilirim? Senden almakla seni mutlu ettiğim için seni geri çevirmemem gerektiğine nasıl emin olabilirim?

Ev sahibi: Çok basit! Bunu benim için yaptığına emin olana dek tekliflerimi reddettin. Ancak ondan sonra kabul ettin.

Aldığın her lokmadan sonra, benim için yediğini ve bana verdiğin mutluluğu hissediyorsun.

Misafir: Eğer her aldığımda senin için aldığımı düşünürsem utançtan kurtulup sana haz vermekten gurur duyabilirim.

Ev sahibi: O zaman hepsini ye! Hepsini istiyorsun, dolayısıyla bana verebileceğin her türlü mutluluğu vermiş olursun.

Misafir (büyük bir hazla tüm yemekleri son lokmasına kadar bitirir ancak hâlâ bir tatminsizliği vardır): Şimdi ben her şeyi yedim ve zevk aldım. Artık zevk alınacak yemek kalmadı. Artık karnım doyduğu için aldığım haz da bitti. Artık ikimize de bir mutluluk veremiyorum. Peki, şimdi ne yapmalıyım?

Ev sahibi: Bilmiyorum. Benden alarak bana bir dolu haz verdin. Seni tekrar tekrar mutlu edebilmek için ben ne yapabilirim? Eğer her şeyi yediysen nasıl tekrar yemek yemeyi isteyebilirsin? Nasıl yeniden iştahın açılacak?

Misafir: Doğru, haz alma arzum, sana ihsan etme (haz verme) arzusuna dönüştü ve eğer şimdi haz duyamazsam sana nasıl haz verebilirim? Ne de olsa içimde tekrar beş çeşit yemeklik bir iştah yaratamam.

Michael Laitman

Ev sahibi: Senin arzuladığından daha fazlasını hazırlamadım. Seni mutlu etmek için elimden geleni yaptım. Senin problemin şu: "Daha fazla aldıkça, istemeyi nasıl durdurabilirim?"

Misafir: Ancak haz açlığı tatmin etmezse bunu haz olarak hissedemem. Haz hissi arzunun tatmininden kaynaklanır. Eğer aç olmasaydım yemekten haz alamazdım ve sana ihsan edemezdim. Sürekli arzulama durumunda olabilmek ve sana bunu göstererek ihsan edebilmek için ne yapmalıyım?

Ev sahibi: Bunun için isteğinin farklı bir kaynağı ve haz duymak için farklı bir yolun olmalı. Yemek için olan açlığını ve aldığın zevki bir arada kullandığın zaman ikisi birbirini ortadan kaldırıyor.

Misafir: Tamam şimdi anladım! Senin faydalanacağımı hissettiğim için kendi hazzımı engelledim. Öyle bir reddettim ki tüm yemekler önüme konulduğu halde utancımdan kabul edemedim. Bu utanç o kadar derindi ki sadece alıcı olduğumu hissetmemek için açlıktan kıvranmaya hazırdım.

Ev sahibi: Ama sonra, kendin için yemediğine ikna olduktan sonra benim hatırım için yemeğe başladın. Bu yüzden hem yemekten haz aldın hem de bana verdiğin mutluluktan. Bu nedenle yediğin yemek arzunla orantılı olmalı. Sonuç itibariyle eğer yemekten haz almazsan bana nasıl mutluluk verebilirsin ki?

Misafir: Ama bunu benim için yaptığını bildiğimden sadece senin için yemeği kabul etmem yeterli değil. Eğer benim mutluluğum senin mutluluğundan geliyorsa o zaman benim mutluluğumun kaynağı yemek değil, sen olursun! Ben senin mutluluğunu hissetmeliyim.

Ev sahibi: Bu kolay olmalı zira ben her şeye açığım.

Misafir: Evet ama benim mutluluğum neye bağlı? Sana bağlı; mutluluğu verdiğim kişiye. Bu demektir ki benim duyduğum haz sana ne kadar vermek istediğime bağlı; yani senin yüceliğini ne kadar hissettiğime.

Ev sahibi: Peki ben ne yapabilirim ki?

Misafir: Eğer seni daha iyi tanısaydım, senin hakkında daha ayrıntılı bilgim olsaydı, eğer gerçekten harikaysan o zaman yüceliğin bana kendisini gösterirdi. O zaman, kime bu mutluluğu verdiğimi bilerek bundan haz alırım. Ve o zaman benim hazzım senin yüceliğini bana ne kadar gösterdiğinle orantılı olur.

Ev sahibi: Bu bana mı bağlı?

Misafir: Bak şimdi, eğer ben vereceksem kime verdiğim ve ne kadar verdiğim benim için önemli. Eğer sevdiklerime veriyorsam, mesela çocuklarıma, onlara olan sevgimin büyüklüğü kadar vermeye hazırım, bu bana zevk verir. Ama evime sokaktan biri gelirse o zaman ona karşı sempatimden bir şeyler veririm yani onun acısını hissettiğimden ya da ben de onun koşullarında olursam bir gün bana da yardım eli uzanır diye.

Ev sahibi: Bu prensip toplumsal refahın temel prensibi. İnsanlar karşılıklı yardım olmazsa herkesin acı çekeceği kanaatine vardılar. Yani, ihtiyaç duyduklarında kendileri de acı çekecekti. Egoizm insanları vermeye zorlar ama bu gerçek anlamıyla vermek değildir. Bu sadece kişinin geleceğini (hayatta kalmasını) teminat altına almaktır.

Misafir: Bu tarz bir ihsanın gerçek olduğunu sanmıyorum. Tüm cömertliğimiz kendimizi ve sevdiklerimizi tatmin etmek yoluyla haz almaktan başka bir şey değil.

Ev sahibi: Peki sana yemekten aldığın hazdan daha fazlasını nasıl verebilirim?

Misafir: Bu sana bağlı değil, tersine bana bağlı. Eğer evime gelen kişi sıradan bir insan değilse, yani benim için çok önemli bir kişiyse, sıradan bir kişiye ihsan etmektense o kişiye ihsan etmekten daha büyük zevk alırım. Bu demektir ki aldığım haz yemeğe bağlı değil, yemeği kimin hazırladığına bağlı!

Ev sahibi: Peki bana olan saygınlığımı nasıl artırabilirim?

Misafir: Ben senin hatırın için aldığımdan sana olan saygım ne kadar büyükse, kime ihsan ettiğimi bildiğimden, o kadar büyük haz alırım.

Ev sahibi: İyi de bana olan saygınlığımı nasıl derinleştirip büyütebiliriz?

Misafir: Bana kendinden bahset, bana kim olduğunu göster! O zaman sadece yemeği yemekten zevk almam, yemeği bana kimin verdiği ve kiminle ilişkim olduğu da bana haz verir. Büyük bir kişiliğin verdiği yemeğin küçük bir lokması bile bana çok büyük bir zevk verir. Görüyorsun ya, aldığım zevk senin yüceliğine orantılı olarak büyür.

Ev sahibi: Bu demektir ki senin aldığın zevkin artması için benim kendimi sana açmam ve senin de içinde bana karşı bir sevgi geliştirmen lazım.

Misafir: Aynen öyle! İçimde yeni bir iştah yaratan şey bu – sana ihsan etme arzum senin yüceliğine bağlı olarak büyür ve bu, utanç hissinden kaçmak için değil çünkü utanç haz duymamı ve açlığımı gidermemi engeller.

Ev sahibi: Bu şekilde açlığı değil benim yüceliğimi ve bana mutluluk verme arzunu hissetmeye başlarsın. Öyleyse, açlığını gidermeyi değil benim yüceliğimin tadını çıkarmayı ve bana mutluluk vermeyi istediğini mi söylüyorsun?

Misafir: Bunda yanlış olan ne var? Yemekten aldığım haz sadece yemeği yemekten aldığım zevkten kat kat fazla olabilir çünkü açlığımı doyurma arzuma ek bir arzu ekliyorum – sana ihsan etme arzusu.

Ev sahibi: Yani bu hazzını da ben tatmin edeceğim.

Misafir: Hayır, hem arzuyu hem doyumu ben içimde yaratıyor olacağım. Bunun için sadece seni tanımam lazım. Bana kendini aç ve ben içimde sana ihsan etmek için bir arzu yaratayım. Utancım ortadan kalktığı için değil vermekten de ayrıca haz alacağım.

Ev sahibi: Beni tanımak sana ne kazandıracak, tabii aldığın hazzın artması dışında?

Misafir (tüm amacın bu olduğunu açıkça ima ederek): Bir başka büyük çıkar daha var: Eğer içimdeki asıl açlığın dışında başka bir arzu yaratırsam, o zaman o arzunun sahibi (yöneticisi) ben olurum. Bu arzuyu her zaman artırabilirim ve haz alarak sana her zaman ihsan edebilirim.

Ev sahibi: Peki tıpkı açlığımı doyurduğumda o arzunun yok olduğu gibi, bu arzu da kaybolmaz mı?

Misafir: Hayır, çünkü içimde her zaman seninle ilgili daha büyük bir izlenim yaratabilirim. Sana ihsan etmek için her zaman yeni arzular yaratabilirim ve senden alarak bu arzuları yerine getiririm. Bu işlem hiç bitmeden devam edebilir.

Ev sahibi: Peki bu neye bağlı?

Misafir: Sürekli sendeki yeni özellikleri keşfetmeye ve yüceliğini hissetmeye bağlı.

Ev sahibi: Bu demektir ki, kişisel doyumun sürekliliği için, yani egoistçe haz alırken bile açlık ortadan kalkmayacak ve aldıkça daha da artacak. O zaman yeni bir açlık yaratılmalı; ihsan edeni hissetme arzusu.

Misafir: Evet, yemekten alınan hazza ek olarak ihsan edenin yüceliği hissi de geliştirilir. Ev sahibinin keşfiyle sunulan leziz yemekler aynı şey olur. Bir başka deyişle, alınan haz verenin farkındalığını yaratır. Veren, yemek ve verenin özellikleri tek ve aynı şey haline gelir.

Ev sahibi: Öyleyse, bilinçaltında istediğin aslında ihsan edenin kendisini sana açmasıydı. Gerçekte, bu senin bir arzunun doyumundan başka bir şey değil.

Misafir: Başlangıçta bunu istediğimin farkında bile değildim. Sadece yemeği gördüm ve istediğim şeyin bu olduğunu düşündüm.

Ev sahibi: Özellikle bu şekilde planladım! Böylelikle, yavaş yavaş güya kendi bağımsız arzunu yaratıp kendini doyurabilesin diye. Bu durumda aynı anda hem ev sahibinin hem de misafirin yerini alıyor olursun.

Misafir: Neden her şey bu şekilde var edildi?

Ev sahibi: Seni bütünlüğe getirebilmek için. Her şeyi bütünlüğü içinde eksiksiz isteyebilmen ve En Üst seviyede doyum alabilmen için. Böylece her arzuyu sınırsızca yaşayabilirsin ve haz sonsuz olur.

Misafir: Peki bundan işin başında neden haberim olmadı? Etrafımda arzuladığım şeyler dışında hiçbir şey görmemiştim, aslında seninle birlikte olmanın gerçekten tek isteğim olduğunun farkında bile değildim.

Ev sahibi: Her şey özellikle bu koşullar altında oluşur, beni hissetmediğin bir halden kendi başına bana gelip, içindeki o arzuyu kendin oluşturabil diye.

Misafir (şaşkın bir halde): Ama bu arzuyu kendi içimde ben yaratabiliyorsam, senin bu işteki rolün ne?

Ev sahibi: Senin içindeki o basit egoist alma arzusunu başlangıçta ben yarattım ve etrafını sana zevk veren şeylerle doldurarak bu arzuyu sürekli geliştiriyorum.

Misafir: Peki bunların hepsi ne için?

Ev sahibi: Sadece peşinde koştuğun arzuların sana asla doyum vermeyeceğini göstermek için.

Misafir: Bunu şimdi görebiliyorum: İstediğim bir şeyi edinir edinmez, aldığım haz anında kayboluyor ve tekrar yeni bir şey istiyorum, ya daha büyük bir şey ya da tümüyle farklı bir şey. Dolayısıyla sürekli zevk avındayım ve aslında tam olarak hiç haz alamıyorum çünkü elimi attığım an haz ellerimin arasından kayıp gidiyor.

Ev sahibi: Özellikle bu nedenden dolayı kendi benlik hissini geliştirirsin ve bilinç edinip bu tarz bir yaşamın ne kadar geçici olduğunu anlarsın.

Misafir: Ama olanları görmemi sağlasaydın bütün bunların anlamını ve amacını anlayabilirdim.

Michael Laitman

Üst Dünyaları Edinmek

Ev sahibi: Bu resim sadece egoist varlığının tümüyle geçici olduğuna kesin karar verdikten ve yeni bir davranış mekanizmasının gerekliliğini fark ettikten sonra oluşur. Kişi kökünü ve hayatının anlamını bilmelidir.

Misafir: Ama bu oluşum binlerce yıl sürer. Ne zaman bitecek?

Ev sahibi: Hiçbir şey gereksiz yaratılmadı. Var olan her şey yaratılanlara farklı bir varoluş şeklinin olduğunu göstermek için. Bu gelişim yavaş çünkü her bir arzunun yüzeye çıkması ve ilk ham halinde kullanılmaya değer olmadığının anlaşılması lazım.

Misafir: Peki çok sayıda arzu var mı?

Ev sahibi: Bir sürü! Ve gelecekte alacağın hazla tamamen doğru orantılı. Ama yemekten aldığın haz değişmez. Birden fazla öğle yemeği yiyemezsin. Midenin hacmi değişmez. Dolayısıyla benden sana gelen ve senin de aldığın miktar değişmez.

Ama benim masamda beni mutlu etmek için yediğinde sadece bu düşünce yediğin yemeğin dışında yeni bir arzu ve yeni bir haz yaratır. Bu haz, masamda beni mutlu etmek için yemekten aldığın hazza göre boyut ve güç olarak ya da miktar ve kalite olarak ölçülür.

Misafir: Peki senin hatırın için mutlu olma arzumu nasıl artırabilirim?

Ev sahibi: Bu senin bana olan saygına ve takdirine bağlı. Senin beni ne kadar yüce gördüğüne bağlı.

Misafir: Peki sana olan takdirimi nasıl artırabilirim?

Ev sahibi: Bunun için sadece beni daha yakından tanıman gerekir. Yaptığım her hareketi görmen, gözlemlemen ve ne kadar yüce olduğuma ikna olman gerek. Yüceliğimden, merhametimden ve iyiliğimden emin olman gerekir.

Misafir: O zaman göster kendini!

Ev sahibi: Eğer arzun bana ihsan etme arzundan kaynaklanıyorsa, sana kendimi gösteririm. Ama beni görmekten duyacağın haz için bunu istiyorsan, sadece kendimi sana açmazlık etmem, daha derinlere gizlenirim.

Misafir: Neden? Senden ne şekilde olursa olsun almam değil mi önemli olan? Sonuçta benim mutluluk hissetmemi istiyorsun, o zaman neden kendini saklıyorsun?

Ev sahibi: Eğer kendimi tümüyle sana gösterirsem, sonsuzluğumdan, yüceliğimden ve bütünlüğümden o kadar çok zevk alırsın ki benim hatırım için bir şey yapamazsın. Benim için bir şey yapmak aklının ucundan bile geçmez ve tekrar utanç hissedersin. Ayrıca, aldığın haz daimi olacağından, daha önce de yaşadığın gibi, arzun azalacaktır ve o zaman tekrar arzun tükenmiş boş bir halde kalırsın.

Misafir (sonunda farkına vararak): O zaman benden gizlenme sebebin bu, bana yardım etmek! Ben de seni tanımamı istemediğini sanmıştım.

Ev sahibi: Benim en büyük arzum beni görebilmen ve bana yakın olman. Ama o zaman bundan mutluluk duymazsan ne yapabilirim? Bu ölümle aynı şey olmaz mı?

Misafir: Ama senin varlığından haberdar değilsem, nasıl ilerleyebilirim ki? Her şey kendini bana ne kadar gösterdiğine bağlı.

Michael Laitman

Üst Dünyaları Edinmek

Ev sahibi: Doğrusu, sadece benim varlığımın hissi büyümeni ve almayı istemeni sağlayabilir. Bu his olmadan, gördüklerini sadece yutarsın ve aldığın haz sona erer. Bu yüzden kendimi sana gösterdiğim zaman utanç duyarsın vereni ve verenin özelliklerini edinme arzusu hissedersin.

Misafir: O zaman bana kendini mümkün olduğunca erken göster.

Ev sahibi: Her zaman kendimi sana göstermek istememe rağmen sadece sana faydası olacağı kadarıyla göstereceğim. Ne de olsa kendimi senden kasten gizledim, sana özgür seçim yapabileceğin bir koşul bırakmak için. Bu şekilde, benim mevcudiyetimden bağımsız olarak hareket edebilir ve seçebilirsin. Ev sahibi tarafından herhangi bir baskı hissetmeden.

Misafir: Peki kendini bana nasıl gösterebilirsin?

Ev sahibi: Bu yavaş yavaş ve aşama aşama olur. En gizli seviyeden en açık seviyeye kadar her basamağa bir "dünya" denir. Son

Buradan da görüyoruz ki temel amacımız Yaradan'ın önemini kendi gözümüzde yüceltmek, yani – O'nun yüceliğine ve gücüne inancı edinmek. Bunu yapmak zorundayız zira, ancak bu şekilde kişisel egoistliğimizin hapsinden kurtulup Üst dünyaları edinebiliriz.

Daha önce de bahsettiğimiz gibi, inancın yolunu takip etmek ve kendimizle ilgili düşünceleri bir kenara bırakmak istediğimizde muazzam zorluklar yaşayabiliriz. Ondan sonra da tüm dünyadan koptuğumuzu, akıl, mantık ve geçmiş deneyimlerin desteği olmadan boşluk içerisinde asılı kaldığımızı hissederiz.

Üst Dünyaları Edinmek

Michael Laitman

Ayrıca, Yaradan'la bütünleşmek için tüm çevremizi, ailemizi ve arkadaşlarımızı terk etmiş gibi hissederiz. Bu hislerin ortaya çıkmasının nedeni Yaradan'ı, O'nun mevcudiyetini ve tüm yaratılışın üzerindeki hâkimiyetini hissetmekte Yaradan'a olan inancımızın eksikliğidir.

Ancak, Yaradan'ın varlığını hissetmeye başladığımız an kendimizi tümüyle O'nun ellerine bırakmaya, körü körüne O'nu izlemeye, kendimizi O'na karşı tümüyle etkisiz kılmaya ve içgüdüsel olarak aklımızı göz ardı etmeye hazırızdır.

Bu nedenden dolayı, ne zaman şüpheler ortaya çıksa tüm enerjimizi ve düşüncemizi Yaradan'a (O'nun hatırına -rızasına- arzusuna) adamaya değer. Varlığımızın her noktasıyla anında Yaradan'a tutunmayı arzulamalıyız. Yaradan'la ilgili bu hisse "inanç" denir!

Bunu önemli bir hedef olarak görürsek süreci hızlandırabiliriz. Bu bizim için ne kadar önemli olursa o kadar çabuk inanç sahibi oluruz.

Dahası, Yaradan'ı algılamayı ne kadar önemli kılarsak, ta ki benliğimizin daimi bir parçası olana dek, algımız da o denli güçlü olur.

Şans, bizim asla etkileyemeyeceğimiz İlahi Takdirin bir çeşididir. Ve Yukarıdan tayin edilir, bizler bireyler olarak kendi doğamızı değiştirmeye çalışmakla sorumluyuz. Sonra, Yaradan bu yöndeki çabamızı değerlendirir ve sonunda hem doğamızı değiştirir hem de bulunduğumuz dünyanın üzerine çıkarır.

Dolayısıyla, herhangi bir çaba sarf etmeden önce Üst Güçleri, şansı, ya da Yukarıdan gelecek herhangi başka bir hareketi bekleyemeyeceğimizi anlamamız lazım. Daha

ziyade anlamamız gereken şey eğer kendimiz harekete geçmezsek arzuladığımız amaca ulaşamayacağımızdır.

Ancak, bir görevi bitirdikten sonra ya da kitapları okurken, ya da herhangi başka bir çaba sarf ederken varmamız gereken sonuç şu olmalıdır: Emeklerimizin sonucunda başardığımız her şey hiçbir çaba sarf etmemiş olsaydık yine de olacaktı, zira sonuç Yaradan tarafından zaten önceden planlanmıştı. Dolayısıyla, O'nun gerçek İlahi Takdirini tümüyle anlamayı arzulayacaksak öncelikle her girişimde içimizde oluşan bu tür çelişkileri özümsemeye çalışmalıyız.

Örneğin, Yaradan'ın dünya ve onun sakinleri üzerindeki İlahi yönetimine dair tüm düşünceleri bir kenara bırakarak, güne sabah dersi ile başlamalıyız. Her birimiz sanki sonuç bizim elimizdeymiş gibi çalışmalıyız.

Ama günün sonunda, başardıklarımızın hiçbir koşul altında kendi çabamız sayesinde olduğunu hayal bile etmemeliyiz. Tüm gün yataktan çıkmasak bile yine de aynı sonuca ulaşırdık çünkü sonuç Yaradan tarafından önceden belirlenmiştir.

Dolayısıyla, gerçeği yaşamak için çaba sarf eden bir kişi bir taraftan toplumun kuralları ve doğa kanunları dahilinde yaşamak zorunda, ancak öteki taraftan da Yaradan'ın evren üzerindeki mutlak yönetimine inanmak zorundadır.

Tüm yaptıklarımızı iyi, kötü ve nötr olarak üçe ayırabiliriz. Bizim sorumluluğumuz nötr davranışlarımızı iyi davranışlara çevirmektir.

Bunu, yaptıklarımız esnasında bile sonunda Yaradan'ın arzusunun yöneteceğinin farkında olarak başarabiliriz. Örneğin, hasta olduğumuzda iyileşmemizin tümüyle Yaradan'ın elinde olduğunu bilmemize rağmen doktorumuzun verdiği ilaçları almamız ve doktorun bilgi ve

becerisinin hastalığı geçireceğine inanmamız lazım. Ancak, ilaçları doktorun tarifi üzerine aldıktan ve iyileştikten sonra, zaten iyileşeceğimize ve Yaradan'ın böyle planladığına inanmalıyız. Bu yüzden doktora teşekkür etmektense Yaradan'a teşekkür etmeliyiz. Böylelikle, pasif bir davranışı manevi bir davranışa çevirmiş oluruz ve bunu tüm nötr davranışlara uygulayarak zaman içinde bütün davranışlarımızı "manevileştirebiliriz".

Yukarıda verilen örnekler ve açıklamalar önemli çünkü manevi ilerleyişimiz önünde gerçekten çok ciddi engeller oluşturabilirler. Hatta bazen problem daha da büyür zira Yaradan'ın yönetimini anladığımızı sanmaya başlarız. Suni olarak enerjimizi her yerde var olan Yaradan'a inancımızı güçlendirmeye odaklarız ve kendi üzerimizde çalışmayı unuturuz.

Sıksık Yaradan'a olan inancımızı sergilemeye ya da tembellikten kendi üzerimizde çalışmaya gerek olmadığını düşünürüz zira her şey Yaradan'ın gücü dahilinde gerçekleşmektedir. Dahası gerçek inançla ilgili önemli sorulardan kaçarak gözlerimizi kapatıp kör inanca güveniriz.

Ancak, bu sorulardan kaçarak manevi ilerleyiş ihtimalinden uzaklaşırız. Dünyamız için şöyle denir: "Ekmeğini alnının teriyle kazanacaksın." Fakat bir şeyi elde ettikten sonra da bunun kendi çabamız ve becerimiz sayesinde olmadığını, Yaradan'ın işi olduğunu itiraf etmek oldukça zordur.

Kendi çabamızla, alın terimizle Yaradan'ın mutlak yönetimine inancımızı güçlendirmeliyiz. Yeni manevi hisler geliştirip yaşamak için İlahi yönetimin çelişkili (sadece bize çelişkili görünür zira henüz körüz) doğasını anlayıp kabul etmek için çaba sarf etmeliyiz. İşte sadece o zaman bizden tam olarak ne istenildiğini biliriz ve yeni manevi hisler yaşamaya başlayabiliriz.

Kişisel Menfaatleri Etkisiz Kılmak

Yaratılıştan önce sadece Yaradan vardı. Yaratılış süreci Yaradan'ın Kendisinin bir parçasını ayırıp gelecekte bazı farklı özelliklerle donatma arzusuyla başlar. Bu parçaya kendi "benlik" hissini vererek Kendisinden "ayırdı".

O'ndan ayrılan bu parça bizim "benlik" dediğimiz şeyi oluşturur. Yaradan'dan ayrılan bu kısmın mesafesi, Yaradan'la o parça arasındaki özelliklerin farkıdır ve "Yaradan'ın gizliliği" olarak algılanır. Bu parça Yaradan'ı hissedemediğinden Yaradan'la kendisi arasında egoist yapısından (benliğinden) kaynaklanan bir boşluk vardır.

Eğer Yaradan Kendisinden ayrılan bu parçayı yakınlaştırmak isterse o zaman karanlık boşluk o parçada bir umutsuzluk yaratır. Buna karşılık, eğer Yaradan o parçayı Kendisine yakınlaştırmak istemezse o zaman boşluk hiç hissedilmez. Algılanmayan şey parça ve Yaradan arasındaki mesafedir. Yaradan'ın Kendisi parça tarafından hissedilmez, parçanın yapabileceği tek şey O'nu algılamanın ne hissettireceğini hayal etmektir.

Karanlık olan boşluk bizim tarafımızdan maddesel zorluklar, hastalıklar ya da aile içi problemlerin sebep olduğu normal ıstırap olarak algılanır. Her ne kadar, Yaradan o parça için bir ortam (çevre) oluşturmuş olsa da buna hükmedip etkileyebilir.

Yaradan bunu nasıl ve hangi amaçla yaptı? Kendimizi ıstıraptan kurtarmak için tüm egoizmimizden kurtulmamız gerektiğini göstermek amacıyla Yaradan bizi çevremiz, çocuklar, iş, borçlar, hastalıklar ya da aile problemleri vasıtasıyla tahammül edilmez acılar koşuluna getirir, öyle ki hayat sanki dayanma gücünün ötesinde bir yükmüş gibi gelir.

Üst Dünyaları Edinmek

Michael Laitman

Tüm bu berbat koşulların bizim ihtirasımız ve bir şeyleri elde etme çabamızın sonucunda geldiğini hissederiz. Sonra, içimizde hiçbir şey istememe arzusu uyanır. Yani, artık hiçbir kişisel ilgimiz kalmaz zira bize sadece zarar getirdiğini görürüz.

Sonuç olarak, bizi egoistliğimizden kurtarması için Yaradan'a yalvarmaktan başka çaremiz kalmaz. Bu bizi tüm sorunlarımızı aşmaya zorlar ve maalesef daha fazla ıstırap getirir.

Bu yüzden Kabalist Aşlag "On Işığın Çalışması" adlı kitabın giriş kısmında (paragraf 2) şöyle yazar; "Ancak kalbindeki o çok meşhur soruyu dinlersen eminim ki Kabala çalışıp çalışmama konusundaki tüm tereddütlerin hiçbir iz bırakmadan kaybolacaktır."

Bunun nedeni, hayatımızın amacı, mutluluklarımızdan çok daha fazla olan acılarımızın sebebi ve çoğunlukla ölümü kurtuluş kılan hayatın güçlükleriyle ilgili kişinin aklından ya da bilgisinden değil tamamen kalbinden gelen bir soru olmasıdır. Ve sonunda, hayattan yorgun ve perişan olmuş bir halde göçene dek bu ıstırap girdabının bir sonu olmadığı gerçeği vardır.

Peki tüm bunlardan çıkar sağlayan kim, ya da bütün bunlarla kime fayda sağlıyoruz? Bu hayattan başka ne beklemeliyiz?

Hepimiz bilinçaltında hayatımızın anlamıyla ilgili bu soru tarafından rahatsız edilsek de bazen bizi öyle bir habersiz yakalar ki çıldırtır, yapmamız gereken şeylere olanak tanımaz, aklımızı dağıtır, umutsuzluğun derin karanlığına ve kendi önemsizliğimizin algısına iter.

Çözümümüz ise fazla derin düşünüp bu soruyu kafaya takmadan hayatın akışıyla devam etmek olur. Bu, kimsenin

düşünmek istemediği bir sorudur. Ama yine de tüm gücü ve acısıyla birlikte önümüzde durmaktadır.

Zaman zaman arzumuz dışında bu soruya dalarız ve o aklımızı dağıtır ve bizi yıkar. Sonra kendimizi tekrar kandırarak hayatın akışıyla eskisi gibi devam ederiz. Ancak, Yaradan bize öyle hisler verir ki yavaş yavaş başımıza gelen tüm talihsiz olayların ve tüm şiddetli ıstırabın hareketlerimizdeki kişisel çıkarın sonucu olduğu gerçeğinden kaynaklandığını anlarız.

Bizi "kendi çıkarımız" için hareket ettiren egoizmimiz, doğamız ve özümüzdür. Ve arzularımız asla tatmin olmadığından acı çekmeye devam edeceğiz. Bununla beraber, tüm kişisel menfaatlerimizi etkisiz kılarsak anında bedenin zincirlerinden kurtulup ıstırapsız ve sorunsuz bir dünya yaşamaya başlarız.

Egoistliğin köleliliğinden kurtulmanın yolu Kabala'da bulunur. Yaradan, tüm sıkıntılarıyla birlikte, dünyamızı özellikle Kendisiyle bizim aramıza yerleştirdi. Bunu yapmasının sebebi tüm ıstırabımızın kaynağı olan egoizmden kurtulmamız gerektiğini anlatmaktır. Acıdan kurtulmak ve Yaradan'ı, tüm hazzın kaynağını hissetmek sadece içtenlikle tüm egoizmimizden kurtulmayı arzulamakla mümkün olur.

Manevi dünyalarda, arzular hareketlere eşittir, zira samimi ve gerçek arzular anında kişinin bu arzuları yerine getirmesine sebep olur. Genel olarak, Yaradan bizi tüm kişisel menfaatlerden kurtulmamız için kesin ve nihai bir karara getirir.

Bunu, bizi muazzam acılardan geçirerek yapar ki sadece tek bir arzumuz kalsın – ıstırabı durdurmak. Bu da sadece yaşantımız içindeki günlük olayların sonucunda kesinlikle

Michael Laitman

hiçbir kişisel çıkar ya da menfaat sağlamadığımız zaman mümkün olur.

Peki, o zaman özgür kararımız nerede? Hayatta hangi yolu ve neyi seçeceğimize dair özgür seçimimiz nerede? Yaradan bizi belli bir çözüm seçmeye bedbahtlığın ortasına atarak iter, öyle ki ölüm hayata tercih edilir olur.

Ancak, bize de hayatımızı sona erdirecek gücü verip ıstıraptan kaçmamıza izin vermez. Tam tersine, bize tek çözümün ipucunu verir, tıpkı yoğun bulutların arasındaki bir boşluktan sızan çizgi halindeki güneş ışığı gibi.

Çözüm ölümde değildir, yaşamlarımızdan kaçmakta da değildir. Çözüm kişinin günlük hayatında olanlardan kişisel menfaatini çıkarmasındadır. Bize sükûnet ve dayanılmaz acılardan kurtuluşu getirebilecek tek çözüm budur.

Bu gelişim sürecinde özgür seçim diye bir şey yoktur; sıkıntılardan kurtulmak için bu yola girmeye zorlanırız. Özgür seçim daha da ilerleme yolunda kendimizi güçlendirip tüm davranışlarımızın amacını Yaradan'ın rızası için yapma kararındadır. Kendimiz için yaşamanın ıstıraptan başka bir şey getirmediğini gördük. Kendimizi sürekli olarak düzeltme ve düşüncelerimizi kontrol etme sürecine "arınma dönemi" denir.

Egoist menfaatlerin sebep olduğu ıstırap hissi o kadar keskin olmalıdır ki kişi "ekmek ve suyla yaşayıp, yerde yatmaya hazır olmalıdır." Bu deyim, hayatımızdaki tüm egoistlik ve menfaatçiliğimizden kurtulmak için her şeyi yapmaya hazır olmamız gerektiğini anlatır.

Yukarıda bahsedilen koşula ulaştıktan ve orada rahat hissettikten sonra "gelecek hayat/dünya" (Olam HaBa) olarak bilinen manevi dünyaya girebiliriz. Dolayısıyla, ıstırap bizi bencilliğimizden kurtulmanın bize faydalı olacağı

kararına getirir. Çabalarımızın sonucunda, sürekli geçmiş acıları anımsayarak, kalbimizde oluşan karara tutunarak ve onu güçlendirerek, tüm davranışlarımızın Yaradan'ın rızası için olabileceği bir koşula ulaşabiliriz.

Kendimizle ilgili olarak da gerekli ihtiyaçlar dışında başka kişisel zevkleri ve menfaatleri düşünmeye bile korkar oluruz, zira bencilliğimizin getireceği katlanılmaz acıları tekrar yaşamaktan korkar hale geliriz. Eğer tüm bencil düşünceleri aklımızdan çıkarmayı başarabilirsek, hatta en gerekli ihtiyaçlarımızı bile, o zaman tüm kişisel ihtiyaçlarımızdan kurtulmanın son safhasına ulaşmış oluruz.

Normal hayatımızda kendimiz, kişisel ilişkilerimiz, ailelerimiz, işimiz ve bu dünyada yaptığımız her şey hakkında hiç düşünmemeyi alışkanlık edinmişiz. Dışarıdan bakıldığı zaman başkalarından hiçbir farkımız yokmuş gibi görünür. Ancak alışkanlık ikinci doğamız olduğundan zaman içinde bedenlerimizde kişisel menfaatten hiçbir iz kalmaz.

Bu noktadan itibaren manevi hayatımızın ikinci safhasına geçebilir ve Yaradan'a haz vermekten mutluluk duymaya başlayabiliriz. Ancak bu mutluluk artık kendimiz için değildir, sadece Yaradan içindir, çünkü içimizdeki tüm kişisel zevkleri "öldürmüşüzdür".

Bu yüzden, bu yeni haz zamanda sonsuz ve boyutta da derinliği hayal bile edilemez bir hazdır çünkü kendi ihtiyaçlarımızla sınırlandırılmış değildir. Sadece bu noktada, bize bütünleşmedeki sonsuz sevgiyi edinme fırsatını verdikten sonra, Yaradan'ın ne kadar şefkatli ve muhteşem olduğunu görebiliriz.

Michael Laitman

Kabala Rehberin Olsun

Yaratılışın amacına ulaşabilmemiz için kişinin yolunda ardı arda gelen iki safha vardır. Birincisi, kişi kendisini bencilliğinden kurtarana kadar ıstırap ve sıkıntıları gerektirir. Ancak o ilk aşamayı geçtikten, tüm kişisel arzularımızdan kurtulduktan ve tüm düşüncelerimizi Yaradan'a yönelttikten sonra manevi mutluluklarla dolu sonsuz sükûneti Yaradan tarafından yaratılışın başında ilk planladığı gibi yaşamaya başlayabiliriz.

Bedenlerimizi egoizmden vazgeçmeye alıştırmak ister gibi bir parça ekmek, bir yudum su ve yerde yatma yolunu seçerek kendimizi tamamen yok sayma boyutuna gelmemiz gerekmiyor. Fiziksel arzularımızı zorla bastıracağımıza, Kabala metodunu kullanabiliriz, Kabala'nın Işığı her birimize tüm kötülüklerin kaynağı olan egoizmden sıyrılmamız için yardım eder.

Kabala'nın Işığı'nın bedensel arzularımızın üzerine çıkmamızı sağlayan bir gücü vardır. Ancak, Kabala'da bulunan manevi güç sadece buna inanırsak bizi etkileyebilir ve varlığımızı acı çekerek devam ettirip yok olmaktansa yaşamımızın sürekliliğini sağlar. Dolayısıyla, Kabala, çalışarak gerçekten amacımıza ulaşabileceğimize inanırsak beklediğimiz ödülü almamızda bize yardım eder; egoist arzulardan özgür kılınmak için.

Bunun hayati bir amaç olduğunu hissedenler sürekli kendilerini özgür kılmanın yolunu ararlar. Kabala çalışırken kişisel menfaatin zindanından nasıl kurtulacağımızın yollarını ararız. Kabala'ya olan inancımızın derinliğini çalışma ve araştırmaya duyduğumuz ihtiyaçla ölçebiliriz.

Eğer düşüncelerimiz sürekli egoizmden özgür kalma arayışıyla meşgulse o zaman tam inanç sahibi olduğumuz

söylenebilir. Bu sadece kişinin bu koşuldan kaçmayı başaramazsa hayatının ölümden beter olacağına kanaat getirmesiyle mümkün olur, çünkü kişisel bencillikten kaynaklanan ıstırap gerçekten ölçülemeyecek kadar büyüktür.

Sadece gerçekten kararlılıkla kurtuluşu ararsak Kabala'nın Işığı bize yardımcı olabilir. Sadece o zaman kendimizi egomuzdan çekip çıkaracak güç verilir bize. Ve sadece o zaman gerçekten özgür olabiliriz.

Diğer taraftan, bunun önemini acil bir ihtiyaç olarak belirlemeyenler ya da hiç gerekli görmeyenler için Kabala'nın Işığı karanlığa döner. Dolayısıyla, ne kadar çok çalışırlarsa o kadar egolarının derinliklerine batarlar çünkü Kabala'yı tek gerçek amacı olan ıslah için kullanmamış olurlar.

Raşbi, Ari, Kabalist Yehuda Aşlag ya da Kabalist Baruh Aşlag'ın herhangi bir kitabını açtığımızda, Kabala öğrenmeye başladığımız zaman, amacımız Yaradan'dan ödül almak olmalı – inancın gücü – ki kendimizi değiştirebilmek için bir yol bulmakta başarılı olalım. Egoist koşulumuzdayken bile hâlâ Yukarıdan böyle bir armağanın verilebileceğine güven edinmeliyiz, zira inanç sahibi olmak zıt koşula geçiş için bir köprüdür.

Ve hâlâ tüm kişisel menfaatlerimizden kurtulmak için gerekli acıları yaşamamış olsak bile Kabala bize yardımcı olur; ıstırap yerine yolumuzu başka bir tarafa yönlendirmenin yolunu bulur.

Kabala Çalışmanın Amacı

Büyük Kabalistlerin yazılarının getirdiği Işık bize iki meydan okuma getirir: İnatçılığımız ve bencil inatçılığımızın sebep olduğu ıstırabı unutma meyliniz. Tüm ıslah dua vasıtasıyla gelir, Yaradan bunu kalplerimizde görür. Gerçek bir duaya tutunduğumuzda aradığımız kurtuluş ve talep ettiğimiz ıslah ne olursa olsun buluruz. Ancak, ıslahı gerçekleştirebilmek için bedende, akılda ve ruhta tüm çabamızı buna vermeliyiz. Gerçek dua ve karşılığı, yani kurtuluş sadece kişi hem miktar hem de daha da önemlisi kalite olarak en üst çabayı gösterdiğinde gelir.

Sadece Kabala'yı doğru bir şekilde çalışarak egolarımızı nasıl kökünden söküp atabileceğimizi öğrenir ve kişisel kurtuluşu başarabiliriz. Kurtuluş özlemi o kadar güçlü olmalı ki kendimizi tamamen çalışmaya vermeli ve Kabala ilminde kendimizi aramaktan bir an bile sapmamalıyız.

Bununla beraber, eğer hâlâ kafes içindeki korku dolu bir hayvan gibi köşeye sıkıştırılmadıysak ve kalbimizin en derin köşelerinde hâlâ haz alma arzusu varsa egoistliğimizin içimizde yaşadığını anlayamayız. Egoizm, yok etmemiz gereken düşmandır.

Bunu gerçekleştirene, ıstıraplarımız vasıtasıyla kendi egoizmimizin hapsinden kaçmanın yolunu ve gücünü Kabala'da bulmak için bütün çabamızı harcayana dek egoizmimizden kurtulmamız mümkün olamayacaktır. İçimizde yaşayan egoyu mağlup etmediğimiz sürece özgürlük bizi bulmayacaktır.

Çalışmalara başladığımızda sadece bu amaç için ne kadar kararlı olursak olalım ilerleyen zamanlarda bu şevk istemeyerek kaybolabilir. Daha önce de bahsedildiği gibi, arzularımız düşüncelerimizi belirler ve aklımız bunun için destek mekanizması olarak çalışır. Akıl, kalbin arzularını yerine getirmek ve hazla doldurmak için yollar bulur.

Kabala çalışmak ile diğer yöntemleri çalışmak arasındaki fark nedir? Cevap çok basit: Sadece Kabala çalışarak kendimizi egoizmin zincirlerinden özgür kılacak gücü bulabiliriz. Kabala çalışırken ilk elden Yaradan'ın davranışlarını, O'nun özelliklerini, kendi özelliklerimizi ve maneviyatla arasındaki farkı inceleyebiliriz. Kabala bize Yaradan'ın yaratılışa yönelik amacını ve egoizmin ıslahını sağlama yollarını aktarır.

Sadece Kabala çalışarak Kabala'nın Işığını, egoistliği yenmeye yardım eden o manevi gücü edinebiliriz. Bu öğretilerin diğer unsurları sadece bizi kendi rızamızın dışında, fiziksel davranış ve kanunların açıklanmasına yöneltir.

Bazıları Kabala'yı sadece bilgilerini genişletmek için çalışırlar, eğer durum bu ise yazılarda açıklananlara sadece hikâye olarak yaklaşırlar. Ve onların bu sayfalardan Kabala'nın Işığını çekmeleri mümkün değildir. Kabala'dan sadece kendilerini iyileştirmek isteyenler fayda sağlayabilir.

Kabala manevi köklerimizin sisteminin çalışılmasıdır. Bu sistem Yukarıdan yansır. Ve çalışma metodu bir araya geldiğinde tek bir mutlak amaca yönlendiren ahenk içindeki kesin kuralların çalışılmasını kapsar: "Yaradan'ın yüceliğinin ifşa edilmesi ve bu dünyadaki yaratılan varlıklar tarafından tümüyle idrak edilmesi."

Kabala, yani Yaradan'ın algılanması, iki bölümden oluşur: Kabalistlerin yani Yaradan'ı algılamış kişilerin yazdıkları çalışmalar; ve içerisine manevi hisleri doldurabilecekleri manevi kaplar ve özgecil arzular, ya da Yaradan'ın algısını edinmiş kişiler tarafından algılanmış bilgi kütlesi.

Üst Dünyaları Edinmek

Michael Laitman

Eğer manevi yükselişe ulaştıktan sonra saf olmayan arzuların içine düşersek o zaman manevi yükselişte edindiğimiz saf arzular bu kirli arzularla birleşirler. Bu arı olmayan arzuların birikimi zamanla azalır ta ki yükselmiş saf arzuların sınırları içerisinde daimi olarak kalana kadar.

Çalışmalarımızı tamamlayıp tüm arzularımızı kendimize ifşa ettikten sonra Yukarıdan o kadar güçlü bir Işık alırız ki bizi manevi dünyada kalıcı olarak yaşatmak üzere sonsuza dek bu dünyanın kabuklarından çıkartır. Bununla beraber, etrafımızdakilerin bundan hiç haberleri bile olmaz.

"Sağ çizgi" Yaradan'ın bizim gözümüzde sürekli haklı olduğu koşulu temsil eder; Yaradan'ı her davranışında haklı görürüz. Bu duruma "inanç" denir. Manevi gelişim ve yükselişin ilk çabalarından itibaren Yaradan'a mutlak inancı edinmiş gibi davranmalıyız.

Tüm benliğimizle Yaradan'ın her şeyi azami iyilikle yönettiğini ve dünyanın O'ndan sadece iyilik gördüğünü hissettiğimizi hayal etmeliyiz. Ancak kendi durumumuzu inceledikten sonra hâlâ tüm arzuladıklarımızdan yoksun olduğumuzu görebiliriz. Etrafımıza baktığımızda herkesin farklı şekilde olmak üzere tüm dünyanın acı çektiğini görebiliriz.

Buna rağmen, kendimize tıpkı egoizmin büyütecinden görüldüğü gibi dünyanın çarpık bir resmini gördüğümüzü ve gerçek resmin bize sadece mutlak ihsan seviyesine ulaştığımız zaman görüneceğini hatırlatmalıyız. Sadece o zaman Yaradan'ın evreni ve yaratılanları mükemmel hazza doğru yönlendirme amacıyla dünyayı yönettiğini görebiliriz.

Böyle bir koşulda, yani Yaradan'ın mutlak iyiliğine olan inancımız, gözlerimizle görüp hissettiklerimize üstün geldiğinde "mantık ötesi inanç" koşulunu yaşıyoruz demektir.

Michael Laitman

Üst Dünyaları Edinmek

Manevi İlerleyiş

Nasıl kendi gerçek konumumuzu doğru olarak tespit edemiyorsak aynı şekilde manevi düşüşte ya da yükselişte olup olmadığımızı da tespit edemeyiz. Kendimizi manevi olarak düşüşte hissetsek de, bu durum Yaradan'ın bize gerçek konumumuzu gösterme isteği olabilir. Bu bize kendi menfaatimiz olmadan hareket edecek durumda olmadığımızı ve anında ümitsizliğe düştüğümüzü gösterir. Hatta bazen depresyon ve bazen de öfke yaşarız çünkü bedenlerimiz böyle bir hayattan zevk alamamaktadır.

Ancak bu eksiklik koşulu manevi bir yükseliştir, zira bu durumda gerçeğe öncekinden, bu dünyada mutlu yaşadığımız halimizden daha yakınızdır. Denir ki; "kişi bilgisini artırdıkça, üzüntüsünü artırır" Buna karşılık, manevi yükselişte olma hissi sadece kişinin kişisel düşkünlüğü ve kendini beğenmişliğinin yanlış anlaması da olabilir.

Sadece Yaradan'ı ve O'nun tüm yaratılanlar üzerindeki İlahi Takdirini algılayan bir kişi içinde bulunduğu manevi koşulu doğru tayin edebilir. Yukarıda bahsettiklerimiz üzerine diyebiliriz ki, kişisel gelişim yolunda, egomuzu düzeltmekte ilerledikçe, kendimizi geliştirmek ve çalışmak için ne kadar çok çaba sarf edersek niteliklerimizi o kadar daha yakından tanımaya başlarız.

Her çabada, her geçen gün, her hareketimizde bir şey başarabileceğimizle ilgili kendi yeteneklerimiz bizi giderek daha çok hayal kırıklığına uğratır. Çabamızda ümitsizliğe kapıldıkça, Yaradan'a olan yakınmalarımız artar. Ondan sonra, bu karanlık cehennemden, kendimizi içinde bulduğumuz fiziksel arzular zindanından çıkarılmayı talep ederiz.

Üst Dünyaları Edinmek — Michael Laitman

Bu şekilde olaylar devam eder ta ki, kendi potansiyelimizden yorgun düşüp, gücümüzün yettiği her şeyi en son noktasına kadar yaptıktan sonra anlarız ki kendimize yardım edemeyiz. Bütün bunlar, başımıza gelen her şey, tüm yaşadıklarımız bizi yardım için O'na dönmeye zorlamak ve O'nunla bir bağ oluşturma arzusu geliştirmemiz içindir.

Ancak bunun olabilmesi için yalvarışlarımız kalbimizin derinliklerinden gelmelidir, bu da sadece tüm gücümüzü ve olanaklarımızı tüketip çaresizliğimizi anladıktan sonra mümkün olabilir. En büyük düşmanımız olan kendi egolarımızdan kurtulmanın sadece Yukarıdan gelecek bir mucizeyle olabileceğini anlamış olarak ancak tüm benliğimizden gelen ve tek arzumuz olan bir talep Yaradan tarafından cevap bulur. İşte o zaman Yaradan egoist kalbi manevi bir kalple değiştirir, "taştan bir kalbi etten bir kalbe" dönüştürür.

Yaradan bizi ıslah edene kadar, ilerledikçe kendimizi daha kötü görmeye başlarız. Aslında belli bir dereceye kadar hep böyle kötüydük, fakat manevi dünyaların özelliklerini anladıktan sonra kişisel arzularımızın manevi dünyalara ne kadar zıt olduğunu hissetmeye başlarız.

Ancak, yorgun ve ümitsiz olmamıza rağmen bedenlerimiz üzerinde yeniden hakimiyet kurabiliriz. Sonra, tüm muhakemeleri yapıp da içinde bulunduğumuz koşuldan başka çıkış yolunun olmadığına kanaat getirdiğimizde hislerimizin gerçek sebebini anlayabilir ve kendimizi ümitsizliğe kapılmadan iyimser olmaya zorlayabiliriz.

Bunu yaparak, dünyanın yönetiminin adil olduğunu, Yaradan'ın merhametini ve dünyanın yöneticisi olduğunu doğrulamış oluruz. Ve bundan sonra, Yaradan'ın Işığını almak için manevi açıdan uygun hale geliriz çünkü inancı

mantığın üzerine çıkartarak çevremizde olan her şeye bakış açımızı inancımız üzerine kurarız.

Manevi olarak ilerleyen bir kişinin hayatında tüm gücünün tükendiği, tüm çabanın harcandığı ve hâlâ o çok istediği amacı gerçekleştiremediğini anladığı andan daha değerli bir zaman yoktur. Zira ancak böyle bir koşul altında kişi Yaradan'a kalbinin derinliklerinden talep edebilir, çünkü artık kendi çabalarının ona yardım edemeyeceği gayet açıktır.

Ancak kişi tüm çabasını tüketene kadar arzuladığı amacı gerçekleştirmek için dışarıdan yardıma ihtiyaç olmadığına hâlâ emindir. Ve hâlâ içtenlikle yardım dileyemediğinden, hedefe ulaşmak için daha yoğun çaba sarf etmesi gerektiğini söyleyen egosunun kandıran sesine yem olur.

Ancak kişi egosuyla olan mücadelesinde kendisinin daha zayıf olduğunu gördükten sonra bu düşmanla baş edebilmek için yardıma ihtiyacı olduğunun farkına varır. Ve o zaman egoyu yenmekte kendisinin önemsizliğini ve başarısızlığını görür ve Yaradan'a boyun eğip O'ndan yardım istemeye hazır hale gelir.

Kişi bu düşük seviyeye ulaşana kadar, sadece Yaradan'a olan gayretli duasının kendisini doğasının derinliklerinden çıkarabileceğinin farkına varamaz.

Üst Dünyaları Edinmek

İnanç: Yaradan'ın Tekliğine İnanmak

Yaradan'ın tekliğine olan inanç, kendimiz de dahil olmak üzere, tüm dünyayı Yaradan'ın elindeki alıcı kaplar olarak görmektir. Ve tersi de şöyledir; kendimizin olayları herhangi bir şekilde etkileyebildiğimizi sanıyorsak, Tek olan Yaradan'ın Arzusundan başka dünyada birçok gücün olduğuna inanıyoruzdur.

Dolayısıyla, egomuzu yok ederek kendimizi dünyanın içinde bulunduğu gerçek koşul olan Yaradan'ın Arzusundan başka bir şeyin var olmadığı koşuluna getiririz. Ancak, bu zamana dek Yaradan'ın Tekliğine inanarak hareket etme hakkına layık olamayız, dolayısıyla manevi gelişimimiz etkisiz kalır.

Yaradan'ın Tekliğinden emin olmanın tek yolu kendi üzerimizde ve doğru arzuları yetiştirmede çok çalışmaktır. Ancak Yaradan'la tüm algılarımızla mutlak bütünlük sağladıktan sonra, yani tüm dünyaların En Üst seviyesine ulaştıktan sonra, O'nun Tekliğini anlayabiliriz. Ancak o zaman realitenin kusursuz maksadıyla uyum içerisinde hareket edebiliriz.

Bu koşula ulaşmadan önce kendi içinde bulunduğumuz seviyenin kurallarına göre hareket etmeliyiz, hayal gücümüzün ürünü olan bir rüya âlemine göre değil. Mevcut seviyemizde gerçekten ilerleyebilmek için çalışmanın başında kendi gücümüze olan inanç ile, hiç çaba sarf etmeseydik yine de aynı ilerlemeyi göstereceğimize olan inancı birleştirmeliyiz.

Tüm evrenin Yaradan'ın planı dahilinde ve O'nun yaratılış düşüncesiyle geliştiğini anlamamız lazım. Her şeyin Yaradan'ın planına göre işlediğini ancak tüm çabamızı sarf ettikten sonra söyleyebiliriz.

Michael Laitman

Üst Dünyaları Edinmek

Manevi özellikler olan mutlak ihsan ve sevgi koşulları insanın idrak kapasitesinin çok üzerinde olan özelliklerdir. Bunun kısaca sebebi, insanoğlunun böyle duyguların nasıl var olacağını bile anlayamamasıdır, çünkü herhangi bir hareket yapmak için herkes bir karşılığa ihtiyaç duymaktadır.

İşin aslı, kişisel herhangi bir menfaat dışında insan kendisini hareket ettiremez. Bu yüzden ihsan etme gibi bir özellik bize sadece Yukarıdan verilebilir ve sadece bu özelliği yaşayanlar bunu anlayabilirler. Peki, eğer bu özellik bize cennetten veriliyorsa, neden bu özelliği edinmek için bu kadar çok çaba harcayalım? Kendi emeklerimiz zaten başarısız olmayacak mı, yani Yaradan bize yardım edip yeni özellikler ve doğa verene kadar?

İşin açıkçası, bizim aşağıdan dua edip Yukarıya değişim talebinde bulunmamız gerekmektedir. Yaradan'a niteliklerimizi değiştirmesi için çok güçlü bir arzu ifade etmeliyiz, zira sadece arzu gerçek ve güçlüyse Yaradan bunu kabul eder. Yaradan'ın bu duayı kabul etmesi için arzumuzu güçlendirmeye çok büyük gayret sarf etmeliyiz.

Bu amaca ulaşmaya çalışırken, zaman içinde ne kendi arzumuzun ne de gücümüzün olduğunu anlarız. İşte o zaman Yaradan'dan gerçek bir talepte bulunuruz: Bizi eski özelliklerimizden özgür kılması ve yeni bir özellik – bir ruh vermesi için.

Fakat bu, değişmek için tüm çabamızı, becerimizi ve gücümüzü önce kendimiz kullanmadan mümkün olmaz. Tüm bu gayretin hiçbir fayda getirmediğine ikna olduktan sonra kalbin derinliklerinden yardım feryadı ederiz, işte buna Yaradan cevap verir.

Niteliklerimizin değişmesi için bu haykırışı ancak ne bir arzumuzun ne de bedenimizin herhangi bir uzvunun doğamızın böyle bir değişimine razı gelmediğini gördükten sonra yapabiliriz, böylelikle koşulsuz olarak kendimizi Yaradan'ın ellerine bırakırız. Aslında, kendi doğamıza esir kalmakla özgeciliğin esiri olma arzumuz eşittir.

Ancak bedenimizin böyle bir değişime asla müsaade etmeyeceğini gördükten sonra kalbimizin derinliklerinden bir talepte bulunabiliriz. Ancak o zaman Yaradan talebimizi kabul eder ve tüm egoist özelliklerimizi özgecil olanlarla değiştirerek karşılık verir ki ancak böylelikle Yaradan'a yakınlaşabiliriz.

Eğer bu dünyada kendi rızamız dışında çalışmak zorunda olduğumuzu düşünecek olursak o zaman günün sonunda tüm çabamızın sonucu ne olacak? Bu dünyada harcadığımız tüm çabanın anlamı ne? Bu sorulara baktığımız zaman kendimizi değiştirmek için çalışmanın o kadar da imkânsız olmadığı sonucuna varırız.

Ve değişimi gerçekleştirdiğimizde, değişen özelliklerimiz içsel çabamızın sonucu olarak bize muazzam hazlar ifşa eder. Haz, ne için çalıştığımızı gördüğümüzde daha da artar. Dolayısıyla, harcadığımız çaba bize artık bir yük değil mutluluk getirendir. Çabamız arttıkça bu yeni nitelikleri edinmekten daha mutlu oluruz zira şimdi sahip olduğumuz bu niteliklerin her biri için anında yüce ve daimi bir ödül alırız.

Kendi hayatımızda bile heyecan ve hevesin zorlukları aşmamızı ne kadar kolaylaştırdığını görebiliriz. Eğer birisine çok saygı duyuyorsak ve o kişi bizim gözümüzde dünyanın en yüce insanıysa, o zaman bu saygıdeğer kişi için yapacağımız her şey ve hatta onun için bir şey yapma fırsatı bile bize mutluluk ve minnettarlık getirir.

Michael Laitman

Üst Dünyaları Edinmek

En büyük çaba bile zevk verir. Dans etmeyi ya da spor yapmayı çok seven bir insan gibi; harcadığı çabayı iş olarak değil haz olarak düşünür. Bu nedenden dolayı, Yaradan'ın yüceliğini hisseden ve fark eden biri O'na mutluluk verme fırsatından büyük zevk alır. Dolayısıyla, daha önce kişiye kölelik gibi gelen şey, sonradan mutluluklarla dolu özgürlüğe dönüşür. Sonuç olarak, eğer manevi arzular bize zor geliyorsa ve maneviyatı edinmek için müthiş bir çaba sarf etmemiz gerekiyorsa o zaman Yaradan henüz bizim gözümüzde ve algımızda yeterince büyük değildir ve biz dikkatimizi maneviyatı edinmektense başka şeylere yöneltiyoruz demektir.

Başka hedeflerin peşinden koştukça Yaradan'dan hiç bir destek alamayız ve öncelikli amacımızdan gitgide uzaklaşırız. Yaradan'a doğru çabalarken bile O'nun manevi desteğini hemen alamayız. Zira çabamızdan dolayı hemen zevk almaya başlarsak o zaman egomuz elbette bu zevkten çok mutlu olur ve gayreti sırf bu zevki hissedebilmek için gösteririz.

O zaman da egoist doğamızın üzerine yükselip saf özgeciliği edinme fırsatını kaçırırız. İdeal olarak, sadece manevi gelişimden alınan hazlarla ilgilenmeliyiz çünkü bunlar diğer tüm hazlardan daha büyüktür.

Algılarımız

Bir şahıs belli bir işi sürekli yaptığında o işle ilgili nesnelerle ve terimlerle ilgili bir anlayış geliştirir. Dolayısıyla, bir insanın alışkanlık sonucu tecrübe edinmeye başlayamayacağı hiçbir şey yoktur, önceden o işle ilgili hiçbir bilgisi olmamış olsa bile.

Ancak, algılarımız ve anlayışımız çok önemli bir sınırlama altındadır: Bizler kendimizi algıladığımız nesneden ayrı olarak görüyoruz. Algılayan bir insan var ve algılanan bir nesne var. Buna benzer olarak, anlayan bir insan var ve insandan ayrı olarak da, anladığı bir nesne var.

Algılamanın ortaya çıkması için nesneyle kişi arasında belli bir temas olması gerekir: bu bir bağdır, ikisini birleştiren bir şey, algılama esnasında ortak sahip oldukları bir şey. Etrafımızı saran her şeyi sadece algımız vasıtasıyla kavrayabiliriz. Algıladığımız şeyleri gerçek ve güvenilir olarak değerlendiririz.

Bununla beraber, etrafımızı saran her şeyi objektif olarak algılayamadığımızdan duyularımızın bizim için yarattığı resimleri gerçek farz ediyoruz. Ancak, duyularımızın ötesinde evrenin nasıl bir şey olduğunu, ya da farklı algılarımız olsaydı her şeyi nasıl algılardık bilmiyoruz. Bunun sebebi gayet açık; çevremizi algıladığımız kadarıyla realitenin hissini ediniyoruz, duyularımızın doğru olduğunu varsayıp onlarla algıladıklarımızın realitenin gerçek resmi olduğunu kabul ediyoruz.

Yaradan ve yaratılan varlık dışında hiçbir şeyin olmadığı varsayımından yola çıkarak diyebiliriz ki, Yaradan bilincimizde, duyularımız sayesinde yarattığımız resimler ve algılarımız vasıtasıyla ifşa olur. Manevi yükselişin her safhasında bu resim giderek gerçeğe daha da yakınlaşır, ta ki sadece Yaradan'ı algıladığımız son safhaya gelene kadar. Dolayısıyla, tüm dünyalar, dışımızda var olduğuna inandığımız her şey, sadece kişiye ilişkin olarak vardır, yani her şey kişi gerçeği nasıl algılıyorsa o şekilde vardır.

Eğer Yaradan'ı ya da Yaradan'ın şu an üzerimizdeki hakimiyetini algılamıyorsak, o zaman "karanlıkta" kaldığımızı söyleyebiliriz. Buna rağmen, evrende güneşin olmadığını da söyleyemeyiz çünkü algılarımız özneldir. Realiteyi sadece bu şekilde yorumlayabiliyoruz.

Eğer Yaradan ve O'nun hakimiyetinin eksikliğinin tamamen öznel ve dolayısıyla değişime meyilli olduğunu anlarsak o zaman arzumuza istinaden gösterdiğimiz çaba ve belirli kitapların ve hocaların yardımıyla manevi olarak yükselmeye başlayabiliriz. Dahası, manevi yükselişe geçmeye başladıktan sonra, Yaradan'ın bizi karanlığın içinde bırakmasının tek nedeninin Yaradan'a olan bir özlem ve ihtiyaç geliştirmemiz için, bizi Kendisine yakınlaştırmak için olduğunu anlayabiliriz.

Gerçekten de, Yaradan bu tür koşulları özellikle Kendisine yakınlaştırmak istediği kişiler için düzenler. Dolayısıyla, kişinin karanlık koşulundan çıkarak manevi yükselişe geçmesinin Yaradan'a mutluluk getirdiğinin farkına varmak çok önemlidir, zira kişi ne kadar büyük bir karanlıktan çıkarsa Yaradan'ın yüceliğini o kadar berrak görür, böylelikle edindiği manevi seviye o kadar değer kazanır.

Ancak kişi karanlığı algıladığı, Yaradan'ın yönetimine karşı kör ve inançsız olduğu zaman bile kendi arzusunun gücünü kullanarak, kitapların ve hocasının yardımıyla bir çıkış yolu bulmaya çalışmalıdır, ta ki en azından Işığın küçücük bir huzmesini görüp Yaradan'ı çok az da olsa hissedene kadar.

O zaman, sürekli olarak Yaradan düşüncesini geliştirerek bu Işık huzmesini giderek güçlendirip karanlıktan çıkıp Işığa girebiliriz. Hatta daha da ileri giderek, bu karanlık safhaların manevi yükseliş için gerekli olduğunu ve hatta bu koşulun arzulanır bir durum olduğunu, Yaradan tarafından gönderildiğini anlarsak o zaman tüm bu koşulları hoş karşılarız, zira Yaradan gölgeleri algılayabilme hediyesini ya da tamamen karanlık olmayan bir yerden Işığın kaynağını arama fırsatını bize bahşetmiştir. Ama Işığa geçmek için verilen fırsatı kullanmazsak, o zaman Yaradan Kendisini bizden tümüyle gizler.

Yaradan'ın varlığının ve hükmünün hissedilmediği mutlak karanlık çöker. Bu durumda nasıl olup da manevi bir olaya adım attığımızı anlayamaz oluruz, kendi mantığımızı ve realiteyi nasıl boş verdiğimizi kavrayamayız. Bu mutlak karanlık Yaradan bir daha küçük bir Işık huzmesi yansıtana kadar devam eder.

Maneviyatın Yapısı

Kişinin arzularına "alıcılar" (kaplar-Kelim) denir ve içlerinde manevi Işık ya da haz barındırabilirler. Ancak özlerinde, bu arzular manevi Işığın özelliklerine benzer olmalıdırlar. Yoksa, Manevi Nesnelerin Form Eşitliği kanununa göre Işık bu arzulara giremez.

Manevi nesnelerin faaliyetleri – yakınlığı ya da mesafeleri, ya da birleşip bütünleşmeleri her zaman özelliklerin benzerliği prensibine bağlıdır. Yaradan Kendisine dönmek isteyen kişiye ihsan eder. Dolayısıyla, kişinin kalbi ya da kabı benliğinden egoistliğini arındırdığı kadarıyla Yaradan'ı algılayabilir. Bu, Işık ve kabın (alıcının) Özelliklerinin Eşitliği Kanunu'na uymaktadır.

Michael Laitman

Aslında, manevi yükselişe içinde bulunduğumuz herhangi bir koşuldan başlayabiliriz. Anlamamız gereken şey, mümkün olabilecek tüm koşullar içinde bulunduğumuz koşulun, en iyisinden en kötüsüne kadar, manevi gelişim yoluna girmemiz için Yaradan'ın bizi içine koyduğu en uygun koşul olduğudur. Bu yüzden, şu an içinde bulunduğumuz koşullardan başka türlü bir zihinsel düşünce, tavır ya da herhangi dış bir koşul, bize ne kadar ümitsiz ya da kederli gelse de, manevi gelişimimiz için ne daha faydalı ne de daha uygun olamaz. Bunun farkında olarak, Yaradan'a yardım için seslenebilme fırsatı bulduğumuzdan dolayı sevinmeli ve O'na teşekkür etmeliyiz, ne kadar tahammül edilemez perişan bir durumda olsak bile.

Nihai amaca ulaşıldığında bile sonsuz olan ve evrenden kaybolmayan bir şeye "manevi" denir. Diğer taraftan ise, egoizm (doğuştan doğamız gereği bulunan tüm arzular ve insanın özü), "maddesel" olarak kabul edilir, çünkü ıslah oldukları an kaybolurlar. Sadece özümüz, biçiminin değiştiği ıslahın sonuna kadar kalır. Eğer arzularımız ıslah olup özgecil olurlarsa, o zaman doğuştan gelen olumsuz yanlarımız bile Yaradan'ı anlamamızı sağlar.

Manevi bir yer gerçek bir mekânla ilişkilendirilmemelidir. Manevi özelliklerini ıslah ederek bu konuma gelen herkes aynı şeyleri görüp algılar.

Yaradan'ın merdiveninde 125 basamak vardır. Bu basamaklar eşit olarak beş manevi dünyaya ayrılır: Adam Kadmon, Atsilut, Beria, Yetsira ve Asiya dünyaları. Belli özeliklerine göre her seviye Yaradan'ın farklı bir algısını sağlar. Dolayısıyla, belli bir seviyenin özelliklerini edinmiş bir kişi Kabala ve Yaradan'ı tümüyle yeni bir şekilde görür.

Aynı manevi seviyeyi edinen kişi o seviyedeki herkesle aynı algıları yaşar.

Kabalistler yazılarında: "İbrahim, İshak'a şöyle dedi", dediklerinde bu, Kabalistlerin İbrahim'le aynı seviyede bulunduklarını göstermekteydi. Dolayısıyla, Kabalistler aynı seviyede olduklarından dolayı İbrahim'in İshak'a nasıl karşılık verdiğini anlamışlardı.

Yaşamı süresinde, Kabalist Yehuda Aşlag tüm 125 basamağı edindi. Bu yüce seviyeden Kabala'yı yazdı ve bizler de bu nesilde çalışabiliyoruz. Bu seviyeden, Kabala'nın temel kitabı olan Zohar Kitabı'nın tefsirini yazdı.

125 basamağın her basamağı nesnel olarak mevcuttur; her bir basamağı hisseden kişiler aynı şeyleri görürler, tıpkı dünyamızda aynı yerde olan kişilerin çevrelerinde aynı şeyleri görmeleri gibi.

En küçük bir özgecil arzuyu edinir edinmez inişleri ve çıkışları olan manevi bir yolculuğa başlarız: Bir an kendimizi Yaradan'ın önünde tümüyle etkisiz kılmaya hazır oluruz ama bir sonraki an bunu bir saniyeliğine bile düşünmeyiz. Birden, maneviyat fikri bize tümüyle yabancı gelir ve sanki aklımızdan çıkartılır.

Bu bir annenin çocuğuna yürümeyi öğretmesine benzer. Anne çocuğu ellerinden tutar ve çocuk desteği hisseder; sonra ellerini birden çeker ve çocuğu bırakır. Çocuk kendisini tümüyle desteksiz ve terk edilmiş hissettiğinde annesine doğru bir adım atmak zorunda kalır. Sadece bu şekilde bağımsız olarak yürümeyi öğrenebilir.

Bu nedenle, Yaradan bizi aniden terk etmiş gibi görünse de aslında O bizim kendi başımıza bir adım atmamızı beklemektedir.

Üst dünyaların mutlak bir durağanlık içinde olduğu söylenir. "Durağan" kelimesi arzularda hiçbir değişimin olmadığı anlamına gelir. Sadece ihsan etme arzusu hiç değişmez. Hem içimizdeki egoist dünyanın hem de manevi özgecil dünyanın tüm hareket ve davranışları bir arzunun başka bir arzuyla değiştirilmesini gerektirir. Eğer böyle bir değişim olmazsa hiçbir hareket olmamış ve ilerleme sağlanmamış demektir. Bu durum, ilk arzu sürekli canlı ve yoğun olsa ve kişiye rahat vermese de geçerlidir. Eğer arzu sabit ve sürekliyse o zaman bir hareket yoktur. Dolayısıyla, Üst Işık mutlak bir hareketsizliktedir denildiği zaman, Yaradan'ın bize iyilik yapma arzusunun hiç değişmediği ve sabit olduğu anlamına gelir. Işık Denizinin ortasındayız, ancak içimizde "benliğimiz" dediğimiz parça bencilliğin kabuğuyla giydirilmiştir, bu yüzden içinde yüzdüğümüz Işıktan hiçbir haz almadan sadece yüzeyinde gitmekteyiz.

Sahte Zevkler

Toplumun gözüyle bu dünyanın zevkleri olarak kabul edilen hazlar bir kaç kategoriye ayrılabilir; toplumdaki konum (zenginlik, şan, şöhret), doğal hazlar (aile), suça ait (başkalarının hayatlarının bedeliyle elde edilen) hazlar, yasa dışı (başkalarının mal varlığıyla edinilen) hazlar, aşktan ileri gelen (romantik hazlar) vs. Bunların hepsi toplum tarafından anlaşılan şeylerdir, bazıları ayıp karşılanıp cezalandırılsa dahi.

Ancak belli bir zevk vardır, hiçbir toplumda kabul görmez, her zaman toplum tarafından protesto edilir ve bununla mücadele için çok para harcanır, buna rağmen belki de topluma zararı en önemsiz olandır.

Örneğin, uyuşturucu bağımlıları, genel olarak, yapmacıksız, kendi iç hislerine derinden gömülmüş insanlardır. Peki, o

zaman neden topluma çok az bir tehdit olan bu insanların mutluluğuna izin vermiyoruz? Neden bu insanların cezai yaptırımı olan ve başkalarına zarar vermeyen hazlardan farklı olan gösterişsiz, huzurlu mutluluklarına ulaşmalarına izin vermiyoruz?

Cevabı çok basit, sahte zevkler bizi gerçek amacımızdan saptırır. Kendimizi unutmamıza, hayatımızı şaşkınlık içinde bunların peşinde koşarak geçirmemize neden olur. Peki, o zaman bizi çeken tüm nesneler sahte hazlar mıdır? Gerçek hazzı arayıp maneviyata döneceğimize sürekli değişen moda, hayat tarzımızı iyileştirmek ve yeni ürünler üretmekte doyum arıyoruz. Sanki hayat bize yeterince mutluluk vermeyecekmiş korkusuyla zevk alacağımız şeylerin tükenmemesi için bir yarış içerisindeyiz. Peşinden koştuğumuz şeyi edinir edinmez de bir başka amaç ediniriz çünkü edindiğimiz şey kısa süre içerisinde cazibesini yitirir. Zira, yeni zevklerin ümidi, aranıp peşinden koşulması olmasa yaşamak için bizi teşvik edecek bir şeyimiz olmazdı. Öyleyse, tüm davranışlarımız ve hayat tarzımız, sürekli peşinde koştuğumuz şeyler, bunlar da farklı bir tür uyuşturucu değil mi?

Bir uyuşturucu bağımlısının aldığı zevk ile sıradan ve maddi şeylerden alınan zevk arasında ne fark var? Neden Yaradan, İlahi Yönetim, uyuşturucudan alınan zevklere karşı? Neden insanların dünyada uyuşturucuyu yasaklayan yasalar çıkarmalarını sağlıyor? Neden aynı yaklaşımı bu dünyanın diğer tüm maddi nesnelerine uygulamıyoruz?

Dünyamızda uyuşturucu yasaktır çünkü bizim gerçeklerden kaçabilmemizi sağlayan bir araçtır. Egoist arzularımızın eksikliğinden kaynaklanan hayatın acılarıyla ve mutluluklarıyla yüzleşmemize engel olmaktadır. Aslında bu acılar bizi geliştirmek için bir araçtır, zira değişmek için maneviyata yönelenlerin sayısı nüfusun çok az bir kısmıdır.

Paradoksal olarak, Yaradan'a hep zorluk anlarında döneriz, üzüntüyle çalkalandığımız zamanlarda. Acı çektiğimiz zaman Yaradan'a sırt dönmememiz de hayli ilginçtir, çünkü acıların hepsi Yaradan'dan gelir.

Uyuşturucu sahte bir zevk kaynağıdır ve dolayısıyla yasaklanmıştır. Uyuşturucunun etkisi altında olanlar zevk hayalinin etkisi altındadır ve bu durum kişinin gerçek manevi mutluluğa giden yolu aramasını engeller. Bu nedenden dolayı, aslında uyuşturucu topluma doğrudan bir zarar vermediği halde bilinçaltında toplumlar tarafından en tehlikeli alışkanlık olarak görünür.

Yardım İçin Talep

Yaradan'ın içimizde yarattığı tek şey egoizmimizdir. Eğer bencilliğimizin etkilerini hükümsüz kılabilirsek, o zaman tekrardan sadece Yaradan'ı algılarız ve egoist özelliğimiz kaybolur, tıpkı yaratılıştan önceki halimiz gibi.

Kendi üzerimizde çalışırken, hem Yaradan'a kıyasla bulunduğumuz alt seviyenin hissini hem de insanın tüm yaratılışın merkezi olarak yaratıldığına dair bir gurur hissini birlikte geliştirmeye çalışmalıyız. Eğer tüm yaratılışın amacını yerine getirirsek bu koşula uyum sağlarız; aksi taktirde bir hayvandan farkımız olmaz.

Bu iki çelişkili koşulu yaşamanın sonucunda, Yaradan'a yönelik iki karşılık oluşur: Birincisi yardım etmesi için bir talep, ikincisi manevi yükseliş fırsatı verildiği için minnettarlığın dile getirilmesi.

Manevi ilerleyişin ana prensibi Yaradan'dan yardım talep etmek ve manevi gelişim arzumuzu artırmasını istemektir. Bu gücü hediye olarak talep etmek geleceğimizle ilgili korkumuzu yenmemizi sağlar. Dahası, bencil eğilimimizin tersine hareket ederek Yaradan'ın yüceliğine, gücüne ve bütünlüğüne olan inancımızı artırmalıyız.

Dolayısıyla, sürekli yüzeye çıkan kişisel mantığımızla ilerleme isteğimizi bastırabilmek için Yaradan'dan yardım istemeliyiz. Bazılarımız dualarımız esnasında değişik niyetler (ya da hareketler) içerisinde gezinirler. Ancak Yaradan ağzımızdan çıkan kelimeleri duymaz, kalbimizdeki hisleri okur.

Bu yüzden, kalbimizde hissetmediğimiz, içsel anlamı olmayan ya da Kabalistik dua kitaplarından bir takım sembol ve niyetleri okuyup güzel sözler mırıldanarak enerjimizi boşa harcamamız son derece mantıksızdır. Bizden istenilen tek şey tüm varlığımızla Yaradan'a doğru çabalamamız, arzularımızın özünü anlamaya çalışmamız ve Yaradan'dan bunları değiştirmesini istememizdir. En önemlisi, asla Yaradan'la olan bağlantımızı kesmemeliyiz!

Kabalist Baruh Aşlag'ın Anısına

Yaradan dünyamızı oluşturan bir takım şeyleri kullanarak bize etki eder. Yaşadıklarımızın tümü Yaradan'dan mesajlardır. Eğer Yaradan'ın İlahi hareketlerine doğru karşılık verirsek Yaradan'ın bizden ne beklediğini açıkça anlar ve O'nu hissederiz.

Yaradan sadece etrafımızdaki insanları kullanarak değil, dünyada var olan her şeyi kullanarak bizi etkiler. Dünyamızın yapısı öyledir ki Yaradan bizi kendisine ve yaratılışın amacına yakınlaştırmak için yönlendirir.

Michael Laitman

Genelde günlük hayatımızda karşılaştığımız durumlarda Yaradan'ın varlığını hiç hissetmeyiz. Bunun nedeni niteliklerimizin Yaradan'ın özelliklerine ters olmasıdır ve bu Yaradan'ı hissedebilmemizi imkânsız kılar. Yaradan'a benzer özellikler edinmeye başlar başlamaz Yaradan'ı o oranda hissetmeye başlarız.

Dolayısıyla, üzerimize zorluklar yağmaya başladığında kendimize sormalıyız: "Bu neden başıma geldi?" "Neden Yaradan bana bunu yapıyor?" Kutsal kitapların birçoğunda bahsedilmesine rağmen 'cezalandırma' diye bir şey yoktur.

Bencil hislerimize yönelik zorla yol aldırıldığımız, sadece "teşvikler" vardır. Olanlara karşı duyarlılığımız sadece ne hissettiğimizi anlamak için yardımcı bir mekanizmadır. Hayatımızı ne zaman gözden geçirsek, kendimizi büyük bir sınıfın içerisinde, Yaradan'ı da öğretmen olarak bizlere almak istediğimiz bilgiyi veriyormuş gibi düşünmeliyiz. Bu, aşama aşama yeni gelişen manevi his organı vasıtasıyla Yaradan'ın hissini içimizde uyandırır.

Yaradan yükselebilmemiz için bir merdiven yaptı. Bu hareket eden bir merdivendir. Bu merdiven Yakup'un rüyasında belirdi ve Baal HaSulam Kabalist Yehuda Aşlag ile oğlu Baruh Aşlag tarafından tasvir edildi.

Sık sık bu merdiven tarafından sembolize edilen bilginin kaynağına sırtımızı dönüyoruz ve sadece büyük çabayla tekrar yüzümüzü dönüp Yaradan'a doğru ilerleyebiliriz. Bu yüzden Yaradan bizlere öğretmenler, kitaplar ve çalışma arkadaşları gönderir.

Kabala öğretilerini takip eden öğrenciler fiziksel dünyada yaşarlar ama bencilliklerinin ağır yüküyle. Bu yüzden kendilerine fiziksel olarak yakın olup aynı zamanda

manevi dünyalarda yaşayan erdemli hocaları doğru düzgün anlayamazlar.

Kendi mantık ve fikirlerini bir kenara bırakabilen ve kendisini bu erdemliği anlatan hakiki kitapların yazarlarının yolunu izleyebilenler bilinçsiz olarak manevi dünyayla bağ kurabilir. Yaradan'ı bizim dünyamızda görüp hissetmediğimizden bilincimizi O'na teslim etmemiz mümkün değildir.

Bir öğretmenin ya da ustanın düşünceleri öğrenciye girip inanç oluşturabilir. Bu hocasının manevi AHaP'ına denktir: Avzen (kulak), Hotem (burun), Pe (ağız) – bunlar alıcılarını (arzularını) temsil eder ve aşağı doğru iner, GE (Galgalta ve Eynayim), bu alttakinin özgecil alıcılarını temsil eder (yani öğrencinin). Öğrencinin hocasının AHaP'ına yükselmesi demek hocasının düşünceleri ve erdemliğiyle bağ kurması demektir. Benzer bir şekilde, eğer bir öğrenci erdemliğin yazılarının AHaP'ını çalışmaya başlarsa, geçici olarak yükselir ve maneviyat ona açılır.

Ne zaman Baal HaSulam, Şimon Bar Yohai gibi Kabalistlerin çalışmalarını okusak bu yazarlarla saran Işık vasıtasıyla doğrudan bir bağ oluştururuz. Bu şekilde erdemliği ediniriz ve alma arzularımız (kaplarımız) ıslah olur.

Okurken, hayatta olsun ya da olmasın yazarın konumunu göz önünde bulundurmak çok önemlidir. Kitaplarını çalışırken hislerimiz aracılığıyla her zaman o kişiyle bağ kurabiliriz.

Yaradan'a giden birçok yol vardır ve O birçok araç kullanarak bize etki eder. Öğrencinin yoluna konulan herhangi bir zorluk ya da engel, özellikle hocasının ölümü, öğrencinin kendisini kişisel seviyede değiştirmesi için bir fırsat olarak kabul edilebilir.

Kişisel Haz Arzularına Karşı Çıkmak

Duyma duyusuna "inanç" denir, çünkü duyduklarımızın gerçek olduğunu kabul etmeyi arzularsak o zaman duyduğumuza inanırız. Görme duyusuna "bilgi" denir, çünkü hiçbir şeyi başkasına güvenerek kabul etmek durumunda değiliz, kendi gözlerimizle görebiliriz. Ancak, Yukarıdan ihsan etme özelliğini edinene kadar görmemiz mümkün değildir, zira gördüğümüz her şeyi bencil duyularımızın özellikleriyle algılarız. Bu, egoistliğimizden sıyrılmamızı o denli zorlaştırır. Dolayısıyla, egomuzun bize söylediklerini fethederken başlangıçta kör yürümek durumundayız. Sonra, inanç edinmekle birlikte Yukarının bilgisini de edinmeye başlarız.

Egoizmi özgecilikle ve mantığı inançla değiştirebilmek için, maneviyatın yüceliğini ve muhteşemliğini içinde bulunduğumuz maddi, geçici ve acınır halimize kıyasla gerçekten takdir etmeliyiz. Kendimize hizmet etmenin, Yaradan'a hizmet etmeye kıyasla ne kadar önemsiz olduğunu anlamamız lazım. Değersiz bir ego olan bedenimizi memnun etmektense Yaradan'a mutluluk vermenin ne kadar büyük bir zevk ve fayda getirdiğinin farkına varmalıyız. Aslında, ego asla tatmin edilemez ve sadece geçici hazlarla bizi ödüllendirerek takdir gösterebilir.

İnsan bedenini Yaradan'la kıyasladığımızda kimin için çalışacağımıza, kimin kölesi olacağımıza karar vermeliyiz. Başka bir seçenek yoktur. Kendi önemsizliğimizin ne kadar farkına varırsak Yaradan'ı seçmemiz o kadar kolaylaşır.

Alma arzusunun dört safhası vardır: cansız, bitkisel, hayvansal ve konuşan.

Doğanın cansız safhasının durumu bütünlüğü simgeler. Mükemmellik hissi, saran Işığın uzaktan yansımasıyla

oluşur ve bu uzak Işık, dünyamızdakilerin üzerine nitelikleri Yaradan'a zıt olmalarına rağmen yansır.

Aynı şekilde, manevi olarak cansız olan bir kişi de varlığını olduğu gibi devam ettirir. Birey kendisine benzeyenlerle aynı arzulara sahiptir, yani kendi başına manevi bir çaba sarf etmekten acizdir.

Cansız doğanın üzerine organik dünya nasıl inşa edildiyse manevi dünyanın da cansız bir alt yapıya ihtiyacı vardır. Kişinin cansız seviyeden başlamak dışında bir seçimi yoktur.

Maneviyatın cansız seviyesinden yükselmek isteyenler kendilerini daha önce teşvik eden nedenlerin yerine yenilerini bulmak zorundadırlar: alışkanlığın, yetiştiriliş tarzının ve çevrenin gücü. Gelişimini ilerletmek, manevi olarak canlanmak ve bağımsız olarak uzun adımlarla yol almak isteyen bir kişi başkalarını körü körüne takip etmeyi reddeder ve toplumunun eğitimine, alışkanlıklarına ya da diğerlerinin fikirlerine aldırmadan ilerler.

Mekanik davranışları bırakma kararı almak yeni, yaşayan manevi bir safhanın kökünün oluşmasını sağlar. Tıpkı bir tohumun büyümek için önce toprakta çürümesi gerektiği gibi, kişi de cansız seviyedeki insanlar arasında manevi yaşam hissini tümüyle silmelidir. Tersine cansız yaşam ölüm gibi algılanmalıdır. Sadece böyle bir his bile kendi içinde değişim için bir dua yerine geçer.

Yaşamsal seviyeye ulaşıp kişisel manevi gelişimi gerçekleştirebilmek için kendi üzerimizde bazı çalışmalar yapmalıyız ve işe cansız toprağı sürmekle başlamamız gerekir. Manevi ilerleyiş sadece kişisel zevk arzularımıza karşı gelmekle mümkün olabilir.

Michael Laitman

Dolayısıyla, Yaradan'a doğru ilerlemeyi arzuluyorsak sürekli olarak arzularımızı gözden geçirmeli hangi arzuları kabul edeceğimize karar vermeliyiz. Yaradan, yaratılan varlıkları mutlu etmek istediğinden, belli zevkleri kabul etmeliyiz.

Ancak Yaradan'ın rızası için olmayan tüm zevkleri ayırıp dışımızda tutmalıyız. Bu Kabala dilinde şöyle anlatılabilir: Kendi irademiz, aklımızda yer edinen bir perde, (Roş'un Peh'i) Yaradan'a olan sevgimizin miktarıyla uyumlu olarak, O'nu mutlu edebilmek için ne kadar zevk alabileceğimizi hesaplar. Tam olarak bu miktar kadar zevki yaşarız. Ancak, Yaradan'ın rızası için olmayan zevki almak, Yaradan'ı kızdırmak korkusundan olmamalıdır.

Dolayısıyla, Yaradan'ı memnun etme arzumuz hareketlerimizi belirlemelidir, O'na doğru yakınlaşma arzusu ya da O'ndan uzaklaştırılma korkusu değil. Yakın olma isteği ya da uzaklık korkusu kişisel olmayan karşılıksız sevgiye nazaran bencil eğilimlerdir.

Yaradan'ı mutlu etme arzusu ya da O'nu üzme korkusu, ihsan etme özlemini temsil ederler. Mutluluk, üzüntü, zevk ve korku gibi güçlü duyguları bedenimizin bazı parçalarıyla değil tümüyle hissederiz. Arzumuzu gözden geçirmek istiyorsak tüm bedenimizin düşüncelerimizle hemfikir olup olmadığını tayin etmemiz gerekmektedir.

Örneğin, dua ederken tüm düşüncelerimizin, arzularımızın ve bedenimizin tüm parçalarının söylediklerimizle hemfikir olduğundan emin olmalıyız. Ayrıca, anlamlarına dikkat etmeden sadece otomatik olarak sözcükler mi söylüyoruz farkında olmalıyız.

"Mekanik okuma", ya duanın anlamıyla bedenimiz arasındaki çakışmanın rahatsızlığından kaçınmak ya da mekanik bir şekilde okuduğumuzda duanın bize nasıl bir fayda sağlayacağını tam olarak idrak edememekten kaynaklanır.

Kalbimize ne için dua etmek istediğimizi sormakta fayda vardır. Dua, dudaklarımızdan otomatik olarak çıkan kelimeler değildir, tersine bedenimizin ve aklımızın tam olarak arzuladığıdır. Dolayısıyla, "dua kalbin çalışmasıdır" denir, yani kalbin dudaklardan çıkanlarla mutlak hemfikir olmasıdır.

Sadece tüm bedenimizle çalışırsak duamızın karşılığını alırız, burada belirtmeliyiz ki bir tek organ bile egoizminden kurtulmak ya da bunun için Yaradan'dan yardım talep etmek istemez. Ancak, sadece böyle bir koşulda Yaradan'a manevi sürgünden kurtulma talebinde bulunabiliriz.

Kişi Yaradan'ın isteğini yerine getirme yolunda ilerlerken mekanik olarak yaptığı davranışın arkasında bir neden oluşturmalıdır. Tıpkı bedenin Yaradan'ın isteklerini bir robot gibi idrak etmeden yerine getirmesi ya da yaptıklarının karşılığını anında görmemesi gibi Yaradan'ın isteğini yerine getirmek de böyle olmalı, "çünkü Yaradan'ın arzusu bu şekildedir."

Kişinin hareketinin arkasındaki motivasyonu gözden geçirmenin kolay bir yolu vardır. Eğer hareket "Yaradan'ın rızası için (Lişma)" ise o zaman kişinin bedeni en ufak bir hareketi yapmaktan acizdir. Eğer kişinin hareketi bu dünya ya da sonraki dünyadaki çıkarı içinse o zaman kişi alacağı ödülü düşündükçe Yaradan'ın rızasını yerine getirmek için daha çok güç edinir.

Tüm anlatılanlar motivasyonumuzun (Kavana-niyet) çabamızın kalitesini belirlediğini açıkça göstermektedir. Çalıştığımız miktarın artışı yaptıklarımızın kalitesini

artırır anlamına gelmez. Meydana gelen her şey, her olay Üst manevi güçlerin etkisiyle olur. Ve bizler burada, bu dünyada manevi güçlerin sebep ve sonuç ilişkisini yüzlerce yıldır görmekteyiz.

Olayların sonuçlarını önceden görebilen ve dolayısıyla, istenmeyen olayları kendisinden uzak tutan kişiye, "Kabalist" denir. Bizim dünyamız ruhani güçlerin akıbetlerinin yansımasıdır, bu güçlerin esas birbirleriyle iletişim içerisinde oldukları arena bizim algılarımızın üzerindeki bir dünyada cereyan etmektedir.

Sadece bir Kabalist olaylar bizim dünyamızda vuku bulmadan görebilir ve hatta bu oluşumları durdurma olasılığına bile sahip olabilir. Ancak, tüm bu olaylar insanoğlunun gelişip ıslah olması için gönderildiğinden ve yaratılışın nihai amacına ulaşmak için bu ıslah gerekli olduğundan bu yolda bize kendimizden başka hiç kimse yardım edemez.

Yaradan bize ıstırap göndermez, tersine manevi gelişimimizi hızlandırmak için koşullar oluşturur. Bir Kabalist mucizeler yaratan bir büyücü değildir. Amacı, genel olarak insanoğluna yardım etmek ve kişisel ıslah sürecini başlatmaya yönelik gerekli bilinç seviyesine yükseltmekte bize destek olmaktır. Sonunda da eğer bireyler arzu ederlerse Kabalist onlara kişisel olarak yardım etmek için vardır.

Kalbimiz üzerinde hiçbir güce sahip değiliz, ne kadar zeki, iradeli ve becerikli olursak olalım. Dolayısıyla, yapabileceğimiz tek şey mekanik olarak bir takım iyi hareketler yaparak Yaradan'dan yeni bir kalp vermesi için talepte bulunmaktır ("kalp" kelimesi kişinin tüm arzuları anlamındadır).

Üst Dünyaları Edinmek

Michael Laitman

Bizden istenilen tek şey bir sürü arzu yerine, bir tek büyük arzumuz olmasıdır. Kişinin kalbinde hissettiği arzuya dua denir. Dolayısıyla, tüm kalple istenilen bir arzu, başka hiçbir arzuya yer bırakmaz.

Kalbimizde böyle bir arzuyu ısrarlı ve sürekli bir çabayla yaratabiliriz. Bu süreçte ilerlerken birçok engeli aşmak zorundayız. Amacımızdan çok uzakta olduğumuzu ve bunu Yaradan için değil kişisel menfaatimiz için yaptığımızı açıkça fark etsek de yolumuza devam etmeliyiz.

Aşılması gereken engeller şunları içerir: Bedenin yorgunluğu; manevi ve egoist çaba arasındaki zıtlık; Yaradan'ın, tıpkı kişiyi bu koşula getirdiği gibi, doğru zaman geldiğinde kişiye istenilen sonucu vereceği inancı; kişinin edindiklerini sınayıp sonuç çıkarma inancı. Zira her çalışma test edilmelidir.

Bu engellere, kişinin Kabala çalışmaya başladığından beri hayatının daha kötü gitmeye başladığı inancı ya da tüm dostlarının çalışmalarında kendisinden daha başarılı oldukları inancı ve tüm bunlara ekleyebileceğiniz kendi bedenimizin ve ailemizin sürüp giden bahaneleri, suçlamaları, yaklaşımları da dahildir.

Kişi sadece bu zorlukları aşarak maneviyat için gerçek bir arzu geliştirebilir. Bu engelleri aşmanın tek bir yolu vardır: Kabalistlerin anlattığı reçeteyle "egoistliği şutlamak", yani egonun taleplerini dikkate almamak, ya da şöyle karşılık vermek: "Hiçbir açıklama ya da sınama yapmadan devam ediyorum, çünkü bunlar sadece egomdan kaynaklanmakta ve bunları arkamda bırakmalıyım. Ve şu anda farklı duyulara sahip olmadığımdan seni değil sadece maneviyatı edinmiş ve kişinin nasıl davranması gerektiğini bilen bilgelerin sesine kulak vereceğim. Ve eğer kalbim giderek daha da bencilleşiyorsa, bu mesafe aldığımı gösterir ve dolayısıyla, gerçek bencilliğimin biraz daha ifşa olmasını Yukarıdan hak etmişim demektir."

Sonra karşılık olarak, Yaradan bize Kendisini ifşa eder ve öyle ki O'nun yüceliğini görüp O'na kul oluruz. Bu noktada, bedensel hiçbir arzunun yoldan saptırmasını yaşamayız. Bu süreç sadece kendisini hisseden "taştan" kalbin, başkalarını hisseden "etten" bir kalbe dönüşümüdür.

İçsel Hareket ve Gelişim

Bu dünyada hareket organlarımız olan bacaklarımızı kullanarak yol alırız. Hedefimize ulaştıktan sonra da alma organlarımız olan ellerimizi kullanırız. Manevi organlar fiziksel organlara terstir: Merdivenin basamaklarından ancak bilinçli olarak mantığın desteğini geri çevirirsek çıkabiliriz. Buna ek olarak, yaratılışın amacını, almaktan ziyade sadece ellerimizi yukarı kaldırıp vererek edinebiliriz.

Yaratılışın amacı bizlere haz vermektir. Peki, o zaman Yaradan neden bizi böyle çok ıstıraplı yollardan geçirerek bu amaca yönlendiriyor? Cevabı bulmaya çalışalım.

Öncelikle, Yaradan, Kendi mükemmelliği içinde insanları yarattı. Mutlak mükemmelliğin bir özelliği durağanlıktır, zira hareket bir eksiklik tarafından teşvik edilir ya da bir arzuya ulaşmanın çabasıdır. İnsanlar da istirahat etmeyi sever ve sadece yaşamsal bir ihtiyacı olursa, yiyecek veya barınak gibi, o zaman istirahatından taviz verir.

İnsanlar istedikleri şeyin eksikliğini ne kadar çok hissederlerse arzuladıklarını edinmek için o kadar çok çaba sarf etmeye razıdırlar. Dolayısıyla, eğer Yaradan insanlara manevi eksikliğinden dolayı acı çektiriyorsa, insanlar da maneviyata ulaşmak için çaba sarf etmeye zorlanacaklardır.

Yaratılışın amacı olan maneviyatı edindikten sonra insanlar Yaradan'ın kendileri için hazırladığı mutluluğu, hazzı yaşarlar. Bu yüzden manevi yolda ilerleyenler egonun getirdiği acıları ceza olarak görmeyip, bunları onlara yardım etmek için Yaradan'ın ihsan etme özelliğinin kanıtı olarak görürler; dolayısıyla ıstıraplarını bela olarak değil bir kutsama olarak görürler.

İnsanlar sadece maneviyatı edindikten sonra, bunun ne olduğunu ve nasıl bir mutluluk barındırdığını anlayabilirler. Ve o zamana kadar bunun eksikliğinden sadece acı çekerler.

Maddiyat ve maneviyat eksiklik arasındaki fark, maddi hazların eksikliğinin bize acı çektirmesi, manevi hazların azlığının ise acı çektirmemesidir. Bu yüzden, manevi zevkleri yaşamaya getirebilmek için, Yaradan bize manevi hissin yetersizliğinden kaynaklanan bir acı verir.

Diğer taraftan da, maddi zevkleri yaşarken, asla tam ve sonsuz hazza, hatta manevi mutluluğun en küçük hazzına bile ulaşamayız. Maneviyata yönelik en küçücük bir tat edinmeye başladığımız an maneviyatı egoist bir arzu olarak algılama tehlikesi vardır ve bu yüzden manevi yoldan uzaklaşabiliriz.

Olayların böyle tersine dönmesi, maneviyatı arayış aşamalarında tüm geçmiş tatsız yaşamlarımız boyunca yaşadığımızdan daha çok haz almamızdır. Bu noktada maneviyatın temeli olan inanca ihtiyacımız olmadığını görürüz çünkü kendi menfaatimiz için manevi yolda ilerlemeye değer diye düşünürüz. Ancak Yaradan bu yaklaşımı sadece maneviyatın yoluna yeni gelen birisine uygular, onları çekip, ıslah etmek için.

Her birimiz kendimiz için neyin iyi olduğunu, ne yapmamız gerektiğini başkalarından daha iyi bildiğimizi düşünürüz.

Bunun sebebi, egoist bir koşulda kendimizin dışında hiçbir şeyi hissedemememizdir. Dolayısıyla kendisimizi en erdemli, en akıllı olarak görürüz, zira hayatımızın herhangi bir anında ne arzuladığımızı sadece kendimiz biliriz.

Yaradan, dünyamızı doğanın maddi kanunlarıyla yönetir. Dolayısıyla, bu kanunları aşabilmenin ya da etkisiz kılmanın hiçbir yolu yoktur: Eğer uçurumdan atlarsak ölümümüze düşeriz; eğer oksijensiz kalırsak nefes alamayız, vs.

Yaradan bu tür doğa kanunlarını, hayatta kalabilmenin çaba ve temkinlilik gerektirdiğini anlamamız için oluşturmuştur. Manevi dünyada, olayların sonucunu önceden göremezken ve hayatta kalmanın temel kanunlarını bilmezken, en azından temel yasayı anlamamız gerekmektedir. Bu yasadan kaçamayız, tıpkı dünyamızdaki doğa kanunlarından kaçamadığımız gibi.

Temel yasa haz duygularıyla yönetilemeyeceğimizi ifade eder, zira manevi hayatın faydalı mı zararlı mı olduğunu haz değil özgecillik (ihsan etme) belirler.

Işık – Yaradan'dan kaynaklanır ve bizler tarafından çok büyük bir haz olarak algılanır. Bu hazzı ya da Yaradan'ı anlamak (bunların ikisi de aslında aynı şeydir, çünkü biz Yaradan'ı değil O'ndan bize ulaşan Işığı algılarız), yaratılışın amacıdır.

İnanç – Manevi hayatı edinme ihtimalinin kişide oluşturduğu güvenin gücü, manevi olarak ölümden dirilmektir. Manevi olarak ölü olduğumuzu ne kadar anlarsak inanca olan ihtiyaç hissimiz o kadar artar.

Dua – Kişinin, özellikle kalbindeki çabasıdır, Yaradan'ı algılama ve O'ndan maneviyatı edinebilme ihtimalinin güveni için taleptir.

Üst Dünyaları Edinmek

Michael Laitman

Herhangi bir çalışma, gayret ve dua sadece Yaradan'ın insanlardan gizli olduğu durumda olabilir. Gerçek bir dua kapalı gözlerle, yani Yaradan kendisini kişiye göstermeden yapılan duadır, zira bu en yüce ödüldür. Yaradan'dan bencilliğini yenebilmesi için gereken gücü talep etmektir. Manevi seviyemiz bu yolda özgecil (bencil olmadan) ilerleme arzumuzla belirlenir.

Kendi ihsan etme gücümüze güvenimiz arttığında yavaş yavaş Yaradan'ın rızası için haz almayı deneyimleyebilir ve bu şekilde Yaradan'a mutluluk veririz. Yaradan'ın arzusu yaratılana mutluluk vermek olduğundan, arzuların bu uyumu Veren ve alanı birbirini yakınlaştırır.

Yaradan'ın Işığını hissetme mutluluğunun yanı sıra, Yaradan'ın yüceliğinden yani Mutlak Mükemmellikle bütünleşmekten de sonsuz haz alırız. Bu mutluluğu edinmek yaratılışın nedenidir.

Egoizmimiz – yani alma arzusu – özümüz olduğundan, doğanın tüm seviyelerine hâkimdir, en ufak molekülden hormonsal olana, hayvan seviyesinden insan mantığının en üst seviyesine, bilinçaltı ve ihsan etme arzularımıza kadar. Egoizm o kadar güçlüdür ki buna bilinçli olarak hiç bir koşulda karşı koyamayız.

Dolayısıyla, egonun (bencilliğin) gücünden kaçmayı ve maneviyatta ilerlemeyi istiyorsak harcadığımız çabanın karşılığını göremesek de bedensel arzularımızın ve mantığımızın tümüyle tersine hareket etmek zorundayız. Aksi takdirde bu dünyanın sınırları üzerine asla çıkamayız. Kabala'da bu çalışma prensibine, "İstiyorum diyene kadar zorla" denir.

Michael Laitman

Üst Dünyaları Edinmek

Yaradan bize Kendi Doğasını vererek yardım ettikten sonra bedenlerimiz kendiliğinden manevi dünyada işlemeyi ister. Bu koşula "pişmanlık (tövbe)" – (Teşuva) denir.

Egoist özümüzün özgeciliğe dönüşü şu şekilde olur: Yaradan, "kendini memnun etme" arzusunu yaratıp insanların içine koydu. Bu arzu bencilliği – egoizmi temsil eder, ya da buna 'özün kara noktası' denir. Kara olmasının nedeni Işığın kısılmasından (Tsimtsum) yani Yaradan'ın Işığının bu noktadan ayrılmasından kaynaklanır.

Egoist özün ıslahı egoistliği özgeciliğe döndüren bir perde (Masah) yardımıyla gerçekleşir. Bunun ne kadar muazzam bir değişim olduğunu anlamamız kendimiz bunu tecrübe edene kadar mümkün değildir. Doğanın genel kanununun değişerek daha önce gerçekleştiremediğimiz bir hareketi aniden yapabilmemizi sağlaması bize inanılır gibi gelmez.

Sonunda, davranışlarımızın değişmediğini ve Yaradan'a verebileceğimiz hiçbir şeyin olmadığını görürüz, çünkü Yaradan mükemmeldir ve tek arzusu insanı bu mükemmellikle doldurmaktır.

Yaradan'dan aldığımız muazzam hazza karşılık, yaptığımız hiçbir hareketin değişmemesine rağmen bunlardan kendimiz haz almak yerine Yaradan'ı mutlu etmek için yapma düşüncesi dışında Yaradan'a hiçbir şey verecek konumda değiliz.

Aslında bu düşünce bile Yaradan için değil yine kendimiz içindir, çünkü karşılıksız bir şey almaktan hissedilen utanç duygusu olmadan almamızı sağlar. Bu şekilde Yaradan gibi özgecil oluruz. Bunu gerçekleştirdiğimizde sonsuzca haz duyabiliriz zira özgecilik kendimiz için olmayandır.

Kendimizi belli bir fiziksel hareketi yapmaya zorlayabiliriz, ama arzumuzu istediğimiz gibi değiştiremeyiz çünkü

Üst Dünyaları Edinmek Michael Laitman

kendimiz için olmayan tek bir davranış bile yapamayız. Kabalistler, "doğru niyetle olmayan bir dua ruhsuz bedene benzer" derler, çünkü hareketler bedene, düşünceler de ruha mahsustur.

Eğer hâlâ düşüncelerimizi (ruhu) hareketi (bedeni) gerçekleştirmek için ıslah etmediysek, o zaman davranışın kendisine manevi olarak ölü denilebilir. Her şey hem geneli hem de özeli ihtiva eder. Genel, manevi olarak ölü olmak (Domem), birçok insan için sadece genel kitlesel bir davranışı gösterir, belli bir manevi davranışı değil, çünkü içlerinde buna ihtiyaçları yoktur.

Dolayısıyla, özel bireysel bir gelişim yoktur, sadece Yukarıdan Yaradan vasıtasıyla genel bir gelişim vardır. Bu nedenden dolayı, kitleler kendilerini daima haklı ve mükemmel kabul ederler.

Manevi olarak bitkisel seviye (Tsomeah) demek her kişinin kendi davranışlarına ve gelişimine ait eşsiz bir dereceye sahip olmak demektir. Bu noktada kişi, kutsal kitaplarda yazdığı gibi İnsan/Adem - "Adem – tarladaki bir ağaç" olarak bilinmeye başlar. Manevi gelişim ilerlemeyi gerektirdiğinden ve ilerlemeyi gerektiren hareket sadece bir şeyin eksikliğinden kaynaklanabileceğinden, "İnsan" kendisine gelişim için yollar aratan eksikliğinin sürekli farkındadır.

Eğer insan manevi gelişim yolunda herhangi bir seviyede durursa, o zaman algılarında aşağı doğru itilir. Bu, durmak yerine hareket etmesini sağlamak içindir. Eğer sonuç olarak tekrar yükselirse, düştüğü noktanın daha üstüne yükselir.

Sonuç olarak, kişi ya yükselir ya da düşer, ama olduğu yerde duramaz, çünkü bu koşul insanın özelliği değildir. Sadece kitlelere ait olanlar oldukları yerde durup bulundukları

seviyeden düşmezler; dolayısıyla düşüşün tecrübesini asla yaşamazlar.

Aklımızda boşluğu yatay olarak ikiye ayıralım. Çizginin üzerinde manevi dünya olsun. Çizginin altında ise egoist dünya olsun. Mantıklarına karşı davranmak isteyenler çizginin üzerinde var olabilirler. Bu tür kişiler her şeyi bilme ve görme olanağına sahip olacaklarını bilseler bile, dünyevi mantığı reddederler. Gözleri kapalı olarak inanç yoluyla ilerlemeyi tercih ederler ve maneviyat yolunu izlerler – bencillik yerine ihsan etmeyi.

Her manevi seviye içindeki ihsan etme ölçüsüyle tanımlanır. Manevi özelliklerimize denk gelen manevi dereceyi kaplarız. Çizginin üzerinde olanlar Yaradan'ı algılayabilirler. Çizginin ne kadar yükseğinde olursak algımız da o kadar güçlü olur. Ne kadar yüksekte ya da aşağıda olduğumuz sahip olduğumuz perdeye bağlıdır. Bu perde, Yaradan'ın Işığından alınabilecek direkt bencil zevki yansıtır. Çizginin üzerindeki Işığa "Tora" denir. Bizim dünyamızı manevi dünyadan ayıran çizgi ya da perde "bariyer" (Mahsom) olarak adlandırılır. Bu bariyeri geçenler bir daha asla manevi olarak bu seviyenin altına, dünyamızın seviyesine düşmezler. Çizginin altına bencillik dünyası, çizginin üzerine ise özgecilik dünyası denir.

Özgecil Zevklere Doğru İlerlemek

Atsilut, Yaradan'ın tamamen algılandığı ve O'nunla bütünleşme sağlandığı dünyadır. Kişi kademe kademe özgecil özellikler edinerek Atsilut dünyasına yükselir. Atsilut'a ulaştıktan sonra, kişi en alt basamağından bile olsa, ihsan etme, "verme" özelliğini tümüyle edindiğinde "Yaradan'ın rızası için almaya başlar."

Haz alma arzumuzu yok etmiyoruz sadece zevk almanın nedenini değiştirerek kendi özümüzü değiştiriyoruz. Zaman içinde bencilliği özgecilikle değiştirdikçe, yükselmeye ve ilk başta Atsilut dünyasının son seviyesinin (Malhut) parçası olan ruhumuzun köküne (Şoreş Neşama) göre almayı hak ettiğimiz her şeyi almaya başlarız. Kendimizle gerçekleştirdiğimiz ıslahın sonucu olarak ruhlarımız Yaradan'la tamamen bütünleşme seviyesine ulaşır ve bu süreçte dünyevi bedene girmeden önceki halinden 620 kat daha fazla Işık alır.

Yaradan'ın yaratılanlara vermek istediği tüm Işığa ve hazza yaratılanların "ortak ruhu", Şehina denir. Her birimize paylaştırılan Işık (her birimizin ruhu) bu ortak ruhun bir parçasıdır. Her birimiz arzularımızı ıslah ettikçe bu parçayı, Işığı almalıyız.

Yaradan'ı (kendi ruhumuzu), ancak zevk alma arzumuzu ıslah ettikten sonra hissedebiliriz. Bu arzuya "ruhun alıcısı" (Kli- Kap) denir. Yani, ruh Kli'den ve Yaradan'dan gelen Işıktan oluşur.

Egoist kabımızı özgecil kapla tamamen değiştirdiğimizde bu kap Işıkla tamamen birleşir çünkü O'nun özelliklerini edinmiştir. Dolayısıyla, Yaradan'a eşdeğer hale gelip Işıkta var olan ve O'nu dolduran her şeyi O'nun nitelikleriyle tümüyle bütünleşerek yaşayabiliriz.

Üst Dünyaları Edinmek

Bu durumu tarif edecek kelimeler mevcut değildir. Bu yüzden denir ki; bu dünyanın tüm zevkleri, ruhun Yaradan'la bütünleşmekten yaşadığı zevklere kıyasla sonsuz bir ateşten sadece bir kıvılcım kadardır.

Manevi dünyanın basamaklarından sadece orta çizginin (Kav Emtsai) kuralıyla çıkabiliriz. Bu prensip kısaca şöyle açıklanabilir; "Kişi sahip olduğu şeylerle mutluysa, o zaman zengin olarak kabul edilir." Kabala'da çalıştığımızdan anlayabildiğimiz kadarıyla mutlu olmalıyız. En önemlisi, Kabala öğrenerek Yaradan'ın gözünde iyi şeyler yapmaya başladığımızın farkına varmamızdır. O'nun rızasını yerine getirdiğimizde sanki yapabileceğimizin en iyisini yapmış gibi hissederiz.

Bu his bize sanki dünyanın en büyük hediyesini almış gibi çok büyük mutluluk getirir. Yaradan'ı kendi üzerimizde, tüm Evrenin Kralı olarak tuttuğumuzda bu hissi yaşarız. Dolayısıyla, Yaradan tarafından milyarlarca kişi arasından seçilip, kitaplar ve öğretmenler vasıtasıyla bizden ne istediğini öğrenmek için seçilmiş olmak bizi çok mutlu eder.

Bu manevi koşula, "ihsan etme özlemi" (Hafets Hesed) denir ve bu koşul içinde kişinin özellikleri Bina olarak bilinen manevi nesnenin özelliklerine uyar. Ancak bu durum kişinin mükemmelliğini temsil etmez, zira bu durumda aklını kişisel ıslah için kullanmamaktadır, dolayısıyla, "bilgisi zayıf" (Ani be Da'at) olarak bilinir, çünkü davranışlarının manevi sonuçlarını bilmemektedir, yani ne yaptığını bilmeden hareket edip, inancı tarafından yönlendirilmektedir.

Manevi davranışları bilinçli olarak yapabilmek ve düşüncelerimizin "Yaradan'ın rızası için" olması gerektiğini anlayabilmemiz için çok çaba sarf etmemiz gerekmektedir. Bu noktada, manevi olarak yükselmediğimiz hissini almaya başlayabiliriz hatta tam aksine ne zaman bir şeyi gözlemlesek doğru niyeti edinmekten çok uzak olduğumuzu – Yaradan'ın bize vermek istediği hazzı aynı dereceye kadar O'na geri vermekten ne kadar uzak olduğumuzu görürüz.

Ancak bu koşulda içinde bulunduğumuz mükemmel koşulun tatminkârlığından daha ileri giderek kendimizi eleştirmemeliyiz. Bu konuma "orta çizgi" denir (Kav Emtsai). Zamanla, sol çizgi (Kav Smol) bilgisini inşa ettikçe mutlak mükemmelliği gerçekleştirebiliriz.

Bir kez daha orta çizgide yapılan işleri gözden geçirelim. Manevi yükselişimize, maneviyatta mükemmellik hissini, sahip olduklarımızla mutluluğu ve kendimizi düşünmeden, samimiyetle sadece Yaradan'ın arzusunu yerine getirme arzumuzu temsil eden sağ çizgiyle başlamalıyız.

Kendimize "Manevi keşiften ne kadar haz alıyorum?" diye sormalıyız. Ne kadar haz alırsak alalım o miktarın yeterli olduğuna, Yaradan'ın dünyadaki her şeyi kontrol ettiğine ve manevi ilerleyişimizde ne hissedersek hissedelim Yaradan'ın bu şekilde arzuladığına kanaat getirmeliyiz.

Koşulumuz ne olursa olsun, Yaradan'dan gelmelidir. Dolayısıyla, sadece İlahi Takdirin ve manevi mükemmelliğin anlaşılması bile bizi mutlu etmeye yeter, kendi mükemmelliğimizin hissini verir ve bizi Yaradan'a teşekkür etmeye teşvik eder.

Ancak bu koşul kişisel iç analizimizi (Heşbon Nefeş) gözden geçirdiğimiz sol çizgiden mahrumdur. Bu iç çalışma, sağ çizgide yapılan, Yaradan'ı ve maneviyatı kişinin koşulu ne olursa olsun, yüceltmeye çalışmasının tam tersidir.

Maneviyata yaklaşımımızın ciddiyetini ve mükemmelliğe ne kadar yakın olduğumuzu gözden geçirmeye başladığımızda hâlâ ne kadar kişisel bencilliğin içine gömülü olduğumuzu

ve ne başkaları için ne de Yaradan için kılımızı bile kıpırdatamadığımızı görürüz. Kendi içimizdeki kötülüğü keşfettikçe bu kötülükten kurtulmak için çalışmalı ve bunun için harcayabileceğimiz tüm çabayı sarf etmeliyiz.

Aynı zamanda, kendi çabamızla düzelemediğimizi açıkça görür görmez Yaradan'a O'nun yardımı için dua etmeliyiz. Böylelikle, kişide iki zıt çizgi oluşur. Sağ çizgide her şeyin Yaradan'ın kontrolünde ve dolayısıyla da mükemmel olduğunu hissederiz. Bu koşulda hiçbir şey istemeyiz ve mutluyuzdur.

Sol çizgide ise, maneviyatla hiçbir ilgimizin olmadığını görürüz, hiçbir aşama kaydetmediğimizi hâlâ eskisi gibi egomuzun kabuğunun içinde olduğumuzu ve bu koşuldan çıkmak için Yaradan'dan yardım istemediğimizi görürüz. Kendi kötülüğümüzü keşfetmenin üzerine mantığımızı bir kenara itmeye karar veririz, zira aklımız bizi ümitsiz bir amaç gibi görünen bencilliğimizi ıslah etmekten caydırmaya çalışır.

Ayrıca, mevcut durumumuzun mükemmel olduğunu hissederek Yaradan'a içinde bulunduğumuz koşul için şükretmeliyiz. Ve koşulumuzu gözden geçirmeden önceki gibi mutlu olmaya devam etmeliyiz.

Eğer bunu yapmayı başarabilirsek, orta çizgide ilerleriz. Dolayısıyla, sol çizgiyi aşırı takip edip kendimizi fazla eleştirmemek gerekliliği son derece can alıcı bir noktadır. Bunun yanı sıra, orta çizginin hoşnut koşulunda kalmak çok önemlidir. Ancak o zaman tüm benliğimizle, "iki ayakla" denildiği gibi, manevi dünyaya girebiliriz.

İnsanın gelişiminin iki safhası vardır (Bunlar arzuların gelişiminin; cansız, bitkisel hayvansal ve konuşan, dört safhasıyla karıştırılmamalıdır): hayvansal ve insan.

Bnei Baruch Eğitim ve Araştırma Enstitüsü

Üst Dünyaları Edinmek

Michael Laitman

Hayvanların doğasında da gözlemlediğimiz gibi, hayvan doğduğu durumda yaşar ve ölür, gelişmez. Bir hayvana doğumunda verilen özellikler tüm hayatı boyunca varlığını sürdürebilmesi için yeterlidir.

Aynı şey bu gelişim seviyesine ait bir insan için de söylenebilir yani yetiştirildiği seviyenin sınırlarında kalan bir kişi için. Böyle bir insanın hayatında olan tüm değişimlerin doğası sadece niceldir.

Ancak, aynı koşul "insan türü" için söylenemez. Bu koşulda, kişi egoist olarak doğmuştur. Kişi hayatının bir döneminde egoizmin yönettiğini keşfeder ve karşılık olarak bunu düzeltmek ister.

Eğer kişi gerçekten Yaradan'ın ifşasını istiyorsa o zaman şöyle olmalıdır:

1) Bu, kişinin en büyük arzusu olmalıdır, öyle ki kişide başka hiçbir arzu var olmamalıdır. Ek olarak, bu arzu sürekli olmalıdır, çünkü Yaradan ve O'nun ihsan etme arzusu sürekli ve sonsuzdur. Dolayısıyla, Yaradan'a yakınlaşmak isteyen kişi bu nitelikte de Yaradan'a benzemelidir yani tüm arzular sürekli olmalıdır. Ve koşulların değişmesiyle değişmemelidir.

2) Kişi özgecil arzular edinmeli ve tüm düşünce ve arzularını Yaradan'a adamalıdır. Bu koşula Hesed ya da Katnut denir. Zamanla kişi inancın Işığına hak kazanır ve bu ona güven verir.

3) Kişi Yaradan'la ilgili tam ve mutlak bilgiyi kazanmalıdır. Kişinin hareketlerinin sonucu manevi seviyesiyle tayin edilir.

Ancak, Yaradan'ın Işığı kişiye yansırsa manevi seviyeler arasında bir fark olmaz. Çünkü Yaradan kabı ve ruhun

ışığını aynı anda kişiye verir ve edinilen bilgi kişi tarafından mükemmel olarak algılanır.

Normalde bedenlerimizle mutlak uyum içerisindeyizdir: beden arzuları yönetir ve karşılığında kişiye çabasına istinaden zevk hissi vererek ödeme yapar. Zevk, özünde manevidir, ancak bizim dünyamızda kişinin tecrübe edebilmesi için maddi bir taşıyıcıyla (örneğin, yemek, seks, müzik vs) ilişkilendirilmesi gerekir. İçimizde saf haz hissetmemize rağmen bunu maddi bir nesneden tümüyle ayırabilecek beceriye sahip değiliz.

Farklı insanlar farklı şeylerden, yani farklı zevk taşıyıcılarından zevk alırlar. Ancak hazzı, beynimizde elektronik sinyaller olarak hissetmemize rağmen, o kendi içinde manevidir. Teorik olarak, beyne elektrik sinyaller uygulayarak çok geniş bir haz yelpazesini tümüyle uyarabiliriz. Zevkleri maddi taşıyıcılardan almaya alışık olduğumuzdan, bu saf zevk kişinin hafızasında belli imajları tekrar yaratır ve kişi aklında müziği duyar, yemeği tadar vs.

Yukarıda söylediklerimiz açıkça gösteriyor ki biz ve bedenlerimiz birbirlerine hizmet ediyorlar. Dolayısıyla, bedenlerimiz çalışmaya razı ise, bir zevkle ödüllendirileceğinin beklentisindedir.

İstenilmeyen hislerden kaçmak da bir tür ödül olarak nitelendirilebilir. Yapılan herhangi bir işle alınan haz (ödül) arasındaki ilişki, kişinin o davranışı kesin bir egoist amaçla yaptığının göstergesidir.

Öteki taraftan, eğer kişi bedenin karşı koyup "Neden çalışayım?" diye sorduğunu hissediyorsa; beden gelecek bir zamanda, şu an duyduğu zevkten daha büyük bir zevk alacağını düşünmediğindendir. Ya da en azından çabasına endeksli olarak alacağı zevkin şu an aldığı zevkin üzerine çıkamayacağı kanısında olduğundan mevcut durağan halinde kalır. Bu yüzden, koşulunu başka bir koşulla değiştirmede herhangi bir kazanç görmez.

Ancak kişi bedenin düşüncesini bir kenara bırakıp, ruhunun koşulunu iyileştirme kararı alırsa, o zaman doğal olarak beden kişisel bir kazanç görmediğinden en ufak bir hareketi bile yapmayı reddedecektir. Kişi bedeni çalışmaya zorlayamaz durumda olur. Bu koşulda kişiye sadece tek bir çözüm yolu kalır – Yaradan'dan ilerleyebilmesi için kendisine yardım etmesini talep etmek. Yaradan kişinin bedenini ya da doğasını değiştirmez. O, doğanın temel kanunlarını değiştirmek için mucizeler yaratmaz. Ancak gerçek bir duaya cevap olarak, Yaradan kişiye bir ruh – gerçeğin kurallarıyla hareket edebilme gücünü verir.

Egoist zevkler aldığımızda bu, başkalarının mutlu olmayacağı anlamına gelir çünkü egoist hazlar sadece bizim sahip olduğumuz şeyler etrafında değil başkalarının sahip olmadığı şeylerin de içerisindedir, çünkü tüm zevkler birbiriyle izafi olarak kıyaslanır.

Bu yüzden, mantıklı bir bencillik temeli üzerine adil bir toplum inşa etmek mümkün değildir. Bu tür hatalı ütopyalar tarih boyunca kanıtlanmıştır, özellikle eski medeniyetlerde, eski Sovyetler Birliği'nde ve diğer sosyalist oluşum çabalarında.

Bencil bir topluluğun her bireyini tatmin etmek imkânsızdır çünkü herkes sürekli kendisini diğerlerine kıyaslamaktadır. Bunun en güzel örnekleri küçük topluluklarda görülmektedir.

Dolayısıyla, Yaradan, her zaman herkesi sonsuz zevkle doldurmaya hazır olduğundan tek bir koşul koydu – haz bedenin arzularıyla sınırlandırılmamalıdır. Haz sadece

bedenin arzularından bağımsız olan arzulardan alınır, bu arzulara "özgecil" (Aşpa'a) denir.

Kabala, ortak ve tek bir amaca yönelik manevi kökler dizisidir: "Yaradan'ın yüceliğinin ve dünyaların yaratılışının erdemliğinin anlaşılması", birbirini değişmeyen yasalarla takip ederler.

Kabalistik dil manevi nesneler ve davranışlarla yakından ilgilidir. Dolayısıyla, sadece yaratılışın oluşumu sürecini incelerken çalışılabilir. Kabala bazı konulara ışık tutar, bunlar manevi algıyı arayanlar tarafından keşfedilir: Zaman diye bir kavram yoktur, sadece her sonucun bir sonraki sonucun sebebi olduğu sebep ve sonuç zinciri vardır – yeni bir nesnenin ya da hareketin yaratılışı.

Prensipte, dünyamızda bile zaman olarak ele aldığımız şey aslında sadece içimizde oluşan sebep – sonuç ilişkisinin kendimizce algılanmasıdır. Bilim bile zaman ve yer kavramlarını nispi kavramlar olarak nitelemektedir. Bir yer ya da mekân, zevk için arzudur. Hareket, bir zevkin ya edinilmesi ya da reddedilmesidir.

"Başlangıçta," yani yaratılıştan önce, Yaradan dışında hiçbir şey yoktu. O başka hiçbir isimle adlandırılamaz, çünkü herhangi bir isim bir nesnenin algılanışını ifade eder. Ancak O'nun içinde algılayabildiğimiz tek şey bizi yaratmış olduğudur. Dolayısıyla, O'na sadece Yaradan, Yaratıcımız vs. şeklinde hitap edebiliriz.

Yaradan, Işık iletir. Işık, O'nun bir yaratılış oluşturmasını ve O'nun tarafından bu yaratılışa mutluluk hissi bahşedilmesini temsil etmektedir. Yaradan'dan kaynaklanan Işığın sadece bu özelliği, Yaradan'la ilgili bir kanaat edinmemizi sağlamaktadır.

Üst Dünyaları Edinmek

Michael Laitman

Daha net olmak gerekirse; Işığın algılanması Yaradan'la ilgili yorumlar yapmamıza imkân vermez, sadece içimizde oluşturmak istediği hislere yönelik imkân tanır. Bu yüzden O'ndan bizi memnun etmek isteyen Birisi diye bahsederiz.

Bu mutluluk sadece Işıktan kaynaklanmaz, Işığın etkisiyle içimizdeki "manevi organların hislerinde" üretilmektedir. Buna benzer olarak, bir et parçası kendi içinde, kişi eti tadana kadar bir haz barındırmamaktadır. Bir nesne sadece duyularımızla temasa geçtikten sonra içimizde zevk hisleri oluşturabilir.

Manevi ya da fiziksel olsun herhangi bir davranış, bir düşünceden ve düşünceyi içinde barındıran bir hareketten oluşur. Yaradan'ın düşüncesi yaratılanlara memnunluk vermektir. Sonuç olarak da bizlere mutluluk bağışlar. Bu davranışa "ihsan etmek için vermek" denir. Buna basit bir davranış denir, çünkü davranışın amacı davranışın yönüne tekabül eder.

Yaratılan doğası gereği egoist yaratıldı, öyle ki kişinin haz duymak dışında hiçbir amacı yoktur. Şahıs ya alarak ya da vererek arzuladığı nesnenin peşinden gider, ama kişinin mutlak amacı her zaman almaktır, fiziksel olarak bir şey verse bile.

Eğer davranış amaçla aynı yönde olma özelliğini taşıyorsa yani davranışın sonunda almak varsa ve amacın sonu da almaksa, o zaman böyle bir davranışa "basit bir davranış" denir. Öteki taraftan da, eğer yön vermek ve amaç almak ise, o zaman bu davranış karmaşıktır, çünkü amaç ve yön niyette birbirlerinden ayrılırlar.

Arzuları ve arzuların etkilerinin boyutlarını hayal edebilecek kapasitemiz yoktur. Dolayısıyla, Yaradan'ı sadece boşluğu dolduran manevi bir güç olarak hayal edebiliriz.

Michael Laitman

Üst Dünyaları Edinmek

Kabalistler Yaradan'ın insanı sadece basit davranışlar yapmak üzere yarattığını, ancak bizlerin orijinal dizaynı karmaşıklaştırdığımızı yazmaktadırlar.

Manevi merdivenin basamaklarından tırmandıkça, yaratılışın yasaları da o kadar kolaylaşır, çünkü temel, ana kategoriler karışık değil basittir. Ancak yaratılışın kaynağını algılayamadığımız ve sadece uç sonuçlarını gördüğümüzden, yaratılışın kanunlarını sınırlamalar ve koşullar olarak görürüz, dolayısıyla da zor ve karmaşık olduğu görüşündeyizdir.

Otantik Kabala kitapları yazarın kitap üzerindeki çalışmasından kaynaklanan gizli Işığı içerdiğinden, çalışırken doğru niyeti yani Yaradan'ı algılama isteğini taşımak çok önemlidir. Aynı zamanda, çalışırken yazarın manevi zekâsını ve anlayışını edinmek için dua etmek gerekir. Bu şekilde yazarla bağ kurabilir, ona hitap edebiliriz.

Ayrıca, başka yazarların, özellikle manevi dünyalarla ilgili kitaplarını okumaktan kaçınmak gerekmektedir. Eğer manevi bilgiyi edinmek istiyorsak kendimizi dış etkilerden, gereksiz haber ve kitaplardan koruyacak günlük özel bir program oluşturmalıyız.

Bunun yanı sıra, iş ve çalışma gibi gerekli nedenler olmadıkça, kasıtlı hareketten sakınmak koşuluyla, başka insanlarla iletişim kurmaktan kaçınmalıyız ve her zaman düşüncelerimizi gözden geçirmeliyiz. Gerekli olduğu zamanlarda işimizi düşünmeliyiz ve geriye kalan zamanımızı hayatımızın amacına yönelik düşüncelere adamalıyız.

Hayatın amacını edinmek çabanın miktarından çok kalitesine bağlıdır: Bir kişi kitapları durmaksızın günlerce çalışabilir ve bir diğeri iş ve ailevi gereksinimler yüzünden manevi çalışmasına günde sadece bir saat ayırabilir.

Kişinin çabası sadece boş vaktine göre ölçülebilir: Kişinin maneviyata daha fazla zaman harcamadığı için ne kadar ıstırap çektiğine bağlı olarak. Sonuç kişinin niyetinin yoğunluğuna bağlıdır; kişi harcadığı çaba, çalışma ve kişisel-ıslah sonucunda net olarak ne istiyor?

Bir çocuğu beslemenin iki yolu vardır: Bir yöntem zorladır. Bu, çocuğa hiçbir haz getirmez fakat çocuğun büyüyüp güçlenmesi için ihtiyaç duyduğu besin kaynağını sağlar. Kabala'da bu şekilde manevi beslenmeye "Yüksek Olanın adına" denir. Ancak, "çocuk" manevi olarak gelişmeyi, manevi besini kendi rızasıyla almayı istiyorsa bunun için bir iştah geliştirmiş olması gerekir (bir gereklilik olduğunun farkına varmış ya da manevi haz hissetmişse) o zaman kişi hem manevi olarak gelişmekten hem de yaşamaktan yani manevi algısını geliştirmekten mutluluk duyar.

İyilik ve kötülüğün farkındalığıyla içimizde uyandırılan keskin hisse Kabala'da "beslemek süreci" denir: bir annenin çocuğunu göğsüne kaldırıp emzirmesi gibi, Kabaliste de Üst Manevi Seviyenin ihtiva ettiği Işık verilir ki bu şekilde iyi ve kötü arasındaki uçurum açıkça görülsün. Ve sonra, tıpkı annenin çocuğunu göğsünden uzaklaştırması gibi, Kabalist de Üst Kaynakla arasındaki bağı ve dolayısıyla da iyi ve kötü arasındaki farkın netliğini kaybeder. Bu süreç, kişinin iyi ve kötüyü algılamak (Kelim) için Üst Kaynağın sahip olduğu aynı yetenekleri edinmemizi sağlayacak olan Üst Kaynağa duaya teşvik için planlanmıştır.

Yukarıdan hem bencilliği hem de özgeciliği alırız. Aradaki fark egoist arzuların doğumda alınması, özgecil arzular için ise insanın sürekli talepte bulunması zorunluluğudur.

Öncelikle, "Yaradan'ı memnun etme" isteği edindiğimiz bir koşula gelmeliyiz, tıpkı tüm bencil arzularımıza

Michael Laitman

Üst Dünyaları Edinmek

rağmen (BYA dünyalarının basamaklarından yükselişte) Yaradan'ın bizi memnun etmesi gibi. Sonra, biz Yaradan'ın neyden memnun olacağını tayin etmeliyiz. Sonunda görürüz ki Yaradan'ı sadece mutlu olarak memnun edebiliriz. Buna "Yaradan'ın rızası için almak" denir ve Atsilut dünyasına tekabül eder.

Kendimizi düşünmeden Yaradan'a ihsan etme yoğunluğunun derecelerini edinmeye BYA (Beria, Yetsira, Asiya) dünyalarının basamakları denir. Yaradan'dan O'nun rızası için mutlu olma gücünü almaya "Atsilut dünyasının seviyesine ulaşmak" denir.

Beyit Midraş (metinler) insanların Yaradan'dan manevi güç talep (Lidroş) etmeyi ve manevi gücü öğrendikleri yerdir. Burada ayrıca yaratılışın amacını ve Yaradan'ı algılamayı talep etmeyi de öğreniriz.

Bizler (bedenlerimiz, egoizmimiz) doğal olarak daha yüce ve güçlü şeylere yöneldiğimiz için, Yaradan'a Kendisini bize ifşa etmesi ve O'nun yüceliğine karşın kendi önemsizliğimizi görmemiz için dua etmeliyiz. O zaman doğal olarak O'na, en yüce ve güçlü olana doğru hareket edebiliriz.

Bizim için en önemli şey peşinde koştuğumuz şeyin önemidir. Örneğin, zengin kişiler sırf başkaları onları kıskansın diye çok çalışabilirler. Ama zenginlik o kadar önemli olmasaydı, o zaman kimse kıskanmazdı ve dolayısıyla çalışmak için bir motivasyonları da olmazdı.

Dolayısıyla, en önemli şey Yaradan'ı algılamanın önemini anlamaktır. Hiçbir dönemde kişinin manevi dünyalara ulaşması çaba harcamadan mümkün olmayacaktır, çünkü harcanan çaba Işığın girebileceği bir kaptır.

Kabalist Ari kendi ıslahını bu dünyaya açana kadar maneviyatı edinmek biraz daha kolaydı. Ancak, Ari'nin maneviyatı anlama yolunu açmasından sonra, bu dünyanın zevklerinden vazgeçmek çok daha zorlaştı. Ari'den önce manevi yollar kapalıydı, Yukarıdan yaratılanlara Işığı vermeye yönelik bir hazırlık yoktu. Ari çok hafifçe Işığın kaynağını araladı. Bu, insanların egoizmleriyle savaşmalarını zorlaştırdı, hatta egoizm gittikçe daha güçlü ve karmaşık bir hâl aldı.

Bu şematik bir benzetmeyle açıklanabilir. Diyelim ki Ari'nin zamanından önce kişi 100 birimlik anlayış edinebilirdi. Harcanan her 1 birimlik çaba 1 birimlik algı edinimine eşitti. Zamanımızda ise, ıslahlar Ari tarafından dünyaya tanıtıldıktan sonra kişi 100 birimlik algıyı 1 birimlik çabayla edinebilir, ancak bu 1 birimlik çabayı sarf etmek kıyaslanamayacak kadar daha zordur.

Kabalist Yehuda Aşlag (Baal HaSulam) dünyaya öyle ıslahlar açtı ki kişi artık mükemmel olduğunu düşünerek kendisini kandıramamaktadır, yapması gereken ise bilginin ötesinde inancın yolunu izlemektir. Yolun biraz daha netleşmiş olmasına ve yeni neslin, kişisel eksiklik algısı eskiye nazaran daha açık olmasına rağmen, onlar eski nesiller gibi gerekli miktar ve kalitede çaba sarf edememektedir.

Açıkçası, bu nesil manevi yükseliş için her şeyi yapmaya hazır eski nesiller gibi maneviyatı hak ettiği seviyeye yani maddiyatın üzerine çıkaramamaktadır.

Kabalist Baal Şem-Tov tarafından dünyaya önemli ıslahlar sunulmuştu. Kitleler bile dünyada maneviyatın bir nebze dahi olsa yükseldiğini hissedebilmişlerdi. Bir süre, maneviyatı edinmek isteyenler için edinim bile kolaylaşmıştı.

Baal Şem-Tov Kabalistik grubuna layık öğrenciler seçebilmek için topluluğu bölümlere ayırdı ve her topluluğun başına Kabalist bir manevi lider koydu. Liderler (Admorim) Kabala çalışmaya layık kişileri sınıflarından seçip bu bireyleri yeni nesil Kabalist ve halklarına lider olmak üzere yetiştirmeye başladılar. Ancak Baal Şem-Tov tarafından sunulan ıslah metodu geçti, bu yüzden de bizim neslimizdeki liderlerin çoğu Kabalist değiller ve Yaradan'ı algılayamamaktadırlar. Baal HaSulam'ın bu dünyadan ayrılmasından sonra, dünyamız manevi bir iniş sürecine girmiştir ki bu, yaklaşan bir yükselişten önce gelir.

Kendimizi yaratılmış varlıklar olarak algılamamız kendimizi Yaradan'dan ayrı olarak algılamak demektir. Egoist doğamız bize acı veren herhangi bir şeyden içgüdüsel olarak uzak durmamıza sebep olduğundan Yaradan bunu kullanarak bizi iyiye doğru yönlendirir. Etrafımızı saran maddi dünyanın zevklerini alır ve bize ihsan etme yoluyla alınan hazzı hediye eder. Bu ıstırap yoludur.

Egoizmi Yok Etmek

Kabala'nın yolu diğer yollardan farklıdır. Dünyamızda zevkler olmasına rağmen egoizmden sadece yaratılışın amacına (mantık üstü) inançla kurtulabiliriz. Bu şekilde bedenlerimizin ve aklımızın söylediğini dinlemenin ötesine gidebiliriz. Bunu yaptığımızda hem Yaradan'a sevgiyi hem de O'nun bizim için sevgisini yaşamaya başlarız. Bu, huzurun ve mutluluğun yoludur, inancın yolu uzun görünmesine rağmen ıstırapsız olduğundan aslında daha kısadır. Işığı içimize almayı beceremediğimiz zaman – İç Işık (Or Pnimi) – manevi gelişimimiz sadece Saran Işığın (Or Makif) etkisiyle olur. Bu tür manevi gelişime "doğal yol" ya da "ıstırabın yolu" ile gelişme denir. Tüm insanoğlunun ilerlediği yol, budur.

Bnei Baruch Eğitim ve Araştırma Enstitüsü

Üst Dünyaları Edinmek   Michael Laitman

Manevi gelişimin bir diğer alternatifi de kişinin üç çizgiyle çalışma olarak adlandırdığımız oluşum aracılığıyla Yaradan'la bire bir kişisel bağ oluşturmasıdır. Bu metoda "Kabala'nın yolu" denir. Istırabın yolundan çok daha kısadır. Dolayısıyla Kabalistler, Yaradan'a gitmek isteyen kişinin ıslah yolunu kısalttığını söylerler. Istıraplar zorlamadan inanç sahibi olmak zor olmasına rağmen alacağımız sonucun tümüyle kendi çabamıza bağlı olduğuna inanmamız gerekir. Yani İlahi Takdire ödül ve ceza ile inanmalıyız. Yaradan kişiyi iyi düşünce ve arzularla ödüllendirir. İnancı diğer dostlardan ve kitaplardan edinmeliyiz.

Ancak, inanç sahibi olur olmaz – yani Yaradan'ı algıladıktan sonra, kendimizi bunun bize Yaradan tarafından verildiğine ikna etmeliyiz. Üst Dünyaların Manevi Gücü, çalışma gücü ve arzusu verirse yaşam şifası olabilir. Ancak, her şeyin Yukarıdan geldiğine ve kişisel çabamıza bağlı olmadığına inanırsak zehir olarak değerlendirilir.

En önemli çaba Yukarıdan verilen büyük yükseliş arzusunun muhafaza edilmesidir. Öncelikle Yukarıdan manevi hisler gönderilir, kişi yükseltilir, ondan sonra kendi çabamızın gücüyle o seviyede sürekli kalmak için zor bir çalışma dönemi başlar. Manevi yükselişimizin değerini anlama üzerine konsantre olmalıyız.

Edindiğimizi küçümsemeye ya da bundan kişisel sevgi duymaya başladığımız an edindiğimiz manevi seviyeyi kaybetmeye başlarız. Egoizmin gücü altında yer alan her şey yaratılışın merkezinde (merkez nokta) (Nekuda Emtsait) yer almaktadır.

Kişisel sevgiyi temsil etmek istemeyen her şey de bu noktanın üzerindedir. Dolayısıyla, Işığın inişini temsil eden çizgi (Kav) bu merkez noktayla hem temas kurar (yaratılan

110

varlığa hissettirmeden canlılık verir) hem de kurmaz (yaratılan varlığı Yaradan'ın Işığıyla doldurmaz).

Yaradan'ın manevi yolda ilerlemek isteyen bir kişiye kendisine ait bir parça – ruh – Işık vererek yardım ettiği söylenir. Sonuç olarak, kişi Yaradan'ın bir parçası olarak hisseder! Yaradan'ın Işığı Kendisinden zevk alınması hissini nasıl yaratır?

Örneğin, bizim dünyamızda kişiye hiç beklemediği bir saygınlık verilirse ve sonra da bu saygınlık alınırsa, kişi bu saygınlıktan aldığı büyük hazza benzer zevkleri özleyecektir. Kaybedilen zevkleri geri alma arzusuna "Kli" (Kap) denir. Zamanla Işık kabı zevkle (Işıkla) doldurmak için büyütür.

Hz. İbrahim Yaradan'a sordu: "Benim neslimden olanları kurtaracağından nasıl emin olabilirim? Çocuklarımın Kabala sayesinde bencilliklerinden sıyrılacaklarından nasıl emin olabilirim? Işığa bir arzuları yoksa onlara neden veresin ki?"

Yaradan, onlara egolarının kölesi oldukları hissinin verileceği ve buna karşılık olarak da Işığın hissinin verileceği cevabını verdi. Arzularımızı aşma çabasında bedenlerimizin zaman kavramını anlamadığını ve dolayısıyla geçmişi ve geleceği değil sadece bu anı algılayabildiğimizi fark etmeliyiz. Örneğin, sonradan dinlenebilmek için beş dakikalık yoğun bir çaba sarf etmek çok önemli ise beden yine de bu çabayı sarf etmeye karşı koyar, çünkü sonradan gelecek olan faydayı anlamakta zorlanır.

Geçmişte çok çalıştıktan sonra aldığımız zevki hatırlasak bile bedenlerimiz yine de işi bitirebilmek için gerekli gücü harcamaya kendisini getiremez. Bunu şu koşula benzetebiliriz: Kişi ücretini işi bitirmeden önce alırsa, işi gerçekten layığıyla yapmak için çaba sarf etmek istemez.

Bu yüzden bedenle mücadele etmeyi geciktirmeden, daha yüce düşünceler içerisinde kalarak her fırsatı bedeni etkisizleştirmek için kullanabiliriz. Hepimiz %100 egoist olduğumuzdan asla Yaradan'la bağ kurmayı gönüllü olarak istemeyiz. Sadece bu bağın bir menfaat getireceğine ikna olursak Yaradan'la bağ oluşturmayı arzulayabiliriz.

Dolayısıyla, sadece kendi kötülüğümüzün farkına varıp, Yaradan'ın bize yardım gönderebileceğini anlamak O'na dönüp yardım etmesini istememiz için yeterli değildir. Sadece Yaradan'a yaklaşıp O'nunla bağ kurmanın bizi kurtarabileceğini anlamak yardım istemek için teşvik olabilir.

Kabala bizlere acı çekme yolundan gitmektense kendi yolunu sunar. Zaman etrafımızdaki koşulları değiştirir: iki bin yıl önce sadece değerli bir avuç insanın Yaradan'la bağı vardı, Kabalist Şimon'un zamanındaki gibi.

Ari ve Ramhal'ın zamanında çoktan Kabala çalışan bir kaç küçük grup vardı. Baal Şem-Tov zamanında, grupların sayısı düzinelerce arttı. Son olarak da Baal HaSulam zamanında sayılar daha da arttı.

Bizim zamanımızda ise kitleleri Kabala'dan ayıran bariyer tümüyle yok olmuştur ve öğretilere neredeyse hiçbir karşı koyma yoktur. Eskiden sadece çok güçlü karaktere sahip kişiler maneviyatı edinirken, şimdi yeni başlayanlar hatta çocuklar bile doğru yönlendirmeyle çalışarak aynı sonuca ulaşabilirler.

İyi ve kötüyü ayırt edememekteyiz, tıpkı kendimiz için iyi ve ölümcül olanı ayırt edemediğimiz gibi. Sadece Yaradan gözlerimizi açarak bu ayırımı yapmakta bize yardım edebilir. Ancak o zaman her şeyi görmeye başlarız ve buna "hayatı seçmek" denir.

Michael Laitman

Üst Dünyaları Edinmek

Yaradan'la daimi bir bağımız olması gerekliliğinin farkına varana kadar O gözlerimizi açmaz, çünkü bu şekilde bizi merhamet talep etmeye teşvik eder.

Bir Kabalistin iç hislerinde, gelecekteki Yüksek koşulun bir parçası bulunur (AHaP). Kişi daha Yüksek Manevi Seviyeyi Işıkla dolu bir hâl yerine çekici gelmeyen bir boşlukmuş gibi algılar, bunun sebebi kişinin henüz Üst Seviyeden almamasıdır. Üst Seviye Işıkla dolu olmasına rağmen, alt seviye sadece içinde barındırdığı özelliklerin sınırlarına göre algılar. Şimdiki özellikler Üst Işığı algılamakta yetersiz olduğundan, kişi algılayamamaktadır.

Yaradan'ın gizliliği her birimizde toplumumuzun genel olarak kabul ettiği şekilde var olabilmemiz için büyük bir çaba harcamamızı gerektirir. Egomuzun sessiz fısıltılarıyla körü körüne ilerleriz. Bizler egomuzun kör bir şekilde ilerleyen araçları olarak bize ıstırap çektirmemesi için koşturup dururuz, bizi kendi rızamıza karşın onun rızasını kabul etmeye zorlar, sonuç olarak onun isteklerini ikinci kez düşünmeden yaparız.

Egomuz içimizde o kadar derine kök salmıştır ki onu sanki doğamızın temel bir özelliğiymiş gibi kabul ederiz, sanki gerçek arzumuzun temsilcisiymiş gibi. Egomuz tüm bedenimizdeki hücrelerin içerisindedir ve tüm gerçeği kendi arzuları dahilinde değerlendirmemiz için bizi zorlar. Bu model dahilinde, kendi menfaati için tüm davranışlarımızı planlamamızı sağlar.

Egoizmin etkisinden arınmanın mümkün olabileceğini hayal bile edemeyiz. Ancak bedenin kılığına giren ve içimize işleyip etimizde kendisini barındıran bu bencillik bulutunu kovmak mümkündür. Bir kez bencil arzularımızdan sıyrıldıktan sonra, Yaradan bizi Kendisine ait özgecil arzularla donatacaktır.

İçimizde bencil arzular kaldıkça, bunlardan kurtulmanın ne fayda sağlayacağını hayal edemeyiz. Dahası, özgecil düşünce ve arzular bize kabul edilemez olarak, aptalca, gayri ciddi ve tüm evren bir yana sadece kendi toplumumuzun temelini bile oluşturamayacak bir şeymiş gibi gelmektedir.

Ancak, bu şekilde değerlendirmemizin tek nedeni, düşünce ve arzularımızın bencilliğimizin etkisi altında olmasından kaynaklanır. Durumu tarafsız bir bakış ile değerlendirebilmek için egoizmi özümüzün dışında bir kavram olarak görmeliyiz, sanki kendisini dost gibi tanıtan bir düşman gibi.

Egoizmi, Yaradan'ın Arzusuyla içimize konulmuş, bize yabancı bir şey olarak görmeye çalışmalıyız. Bu tür çabalar içimizdeki kötülüğü görmeye çalışmak olarak kabul edilir. Ancak, bu sadece Yaradan'ın varlığını ve Işığını hissedebildiğimiz dereceye kadar mümkündür, çünkü her şeyin anlaşılması zıt nesnelerin algılanması ile mümkündür.

Dolayısıyla tüm çabayı içimizdeki kötülüğü aramaya yöneltmek yerine Yaradan'ın Işığını algılamaya yönlendirmeliyiz. İnsanlar hariç tüm yaratılanlar ihsan etme özelliğiyle hareket ederler. Sadece insanoğlu ve bizi saran bu dünya (Olam Haze) birbirine ters, egoist özellikle yaratılmıştır. Eğer şans eseri manevi dünyaları ve Yaradan'ın bir görüntüsünü anlık olarak bile yakalayabilmiş olsaydık, dünyamızın manevi dünyaya kıyasla ne kadar küçük olduğunu anlardık. Dolayısıyla, doğanın egoist yasaları sadece küçücük nohut tanesi kadar bir dünyada işlemektedir.

Peki Yaradan Kendisini neden gizledi, bizleri bu dünyaya, karanlığın, güvensizliğin ve üzüntünün içerisine kasıtlı olarak neden bıraktı? Yaradan bizi yaratırken, amacı bizlere O'nunla birlikte sonsuz varoluşu bahşetmekti. Dolayısıyla, Yaradan doğasında Kendisine zıt olan bir dünya yarattı ve bu O'nun özüne zıt özellik olarak yansıdı: kişinin kendisini memnun etme arzusu, ya da egoizm.

Dolayısıyla, O bize bu özelliği verdi. İnsan bu dünyada doğduğu anda bu nitelik tarafından etkilenir ve anında Yaradan'ı algılamayı bırakır. Yaradan'ın gizliliği bize bu dünya ile Yaradan'ın dünyası – Üst Dünya – arasında seçim özgürlüğümüz varmış hayalini verir.

Eğer egoistliğimize rağmen, Yaradan'ı görebilseydik o zaman doğal olarak Yaradan'ın dünyasını bizim dünyamıza tercih ederdik, zira Yaradan'ın dünyasında sadece mutluluk vardır ve hiçbir ıstırap yoktur.

Ancak, özgür seçim ya da özgür irade sadece Yaradan bizden gizliyken O'nu henüz algılayamadığımızda mümkündür. Fakat doğduğumuz andan itibaren egomuz tarafından hükmediliyorsak ve kendimizle egomuz arasında ayırım yapamıyorsak egomuzdan bağımsız bir karar nasıl verebiliriz ki? Ayrıca, dünyamız tümüyle acı ve ölümle doluyken, Yaradan'ın dünyası da tümüyle mutluluk ve ölümsüzlükken nasıl bir seçimimiz olabilir ki? İnsana seçmesi için ne kaldı ki?

Özgür seçimimizin olabilmesi için Yaradan bize iki seçenek verdi:

1) Bazen, içimizden birisine Kendisini gösterir ve böylelikle kişi Yaradan'ın Yüceliğini ve İlahi Takdirini görüp sükûnet hissini alır.

Üst Dünyaları Edinmek

Michael Laitman

2) Bize Kabala'yı verdi – bunu çalışmak (kişinin gerçekten içinde bulunduğu konumdan çıkıp Yaradan'ı algılamayı isteyeceğini varsayarsak) gizli bir çevreyi, manevi Işığı (Or Makif-Saran Işık) harekete geçirir. Yaradan'la bağ kurma süreci, en alt seviyeden (yaşadığımız dünya) başlayarak En Üst seviyeye ulaşmak (Yaradan'ın bulunduğu yer) manevi bir merdivenin basamaklarını tırmanmak gibidir.

Bu merdivenin tüm basamakları manevi dünyada mevcuttur. Yaradan En Üst basamağın olduğu yerdedir ve en alttaki basamak bizim dünyamıza gelmektedir. İnsan en alt manevi basamağın altında yer almaktadır, çünkü insanın ilk içinde bulunduğu egoist safhanın tümüyle özgecil olan ilk manevi seviyeyle bağlantısı yoktur.

Bir Üst Manevi seviyeyi algılamak, niteliklerimiz o manevi seviyenin özellikleriyle uyumlu hale geldiğinde olur. O zaman, algı derecemiz bizim özelliklerimiz ile o manevi seviyenin özelliklerinin uyumuna orantılı olur.

Üst Seviyeyi algılamak mümkündür, çünkü en alttan en üste kadar tüm manevi seviyeler sıralı olarak yerleştirilmişlerdir. Dahası, sonraki konumlar birbiriyle kesişmektedir: Üst konumun alt yarısı, alt konumun Üst yarısıyla aynı yerdedir (Üst kısmın AHaP'ı, altta olan GE'nin içindedir). Dolayısıyla, Üst kısmın alt tarafı daima içimizde yer almakta ancak genellikle hissedilmemektedir. Üst Konuma Yaradan diye hitap edilir, çünkü bizim açımızdan Yaradan gibi fonksiyon göstermektedir.

Bize doğum ve hayat verir ve yol gösterir. Bu Üst Konumu hissetmediğimizden, genelde Yaradan'ın var olmadığına dair ısrarcı oluruz. Ancak, eğer Yaradan'ın tüm yaratılan varlıkların üzerinde bulunduğu Üst Seviyeyi net bir şekilde görürsek, o zaman o kişi bağımsız bir seçim yapma olasılığını

Michael Laitman

kaybeder, zira sadece tek Bir Gerçek, tek Bir Güç ve her şeyi ve herkesi yöneten tek Bir Arzu görürüz.

Yaradan'ın Arzusu tüm insanlara bağımsız bir istek vermek olduğundan, Yaradan'ın yaratılan varlıktan gizli olması gerekmektedir. Sadece Yaradan gizli olursa diyebiliriz ki, kişi kendi başına, menfaati olmadan, kendi rızasıyla kendisini Yaradan'a bağlayabilir – O'nun rızası için hareket edebilir.

Kişisel ıslahın tüm süreci sadece Yaradan'ın gizliliğiyle mümkün olabilir, çünkü Yaradan kendisini bize ifşa ettiği an O'nun hizmetçileri olur, O'nun düşüncelerinin, yüceliğinin ve gücünün kontrolü altına girmiş oluruz. Bu koşulda kişinin gerçek düşüncelerinin ne olduğunu tayin etmesi mümkün değildir. Dolayısıyla, kişiye bağımsız hareket edebilme olasılığını sağlayabilmek için, Yaradan kendisini gizlemek zorundadır.

Öteki taraftan, egoistliğimizden sıyrılmamızı sağlayabilmek için de Yaradan Kendisini ifşa etmek zorundadır. Bunun nedeni insanın bu dünyada iki güce itaat etmesidir: Egoizmin gücü olan bedene ve ihsan etme gücü olan Yaradan'a.

Öyleyse, bu iki koşulun değişerek bir birini takip etmesi gerekmektedir. Yaradan'ın gizli olduğu ve sadece kendimizi hissettiğimiz egoist koşulun yönettiği durum ve Yaradan'ın Kendisini gösterdiği ve bizim manevi güçleri hissettiğimiz durum.

Egoizmin etkisi altında olan bir kişinin en yakın Üst Seviyeyi, yani Yaradan'ı algılayabilmesi için, Üst Seviyeyle bir takım özelliklerini eşitlemesi gerekmektedir, yani Yaradan ile bağı aramak zorundadır.

Yaradan Kendi özgecil özelliklerini egoist özelliklerle birleştirdikten sonra O'nunla bağ kurmayı isteyen kişiyle

denge haline gelir. Üst Kısım Malhut-Midat Hadin'i, O'nun Galgalta Eynayim seviyesine çıkartır. Sonuç olarak O'nun AHaP'ı alt kısma (bağ arayan kişinin manevi seviyesi) "iner" ve alt kısmın nitelikleriyle eşitlik koşuluna gelir.

Önceden alt kısım Üst Seviyedeki manevi hali hiçbir şekilde hissedememekteydi. Ancak Yaradan, en yüce ihsan etme özelliklerini egoist niteliklerin arkasına gizlediğinden kişinin O'nu algılayabilmesi için alt seviyeye inmesi mümkün oldu.

Ancak, Üst Seviyenin özellikleri bizim tarafımızdan egoist olarak algılandığından, tam olarak bu özelliklerin özünü anlayamamaktayız. Bu yüzden maneviyatta sanki bize haz, güven, sükûnet ve istek getirecek hiç bir şey görünmemektedir.

İşte tam bu noktada kendi iradetmizi harekete geçirme fırsatımız var. Kendimize, hiçbir haz almamamızın ve maneviyatın bir tat vermemesinin Yaradan'ın bizim iyiliğimiz için Kendisini gizlemesinden kaynaklandığını beyan edebiliriz. Henüz gerekli olan manevi özellikleri edinmediğimizden Üst manevi hazları hissetmemiz mümkün değildir, tam tersine tüm dünyevi arzularımız egoizm tarafından yönetilmektedir.

Yeni başlayan öğrencilerin kişinin geçirdiği sıkıntı ya da üzüntünün aşması gereken koşullar olarak verildiğini anlaması çok önemlidir. Yardım için yakarışlarını Yaradan'a yöneltebilirler, yazıları çalışabilirler, ya da iyi işler yapabilirler. Bu kişilerin manevi arzulardan haz ya da yaşamsal canlılık hissetmemelerinin sebebi Yukarıdan verilmektedir.

Michael Laitman

Üst Dünyaları Edinmek

Aslında bu onlara haz yoksunluğunun doğru özgecil niteliklere sahip olmadıklarından kaynaklandığı sonucuna özgür iradeleriyle varabilmeleri için verilir. Dolayısıyla Üst Olan gerçek niteliklerini onlardan gizlemek zorundadır.

Bu nedenden dolayı, maneviyatı ilk algılama safhası maneviyattan tümüyle mahrumiyet hissini algılamaktır. Eğer alt kısım, Üst Kısım'la arasındaki özelliklerin farkından dolayı Üst'ün Kendisini gizlediğini anlayabilir ve kişisel bencilliğinden sıyrılmak için dua yükseltirse (Ma'N), o zaman Üst Kısım Kendisini az da olsa gösterir (AHaP'ını kaldırır) ve bu noktadan önce egoizmin altında gizlemişken şimdi gerçek özelliğini sergiler.

Sonuç olarak, manevi mutluluğun anlamı da açıklık kazanır. Dolayısıyla, alt kısım Üst Kısmın yani manevi ihsan etme özelliklerini Barındıranın yaşadığı manevi zevklerin yüceliğini yaşamaya başlar.

Üst Kısım'ın özgecil özelliklerini kişinin gözünde yüceltmesiyle, kişiyi de Kendisinin bulunduğu halin orta kısmına yükseltir (yani alttakinin GE'si ile kendi AHaP'ını yükseltmiş olur).

Kişinin içinde bulunduğu bu manevi hale "az manevi seviye" denir (Katnut-Küçüklük). Üst Kısım, bir nevi, alttakini Kendisinin seviyesine çıkartarak O'nun yüceliğini ve ihsan etmenin mükemmelliğini gösterir. Materyalizme kıyasla maneviyatın yüceliğini görünce manevi olarak bu dünyanın üzerine çıkarız.

Arzumuzdan etkilenmeksizin maneviyatı algıladığımızda egoist özelliklerimiz ihsan etme özelliklerine dönüşür, yani Yaradan'ın özelliklerine. Alttakinin ilk Üst basamağa tam olarak sahip olabilmesi için, Üst Kısım Kendisini ve özelliklerini alt kısma tümüyle gösterir yani Yüceliğini ifşa eder, Gadlut (Yetişkinlik, büyüklük) yapar.

Bu noktada, kişi Üst Kısmı evrendeki her şeyin Tek ve Mutlak Hakimi olarak algılar; alt kısım aynı zamanda En Üst seviyedeki bilgi olan yaratılışın amacını ve Üst Kısım'ın yönetimini anlar.

Kabala'nın tarif ettiği şeklin dışında davranamayacağı alt kısımdakine açıkça belli olur. Dolayısıyla, alt kısmın mantığı artık kişiyi doğru davranmaya zorlar. Yaradan'ın açıkça algılanmasının sonucunda kişinin bilgi ve inanç arasındaki, yani sağ çizgiyle sol çizgi arasındaki çelişkiyle baş etmesi gerekmektedir. İhsan etme özelliklerini (Katnut) edindikten sonra kişi sadece Yaradan'a olan inancın gücüyle ilerlemeyi tercih eder, zira bu kişinin samimi olarak Yaradan'a yaklaşmak istediğinin göstergesidir.

Ancak O'nun yüceliğinin (Gadlut) ifşası artık inançla ilerlemekte bir engel oluşturur. Sonuç olarak, kişi bu noktada edindiği bilgiyi unutmaya razı olmalıdır.

Yaradan'ın muhteşemliğini ve gücünü fark edip görmekten ve sadece aklını inancıyla doğru orantıda kullanarak ilerlemektense gözü kapalı ve sadece Yaradan'ın muhteşemliğine inancı ile ilerlemek için yalvarırsa Yaradan Kendisini ifşa etmekte sınırlanmaya zorlanır. Böyle bir hareket Yaradan'ı Kendisini ve Hükmünü, Işığını (Or Hohma) ve yüceliğini, açmakta azaltmaya zorlarsa buna perde (Hirik perdesi) denir.

Bu perde vasıtasıyla Üst aklın (sol çizgi) ifşasını, ifşanın sağ çizgiyle, inançla dengelendiği noktaya kadar azaltabiliriz. İnanç ve bilgi arasındaki doğru ilişkiye "manevi denge" ya da orta çizgi denir.

Michael Laitman
Üst Dünyaları Edinmek

Bizler, kendimiz hangi koşulda olmak istediğimizi tayin ederiz. İnanç ve bilgi arasındaki uyum yerli yerine oturduğunda artık mükemmelliği edinebiliriz. Buna "orta çizgi" denir.

Mantık ötesi inançla (orta çizgi) ilerleyerek, sağ çizgiyle orantılı olarak kullandığımız bilginin ifşa edilen parçası (sol çizgi) daha önceden sahip olduğumuz manevi özelliklere (Katnut) eklenir. Yeni edinilen bu manevi seviyeye Gadlut denir; büyük ve bütün anlamındadır.

İlk manevi seviye bütünüyle edinildikten sonra, manevi merdivenin ilk basamağının (en alt seviye) özellikleriyle eşitlik sağlamış oluruz. Daha önce de bahsettiğimiz gibi, tüm seviyeler ya da merdivenin basamakları birbiriyle kesişir.

İlk basamağı edindikten sonra, bir sonraki manevi seviyenin mevcudiyetini içimizde hissedebiliriz. İlk basamağa doğru ilerlerken kullandığımız prensipleri uygulayarak, teker teker basamakları tırmanarak, yaratılışın amacına – En Üst seviyede Yaradan'la tüm bütünlüğe ulaşabiliriz.

Manevi yükselişin en temel kısmı kişinin kendi içindeki kötülüğü her seferinde ortaya çıkardığı özel süreçtir ve içimizdeki kötülüğü keşfettiğimizde Yaradan'dan bu kötülüğü aşabilmek için güç isteriz. Ondan sonra da gücü daha yüce manevi Işık olarak alırız. Bu, ruhlarımız ulaşması gereken En Üst seviyeye ulaşana kadar devam eder: Bu noktada tüm egoistliğimiz ıslah olur ve ruh tümüyle Işıkla doğar.

Üst Dünyaları Edinmek

Michael Laitman

Yaradan'ı Arayış

Dikkatimiz dış düşünceler tarafından dağıtıldığında bu düşüncelerin manevi ilerleyişimize engel olduğunu hissederiz, çünkü gücümüz ve aklımız gereksiz dış düşüncelerle israf olur ve kalbimiz değersiz arzularla dolar. Bu tür durumlarda, sadece Kabala'nın gerçek hayatı içerdiğine inancımızı kaybederiz.

Bu koşulu aşar aşmaz da içinde bulunduğumuz durumdan sıyrılır ve Işığın içerisine girer ve ilerleyebilmek için daha yüksek bir Işık alırız. Bu şekilde gereksiz düşünceler manevi ilerleyişimize yardımcı olur.

Engelleri sadece Yaradan'ın yardımıyla aşabiliriz. İnsan sadece yaptıklarında kendisi için bir fayda görürse devam edebilir. Ancak, bedenlerimiz, kalbimiz ve zihnimiz, ihsan etmekten ne tür bir fayda alabileceğimizi anlayamamaktadır.

Dolayısıyla, ihsan etmek için en ufak bir hareket yapmayı denediğimizde aklımızın, kalbimizin ve bedenimizin tüm gücünü kaybederiz. İnsanın Yaradan'a dönüp yardım istemekten başka çaresi kalmaz. Bu şekilde, insan istemeyerek ve hiçbir özgür seçimi olmadan, Yaradan'a doğru ilerler, ta ki O'nunla tümüyle bütünleşene kadar.

Yeterince akıllı, güçlü ya da cesur doğmadığımız ya da başkalarının sahip olduğu özelliklere sahip olmadığımız için şikâyetçi olmamalıyız. Doğru yolda ilerlemediğimiz sürece en iyi özelliklere sahip olsak ne fark eder ki? İnsan yetenekli bir bilim adamı olabilir ama Yaradan'la bir bağ oluşturamadıysa, insanoğlunun çoğunluğu gibi o da hayatının amacına ulaşamaz ve başarısızlığa uğrar.

En önemli şey Hak'tan yana olan bir insanın seviyesine ulaşmaktır; sadece o zaman tüm potansiyelimizi boşa harcamayacağımız doğru bir iş için kullanmış oluruz.

Michael Laitman

Üst Dünyaları Edinmek

Yaradan'ın bize verdiği en zayıf ve önemsiz yetenekler bile en yüce amaca ulaşmak için kullanılmalıdır.

Eğer manevi düşüş koşulundaysak bizi neşelenmeye ikna etmeye çalışmak ya da diğer insanların edinilmiş erdemliklerini dinletmek hiçbir işe yaramaz. Başkalarının söyleyeceği hiçbir şey bize yardımcı olamaz. Başkalarının yaşadığı düşüşler ve bu düşüşlerden nasıl çıktıklarının hikâyeleri bizi canlandırmaz, çünkü başkalarının başarıları da dâhil her şeye olan inancımızı yitirmişizdir.

Ancak, şu anda içinde bulunduğumuz ölü (manevi olarak) konumdayken, kendimize daha önce manevi yükseliş ve canlılıkla dolu olduğumuz zamanki şeyleri tekrarlar ve hissedersek, o zaman bu koşuldan olgunlaşır ve tekrar kendimizi iyi hissettiğimiz hale geri dönebiliriz.

Bir noktada inanç sahibi olduğumuzu ve mantık ötesi inanç vasıtasıyla hayatımızda ilerlediğimizi hatırlarsak, içinde bulunduğumuz manevi ölümden kendimizi çıkartabiliriz. Bu nedenden dolayı, her zaman kendi hatırladıklarımıza ve tecrübelerimize güvenmeliyiz zira sadece bunlar içinde bulunduğumuz bu depresyondan çıkmamızı sağlayabilir.

Belli bir manevi seviyeye ulaşan kişinin görevi kendisine gelen sayısız zevkler arasından seçim yapmaktır, öyle ki inancıyla dengeleyemediği zevkleri anında geri çevirir, zira bunlar kullanılmaya uygun değillerdir. Kabala'da sadece kişinin inancını güçlendirmek için, Yaradan'ın rızası için aldığı zevkler "gıda" olarak nitelendirilir.

Diğer taraftan da, kişinin kullanmadığı arzular "artık" olarak nitelendirilir. Eğer kişi arzusunda ayırım yapamıyor ve tüm arzuları almak istiyorsa (Kabala'da buna zevk sarhoşluğu denir), o zaman kişi her şeyi kaybeder. Kabala'da böyle bir insana "fakir" denir.

Üst Dünyaları Edinmek

Michael Laitman

Hepimize ne yapıp ne yapamayacağımız "reçete" olarak verilir. Eğer bu "reçeteye" aldırmazsak cezalandırılırız. Eğer yasanın getireceği acı ve ıstırabın farkında değilsek o zaman yasayı çiğnememiz kaçınılmaz olur, zira bundan zevk alacağızdır. Sonuçta cezayı da çekeceğizdir ve bu şekilde gelecekte tekrar böyle davranmamamız gerektiğini anlayacağızdır.

Örneğin, para çalmak yasalara aykırıdır diye bir kanun vardır, ama eğer insanın paraya doğru güçlü bir çekimi varsa ve buna ek olarak parayı nereden çalabileceğini de biliyorsa, suç işlenecektir. Kesin olarak hırsızlığı bir cezanın takip edeceği bilinse bile bu böyledir, muhtemel hırsız bu suçun cezasının ne kadar ıstırap getireceğini fark edemez.

Dolayısıyla, kişi sahip olacağı paradan aldığı zevkin cezanın getireceği acıdan daha büyük olduğu kanaatine varacaktır. Ancak ceza gerçekten geldiği zaman kişi çektiği acının beklentisinin çok üzerinde olduğunu fark eder ve elbette bu hırsızlıktan duyduğu zevke nazaran çok daha büyük bir acıdır. Bu noktada kişi yasaya uymaya artık hazır hale gelir.

İnsan özgür hale gelince bir daha suç işlediğinde bir sonraki cezanın daha büyük olacağına dair uyarılır. Bu, kişiye çektiği acıyı unutmaması için gönderilir. Öyle ki, kişinin tekrar hırsızlık yapma arzusu doğarsa, hem geçmişteki acı hem de bir sonraki cezanın acısının daha fazla olacağı kişiye hatırlatılmalıdır. Böylelikle en azından kişinin kendisini tutup hırsızlık yapmaması için teşvik edici bir unsur doğar.

Yukarıdaki ve etrafımızı saran buna benzer birçok örnekten de görebileceğimiz gibi kişinin çektiği acı onu bir yola doğru yönlendirmektedir, zira kendi egosunun takipçisi olsaydı o yolu asla seçmezdi çünkü kazanmaktansa çalmak,

124

düşünmekten ve çalışmaktansa tembellik etmek, acı çekmektense zevk almak daha kolaydır.

Kabala çalışmaya karar veren bir insan bunun kendi iyiliği için olduğunu bilmelidir. Başka bir deyişle, insan egosunun bundan fayda sağlayacağını anlamalıdır. Hiçbirimiz parasal kazanç, şan, zevk ya da daha iyi bir gelecek ödülü olmadan, kendimizi düşünmeden bu çalışmanın yükünü üstlenemeyiz.

Dahası, insan sonuç getirmeyecek, meyve vermeyecek bir işi yapmayı beceremez; başkasına hiçbir ihsanı olmayan, başkasına hiçbir menfaat sağlamayan, başkasına hiçbir şey vermeyen, sadece boşlukta anlamsız çaba harcayamaz.

Egoist mantığımızın böyle bir göreve hazır olmaması doğaldır, çünkü Yaradan tarafından sadece zevk almak için tasarlanmıştır. Günlük hayatımızda yaşadığımız sıkıntılar ve acılardan, hayattan aldığımız zevklerin ve arzuların tamamen kaybolmasından ve etrafımızdan en küçük bir mutluluk alamayacağımıza ikna olmamız bizi özgecil davranmaya ve hissetmeye zorlar.

Hayata bu yeni yaklaşım tam anlamıyla özgecilik olmamasına rağmen - zira insanın yaptıkları sadece kişisel iyiliği ve kurtuluşu içindir- yine de davranışlarımızda gizli olan Işığın etkisiyle yavaş yavaş bireyin istenilen hale gelmesine fırsat verir. İhsan edici davranışlarda bulunarak, hâlâ kişisel menfaat dâhilinde olmasına rağmen -zira almak için veriyoruz- kendi davranışlarımızda gizli olan Işığı (mutluluğu) algılamaya başlarız. Bu Işığın yapısı insanın doğasını ıslah eden özelliklerden ibarettir.

Doğada buna benzer olayları gözlemleyebiliriz. Örneğin, yağmur en verimli olacak yerde yağmayıp fazla faydası olmayacak bir yerde çok yoğun yağabilir. Dolayısıyla, yağmur hasat sağlayacak bir tarlaya az da olsa yağıp ekin vereceğine, çok az etki yapacağı bir çölde yağabilir.

Benzer şekilde, bir insan sürekli manevi yazıları okumakla meşgul olabilir, ancak bunun meyveleri, çabasının sonucu olması gereken Yaradan'ın manevi olarak anlaşılması zor olabilir. Öteki taraftan ise doğru Kabalistik kitapları daha az bir çaba sarf ederek çalışmakla kişi çabasından çok daha fazla hasat toplayabilir.

Aynı mantık Kabala çalışmaya uygulanabilir. Eğer çalışmanın tümü bilgi edinmek değil de Yaradan'ı aramaya adanırsa, o zaman Kabala'nın tüm hayat verici özelliği doğru şekilde kullanılmış olur.

Ancak kişi sadece daha çok bilgi edinmek için çalışıyorsa, ya da daha kötüsü, entelektüel bir birikim edinip bununla gururlanmak için çalışıyorsa, o zaman Kabala doğru sonuç vermez. Fakat bu durumda çalışma kişiye doğru amacı gösterebilir ve dolayısıyla kişi çabasını doğru tarafa yönlendirebilir.

Kişinin düşüncelerinin yönünü düzeltme süreci sürekli Kabala çalışarak mümkün olur, zira her insanın amacı kişinin kendisini düşünce ve hareketleriyle doğru yöne yönlendirmektir. Bu şekilde düşünce ve hareketler yaratılışın amacına uygun olurlar ve maneviyata yaklaşmanın daha güçlü başka bir yolu olmadığından bunu yapmak Kabala çalışırken çok önemlidir.

Kutsal kitaplarda, Mısır egoistliğimizin egemenliğini temsil eder, (bu yüzden Mitsrayim olarak bilinir, Mitsra kelimesinden gelir ve kötülüğün yoğun olduğu yer demektir). Amalek, İsrail'e (Yisra-Yaşar – "direk" ve el – "Yaradan" kelimelerinden gelir, yani kendisini Yaradan'a direkt yönlendirmek isteyenler anlamındadır) savaş açan kabileyi temsil eder. Amalek egoistliğimizi temsil eder ve hiçbir koşul altında onun gücünden özgür olmamızı istemez. Egoizmin saldırıları sadece Mısır'ın tutsaklığından (egoizm) kurtulmak isteyen birisinin arzularında ortaya çıkar. İnsan henüz yolun başında dahi olsa, Amalek hemen yolunu keser.

Bireyin birden egoistliğini algılayışının artması sadece Yaradan tarafından ayırt edilip seçilen insanlara gönderilir. Sadece Yaradan'ı daha yüksek bir seviyeden anlaması gereken seçilmiş insanlara Amalek gönderilir, ancak bu şekilde insanın içinde kişisel özelliklerini geliştirmek yani "iyi insan olmak" yerine gerçekten Yaradan'a doğru bir ihtiyaç oluşur.

Böyle seçilmiş bir kişi gelişiminde büyük engellerle karşılaşır. Daha önceleri çalışma arzusu çok güçlüyken şimdi birden kaybolmaya başlar. Beden yapması gereken hareketler karşısında ağırlaşmaya başlar. Bedenle olan mücadele (aklımız, "benliğimiz") Yaradan'ın kim olduğunu anlamaya odaklanır; bedenin nereye ve neden gitmesi gerektiğine ve bedenin bu davranışlardan bir çıkarı olup olmayacağına.

Aksi takdirde, yani hiçbir menfaat olmadan, ne bedenimiz ne de aklımız bir şey yapabilmek için bize enerji ve motivasyon verebilir. Ve bu konuda haklılar da, zira sonucunu önceden bilmeden bir davranışta bulunmak aptalcadır. İnsan doğasının sınırlamalarını aşabilmek ve manevi dünyanın içerisine girmek sadece manevi dünyanın ortak zihniyet ve arzularını edinerek olabilir.

Bu arzular bizim dünyamızın arzularına terstir, çünkü bizim dünyamızda algıladığımız ve hissettiğimiz her şey ve "bizim dünyamızı" oluşturan resim egoist kalbimizin ve aklımızın ürünüdür. Dolayısıyla, sadece var olan kavramları tersleriyle değiştirerek (mantığın inançla değiştirilmesi ve "almanın" "vermekle" değiştirilmesi) manevi dünyalara girebiliriz.

Ancak sadece yaratılışımızda doğal olarak bulunan bu araçlara, yani akıl ve egoizme sahip olduğumuzdan ve akıl da sadece egoistliğimizin menfaatine çalıştığından, insana lazım olan bu yeni mantık ve algı araçları kişinin içinde oluşturulamaz ve dışarıdan yani Yaradan'dan edinilmek zorundadır.

Bu nedenden dolayı Yaradan bizi Kendisine yakınlaştırır ve bu süreçte bize kendimizi O'nun yardımı olmadan değiştiremeyeceğimizi gösterir. Beden bunu reddetse bile Yaradan'la bir bağ aramalı ve bu bağı beslemeliyiz, çünkü sadece bu bağ manevi ıslahımızı kolaylaştırabilir.

Bu deneyimin kendimizi aşmakta bize yardım edeceğine ve kör inançla yürümektense maneviyatın yüceliğini takdir etmemizi sağlayacağına yalancı yollarla inanarak Yaradan'dan mucizeler görmeyi ve yaşamayı beklememeliyiz. Kabala insanı bu tür düşüncelere karşı Mısır'dan çıkış hikâyelerinde uyarır. Amalek insanlara saldırdığında, Musa onları sadece ellerini kaldırıp inancın gücünü isteyerek yendi.

Manevi yükseliş sürecinde giderek artan bir muhakeme niteliği ediniriz. Sonuç olarak, inancımızın gücünü de sürekli olarak artırmamız gerekir ki her zaman aklımızın gücünden daha güçlü olsun aksi takdirde kişi tekrar egoizmin etkisi altına girebilir.

Bu süreç ta ki Yaradan'a tam anlamıyla tutunana kadar devam eder. Son safhada mutlak idraki edinir, Işığın (Or Hohma) tümünü hiçbir derece ayrımı olmadan alırız. Bu, "Yaratılışın ilk gününde insanın tüm dünyayı bir ucundan öteki ucuna gördüğü ışık" olarak tarif edilir ve Kabala'da

şöyle denir: "Yaratılışın başında, her şey en yüksek Işık tarafından sarılıydı."

Başka bir deyişle, Işık hiç bir seviye ayrımı yapmadan herkesin üzerine yansıyınca, her şey berraklaşır. Bu Işığın ne başı ne de sonu vardır; hiçbir gölge yoktur ve her şey tamamıyla anlaşılır haldedir.

Kabala'nın Yolu

Kabala'nın yolu uzun ve hayattaki hedeflerin yeniden gözden geçirildiği, kişinin kendisini tekrar gözden geçirdiği, arzularının yönünü açıkça tanımladığı, davranışlarının motivasyonunu gerçekçi olarak yargıladığı, bunun yanı sıra bedenin arzularını ve mantığın gerekçelerini aşmaya teşebbüs ettiği, egoizmin tüm gücünü kavradığı bir süreçtir. Kabala'nın yolu aynı zamanda, kişinin arzuladıklarını tatmin etmenin yolunu aradığı ıstıraplı ve zor bir yoldur: Hayal kırıklıklarıyla dolu ve kişinin arzularını "odaklayamadığı" bir dönemdir. Bu dönemde kişi ıstırabından kaçmanın mutlak yolunun egoist düşüncelerden ihsan etme düşüncesine geçmesi olduğunu anlar ve kendisiyle ilgili hiç bir düşünceye sahip olmaz, giderek tüm düşünceleri Yaradan'la ilgili olur. Yaradan'la ilgili düşünceler kişiye o kadar büyük bir sükûnet ve memnunluk getirir ki kişi başka bir şey düşünmek istemez.

Sadece ilk manevi gelişim basamaklarının tümünden geçtikten sonra bizi sonunda Yaradan'la mutlak bütünleşmeye götüren Üst Işığı-Kabala'nın Işığını daha da fazla almaya başlarız. Dolayısıyla, tüm yol iki aşamadan oluşmaktadır: Kabala'nın yolu ve Kabala'nın Işığı.

Kabala'nın yolu yeni düşünce ve arzuların hazırlandığı bir süreçtir ve bu dönemde acı dolu hisler yaşarız. Ancak

Üst Dünyaları Edinmek

Michael Laitman

Yaradan'ın var olduğu yere götüren bu köprüyü geçer geçmez manevi dünyaya gireriz, Işığın krallığına. Bu noktada, yaratılışın mutlak amacına – Yaradan'ın tümüyle idrak edilmesi koşuluna ulaşırız.

Tufan'ın gerçekleştiği nesle "kalbin emeği dönemi" denir, Babil Kulesinin yapıldığı nesle ise "kişinin aklıyla çalıştığı dönem" denir. Her birimiz doğduğumuz andan öldüğümüz ana kadar tüm arzularımızı tatmin etmek isteriz.

Aramızdaki tek fark hangi nesneden haz almak istediğimizdedir, duyulan haz ise her zaman manevidir. Sadece dış kabuk, alınan zevkin maddi bir doğası olduğu hayalini yaratır. Bu nedenden dolayı, bilinçaltında, Yaradan'ın çıplak Işığını alabilme ümidiyle zevklerin dış "kılıflarını" değiştirmeye çalışırız.

Ancak insanlar arasındaki fark, başka kılıflar içerisinde olan arzular olduğundan, insanları da bu kılıfların tanımlarıyla yargılarız. Bazı kılıflar toplumda yaygın ve kabul edilir şeylerdir, örneğin çocuklara olan sevgi, yemek zevki, sıcaklık, vs. Başka "kılıflar" ise daha az kabul görür; uyuşturucu, cinayet, ya da hırsızlık, bu yüzden bu tür şeylere olan isteğimizi gizlemek durumunda kalırız.

Ancak insanlığın tamamı, egoizmin utanç kaynağı olmadığı belli koşullarda kullanılabilirliği konusunda hem fikirdir. Dahası, egoizmin kabul edilebileceği sınırlar sürekli değişmektedir, tıpkı modanın hangi sınırların daha iyi olduğunu belirlemesi gibi.

Her birimiz, hayatımızın sürecinde yaşımıza endeksli olarak (yani Yaradan'ın genel İlahi Takdiri-doğa dâhilinde) kendi haz arzumuzu tatmin etmek için "kılık" değiştirmekteyiz.

Bir bireyden diğerine, bir kılıktan ötekine geçmek son derece çarpıcıdır. Örneğin, bir kız çocuğu oyuncak bebekle

oynamaktan zevk alır, ama gerçek bir bebeğe bakmaktan zevk alamaz. Öteki taraftan da annesi, oyuncak bir bebekle oynamaktan haz duymaz, tıpkı çocuğunu gerçek bir bebeğe bakarak zevk almaya ikna edemediği gibi.

Çocuğun algıladığı kadarıyla, annesi bebeğe bakmak için çok çaba sarf etmekte ve bundan bir zevk almamaktadır. Çocuğun kafasında, gerçek bir bebekten zevk alınamaz, çünkü oyuncak bir bebek değildir. Çocuk, annesinin bebeği büyütmesinden gelecekte karşılık alacağına ikna olmasına rağmen, kendisi şimdi zevk almak istemektedir ve dolayısıyla oyuncak bebekle oynamayı tercih eder.

Bir çocuk bu şekilde düşünür ve herhangi birisi de çocukla farklı fikirde olmaz, çünkü henüz bu dünyadaki gerçek nesnelerden zevk duyacak yaşta değildir, bu yüzden oyuncaklardan zevk almaktadır – hayal mahsulü, gerçek olmayan cisimlerden.

Her birimiz, Yaratıcıdan olduğumuz için, sadece Yaradan'dan kaynaklanan zevkleri arzularız. Hepimizin sadece O'nun için bir arzusu olabilir ve hayatı sadece bu arzuyla algılarız. Dolayısıyla, ne ruhumuzun beden içinde buraya gelmeden önceki halinden ne de tüm devirlerden geçip tekrar Yaradan'a dönmüş halinden farklıyız. Yaratılışımız gereği O'nun Işığıyla mutlu olmak arzusundayız ve bu değiştirilemez ve zaten değiştirilmemelidir de!

Bizden talep edilen tek şey zevkimizin dış "kılıfını" değiştirmemizdir, oyuncak bebeği gerçek olanıyla değiştirip, gerçek hazzı edinebilmektir! İnsanoğlu sanki beslenme saatindeki bir bebek gibidir, sadece arzuladığı şeyleri almak ister. Biz insanlar eğer çabamızın karşılığında zevk geleceğine ikna olursak belli bir çaba sarf ederiz. Ancak kendimizi geliştirmek için çaba harcayıp Kabala çalışmak istersek o zaman bedenimiz hemen bize sorar: Bunu çalışmak neden gerekli ki?

Bu soruya dört cevap vardır:

1) Başkasına garezi olduğu için. Bu en kötü sebeptir çünkü direkt başkalarına zarar vermek niyetindedir;

2) İyi bir mevki edinmek, itibar, para ya da kendisine iyi bir eş bulmak için. Bu ilk nedenden daha iyi bir nedendir zira başkalarına da fayda sağlar. Bu "başkaları için çalışmak" sayılır, zira çabası karşılığında ödeme alır.

3) Başkaları tarafından onurlandırılmayı engellemek için kişinin kendisini geliştirme çalışmasından ve çabasından sadece Yaradan'ın haberdar olması zira sadece Yaradan'dan bir ödül beklentisi vardır. Buna Yaradan için çalışmak denir çünkü tek ödül beklentisi Yaradan'dandır.

4) Kişinin hiçbir ödül beklentisi yokken Yaradan'ın onun emeklerinin tüm meyvelerini kabul etmesi için. Sadece bu koşulda egoizm durumu sorgular; "Bu emeğine karşılık ne alacaksın?" Kişinin kendisine vereceği mantıklı bir cevap yoktur, dolayısıyla çözüm kişinin mantık ve hislerine ters hareket edip yoluna devam etmesidir, yani mantığının ve hislerinin üzerinde olmasıdır.

Bu koşulda insanın tüm amacı mantığını ve hissini kişisel analizinden ayırıp Yaradan'a güvenmek için çabasını bütünleştirmek olur. Tüm kişisel çaba, düşünceleri ve hisleri Yaradan'ın ve manevi hayatın yüceliğine odaklamak olmalıdır. Ancak kişinin içindeki mantık sesi yükselip tekrar günlük hayatın ihtiyaçları konusuna odaklanmada kendisine meydan okursa kişi şöyle cevap vermeli: "Tüm gerekenler gerçekten de yerine getiriliyor."

Michael Laitman

Üst Dünyaları Edinmek

Aynı zamanda her düşünce ve arzu Yaradan'a yönelik olmalıdır. Dahası, kişi elle tutulur hiçbir rasyonel ve zihinsel dayanağı olmadan kendisini sanki havada asılıymış gibi hissetse bile bu içsel sesin tüm eleştirisini kabul etmeyi reddetmelidir. Bu koşula "mantığın üzerinde olmak" (Lema'la me Ada'at) denir.

İnsan sahip olduğu bir şeyden ne kadar büyük zevk alırsa, o şeye o kadar çok değer verir ve bir şeye ne kadar çok değer verirse onu kaybetmekten de o kadar çok korkar.

Maneviyatı hiç hissetmemiş bir insan maneviyatın önemini anlayacak duruma nasıl gelebilir? Bu anlayış kişiye tümüyle manevi bir boşluk içerisindeyken; kişi maneviyatın en küçük bir pırıltısını bile hissedemediği noktada, yani Yaradan'dan çok uzak bir konumda olduğunu hissettiği ve kendisini değiştiremediğini anladığı zaman gelir.

Bu koşuldaki bir insanın "günlük çalışma" olarak nitelendirilen çabası Şabat denilen manevi algının edinilmesine verilen önemin artırılmasına sebep olur. Bu süre kişinin artık kendisi üzerinde çalışma ihtiyacı olmadığı (ki zaten bu yasaktır) ve sadece Yaradan'ın armağanını kaybetmemek için Şabat'ı gözlemlemek zorunda olduğu bir zamandır.

Eğer kişinin bir şeyde çıkarı varsa o zaman kişi artık o şeyle bağlantılı herhangi bir konuda tarafsız yargıda bulunamaz. Bu nedenden dolayı, eğer bir insana direkt olarak davranışının yanlış olduğunu söylerseniz, o kişi sizinle asla hemfikir olmaz, çünkü söz konusu davranış şekli onun için uygundur ve dolayısıyla doğru davrandığına emindir.

Ancak, eğer insan başkasından aldığı bir talimatla davranmayı kabul ederse, zamanla gerçeğin eski düşünce ve

Üst Dünyaları Edinmek

Michael Laitman

davranışlarda değil de ona tavsiye edilen şu anki düşünce ve davranışlarda olduğunu görür.

Yaradan'ın amacı yaratılanlara iyilik yapmak (yani bize, zira O'nun tarafından yaratılan her şey yardım amaçlıdır) olduğundan, kişi nitelik, seviye vs. eksiklikleri görmeyi bırakıp haz almanın özünü ayırt etmeye başlayana kadar yaratılışın amacını edinmemiş demektir.

Ancak haz duyabilmek için, ki yaratılışın amacı budur, öncelikle kişinin zevk alma arzusunun düzeltilmesi gerekir. Kişi, Yaradan mutlu olmamızı arzuladığı için mutlu olmalı.

İnsanın zevk alıp almama konusunda endişe etmesi gerekmez zira ıslah olur olmaz mutluluğu anında hissedecektir. Dolayısıyla, insan zevk alma arzusunu-kabını ıslah etme amacına odaklanmalıdır.

Bunu bir apartman dairesi almaya benzetebiliriz. Daireyi nasıl alacağımız konusunda endişelenmemeliyiz. Asıl sorun nasıl ödeyeceğimiz ve gerekli parayı nasıl kazanacağımız olmalıdır. İşin finansal yönü düzenlenir düzenlenmez daireye sahip olacağızdır.

Dolayısıyla, tüm çaba daireye değil paraya odaklanmalıdır. Aynı şey maneviyatı edinmeye de uygulanabilir. Tüm çaba Işığın alınabileceği ortamın yaratılmasına harcanmalıdır, Işığın kendisine değil. Kendi içimizde özgecil düşünceleri ve arzuları geliştirebilmeye odaklanırsak ondan sonra manevi haz hemen hissedilir.

İnsanoğlu sürekli hatalar yapıp da öğrenmemesine rağmen yine de insanlığın ilerlemesine fayda sağlamaktadır, zira bu süreçte ebedi ruhun çektiği ıstıraplar geçici bedenlere nazaran birbirine eklenerek artmaktadır. Bu doğrultuda, bir tek acı bile kayıplara karışmaz ve sonunda bu dünyadaki bir yaşam devrine girer; manevi yükselişin gerekliliğine

kendimizi yönlendirmek ve ıstıraplardan kurtulmanın bir yolunu bulmak için.

Manevi dünyaları kendimize kıyaslarsak bize "ters-dünyalar" olduklarını görürüz, zira bizim dünyamızda doğanın tüm kanunları egoizm, kapmak ve anlamak, üzerine inşa edilmiştir.

Manevi dünyaların doğası ise tam tersine mutlak özgeciliktir – ihsan etmek ve inanç üzerinedir. Maneviyatın temelleri ve maddi doğa birbirlerine o kadar zıttır ki aralarında hiçbir benzerlik yoktur. Dolayısıyla manevi dünyalarda nelerin olabileceğine dair en ufak bir şeyi bile hayal etmemiz hiçbir sonuç vermez. Sadece kalpteki arzuların değişimi "kapmaktan" "ihsan etmeye" dönüştüğü zaman ve zihnimizin arzusu "anlamaktan" "inanca" değiştiği zaman, insan maneviyatı algılamaya başlar.

Almak arzusu kalpte, anlamak arzusu da zihinde olmasına rağmen her iki arzu da birbiriyle ilişkilidir. Bunun sebebi her ikisinin de temellerinin egoizm olmasıdır.

Kabala'da manevi bir nesnenin doğumu "babanın anneyi, bir oğula doğum yapması için dışarıya çıkarmasıyla" olur denir; olayın mükemmelliği çevrenin analizini "gereksiz kılar", daha yüce ve herhangi bir arzudan bağımsız bir edinim sağlar ve bu yüzden gerçek anlamıyla objektiftir.

Yaradan'a sadece inanmak yeterli değildir. Bu inanç kişinin menfaati için değil, Yaradan'ın rızası için var olmalıdır. Dua, Yaradan'ın yüceliğine derin bir saygı edinebilmesi için Yaradan'da kişiye yardım için bir arzu uyandırmak amacıyla O'na dönmek olarak kabul edilir.

Yaradan, dua eden kimseyi En Üst dünyaya yükselterek ve Kendi yüceliğini ifşa ederek sadece Kendisine bu dönüşe reaksiyon verir. Bu şekilde kişi kendi doğasının üzerine çıkabilecek gücü alabilir.

İnsan kendisinde sadece Yaradan'ın Işığını alarak egoist doğasını yenebilecek gücü bulabilir ve böylelikle sonsuzluğu ve mutlakıyeti edindiğini hissedebilir.

Artık kişiyi hiçbir şey değiştiremez. Aslında kişi egoizme asla geri dönmez tersine sonsuza dek manevi dünyada var olur. Bu yüzden böyle bir insan şu anı ve geleceği eşit olarak algılar ve böylece ebediyeti edinmişlik hissine sahip olur.

Haz Alma Arzusu

Yaradan sürekli sükûnet (hareketsizlik) içerisinde olduğundan, bizler de O'nun yarattıkları olarak, arzulanan sükûnete ulaşmak için çaba sarf etmekteyiz. Yaradan gelişimimizi sağlamak için iki güç yarattı: Bizi arkadan iten bir güç; bizi ilerlemeye zorlayan ve içinde bulunduğumuz dayanılmaz ıstıraptan kaçmak için harekete geçiren bir güç ve çekimin gücü; gelecekte beklenen bir zevkin çekim gücü.

Ancak tek bir güç yerine sadece bu iki gücün kombinasyonu bizim ilerlememizi sağlayabilir. Dolayısıyla hiç bir koşul altında kişi, tembelliği ve ilerlemekte çektiği güçlükler konusunda Yaradan'a şikâyette bulunmamalıdır.

Tam tersine, kişinin tembel olma özelliği her arzunun peşinden içgüdüsel ve düşüncesizce gitmediğinin ve kendisini çeken nesnenin çabasına değip değmediğini incelediğinin göstergesidir. Ve ıstırap çekmekten de hemen kaçmaya çalışmıyoruz. Öncelikle, acımızın nedenini ve amacını incelemeye çalışırız. Bu şekilde gelecekte bu

acılardan kaçınmayı öğreniriz çünkü ıstırap kişiyi karşı koymaya çalıştığı şeye yönelik harekete geçirir.

Hayattaki tüm koşullarda kişisel egomuzu kullanmayı tercih ederiz. Ancak, etrafımızdaki insanlar bu şekilde davranmamıza engel olurlar. Sosyal kuralların hepsi kişisel egonun diğerlerine en az zarar verecek şekilde kullanılmasına olanak tanıyan bir anlaşmadır.

Bu ayarlama toplumsal iletişimden en fazla kâr sağlamayı beklediğimiz için oluşturulmuştur. Örneğin, kişi satmak istediği maldan ayrılmadan parayı almayı tercih eder. Öteki taraftan da, alıcı malı bedavaya almak ister. İşveren ücretsiz çalışacak işçiler hayal ederken, işçiler de hiç çalışmadan para kazanmayı hayal eder.

Arzularımızı sadece arzu edilenin eksikliğinden kaynaklanan acıyla ölçebiliriz. İstenilenin eksikliği ne kadar çok acı verirse o nesneye olan arzumuz o kadar fazla olur.

Şöyle denir: "Yaradan, alçak seviyedeki yaratılanlar arasında olmayı arzular." Hayatımızın amacı, aynı şekilde yaratılışın nedeni, kendi içimizde Yaradan'ın var olabileceği doğru koşulları yaratmaktır.

Putperestlik (Avoda Zara) bedenin egoist arzularına tutunmaktır. Buna karşılık, manevi çalışma (Avodat Haşem, Avodat haKodeş) henüz arzular oluşmadıysa özgecil arzulara ya da amaçlara bağlanmakla gelir.

"Manevi bağlanma", iki manevi nesnenin özellikleri tümüyle aynı olunca mümkün olur. "Manevi sevgi", iki zıt nitelik olan insan ve Yaradan'ın tamamen birbirine eklenmesidir. Eğer insanın tekrar kendi arzularını yönetme gücünü geri alma arzusu yoksa o zaman Yaradan'ın hakimiyeti altında olmaktan Yaradan'a yönelik gerçek sevgi seviyesine ulaşmış olur.

Üst Dünyaları Edinmek

Michael Laitman

Özelliklerin uygunluğu, Yaradan'ın yaratılanlar üzerinde olumlu bir etki yaptığında mutlu olması gibi, insanın da Yaradan'a bir şeyler vermenin mümkün olduğunun farkına varması anlamına gelir.

Pişmanlık (tövbe), Teşuva, insanın bu dünyadaki yaşam sürecinde, ruhunun yaratılıp Adem'in düşüşünden önce var olduğu manevi hale dönüşünü ima eder.

İki tane hareket kaynağı ve iki başlangıcımız vardır: Akıl ve kalp, düşünce ve arzu. Her ikisi de egoist temellerini değişimden geçirip özgecil özelliklere çevirmek durumundalar.

Tüm zevkler kalpten hissedilir. Dolayısıyla, eğer kendi dünyevi zevklerimizi, hazlarımızı reddedebiliyorsak, o zaman Yukarıdan gerçek zevkleri tatmayı hak ederiz zira artık egoizmimizi kullanmamaktayızdır.

Öteki taraftan da, akıl ne yaptığını anlamaktan herhangi bir zevk almamaktadır. Eğer kişisel anlayışımızdan ziyade sırf inancımızla bir davranışta bulunursak ve aklımızın mantıksal açıklamalarına karşı hareket edip "mantığımızın ötesine" gidersek o zaman zihnimizdeki egoizmi yok etmişiz demektir. Dolayısıyla, artık kendi aklımız yerine Yaradan'ın aklıyla ilerleyebiliriz.

Yaradan'ın Işığı, bizim dünyamız da dâhil olmak üzere, bizler hiçbir şekilde hissetmesek de tüm varlıklara nüfuz eder. Bu Işığa "yaratılışa canlılık veren Işık" denir. Yaratılanların ve yaratılışın varlığının tek sebebi bu Işık'tır. Bu Işık olmadan tüm hayat durur ve dünyanın maddi boyutu tümüyle yok olur.

Bu hayat-veren Işığın etkileri çeşitli maddi kılıflar ve gözlerimizin önünde var olan farklı oluşumlarla (fenomenlerle) görülmektedir. Bizleri saran, kendimiz

ve etrafımızdaki en ilkel canlılar da olmak üzere, her şey Yaradan'ın Işığından başka bir şey değildir.

Bu Işık bizler tarafından birçok cisim olarak algılanmakta çünkü biz Işığın dış kabuğuna, kılıflarına tepki gösteriyoruz. Aslında, yaratılanların içerisinde var olan ve işleyen tek güç budur – Yaradan'ın Işığı.

İnsanların çoğu Yaradan'ın Işığını algılamamaktalar, sadece dış kıyafetleri görmekteler. Yaradan'ın Işığını algılayan insanlar da var, fakat bunlar sadece Kabalistlerdir.

Diğer taraftan Yaradan'ın Işığını kendilerini saran her şeyde gören insanlar da vardır. Bu insanlar bizi saran her şeyi Yaradan'dan yansıyan ve her şeyi kapsayan, dolduran İlahi Işık olarak algılarlar.

Yaradan'ın bu dünyada insanı yaratmasının yegâne amacı, insanın ruhen içinde bulunduğu ilk koşulun derinliklerinden Yaradan'ın seviyesine yükselmesi ve O'nun gibi olmasıdır. Bu yüzden Yaradan egoizm özelliğini yarattı – zevk alma arzusu.

Yaratılışın başında Işık (haz) yaratılan tüm alanı (egoizm/benlik) doldurdu. Işık bu geniş alandaki her türlü arzuyu (doğan egoizmi) tümüyle hazla doldurdu. Bu arzular doğan egoizmin parçası olarak yaratıldılar.

Sonra Yaradan Işığın ilerlemesini kısıtladı ve gizledi. Yaratılanda, haz alma arzusunda, egoizmde var olan Işığın yerine acı, boşluk, mutsuzluk ve haz eksikliğinde hissedilebilecek en kötü koşullar geldi.

İçlerinde yaşama arzusunu en az derecede hissedebilmeleri ve mutsuzluktan intihar etmemeleri için Yaradan insanlara çok az bir Işığı (Ner Dakik) bağışladı, bu Işık dünyamızda arzuladığımız nesnelere giydirildi.

Üst Dünyaları Edinmek — Michael Laitman

Dolayısıyla, bilinçaltında ve otomatik olarak sürekli Yaradan'ın Işığının peşinde gitmekteyiz ve bu doğal arzunun köleleriyiz. Yaradan'ın gizliliğinin ve haz yoksunluğundan kaynaklanan çaresizlik hissinin bize fayda sağlamak için Yaradan tarafından özellikle verildiğine inanmalıyız.

Eğer Yaradan'ın Işığı egoizmimizi doldursaydı, özgür irademizi kullanma fırsatını kaybetmiş olurduk. Bağımsız ve özgür hareket edemez ve bizi dolduran zevkin kölesi olurduk.

Sadece Yaradan'ın Işığından ayrı kaldığımızda O'nun gizliliğini yaşıyoruz ve bu da bize kendimizi tümüyle bağımsız, kendimize yetebilen ve dolayısıyla kendimizi davranışlarımızla ilgili kararları tayin edebilen bir varlık olarak algılamamızı sağlıyor. Ancak bu tür bir bağımsızlık bile kendisini ancak bazı koşullarda gösterebilir, çünkü Yaradan Kendisini bizden gizlemesine rağmen, hâlâ tüm düşünce ve hislerimizi yönlendiren egoizme sahibiz.

Dolayısıyla, gerçek bağımsız irade sadece şu koşullarda doğar:

1) Kişi Yaradan'ın ihsanını yaşamazsa; ve
2) Kişi bedeninin arzularından bağımsız davranabilirse.

Bağımsız irademizi kullanabilme özgürlüğü sadece dünyevi hayatımızda mümkündür ve burada var olmamızın esas nedeni de budur. Her insan dünyada Yaradan'dan başka hiçbir şeyin olmadığına inanmalıdır.

Kişinin "kendisini" bir derece özgür irade sahibi olarak algılayabilmesinin tek sebebi Yaradan'ın kişiye verdiği benliğin (egoizmin) algılanmasındandır. Ancak, kendimizi

bu özellikten ayırabilirsek tekrar Yaradan'ın bir parçası olabiliriz.

Yaradan'ın gizliliğinin sadece bizim O'nu algılayamadığımızdan kaynaklandığına ve bu gizliliğin bizim iyiliğimiz için olduğuna inanmalıyız. Bu yüzden bizler gerçeği görmeye hazır olana kadar gerçeğin algıladığımızdan çok farklı olduğuna inanmak durumundayız.

Gerçek ancak zaman içinde ve sadece bizim mükemmelliği edinme derecemize göre anlaşılabilir. Dolayısıyla, manevi dünyanın zevkleri bizden gizli olduğu sürece her türlü manevi çalışma mümkündür. Ancak o zaman kendimize, Yaradan'ın maneviyata olan isteksizliğimizi kasten gönderdiğini ve aslında maneviyattan daha mükemmel hiç bir şeyin olmadığını söyleyebiliriz.

Eğer bütün karanlık, bunalım ve boşluk hislerine ve mantığın tüm tartışmalarına karşın Yaradan'ı algılamaya çalışıp, mantığın üstünde "mantık ötesi inançla" ısrarla devam edersek o zaman Yaradan kendisini bize ifşa eder zira varlığımızın her safhasında zaten bu ifşayı beklemekteyiz.

Yaradan'ı gerçekten algılama isteği içimizde aynen yukarıda anlatıldığı gibi doğar ve bu Yaradan'ın Kendisini bize ifşa etmesi için gerekli koşulu oluşturur. Yaradan'ı algılayabilmek için gereken inancın gücü manevi düşüşümüzün derinliği ile ölçülür ki buradan Yaradan'a haykırabilelim.

Ancak, Yaradan'ı algılamaya henüz hazır değilsek o zaman kendimiz istemesek de bu olağanüstü olgudan egoistçe zevk alırız. Dolayısıyla, Yaradan'a talepte bulunmalıyız:

1) Bizleri daha yüce zevkleri yaşamaya hazırlaması için,

2) Yaradan'ın ifşasından sonra bile mantığın üzerinde kalabilecek gerekli gücü vermesi için.

Üst Dünyaları Edinmek

Arı olmayan güçlerden (Klipot) kaynaklanan ve içimizde işleyen iki çeşit güç vardır: Kabukların tutunması (Ahizat Klipot) ve gıda emme (Yenikat Klipot). Öğrenmekten ve kendimizi geliştirmekten hiç zevk almıyorsak ve çok büyük zorlukla ilerliyorsak o zaman Klipa bize manevi var oluşunun bazı eksikliklerini göstermektedir.

Sonuç olarak, maneviyata değer hiçbir şey olmadığını hissederiz. Böylelikle, Klipa bizi çalışmalarımızdan ayrı tutmak için bir fırsat bulmuş olur, çünkü maneviyatın yüceliğini görememekteyizdir. Bu duruma "Yaradan'ın küller içinde ifşası" (Şihinta be Afra) denir.

Ama eğer, iradenin gücüyle, ilerlemekte ısrarlı olursak, o zaman kendi üzerimizde çalışmaktan bir tat almaya başlarız. Bu noktada, Klipa manevi edinimlerimizden beslenmeye başlar. Dolayısıyla, Klipa çabalarımızdan dolayı edindiğimiz her şeyi (maneviyattan duyulan zevk) kendisine mâl etmek ister.

Klipa bu amacı çalışmaya devam etmemizi arzulatarak gerçekleştirir, ancak bu çalışmanın arkasındaki motivasyon Yaradan'ın arzusundan değil, alınan kişisel zevkten gelir. Eğer bu eğilime karşı sessiz kalırsak, aldığımız tüm haz egomuza teslim olmuş olur. Buna "Klipot'un gıdayı emmesi" denir. Böyle bir koşulda, zararlı düşüncelere karşı koyabilmek için Yaradan'dan yardım istemeliyiz.

Sonuç olarak, öncelikle Yaradan'dan Kabala çalışmaktan haz duymayı talep etmeli, sonra da bu hazzın benliğimiz (egomuz) tarafından emilmemesini dilemeliyiz. Bedene hiçbir haz getirmeyen ve gelecekte hiç bir ödül garantisi vermeyen manevi çalışmaya karşı bedenin protestosuna "alçak dil" denir.

Michael Laitman

Üst Dünyaları Edinmek

Bu baştan çıkarmalardan kaçabilmek için bedenin çağrılarına karşı kör ve sağır rolüne girmekle birlikte Yüce bir Işığın var olduğunu, ancak, sadece şu an bize görünmediğini düşünmeliyiz. Yaradan sadece o zaman O'nun Işığını algılayabilmemiz ve sadece bize söylediklerini duyabilmemiz için kulaklarımızı ve gözlerimizi açabilir.

Maneviyatı algılamak için her çalışmaya ayırdığımız çaba zamanla Yaradan'ın Işığını – manevi ruhlarımızı – içine alabilecek gerekli kabı (Kli) ya da kıyafeti (Levuş) oluşturmak için birikir.

İfşa ve Gizlilik

Dünyada Işık (Yaradan) ve Işık tarafından yaratılandan (ve bu ışığın içerisinde yer alan insan) başka bir şey yoktur. İnsan, Yaradan'ın özellikleri ve kendi özellikleri arasında bir uyum varsa bu Işığı algılayabilir. Eğer insanla Işığın özellikleri birbirine uymuyorsa, kişi Işığı-Yaradan'ı hiçbir şekilde hissedemez.

Öncelikle, kişi "bizim dünyamız" denilen, açık ve mutlak şekilde benliğinin (egosunun) hâkimiyeti altındadır. Sadece kişisel çabamızla kendi içimizde Yaradan'ı algılayabilmek (Yaradan'ın Işığı için bir Kli oluşturmak) için bir arzu ve gereklilik geliştirebiliriz.

Sahip olduğumuz tüm güçle bütün çabamızı kendimizi ıslah etmeye odaklamalıyız ta ki arzuladığımız amaca yönelik sarf ettiğimiz tüm çabanın boşa olduğunu görene kadar. Ondan sonra benliğimizden (egomuzdan) kurtulmak ve O'nunla bütünleşmek için Yaradan'a bir dua ile dönme zamanıdır.

Eğer kişi çabasını Kabalist bir rehberin yönlendirmesiyle gösterirse bu süreç aylar hatta yıllar sürebilir, ya da kişi bu yolda kendi başına ilerlemek istiyorsa defalarca farklı bedenlerde dirilerek (Gilgulim) ıstıraplardan geçerek ulaşabilir.

Sadece doğru yönde doğru çaba harcamak kişinin içerisinde Yaradan'ın Kendisini ifşa edebileceği bir kap oluşturabilir. Kabala'da, davranışlarımızın arkasındaki hareketlere "babalar" ve davranışların getirdiği sonuçlara da "oğullar" (doğru manevi davranış) denir.

İnsan kendi isteğiyle doğmaz. Kişi manevi olarak doğmaya (bir ruh – Yaradan'ın Işığını edinmek) Yaradan tarafından ıstırap vasıtasıyla zorlanır. Ancak kişinin Kabala vasıtasıyla bağımsız olarak doğma kapasitesi vardır.

İnsan kendi rızasıyla yaşamaz. Eğer kişi benliğinin (egosunun) arzusuna göre davranmazsa (yaşamazsa), o zaman sonsuz manevi bir mevcudiyet edinir ve buna gerçek anlamıyla "hayat" denir.

İnsan kendi rızasıyla ölmez. Eğer insan ölmek istemezse (manevi olarak) ya da manevi ölüm halinde olmak istemezse (ruhu olmadan; Yaradan'ın Işığı olmadan) o zaman kişi kişisel benliğinin (egosunun) arzusuyla hareket etmemelidir.

Ruhun orta çizgideki çalışması önce sağ çizgide çalışarak başlar: zira kullanımı üzerinde bir yasak (kısıtlama, Tsimtsum) olduğundan dolayı erdemlik Işığı (Or Hohma) benliği (egoyu) kötü (Aviyut-Bayağılık) olarak gösterir; kişi kendisi için çalışmaktan daha kötü bir hareket olmadığını görür.

Ama kişide hâlâ başkaları için çalışmaya, yani vermeye yönelik ne bir arzu ne de güç vardır. Dolayısıyla, ihsan arzusu ve güç veren sol çizgi için bir ihtiyaç vardır.

Michael Laitman

Üst Dünyaları Edinmek

Manevi algı organları, tıpkı beş duyu organımız gibi (görme, koklama, dokunma, tat alma ve duyma) önceden belirlenmiş bir amaca yönelik işlerler. Erdemlik Işığının etkisi bize beş duyumuzu kullanarak hareket etmenin yani egomuz için çalışmanın, kişisel bir fayda sağlamadığını göstermektir.

Normalde beş duyumuzun işlemesi için ikna edici bir faktör olan kişisel mutluluk arzusunun eksikliğinde artık herhangi bir hareket yapma enerjimizin olmadığını görürüz ki bu uyuşukluk ve hareketsizliğe yol açar. Bu noktada, çabamızın amacının "vermek" olduğunun farkına varmamışızdır, yani davranışlarımızın özgecil olabileceği kanaatine henüz gelmemişizdir.

Bu nedenden dolayı, başka bir manevi özelliğin etkisine ihtiyacımız vardır, "kırmızı Işık" olarak bilinen, sol çizgi ("Malhut Memuteket be Bina"). Bu ikinci özellik bizi özgecil olarak verme (Bina'nın özellikleri) yönünde çalışmaya ikna etmek için gereklidir. Manevi enerjiyi aldıktan ve ihsan etme hareketi başladıktan sonra her iki çizginin, hem sağ hem sol, birleşimlerinin özellikleriyle hareket etmeye başlarız.

Sonuç olarak, Yaradan'ın Işığını yeni arzularımızın (orta çizgi) içerisine alır ve böylece mükemmelliğin getirdiği hazzı almaya devam ederiz. Eğer inancın ve ihsan etmenin gücünü almaya hazırsak o zaman nihayetinde en yüce aklı ediniriz.

Hem dünyanın büyük dinlerinden biri tarafından kabul edilmiş olan kişisel mutluluğu reddetme prensibi hem de diğer bir din tarafından seçilen kişisel mutluluk edinme prensibi manevi yükselişin sağ ve sol çizgilerinin arı olmayan (bencil) güçlerinden kaynaklanmaktadır. Buna rağmen, Kabala'nın kişisel kısıtlamalardan bahsettiği nokta kişinin kendi üzerinde çalışmaya başladığı ilk zamanları ifade eder;

Üst Dünyaları Edinmek

kişinin kendi iradesini kullanarak kişisel mutluluk fikrini reddetme girişimi olarak nitelendirilir.

Tüm farklı inançların kökleri, tüm manevi eğilimler, tüm grupların ve tüm dini felsefelerin kökleri farklı Klipot'a kadar izlenebilir. Bunlar, tutunma (Ahiza) ya da onlardan beslenme sürecinde muhafaza edilen sol ve sağ manevi, arı çizgileri kuşatırlar.

Ancak her işin amacı orta çizgiyi edinmek, sınırları olmayan sonsuzluğa yükselmek, böylece Yaradan'ı hiçbir insani özellik ile sınırlanmadan algılayabilmektir.

Manevi deyimler arasında, arzuya "yer" denilir. Arzunun eksikliğine "yer eksikliği" denir. Bu, bir insanın karnında yemek için yer kalmadığını söylemesine benzer, zira artık yemek yeme arzusu yoktur.

Manevi bir yer, yani kişinin Yaradan'ı algılama arzusu, ruhun kabı (Kli) olarak bilinir ya da Şehina. Bu kap Yaradan'ın Işığını alır ya da ifşasını, aynı zamanda kişinin "ruhu" olarak da bilinir. Yaradan'ın kendisi ise Şohen olarak bilinir.

Tüm arzularımızın içine benliğimiz (egomuz-alma arzusu) nüfuz ettiğinden Yaradan'ın Işığı bizden gizlenmiştir. Benliğimiz arzularımızdan yavaş yavaş ayrıldıkça, içimizde büyüyen bir yer oluşur. Islah olmamış bir arzuya "benlik" (egoizm) denir. Islah olmuş bir arzuya da "İsrail" denir.

Bir arzunun ıslahı neticesinde bir "yer" boşalırsa, Yaradan'ın Işığı ifşa olur, ancak Yaradan yine de bizden gizlice üzerimizde işlemeye devam eder. Arzularımızı (yerleri, kapları) ıslah edip arındırdıktan sonra Yaradan'ın ifşası sürecini Işığın görünmesi olarak algılarız. Ancak gerçekte hiçbir hareket olmaz, daha ziyade, sanki film negatifi oluşturuyormuş gibi, Işık zamanla algılarımızda ortaya çıkar.

Işığın kendisini algılamayıp sadece kabımızın içindeki etkisini algıladığımızdan Yaradan'a O'nun ifşasıyla ilişkilendirilen adla hitap ederiz: Şehina. Ancak, O'nun Özünü sadece içimizde bıraktığı sezi ve hislerle tayin edebiliriz. Bu nedenden dolayı Yaradan'ın ifşası Şehina olarak bilinir.

Eğer Yaradan kendisini örtmüş ise o zaman "Şehina sürgündedir" denir ya da bu "Yaradan gizli" demektir. Ama insan Yaradan'ın ifşasını kazanmışsa, buna "sürgünden dönüş" denir.

Yaradan'ın kişiye kendisini açtığı farklı derecelere "ruh" (Neşama) denir. Arzularımızdan en az bir tanesini ıslah ederek özgecile çevirir çevirmez hemen Yaradan'ı algılarız. Bu yüzden, ruhun Yaradan'ın bir parçası olduğu söylenir.

Islahın son safhasına ulaştığımızda, Yaradan tüm arzularımızı dolduracak, yani, Kendisini baştan planladığı mutlak dereceye kadar yaratılanlarda ifşa edecek. Tüm arzularımız bu mutlak neden için yaratılışın başında tasarlanmıştı.

Şehina her bir ruhun kökü ve toplamıdır. Her ruh Yaradan'ın genel ifşasının bir parçasıdır. Yaradan Kendisini ifşa ettiğinde, O yaratılanları mutlu etme arzusunu ifade etmektedir. Yaradan'ın ifşasını edinmiş kişilerin anlayışı budur.

Yaradan'ın bizleri neden yaratıp mutlu etmek istediği sorusuna cevap verememekteyiz, çünkü bu süreç yaratılışın oluşumundan önceydi. Bizler sadece bizlere ifşa edilen şeyleri anlayabiliriz, yani yaratılıştan sonra gelişen olayları.

Yaratılışı anlamamızın ilk safhası Yaradan'dan yayılan mutluluğun kavranmasıdır. Bu nedenden dolayı, yaratılışın amacı – "Yaradan'ın mutlu etme arzusu" sadece O'nu algılayabilen insanlar için geçerlidir.

Bu seviyenin üzerinde olan konulara yönelik tüm sorular anlayışımızın üzerindedir. Hepimiz, insana ait tüm anlayış ve bilginin sadece kişisel algıdan kaynaklandığını her zaman akılda tutmalıyız.

Varlığımızın tümü sadece mutlu olma arzusundan ibarettir. Bedenimizin ve aklımızın tüm potansiyeli, tüm becerilerimiz ve tüm gelişimimiz sadece tek bir sebep içindir: bulmaya, keşfetmeye devam ettiğimiz gerekli ya da moda, ya da kabul gören çeşitli nesnelerden zevk almak. Tüm bunların hepsi sadece sürekli zevk alabilmek için yapılır.

Zevk alınacak arzuların limitsiz bolluğundan şikâyetçi olamayız. Yaradan'ın insanların içine tek bir arzu vererek, kişisel zevklerini en üst seviyeye çıkarma içgüdüsü ile hareket edebilecek, bağımsız (arzulayan) varlıklar olduklarını hissetmelerini sağlamak yeterliydi.

Bu süreç tüm becerilerimizin yardımıyla gerçekleşir: Zekâ, bilinçaltı, fiziksel, ahlaki ve bir çok yetilerin yanı sıra moleküllerden biyolojiye kadar, zekâmızın en üst seviyesindeki hafızamıza kadar kapsar.

Burada basit bir örnek var: İnsan parayı sever, ama ölümle tehdit edilince tüm servetini bir hırsıza kaptırmaya razıdır. Burada kişi bir zevki (parayı) daha yüce bir zevke değiştirmektedir (hayatta kalmak).

Yaptığımız hareketin sonucunda kendimize daha avantajlı bir konum sağlayacağımızdan emin olana kadar herhangi bir eylemde bulunmamız mümkün değildir. Faydanın nasıl sağlanacağı önemli değildir; önemli olan alınacak zevkin

şimdiki zevk seviyesinden daha yüksek olup olmayacağıdır. Ancak o zaman hareket ederiz.

Peki o zaman, ihsan etmekten (özgecilik) alınan zevkle egoizmden alınan zevk arasında ne fark var? En belirgin fark, kendi benliğimiz (egomuz) için aldığımız zevkin her zaman bir utanç duygusuyla beraber geldiğidir. Ancak bize verenin rızası için alırsak o zaman utanç hissimiz olmaz ve alınan haz mutlak olur.

"Ortak ruh" ya da "ilk insan" olarak bilinen ilk manevi varlığın Yaradan'dan aldığı muazzam hazdan sonra bu tür bir düşünce değişiminden geçmesi mümkün değildi ve bu yüzden 600,000 parçaya (ruha) bölündü.

Her parça, her ruh, ıslah etmesi gereken egoizm yükünün bir parçasını taşır. Tüm parçalar ıslah olduktan sonra tekrar "ıslah olmuş genel ruh" olarak bütünleşecekler. Bu koşula ulaşıldığında ıslah süreci olarak bilinen Gmar Tikun tamamlanmış olur.

Örneğin, kişi küçük bir miktarda para çalmayı göze almayabilir çünkü alacağı ceza ve duyacağı utanç çaldığı paranın getireceği zevkten daha ağır basar. Ancak, eğer miktar çok büyükse kişisel hazza karşı koyabilme gücü çok daha azdır. Bu şekilde Yaradan egoizmimizin üzerinden gelmek için gerekli özgür seçim koşullarını oluşturdu.

Dolayısıyla, ruhu bir çok parçaya ayırdı ve her parçayı birbirini izleyen bir çok ıslah sürecine (her safhanın bir parçayı beden içerisinde yer almaya zorladığı) ayırdı. Ondan sonra da insanın doğasını değiştirme arayışı için gerekli her koşulunu bir dizi inişler ve çıkışlara böldü.

Eğer Yaradan'a yönelik sevgi hissediyorsak aynı zamanda içimizde korku hissini de bununla birleştirmeliyiz, böylelikle sevgimizin egoistçe olmadığından emin olabiliriz. Ancak korku ve sevgi aynı anda mevcutsa Yaradan'a yaklaşma arzumuz mükemmel bir formda olabilir.

Manevi algıya yoğun bir arzu yaşayıp da Yaradan'ı hissetmeyenler manevi bir karışıklık ve panik içerisindedirler. Yukarıdan Yaradan'ı anlayabilmek için bir arzu verilmiş olsalar da sonuca götürecek bağımsız adımı atmaya henüz hazır değildirler.

Bunun yerine, Yukarıdan çok güçlü bir arzunun gönderilmesini beklerler. Bu da ileri doğru fırlayıp ilerlemeyi sağlar ki bu kişiler her hissin ve koşulun Yaradan'ın onların dikkatini Kendisine çekme ve onları Kendisine yakınlaştırma arzusunu anlamalarına izin verir. Ondan sonra da Yaradan'ın her birimize olan hitabını keşfetmemiz mümkün olabilir.

Bu nedenden dolayı her birimiz dünyayı ve çevremizde gelişen olayları kendi kişisel açımızla ve kendimize has yorumumuzla görürüz. "Mevcut insan kadar bakış açısı vardır" deyimi her birimizin benzersiz olduğunu göstermektedir. Kendi hislerimize ilgi göstererek "her insan Yaradan'ın gölgesidir" ilkesiyle Yaradan'la aramızda bir diyalog başlatabiliriz.

Tıpkı bir gölgenin kişinin hareketiyle hareket etmesi ve gölgenin tüm hareketlerinin kişinin hareketlerini izlemesi gibi, benzer şekilde de içsel hareketlerimiz – arzularımız, isteklerimiz, algılarımız, manevi özümüz ve hayata bakışımız – Yaradan'ın hareketlerini (arzularını) taklit etmektedir.

Michael Laitman

Üst Dünyaları Edinmek

Dolayısıyla, eğer insanda birden bire Yaradan'ı algılama arzusu oluşursa, kişi bu arzunun kendi yaptığı özel bir şeyden dolayı oluşmadığını, aslında Yaradan'ın kendisine doğru bir adım attığını ve kişinin Kendisine yönelik çekim gücü hissetmesini sağladığını hemen fark etmelidir.

Yolun başında, Yaradan içimizde manevi algıya yönelik özlem ve ıstırap hisleri uyandırarak bizimle iletişim kurmak için her fırsatı kullanır. Ancak Yaradan bizi her maneviyata doğru çekme hareketi yaptığında karşılığında bizim tarafımızdan da eşit güçte bir reaksiyon bekler.

Dolayısıyla, eğer Yaradan'ı algılamaya yönelik özlemimizin gücünün, Yaradan'ın bizi Kendisine yakınlaştırmak için çekme gücüyle aynı olduğunu idrak edersek o zaman bu hisleri içimizde geliştirip güçlendirmeye çalışmalıyız. Bu şekilde, nihayet Yaradan'a tüm arzu ve niteliklerimizle tutunana dek O'na doğru ilerleyebiliriz.

Ancak hâlâ yolun başındayken Yaradan'ı ne hissederiz ne de anlayabiliriz. Yaradan'a yönelik bir kaç başarısız adım attıktan sonra, aniden Yaradan'ın bize karşı duyarsız kaldığı kanaatine varırız.

Ve karşılığında arzumuzu O'na tutunmak için gerekli seviyeye çıkarmak yerine bizi göz ardı ettiği için kalbimizde Yaradan'ı suçlamaya başlarız. Yaradan'a kızar ve Yaradan'ın bizi aynı derecede istediğini, bize özlem hissini bu nedenden dolayı verdiğini tamamen unuturuz.

Yaradan'ın bütünlüğüne tam inancımız olmadığı sürece kaçınılmaz şekilde hatalarımızı defalarca tekrarlayacağız ta ki Yaradan'a olan tüm özlemimizin bize O'nun tarafından verildiğini, ihtiyaç duyduğumuz tüm çabayı kabul edeceğini ve bize Kendisini ifşa ederek ve Kendisinin ve tüm dünyaların gerçek resmini göstererek yardım edeceğini anlayana dek.

Üst Dünyaları Edinmek

Michael Laitman

Kendimizi Yaradan'a ancak tüm arzularımızı mutluluk içerisinde, yani "kalbimizin tamamıyla" O'na yönlendirdiğimizde iliştirebiliriz. Hatta bu, Yaradan'la form eşitliğine gelmemiz için gerekli olmayan arzuları da kapsar.

Eğer içimizde ortaya çıkan tüm bencil (egoist) arzularımızı bastırabilir ve aynı zamanda, kalbimizde de mutluluk hissedebilirsek kalbimizi Yaradan'ın Işığıyla doldurmaya yardımcı koşulları oluştururuz.

Kendimizi geliştirmedeki en önemli şey Yaradan'ı yüceltmek için yaptığımız hareketlerde neşe bulduğumuz bir noktaya gelmektir. Dolayısıyla, tüm çabamız Yaradan'a hitabımızda memnuniyeti gerçekleştirmeye ve O'na yönelik düşünce ve hislerimizden tat almaya odaklanmalıdır.

Kendimizi boş hissettiğimizde Yaradan'ın yüceliğini aramak ve O'nun desteğini bulmak için iyi bir zamandır. Kendimizi ne kadar düşük, Yaradan'ı da o kadar yüce görürsek o zaman Yaradan'dan bizi bu halden kurtarması ve mevcut koşulu yükseltmesini talep ettiğimiz derece kadar yükseliriz.

Yaradan bu yükselişi, ileri doğru hareket gücünü sunmak için büyüklüğünü ifşa ettikten sonra gerçekleştirir. Böyle bir koşulda Yaradan'ın yardımına ihtiyacımız vardır, zira kendi mantığımız bizi tümüyle farklı bir yöne doğru çeker. Dolayısıyla, boşluk hissi bilhassa "inanç" denilen Yaradan'ın yüceliğinin algısıyla birlikte hissetmemiz için verilir.

Erdemli bir insan, iyi ya da kötü, beden, kalp ve mantık tarafından yaşanan hisler ne olursa olsun hissettiği her şeyde Yaradan'ın tüm hareketlerini haklı görendir. Yaradan tarafından gönderilen tüm hisleri haklı görerek, kişi sanki

Michael Laitman

Yaradan'a yönelik bir adım atar, buna "sağ" adım atmak denir.

Her ne kadar tatsız olursa olsun hiçbir koşul altında hissettiğimiz gerçek hâl ve hisleri göz ardı etmemeliyiz. Çok zor koşullardan geçmemiz gerekse bile hislerimizi etkisizleştirmemeliyiz. Bu şekilde davranarak, ileriye doğru "sol" adım atmış oluruz.

Manevi gelişimde mükemmellik yukarıda anlatılan iki adımı atarak kişinin sürekli ilerlemesiyle olur. Tümüyle erdemli bir insan Yaradan'ın hem kendisine hem de tüm yaratılanlara bütün yaptıklarını haklı gören kişidir.

Kişisel arzuların sınırları dışındaki tüm hisleri algılama olasılığını edinmiş bir kişi çoktan bu arzulardan ayrılmıştır ve sadece ihsan etmekle mutlu olmak ister. Böyle bir koşulda, insan manevi düşüşler geçirmez, zira hiçbir olay kişisel menfaat açısından incelenmez.

Dolayısıyla, olan her şey iyi bir şey içindir. Ancak, Yaradan'ın yaratılıştaki amacı bu olmadığından ve aslında yaratılan varlıkların özellikle kendi hislerinde mutlu olmalarını istediğinden erdemli seviyeye gelmek insanın geleceği son durum değildir.

Dolayısıyla, kişi erdemli seviyeye geldikten sonra, giderek bu seviyeye gelirken yok ettiği benliğini (egoizmini) tekrar yenilemek durumundadır. Erdemli kişinin kendisine geri eklediği aynı bencil arzu bu kez manevi çalışma sırasında edindiği Yaradan'ı mutlu etme arzusuna eklenebilir.

Bundan dolayı, kişi sadece ihsan etmekle kalmaz aynı zamanda Yaradan'a mutluluk verme niyetiyle geri eklediği egoist arzularından da haz alır. Bu durum bizim dünyamızda başkalarına iyilik yapma özlemi duyan bir kişinin durumuna benzetilebilir, zira bu niteliklere doğuştan sahiptir.

Üst Dünyaları Edinmek   Michael Laitman

Aslında, kişi kendi içindeki çalışmasının sonucu olarak bu nitelikleri Yaradan'dan bir ödül olarak almamıştır. Sanki gerçekten de kendisi için bir şey istememektedir, zira başkalarına iyilik yapmak benliğini (egosunu) doyurmaktadır ve başka bir şekilde davranamaz.

Bu koşul arkadaşının evinde misafir olan birisinin halini anımsatır. Kişinin iştahı ve yemekten aldığı zevk ne kadar büyükse ev sahibi de o denli tatmin olur. Elbette ki, eğer misafir aç olmasaydı bu haz alınamazdı.

Ancak misafir zevk aldıkça utanmaya başlayıp kendisine sunulanları geri çevirmeyi deneyebilir. Ve eğer yeterince geri çevirirse sonradan kabul ederek ev sahibine iyilik yaptığını hissetmeye başlar. Dolayısıyla, hissettiği tüm utanç duygusu kaybolur ve alacağı zevkin sınırları had safhaya gelmiş olur.

Manevi hislerde kişinin kendisini kandırması, mesela erdemli bir insanın kendisi için zevk almayı istemiyor gibi görünmesi söz konusu değildir. Erdemliği kazanma seviyelerinde kişi egoist doğasını özgecil niteliklerle değiştiren Yaradan'ın yardımıyla tüm bencil arzularını gerçekten reddeder ve sadece Yaradan'a mutluluk getirmeyi arzular.

Fakat erdemli kişi, Yaradan'ın, yaratılan varlıkların sadece O'ndan gelen, hiç küçülmeyen ve yok olmayan zevklerle mutlu olduğunda haz aldığını anladığı zaman tekrar benliğine (egoizmine) dönmek zorunda kalır, ancak bu sefer farklı bir niyetle: Yaradan'ın rızası adına mutluluğu hissetmek için.

Sonunda, Yaradan ve yaratılan her birinin diğerini mutlu etmeye çalıştığı ve bundan da haz aldığı tüm düşünce ve

davranışlarda tamamen bütünleşir. Bu yolla zevk almanın hiçbir sınırı yoktur.

Tam tersine, alınan haz hissi ne kadar büyük ise edinilen manevi seviye o kadar yüksektir. Buna ilaveten, kişinin kendisi ile ilgili hiçbir kaygısı olmadan, sonsuz güç, kuvvet ve kudretin anlaşılmasından alınan bir haz vardır.

Erdemli bir insanın seviyesi yaratılışın amacını yerine getirebilmek için yeterli değildir. Yaradan'dan yayılan Işıktan alınan haz niyetimizin ıslahı - "haz arayış nedenlerimiz" - için çok can alıcı bir noktadır.

Erdemli bir kişinin seviyesini edinmek sadece Yaradan'dan haz aldığımız zaman duyduğumuz utanç hissinden kurtulmamızı sağlar. Bu dünyadaki doğamız ne kadar egoizmden oluşsa ve ihsan etmek ne kadar ütopik bir nosyon gibi görünse de manevi dünyaları hissedenler tarafından bu kavramlar birbirlerine zıt algılanmaktadırlar.

Zorluklar Yaradan'ın gizli olmasından kaynaklanmaktadır. Bizler sadece arzularımızın yerine gelmesiyle haz duyabiliriz. Ancak Kabala bunun bizim için iyi olmadığını, kötülük olduğunu öğretir. Bizler bunun neden böyle olduğunu anlayamıyoruz, zira ıstıraptan hiç bir haz almamamıza rağmen yine de bunun bizim için iyi olduğuna inanmamız gerekiyor. Dolayısıyla, her düşünce ve hareketimiz kendi içinde çok sayıda muhakeme üretiyor.

Dahası, manevi dünyanın girişine (Mahsom) yaklaştıkça durum daha da karmaşık bir hâl alır. Sadece tek bir gerçek aşikâr olur: "İnsanın kalbinde pek çok düşünce vardır, fakat sadece Yaradan'ın tavsiyesi gerçekleştirilir."

Manevi yükseliş (yani, Yaradan'ın özelliklerine benzer manevi özellikler edinmek) isteyen bir kişiyle, bir geri ödeme (yani, edindiği bilgi ya da eğitimin sonucu olarak) için Yaradan'ın Rızasını (arzusunu) yerine getiren kişi arasındaki fark, sonrakinin ödül ve cezaya inanması ve bu yüzden Yaradan'ın Rızasını (arzusunu) yerine getirmesidir.

Böyle bir kişi için Yaradan maaş veren bir işveren gibidir; kişi de işverenini değil maaşını – bu dünyadaki ya da sonrakindeki ödül ve cezayı – düşünen bir işçidir. Bu o "işçiye" kendisine "Neden Yaradan'ın Rızasını (arzusunu) gerçekleştiriyorum?" sorusunu sormadan vecibelerini yerine getirmek için güç verir. Cevap çok basit; çünkü işçi ödüle inanıyor.

Ancak, Yaradan'ın Rızasını (arzusunu) herhangi bir ödül karşılığı almadan yerine getiren bir kişi kendisine sürekli "Neden bunu yapıyorum?" ve "Eğer bu Yaradan'ın Arzusu ise, Yaradan'ın buna neden ihtiyacı var? O mükemmellik ve bütünlük içerisinde, öyleyse bizim yaptıklarımız O'na ne ekleyebilir ki?" diye sorar.

Görünürde kişinin bu sorularının hepsi sanki kendisi içindir ve sonra düşünmeye başlar: "Yaradan'ın Rızasını (arzusunu) yerine getirmekle kendime ne fayda sağlayacağım?" Kişi yavaş yavaş Yaradan'ın Rızasını (arzusunu) yerine getirmenin ödülünün kendi kişisel ıslahı olduğunu fark etmeye başlar, ta ki Yukarıdan kendisine bir Neşama (ruh) – Yaradan'ın Işığı bağışlanana kadar.

Kabala bizlere kötü eğilimin (egoizm) günahkârlar için bir saç tutamı kadar (küçük bir engel) erdemli kişi için ise yüksek bir dağ gibi göründüğünü öğretir. Kabala sadece bir kişiye hitap ediyormuş gibi uygulanmalıdır, sanki bu kişinin tipik düşünce ve arzuları dünyamızdan çeşitli isimlerle adlandırılmış gibi.

Bu yüzden, "günahkâr" ve "erdemli" kategorilerinden bahsederken kişinin içinde bulunduğu koşullardan

bahsedilmektedir. Gizlilik sadece Yaradan'ın gizliliğini değil aynı zamanda kişinin kendisinden gizliliğini de anlatır. Aslında bizler kendimizi ya da gerçek karakterimizi tanımıyoruz. Bu özellikler sadece onları ıslah edebildiğimiz noktaya kadar bize ifşa olur. (Bu hususta insan bir çöp kutusuna benzetilebilir: Kişi kendi içini ne kadar deşerse aldığı koku o kadar kötüleşir.)

Bu nedenden dolayı, Yaradan sadece yolun başında olanlara, günahkârlara, benliklerinin (egolarının) aşılamayacak bir engel olmadığını gösterir ki daha işin başında ümitsizliğe kapılıp çalışmalarını bırakmasınlar.

Ancak yola koyulmuş olanlar için ise; Yaradan onlara kötülüklerini (egoizm) giderek büyüyen oranda, ıslahın önemini ve edinmiş oldukları benliklerine karşı koyma gücünü hissettirmek için gösterir.

Son olarak, erdemli yani Hak'tan yana olmak isteyenlere, Yaradan kişisel egoizmlerinin tüm büyüklüğünü gösterir. Sonuç olarak bu onlara çok yüce ve aşılmaz bir dağmış gibi görünür.

Dolayısıyla, insan ilerledikçe içindeki kötülük ıslah edebileceği bir seviyede artarak daha çok ortaya çıkar. Bu nedenden dolayı kişi içinde birden olumsuz yeni bir şey bulursa, hatırlamalı ki eğer farkına varırsa bu özelliği ıslah edebilecek imkâna sahiptir ve ümitsizliğe kapılmamalıdır, tersine Yaradan'a ıslah olması için talepte bulunmalıdır.

Örneğin, kendi üzerimizde çalışmaya başladığımızda, dünyadaki tüm zevklerden sadece 10 gramını hissedebiliriz ve bunlardan da vazgeçebiliriz. Sonra, Yaradan kişiye 15 gramlık zevk tattırır.

Çalışmamızın başında, bu ek tattan dolayı kendimizi daha aşağı (daha önce bizi çekmeyen şeylere çekildiğimiz için) ve zayıf (bu dünyanın bizi çeken zevklerinin gücüyle, bunlara karşı koyabilme gücümüz arasındaki farktan dolayı) hissederiz.

Ancak, böyle bir koşulda kendimize şöyle demeliyiz: Madem Yaradan etrafımdaki dünyadan aldığım zevklere fazladan 5 gram ekledi ve benim bunu kendi başıma ıslah etme gücüm de yok o zaman Yaradan'dan bana güç vermesini istemeliyim. Fakat, 15 gramlık zevki aşabilecek güce sahip olduğumuz zaman, ek olarak 5 gramlık daha zevk eklenir ve tekrardan kendimizi daha aşağıda ve güçsüz hissederiz ve bu şekilde süreç devam eder.

Egoizmi Özgeciliğe Çevirmek

Hayatın gerçek tadını yaşamak isteyen bir kişi, kalbindeki manevi noktaya özel ilgi göstermelidir. Herkesin kalbinde bir nokta vardır, ancak genelde parlamaz ve bir yaşam belirtisi göstermez, bu yüzden de kişi farkında değildir.

Bu durumda ona "kara nokta" denir. Bu nokta ruhun tohumudur ve özelliği özgecil olmasıdır, çünkü gelecekte var olacak ruhun ve Işığın-Yaradan'ın bir parçasıdır.

Ancak başlangıç safhalarında bizden gizlidir, zira değerini henüz bilmemekteyiz ve bu yüzden de bu koşula "Şehina'nın (Kutsallık) Galut" u (sürgünü) denir. Ruhun içinde bulunduğu bu koşul "nokta" olarak adlandırılır.

Eğer bu noktanın önemini kendi "benliğimizin", başlarımızın üzerine çıkarırsak o zaman, benzetmek gerekirse, ayaklarımızın altındaki tozdan ziyade onu kendimize taç yapmış oluruz. Ondan sonra Işık bedenin merkezinden yayılır ve bu potansiyel merkezden manevi yükselişte gücümüzün kaynağı olur.

Dolayısıyla, Yaradan'dan sürekli yaptığımız yardım talepleri yerine, tek duamız sadece Yaradan'ın Rızası (arzusu) için kişisel gelişimimize bir vasıta olması amacıyla O'nu algılamanın önemini kavramaya odaklanmalıdır. Özgecil davranışlarda bulunabilmek bir araç değil Yaradan gibi olmak isteyen bir insan için ödüldür.

Kişinin egoist doğasından kaçıp manevi dünyaya doğru yönelmesi ile ilgili geçirdiği sıralı süreç Hz. Musa'nın yazılarından Mısır'dan kaçış hikâyesinde bulunur. Kişinin içinde beliren ihsan etme kaplarına "Mısır'dan kaçış" denir.

Ancak, özgecil arzular (ihsan etme kapları) demek kişinin bilgiden ziyade inanç yolunu tercih etmesi demektir. Egoizmden kurtulmak sadece maneviyatı hissedip Yaradan'ı algıladığımız zaman mümkün olur ve Erdemliğin Işığı Yam Suf'u (Kızıl Deniz) ikiye ayırır. Bu noktada kişi iki dünya arasındaki sınırdan geçer.

Bunu yapabilmek için, Yaradan bir mucize gerçekleştirir. Işığı alabilmek için uygun kaba sahip olmamamıza rağmen bize Erdemlik Işığını (Or Hohma) verir. Bu Işığın yardımıyla bariyeri (Mahsom) geçebiliriz. Sonrasında, mucize geçtiğinde, manevi dünyaya geçen bir kişi tekrar bu dünyanın seviyesine geri dönmez.

Bir sonraki aşamada, Erdemlik Işığını alabileceğimiz bir kap oluşturmamız gerekmektedir ve bu süreç "Sina Dağına" çıkarak Yaradan'ın Işığını almayı hak edene kadar manevi çöldeki zorlu ilerleyiş yolunda gerçekleştirilir. Bu koşulda, kendi düşünce ve arzularımızı inancın altına koyarak bilginin üstünde yer alan inanç erdemliği ile on emri yerine getiririz.

Daha alt seviye olarak bilinen Katnut, yani bu durumda Malhut, bu koşulda merkezi ya da Keter'i (Taç) belirtmektedir. Kötü egoist özelliğimizin bu kadar minimal seviyede bulunduğu bir koşulda artık benlik bizi yoldan çıkaramaz, çünkü inancı aklın ve algının üstüne koyduk.

Bu daha alt bir seviye olarak görülür çünkü burada egoizmle yüzleşecek gücümüz olmadığından onu dikkate almayız. Karşılaştıracak olursak tıpkı, küçük bir miktar yiyemeyeceğimiz için porsiyonun tamamını hepten geri çevirme durumuna benzer.

Bununla beraber, Yaradan'ın Işığıyla olan bağ, sadece Işığı kendi içimize alabilirsek yani kendi egoizmimizle özgecil olarak çalışabilirsek ortaya çıkabilir. Egoizmimizi özgeciliğe çevirdikçe değişen kap (Kli) Yaradan'ın Işığıyla dolar.

Manevi kabımızın içinde bulunduğu bu hâl (ıslah olmuş egoizm, Kli) "daha büyük hâl, Gadlut" olarak bilinir. Malhut, Keter'den aşağı iner ve kişisel zevklerin çekimine karşı koyabileceğimiz fakat kendimiz için olmadan alabileceğimiz bir konuma gelir.

Yaradan'ın Işığını tümüyle alabilmek, O'nu yapabildiğimiz kadarıyla tamamen algılayabilmek, O'na bütünüyle tutunabilmek egomuzu tamamıyla özgecil niyetle kullanarak mümkün olur. Bu koşul "ıslahın sonu" olarak bilinir ve yaratılışın amacıdır.

Tüm algıladıklarımız mutlak surette özneldir ve bu dünyanın bizlere açık olan resmi bütünüyle sadece içsel manevi ve fiziksel durumumuza, ruh halimize vs bağlıdır. Ancak manevi algıda, hisler gerçeğin kendisini oluşturur, zira içinde bulunduğumuz anı manevi derecemize göre anlarız.

Michael Laitman

Üst Dünyaları Edinmek

Dünyamız bizim mevcut hissimiz olarak değerlendirilir. Gelecekteki dünyamız ise bir sonraki an hissedilecek olandır. Zaman boyutu diye bir şey yoktur, sadece hislerin değişimi vardır. Eğer insan her şeyi mantık ötesi inançla algılarsa, o zaman tümüyle gelecekte yaşar.

Örneğin, günlük hayatımızda iş sahibiysek sistemli bir şekilde işin getirisini ve kârını ölçeriz. Eğer harcadığımız çaba ve masraf getiriye değmiyorsa, yani kârı yatırımından az ise işi kapatır ve yeni bir iş açarız, çünkü kâr beklentimiz gözümüzün önündedir.

Hiçbir koşulda kendimizi kandırmayız ve net bir şekilde kazancımızı para, saygınlık, şan, huzur gibi nosyonlarla, kârımızı görmek istediğimiz şekliyle ölçeriz.

Peki neden, mesela yılda bir kez, hayatımızın genel sonucunu toplamıyoruz ve bu yılı ne amaçla yaşadığımızı ve geçirdiğimizi hesaba katmıyoruz? Bununla beraber, manevi gelişimimizle az biraz bile ilgilenmiş olsak, neden kendimize her an ile ilgili soru sorma gereksinimi duyuyoruz?

Bizim dünyamız yalan bir dünya ve bu nedenden dolayı, bedenimiz cevaplayamayacağı bu tür sorularla karşı karşıya kalmak istemiyor. Peki, yıl ya da hayatın kendisi sona yaklaştıkça gerçekte cevabımız ne olabilir?

Her şey, iyisiyle ve kötüsüyle, geçip sona erdi ve elimizde ne kaldı? Neden kendi bedenlerimizin ihtiyaçları için çalıştık? Cevap yok, çünkü hayatın geçmiş kısmı için mükâfat olmaz. İşte bu yüzden, beden bu tür soruların sorulmasına izin vermez.

Öteki taraftan ise, maneviyat gerçek ve manevi ödül sonsuz olduğundan, bizi çabalarımız karşılığında daha büyük getiri sağlamaya teşvik etmek amacıyla hemen manevi ödül sorusunu sorar. Bu şekilde, kendimizi daha da ıslah edebilir ve daha yüce, sonsuz bir ödül alabiliriz.

Peki, o zaman Yaradan neden bize bu dünyanın hayali uğraşılarını veriyor? Manevi algının oluşturulması son derece karışık ve dolayısıyla uzun bir süreçtir. Bizler, dünyevi egoizmin tüm boyutlarını yaşamamız, her şeyi denememiz, egoizmin en alt seviyelerine kadar tüm sahte hazları tatmamız gerektiğine inanıyoruz.

Çalışmamızın sürecinde, fiziksel ve manevi dünyalar arasındaki sınıra yaklaştıkça, manevi dünyaya ulaşana dek deneyimler kazanırız. Bu tecrübe birikimi bu dünyada sadece tek bir hayat devrinde gerçekleşmez. Tüm bilgi ruhta saklanır ve doğru zamanda ortaya çıkar.

Ancak o zamana kadar, bu edinim süreci kişiden gizlidir ve bizler sadece şimdiki anı yaşarız. Özümüzün tümü sadece zevk almaktan ibaret olduğundan, Yaradan henüz manevi yükselişe hazır olmayanlara yaşamaları için bir güç kaynağı olsun diye "yalan" olarak bilinen bir "hayat" verir.

Arzu kabına küçülme getiren bir Işık vardır ve bir de bilgi ve haz getiren bir Işık vardır. Aslında, ikisi de Yaradan'ın aynı ve tek Işığıdır, fakat bizler o Işıktan manevi amacımıza yönelik kullanmak istediğimiz niteliği çıkartır alırız.

"Kötülüğü terk edin ve iyilik yapın." Islahın ilk aşamasına "kötülüğün farkına varılması" denir, zira kişisel egoizmin bizim için en tehlikeli ve ölümcül düşman olduğuna ikna olduğumuz an bundan nefret edip kurtuluruz. Böyle bir koşul artık tahammül edilemez olur.

Bununla birlikte, kötülükten kaçmak gerekmez, sadece bu kötülüğün ne olduğunu hissetmemiz gerekir, zaten bu safhadan sonra zararlı bir şeyi içgüdüsel olarak bırakırız. Kötülüğün farkına varmamız tam olarak iyi şeyler

yapmanın etkisi altındayken, yani manevi yolda ilerleyip Kabala öğrenirken ortaya çıkar, çünkü bunların pozitif etkisi altındayken manevi mükemmelliğe özlem duymaya ve bizleri manevi hayatı yaşamaktan neyin uzak tuttuğunu hissetmeye başlarız.

Yaradan'ın gizliliği, ki bu ıstırap olarak hissedilir, İlahi Takdirle ilgili sorgular, Yaradan'a yönelik güvensizlik ve karışıklık yaratan düşünceler – bunların hepsine "gece" denir. Yaradan'ın Kendisini kişiye ifşa etmesine, ki bu da haz olarak hissedilir, İlahi Takdire yönelik güven, sonsuzlukla bağ hissi, doğanın tüm kanunlarının Üst Kaynağını anlamak – bunlara da "gündüz" denir.

Yaradan hâlâ gizlilik durumundayken, bu koşulun bizim iyiliğimize olduğu gerçeğine inanç edinmeye çalışmalıyız, çünkü tüm safhalarda Yaradan bizim için sadece en faydalı koşulları yaratır. Eğer Yaradan'ın Işığını kendimize zarar vermeden alabilecek durumda olsaydık, şüphesiz Yaradan Kendisini bize ifşa ederdi.

Ancak, bizler henüz hissettiğimiz zevklerin kontrolünü ele alamazken, Yaradan Işığından kaynaklanan öyle muazzam zevkler vermez, zira bizler buna anında köle oluruz ve egoizmimizin zincirlerinden asla kurtulamayız. Ve bu nedenden dolayı Yaradan'dan daha da uzaklaşırız.

Güzel olan şeyler ve bunların değerleri, nesneler, olaylar ve kategoriler her nesilde çoğunluk tarafından yeniden tanımlanır. Her yeni nesil bir önceki neslin ilkelerini reddeder. Dolayısıyla, mutlak ilkeler yoktur, daha ziyade yeni neslin toplumdaki çoğunluğu kendi ilkelerini dikte ederler ki geri kalanlar onları izlesinler. Bu nedenden dolayı, her zaman yeni akımlar ve özenecek yeni örnek insanlar vardır.

Üst Dünyaları Edinmek

Michael Laitman

Dolayısıyla, çoğunluğun belirlediği şey güzel olarak tayin edilir ve bu değerleri yaşatan insanlar toplumda onurlandırılır ve saygınlık sahibi olurlar. Sonuç olarak, insan toplumun değer verdiği şeyleri edinmek için büyük çaba sarf etmeye hazırdır.

Bu nedenden dolayı manevi özellikleri edinmek son derece zordur, zira çoğunluk manevi gelişime mevcut değerler kadar yüksek önem vermez. Peki maneviyatı edinmek (algılamak) gerçekten bu kadar önemli mi? Aslında, son derece önemli.

Madem bu kadar önemli Yaradan neden maneviyatın gizliliğini sürdürüyor? Bunun cevabı şöyle; onu bozmamamız için Yaradan gizlilik denilen özel bir "aldatmaca" düzenlendi. Bu, manevi dünyaların muhteşemliğinin görülmesini engeller, çünkü insan zaten, yukarıda da açıkladığımız gibi, hissettiklerinin kontrolünü ele almaya hazır değildir.

Ve şimdi bizden gizli olduğu için Yaradan'ın algılanmasındaki büyük öneme sadece inançla itimat edebiliriz. Ancak, çoğunluğa göre manevi edinimin değeri olmadığından hemen hemen herkes tarafından nefret edilmektedir.

Bu süreç, toplumun önde gelenlerinin sürekli olarak güzelliğin tanımını, öncelikleri, davranış modellerini, toplumun ilkelerini değiştirerek ne kadar özden yoksun, tabansız ve sahte olduklarını açıkça göstermelerine rağmen devam eder.

Aşamalı Manevi Islah

Mantık ötesi inanç en büyük düşmanımızı (iyiliği edinmekte önümüzde duran) tamamen mantık ile algılamamızı sağlar. Kötülüğü, sadece mantık ötesi manevi hazza inandığımız dereceye kadar hissedip algılayabiliriz. Aslında, Yaradan dışında hiçbir şey yoktur, ancak bu algı en yüksek manevi edinimde ortaya çıkar.

O zamana kadar, kendimizi bu dünyada algılıyoruz. Algımızı geliştirme sürecinde; 1) Yaradan'ı, 2) İlk yaratılanı, 3) Yaratılanları ve 4) Yaradan'ın yaratılanlara vermek istediği hazzı anlama noktasına geliriz. Doğal olarak tüm gelişim zaman süreci yerine, "sebep ve sonuç" ilişki zinciri dahilinde ortaya çıkar. Yaradan vardır. Ve ihsan etmek için bir yaratılış meydana getirmeyi arzulamaktadır. Yaradan vermek istediği mutluluk için haz alma arzusunu tam olarak o zevkle (hem miktar hem görünüm olarak) dolacak şekilde oluşturur.

İlk yaratılan varlığa Malhut denir. Yaradan'ın Işığının yaratılan varlık tarafından ilk algısına "Sonu Olmayan Dünya" denir. "Sonu Olmayan" olarak adlandırılmasının sebebi o koşulda Yaradan'ın Işığını alırken hiçbir sınırlama koymamasından kaynaklanmaktadır.

Yaratılan varlık aldığı Işıktan çok büyük haz aldı. Ancak, hazzı alırken beraberinde Yaradan'ın Kendisini – O'nun ihsan etme isteğini de hissetti. Ve Malhut O'nun gibi olmaya özlem duyduğundan zamanla Işığı almayı tümüyle reddetti ve O'ndan ayrıldı.

Malhut'un bu hareketine "kısıtlama" (Işığın kabulünün kısıtlanması – Tsimtsum) denir. Yaradan'ın hiçbir eksikliği olmadığından Malhut Yaradan'ın kendisine verdiği gibi Yaradan'a veremez.

Üst Dünyaları Edinmek

Michael Laitman

Malhut Yaradan'a nasıl "verebilir"? Yaradan'ın arzusuna uymak suretiyle, ki bu yaratılanlara iyilik yapmak ve Yaradan'dan alarak O'nu mutlu etmektir. İşte buna yaratılan varlık açısından "vermek" denir.

Malhut sadece alma formunu değiştirebilir. Bu değişim ancak alma hareketinin üzerine Yaradan'a haz vermek niyetini ekleyerek olabilir.

Bu yeni forma gelebilmek için gerekli ilk safha sınırlamadır, yani Işığın ayrılmasını sağlamak. Kısıtlanan Malhut sonradan her birinin kendi egoizmini ıslah etmek durumunda olduğu birçok parçaya – ruhlara bölündü.

Yaradan'ın Işığından mahrum olan Malhut'un bu küçük parçaları sonra "bizim dünyamız" dediğimiz koşul ve hâlin içerisine koyuldular. Sonra, bu küçük parçalar azar azar kendileri için alma arzusunu geride bırakırlar ve hâlâ "bizim dünyamızın" koşulları içerisinde iken ihsan etme arzusu geliştirirler.

Kişinin ruhunun egoist eğilimlerinden kurtulmasına yardımcı olan güce "kurtarıcı" güç, yani Mesih denir. Manevi ıslahın aşamalı kademelerine "manevi dünyalar" ve içsel derecelere de Sefirot adı verilir.

Islahın amacı, kısıtlamadan önceki koşula, ilk orijinal hâle, hazzın kendimiz için değil Yaradan için alındığı noktaya geri dönmektir. Bu koşula "ıslahın sonu" denir.

Yaratılışın ve çabamızın amacı ile ilgili, "Bu gerçekten gerekli mi?" ve "Her halükârda Yaradan zaten kendi planına ve arzusuna göre davranacak, neden benden bir şeye ihtiyacı var ki?" vs. gibi içimizde yüzeye çıkan düşünce ve sorular doğrudan Yaradan tarafından gönderilmektedir. Öyle ki içimizde bir soru daha yükselsin: "Ne için?"

Michael Laitman

Eğer Yaratılışla ilgili içimizde ortaya çıkan tüm sorular bizi manevi yolda güçlendirirse o zaman soruların cevabı net olur. Ancak bu yola ilk kez çıkanlar için yolun zorluğuyla, çaresizliğiyle ve engelleriyle ilgili sorular sürekli vardır.

Yaradan dışında hiçbir güç ve arzu yoktur ve her şey Yaradan tarafından yaratılışın nedenini (amacını) anlamamız ve edinmemiz için hazırlanmıştır, buna O'na doğru ilerleyişimizi güçleştiren "yıkıcı" sorgulamalar da dâhildir.

Yaradan'ın yüceliğini algılama amacına hiç ulaşamayacakmış ve hep bu alçak seviyede kalacakmışız korkusu edinelim diye Yaradan, manevi yükselişte izlenmesi gereken yolun üzerine birçok engel koydu. Böyle bir anlayış ihsan etme özelliğini istememiz için kalplerimizi ikna edebilir.

Bizler, sadece Yaradan'ın gözlerimizi ve kalplerimizi maneviyatın yüceliğine açabileceğini anlamalıyız. Kargaşaya sebep olan soruların ortaya çıkması özellikle bu ihtiyacı hissetmemiz içindir.

Yeni başlayanların sorduğu en temel sorulardan biri şu şekilde ifade edilebilir: "Eğer Yaradan isteseydi Kendisini bana ifşa ederdi ve bana görünür olsaydı o zaman ben (yani bedenim – egoizmim – şimdiki yöneticim) hemen ve otomatik olarak egoist davranışlarımı özgecil olanlarla değiştirirdim ve Yaradan benim yöneticim olurdu.

Kendi davranışlarımı tayin etmenin özgürlüğünü istemiyorum. Yaradan'ın doğru olduğuna inanıyorum ve benim için en iyi şey kendi menfaatimi düşünmemek. Ancak o zaman tümüyle layık olabilirim. Ama kendimi değiştiremem. O zaman, beni O böyle yarattığına ve sadece O yaptığını değiştirip düzeltebileceğine göre Yaradan gelip beni değiştirsin."

Üst Dünyaları Edinmek — Michael Laitman

Elbette ki Yaradan kişiye "Yukarıdan uyandırılma" diye adlandırılan, maneviyata yönelik bir arzu ve his verebilirdi. Ancak, Yaradan böyle bir şey yapsaydı asla egoizmin getirdiği kişisel sevginin diktatörlüğünden kurtulamaz ve hiçbir özgür seçimimiz olmadan sadece zevk almak uğruna çalışmak zorunda kalırdık.

Böyle bir çalışma Yaradan için değil kişisel zevk için yapılıyor olurdu. Yaradan'ın amacı bizleri kendi özgür irademizle doğru yolu seçmeye zorlamaktır ki O'nun yaratılıştaki tüm hareketlerini haklı görebilelim. Bunu sadece kişisel zevklere hiç aldırmadan, egoizmden tümüyle arındığımız zaman idrak edebiliriz.

Bu nedenden dolayı, Yaradan manevi yükseliş için son derece gerekli bir koşul oluşturdu: O'na ve O'nun yönetiminin adilliğine inanmayı kabul etmek. Bu koşul dahilinde yapmamız gerekenler şu şekilde sıralanabilir:

1. Dünyayı yöneten bir Yöneticinin olduğuna inanmak;

2. İnanç bizim için önemli olmasa da, Yaradan'ın bizim için böyle bir yolu uygun gördüğünün bilincinde olmak;

3. "Almanın" değil "ihsan" etmenin yolunu izlememiz gerektiğine inanmak;

4. "Yaradan'ın rızası için çalışırken", bizim gözümüzde nasıl görünürse görünsün, O'nun çabamızı kabul ettiğine inanmak;

5. Kişisel gelişim süreci esnasında "mantık ötesi inancın" iki kategorisinden geçmek: a) başka hiçbir seçenek olmadığından dolayı mantık ötesi inanç ile devam etmek (ilerlemek); b) mantık ötesi inanca ihtiyaç duymadan ilerleyecek bilinci edinmiş olsak bile, mantık ötesi inanç yolunu seçerek devam etmek.

6. Eğer çalışmamız egoizmin temeli üzerine yapılırsa, o zaman hayalimizde ulaşmayı ümit ettiğimiz tüm başarının meyvelerinin kendi zevkimize gittiğini bilmek. Ancak kişi Yaradan'ı severse tüm mutluluğu O'na ve çabasının tüm meyvelerini de başkalarına zevkle verilir.

7. Yaradan'a geçmiş için teşekkür etmek; zira gelecek geçmişe bağlıdır, kişi geçmişin değerini bilip Yaradan'a bunun için teşekkür ettiği ölçüde, Yukarıdan kendisine verilenlerin kıymetini görür. Ve ancak ondan sonra Yukarıdan aldığımız yardımı muhafaza eder ve kaybetmeyiz.

8. Öncelik gerektiren işi yapmak – asıl olarak bu, sağ çizgide bütünlük hissi içerisinde ilerlemektir. Kişi maneviyatla olan en küçük ilişkide bile mutludur.

Kişi kendisine arzu ve Yaradan'ın önünde maneviyatla ilgili en küçük bir şeyi yapabilme yetisi verilmeyi hak ettiği için bile mutludur.

9. Sol çizgide ilerlemek. Ancak, kişinin Yaradan'a olan sevgisini kişisel sevgisine ne kadar tercih ettiğini incelemesi için günde yarım saat yeterlidir.

Kişi eksikliğini hissettiği dereceye, bu ölçüye kadar Yaradan'a hisleriyle ilgili duayla talepte bulunmalı ki bu hisler vasıtasıyla Yaradan kişiyi iki çizgiyi özellikle birleştiren gerçek yola yakınlaştırsın.

Çalışmanın içindeyken düşünce ve arzularımızı belli bir sıraya koymaya odaklanmalıyız:

1. Yaradan'ın tarzını ve Kabala'nın sırlarını öğrenmeliyiz ki bu bilgi Yaradan'ın arzusunu yerine getirmekte bize yardımcı olsun. Kişinin esas amacı budur.

2. Kişinin ruhunu tamamen ıslah etmeye özlem duyması ve kökü olan Yaradan'a geri dönmesi.

3. Yaradan'ı anlayabilmeyi arzulamak ve O'nun mükemmelliğini görerek O'na tutunmak.

Yaradan mutlak sükûnet içerisindedir. Yaratılışın amacını edinen bir kişi de bu koşula ulaşır. Böyle bir koşulun değerini ancak pek çok hareket, çaba ve çalışmadan geçen bir insanın anlayabileceği gayet açıktır. Burada bahsedilen "manevi dinginlik" olduğundan, niyet, kişinin sarf ettiği çaba, hareket ve çalışmanın manevi bir doğaya sahip olmasıdır.

Manevi çalışma Yaradan'a mutluluk verme çabasından ibarettir. Tüm işimiz tam anlamıyla bedenimiz (kendimiz için alma arzusu) bu çalışmaya karşı koyduğu zaman başlar, zira bu çalışmada kişisel bir kazanç yoktur çünkü beden (egoizm) ihsan etmek üzerine yapılan bir çabaya anlam veremez ve bu işte bir ödül görmez.

Bedenin (prensipte) haklı olan mantıksal şikâyetlerine karşı koyabilmesi için çok büyük bir çaba sarf etmesi gerekir. Uzun bir süre boyunca maneviyatı biraz olsun anlayabilmek için kendimize büyük işkence çektiririz.

Peki karşılığında ne alırız? Bu işte ilerlemiş birisini tanıyor musunuz? Yaradan'ın bizim bu şekilde acı çekmemizi istemesi mümkün mü?

Kendi tecrübelerinizden öğrenin. Şimdiye kadar ne edindiniz? Mevcut sağlık durumunuzda kendinizi daha fazla suiistimal edebilir misiniz? Kendinizi, ailenizi ve büyüyen çocuklarınızı düşünün.

Eğer Yaradan isterse bizi nasıl Kabala'ya getirdiyse aynı şekilde ilerletecektir, zira O her şeyi yönetir ve her şeye hâkimdir! Yukarıda bahsedilen ve buna benzeyen diğer tüm bahaneler (genelde bedensellikle bağı olan akrabalardan duyulur) tümüyle doğrudur, ancak bu sorgulara verilebilecek bir cevap yoktur.

Michael Laitman

Üst Dünyaları Edinmek

Aslında cevaba da ihtiyaç yoktur. Zira bedensel sınırlamalardan kurtulmak istiyorsak, bu tartışmaları kabul etmemeli ve kulak asmayıp kendimize şunu söylemeliyiz: "Bedenim haklı, açıklamaları mantıklı ve şikâyeti gerçek; ama ben bedenimden yani arzularından çıkmak istiyorum. Dolayısıyla, inancın yolunu izliyorum mantığın yolunu değil. Muhakemem sadece bu dünyada mantıklı olarak kabul görür.

Ancak manevi dünyada, ki henüz bunu anlamamama, manevi bir görüşüm ve aklım olmamasına ve fiziksel gerçeğin üzerine inşa edilmiş olmamasına rağmen, her ne kadar bana şu anda garip gelse de her şey farklı bir yasaya göre işlemektedir.

Her şey Yaradan'ın İlahi Yönetimine ve O'na tam ve gönüllü teslimiyete göre işler, hem zihinde hem de ruhta; başka bir deyişle, bedenin alma arzusu ve protestolarına rağmen O'nun yardımına mutlak inançla.

Kendi üzerimizde bu şekilde çalışmaya "ihsan etmek için ihsan denir"; yani sağ çizgiyle temsil edilen tümüyle özgecil bir davranış. Vermeyi arzuladığımız için her şeyi veririz. Böyle bir çalışmadan alınan mutluluk Yaradan'a olan benzerlikten kaynaklanır, zira kişi Yaradan gibi sadece vermektedir. Buna "inancın ya da merhametin ışığı" – Or Hasadim denir.

Eğer kişi bu şekilde davranmaya devam ederse, Yaradan kişiye sonsuzluğun muhteşemliğinin ve Yaradan'ın gücünün hissini açar. İnanç yerini bilgiye bırakır; beden Yaradan'ın önemini hissetmeye başlar ve O'nun adına her şeyi yapmaya hazırdır, çünkü artık Yüce Olanın önemini ve O'nun bizden verdiğimiz her şeyi almaya boyun eğmesinin önemini algılamıştır.

Üst Dünyaları Edinmek

Michael Laitman

Bu, hazzın edinilmesi olarak kabul edilir. Ancak, bu durumda da tekrar bedenimizle ilerliyormuş gibi hissederiz. Burada, Yaradan'ın yüceliği değil, Yüce Olanın hatırı için yaptığımız çalışmadan alınan güven ve hazzın derecesi hareketlerimizi belirlemektedir. Dolayısıyla, tekrar kişisel egoizm ve menfaatin kucağına düşeriz.

Yaradan'ı tümüyle algılayamamamız özgecil ve manevi olarak Yaradan adına çalıştığımıza ikna olmamızı sağlar. Sol çizgiyle temsil edilen Yaradan tarafından ifşa "Erdemlik Işığının Bilgisi" olarak bilinir.

Bu yüzden, Yaradan'ın ifşası, bilginin edinimi, bunun kullanımı ve O'nun yüceliğinin algılanmasında katı sınırlamalar uygulamayı bizim için gerekli kılar. Böylelikle inanç ve bilgi arasında bir denge oluşur; Yaradan algısının ve O'ndan alınan hazzın eksikliği arasındaki denge bizim tekrar egoizmin avı olmamamızı sağlar.

İlk hâline küçük bir parça egoizm ekleyerek ve eğer hiçbir şey öğrenmemişsek bu küçük parçayı kullanarak tıpkı ilk hâlde olduğu gibi ilerleyebiliriz. Sağ çizgiyi sol çizginin küçük bir parçasıyla dengeleyerek orta çizgiyi yaratırız.

Orta çizgide var olan sol çizginin parçası bizim manevi yükselişimizi tayin eder. İçinde bulunulan manevi hâl "Yüce Olanın" seviyesi olarak bilinir.

Bu koşul aşama aşama sağ çizginin sonra da sol çizginin artması ile gerçekleşir. İki çizginin dengelenmesi manevi merdivenin her bir seviyesinde olur. Sağ çizgi koşulunda, hiç sebepsiz, sadece Yaradan dünyamızda var olduğundan dolayı mutlu olmalıyız. Mutlu olmak için başka hiçbir koşula ihtiyacımız yok.

Bu koşul "sahip olduğuyla mutlu olma" olarak bilinir. Eğer hiçbir koşul insanı bu koşuldan (hâlden) çıkaramazsa

bu durum mükemmel olarak nitelendirilir. Ancak, manevi durumumuzu sınamaya başlarsak, Yaradan'a hiçbir şekilde yaklaşmadığımızı görürüz. Kendi kendimizi düzeltemediğimizi önceden tecrübe edindiğimizden bize yardım etmesi için Yaradan'a talepte bulunuruz. Bedenin egoizminin (alma arzusu) üzerine çıkmamız için bize yardım eden Yaradan'ın Işığı "ruh" olarak bilinir.

Bir davranışın egoistçe ya da özgecil olup olmadığını tayin etmenin en kesin yolu, hareketin getireceği sonucu, bu, kendi çalışmamızın sonunda alacağımız geri ödemenin büyük hazzı dahi olsa önemsememektir. Sadece bu koşulda, yani hazzı aldıktan sonra, kendimiz için değil Yaradan için yaptığımız konusunda ısrarcı olabiliriz.

Manevi yükselişin tüm yolu giderek artan zevkleri yavaş yavaş geri çevirmekten ibarettir: Önce, bu dünyanın zevklerini ve sonra da gerçek manevi zevkleri, özellikle Yaradan'ı algılamaktan alınan hazzı.

Yaradan, bizim bu amaca zaman içinde ulaşmamızı mümkün kılabilmek için Kendisini gizledi. Dolayısıyla, Yaradan'ın gizliliği ıslahımızın bir safhası olarak görülmeli ve O'ndan Kendisini bize ifşa etmesini talep etmeliyiz, zira bizler kendimize zarar vermeden O'nu algılayabildiğimizde O Kendisini anında bize ifşa edecektir.

Eğer Yaradan'ın algılanmasından duyulan zevki içinde bulunduğumuz ilk egoist konumda hissedebilseydik, kişisel egoizmden kurtulacak yeterli gücü kendimizde asla bulamaz, Yaradan'dan bize kişisel hazzın çekimine karşı durabilecek gerekli iradeyi vermesini talep edemezdik. Tıpkı kendilerini öldüren ışığa hücum eden gece kelebekleri gibi bizler de haz alevleri içinde yok olur ve yine de bu hazza karşı koyamazdık.

Üst Dünyaları Edinmek — Michael Laitman

Sadece hayatında çok büyük bir zevkle karşı karşıya kalıp da güçsüzlüğü yaşamış kişiler eğer böyle bir zevke dayanacak irade gücü ve kötülüğün farkındalığı yoksa kendimizi haz almaktan koruyamayacağımızı anlarlar.

Yaradan bizden, özellikle bizim iyiliğimiz için Kendisini gizlemektedir, böylelikle zevkler tarafından baştan çıkarılmayıp inancın yolunda ilerleyebilir ve özgecil kapları edinebiliriz. Eğer kendi menfaatimize olmayan bir şey yapmak istersek, bedenlerimiz (ego) bu işi yapmaya değip değmeyeceğinin tam muhasebesini ister, çünkü amaç olmadan, haz ödülü olmadan, çaba sarf etmemiz ve manevi amaç ve hedeflerimizin tüm eksikliğini, manevi arzuları ve hataları araştırmamız mümkün değildir. Bedenlerimiz ilk olarak sorar: "Hangi sebeple bu işe girmem lazım?"

Bu durumdayken bedene "kötü eğilim" denir. Bundan sonraki safhada da başarmayı planladığımız şeyden alıkoymak için çaba sarf eder. Bu koşulda bedene "şeytan" (İbranice'de şeytan kelimesi Listot fiilinden gelir ve yoldan çıkarmak anlamındadır) denir, çünkü bizim yoldan çıkmamıza sebep olmaya çalışmaktadır.

Bundan sonra öğrendiklerimizden ve Kabala ile bağlantımızdan tüm manevi hisleri alarak maneviyatımızı öldürür ve bize özellikle bu dünyanın kıyafetleriyle süslenmiş zevkler verir – bedenin bu haline de "ölüm meleği" denir.

Bedenin tüm yakınmalarına tek bir cevap vardır: "Bana söylediklerine rağmen yolumda ilerliyorum, inancın gücüyle, çünkü Yaradan böyle talep ediyor."

Yaradan'ın bu koşulu, "dünyaların ötesinin kanunu" olarak bilinir. Öncelikle bize zarar verdiğine ikna olmadan bizlerin kendimizi zevklerden alıkoyacak gücümüz yoktur. Yani aklımızı kalbimize karşı koyarız.

Ancak, bu koşulda bile bizim için iyi olanı seçmek basit bir hesaptan başka bir şey değildir: anlık haz ve akabinde ıstırap ya da zevkten kaçınmak ve mevcut halde kalmak. Ne zaman zevk almayı reddetsek bedenimize bu arzuyu yerine getirmenin neden kıymete değer olmayacağının kesin hesabını vermek zorundayız.

Dolayısıyla, bedenimize anlayacağı dilde cevap verebiliriz: Ya zevk alma diliyle, yani bir sonraki dünyanın zevklerini yaşamak için şimdi arzuladığımız zevklerden ödün vermeye değeceğini ya da acının diliyle, yani şimdi bu zevklerden haz alıp sonra da cehennem ıstırabı çekmeye değmeyeceğini söyleyebiliriz. Bu şekilde, bedenimize karşı bir savunma mekanizması inşa etmeliyiz.

Fakat bu koşulda bile zevklere duyulan heves mantıklı bir açıklama getirmeyi engelleyebilir ve haz ile ıstırap arasındaki ilişkiyi yanlış yansıtabilir. Tek gerçek çözüm bedene kişisel bir çıkarımız olmadan manevi yolda ilerleyeceğimizi söylemektir, zira bu şekilde bedenimizle hareketleri arasındaki ilişkiyi kesip atmış oluruz ve bedenimiz hesaplamalara, çabalarına değip değmeyeceğine artık karışamaz. Bu cevaba "kalbin çalışması" denir, zira kalp haz alma özlemindedir.

İçsel Nitelikler ve Dışsal Etkenler

Akıla verilen cevap şu şekilde olmalı: "İnanıyorum ki Yaradan tüm taleplerimi ve yardım dualarımı dinliyor." Eğer aklımızın ve kalbimizin taleplerine karşı güçlü bir şekilde ayakta durursak, Yaradan Kendisini bize ifşa eder ve böylece bizler sadece Yaradan'ı görür ve hissederiz.

Her birimizin içinde yetmiş temel arzu vardır, bunlara "dünyanın yetmiş ulusu" denir. Dolayısıyla, ruhlarımız 70 Sefirot'u içinde bulunduran Atsilut dünyasındaki Zer Anpin Partsuf'una tekabül eder. Yaradan'a daha da yakınlaşmaya özlem duydukça ve Kabala'nın Işığını almaya başladıktan sonra bize var olduğunu hayal bile edemeyeceğimiz hisler ve arzular verilir.

İki çizginin, sağ ve sol, kombinasyonu ile ilerlediğimizden yetmiş arzu iki kaynaktan çıkar. Kötü (egoist) eğilimlerimiz (Kabuk-Klipa), sağ çizgiye tekabül eden hareketlerimize, kalbin çalışmasına karşı koyar, buna Klipat İsmail denir.

Akıla karşı sol çizgide yapılan çalışmaya, kötü güç tarafından karşı konulmasına ise Klipat Eysav denir. Ancak, kişi çalışmamızda ilerledikçe, manevi dünyaya girebilmek için bu iki Klipot'tan kurtulmamız gerektiğini görür, çünkü manevi dünyanın kanunlarını üstlenmek istememektedir – tıpkı Hz. Musa'nın beş kitabında yazdığı gibi, Yaradan Tora'yı, maneviyatın kanunlarını, İsrail'e vermeden önce Eysav ve İsmail'e teklif etti, ama onlar almak istemediler. Özgecil manevi kanunları bu iki güç, sağ ve sol, vasıtasıyla edinmeyi beceremediğimizi görünce ancak orta çizgide hassasiyetle ilerleriz, buna "yapacağız ve sonra duyacağız" denir yani "ihsan etmek için" yapılan ve sonrasına da İsrail denir.

Michael Laitman

Üst Dünyaları Edinmek

Hepimiz, tüm düşüncelerimizle, niyetlerimizle ve arzularımızla birlikte tamamen egoizmin içerisine dalmış olduğumuzdan, bağımsız, tarafsız ve egosuz düşünememekteyiz. Dolayısıyla, kişisel eleştiri yapamıyoruz.

Genelde, kişisel eleştiri yapmamıza gerek yoktur, zira yaptığımız her şey zaten egoist arzuların üzerine kurulmuştur. Ancak, kendi üzerimizde çalışırken, yani arzularımızın tersine hareket ederken, manevi özlemler geliştirmek için çaba sarf ederken, içinde bulunduğumuz konumu incelemek zorundayız. Yaradan değil bizler kendi durumumuzu dikkatle gözden geçirmeliyiz çünkü O zaten içinde bulunduğumuz koşulu bilmektedir.

Gerçek manevi durumumuzu sınamanın en kesin yolu, Yaradan'ın rızası için çalıştığımızda mutlu olup olmadığımızı görmektir. Eğer öyleyse, kendimizi sınamanın çok yoğun bedensel ve fiziksel çaba harcamaktan ziyade içsel hâlimizin incelenmesi olduğunu görüyoruz. Yaradan'dan bizim için gerekli olduğunu hayal ettiğimiz şeyi alsak da almasak da aynı mutluluğu sürdürebiliyor muyuz?

Kabala kişiden sanki tüm dünyaymış gibi bahseder, zira her birimizin içerisinde etrafımızdaki her şey mevcuttur: Evren, ülkeler, insanlar, ulusların erdemli insanları, İsrail, tapınak ve hatta Yaradan'ın kendisi – kalbimizdeki nokta – bile.

Öncelikle, Kabala bize iç niteliklerimizi öğretir ve sonrasında dışsal faktörlere devam eder ki bunlar içsel niteliklerin sonuçları olarak kabul edilir dolayısıyla buna tekabül eden isimler alırlar. İlaveten, içsel niteliklerin manevi durumları dışsal faktörlerin manevi durumlarına ve onların bizim üzerimizdeki etkilerine tesir eder.

Üst Dünyaları Edinmek

Michael Laitman

İnsanlar olarak ilk manevi hâlimiz egoizmdir. Yaradan'a yakınlaşma çabasına girişmiş bir kişi "dünya uluslarının erdemli insanlarından" olarak bilinir. İnsan gerçekten şu anda bu seviyede olduğunu nasıl tayin edebilir? İnsan sadece egoist arzulara sahip olduğundan egoyu mutlu kılmayan her türlü şey sanki kendisinden alınmış gibi algılar, sanki arzuladığı şeye sahipti ve sonra bu kendisinden çalındı.

Bu his manevi "geçmişimizden" dolayı ortaya çıkmaktadır: Önceki manevi seviyelerde ruhumuz tümüyle iyilikle doluydu, ancak bu dünyaya manevi düşüşümüzle birlikte hepsi kayboldu. Dolayısıyla, bir şeye arzu duyduğumuz an bu – özlem duyduğumuz, bizden alınan ya da hiç verilmemiş şey için Yaradan'a yönelik şikâyette bulunmaya eşdeğerdir.

Bu yüzden, eğer kalbimizden Yaradan'ın yaptığı her şey hepimizin iyiliği içindir diyebiliyorsak ve gerçekten de kendimiz için hayal edebileceğimiz her şeyi O'ndan almış gibi mutlu ve Yaradan'a sevgi hissedebiliyorsak ve O'nun idare ettiği her şeyi haklı çıkarabiliyorsak o zaman niyetimizin (Kavana) tüm sınamalarını tamamlamış oluruz. Bu şekilde başarılı olmuş bir kişi "dünya uluslarının erdemli insanlarından" olarak bilinir.

Eğer, Yaradan'ın yardımıyla, alma arzumuzun ıslahı yolunda daha öte çalışırsak, o zaman yaptıklarımızın doğruluğunu düşüncelerimiz değil davranışlarımız belirler. Yaradan bize tüm arzuladıklarımızı verir, ancak sadece Yaradan'ın rızası için alabileceğimiz kadarını kabul edip, geri kalan hepsinin karşılığını vermeye hazır olmalıyız.

Birçok koşulda, bu sınamaları sanki iki olasılık arasında seçim yapmak gibi yaşarız: sanki arzularımızın yarısı bizi bir tarafa ve diğer yarısı da başka bir tarafa çekiyormuş gibi hissederiz. Genel olarak, kendi içimizde birbirine karşıt iyi ve kötü iki gücün boğuştuğunu hissetmeyiz, çünkü sadece içimizdeki kötü güçler yönetir ve sürekli önümüze çıkan sorun hangi gücün bize en fazla yarar sağlayacağıdır.

Karşıt güçler eşit olduğunda, birini diğerine tercih edemeyiz çünkü üzerimizde işleyen iki güç arasında kaldığımızı hissederiz. Bu noktada tek çözüm bizi iyi tarafa çekmesi için Yaradan'a dönmektir.

Dolayısıyla, hayatımızda olan her şeyi sanki Yukarıdan bir sınava tabi tutuluyormuş gibi dikkate almak zorundayız – böylelikle hızlı bir şekilde yaratılışın amacına yükselebiliriz. Yaratılışı genel kapsamıyla ve bizlere olanları ayrıntılarıyla anlayabilmek için Yaratılışın son amacını anlamamız gerekmektedir. O zaman Yaradan'ın aksiyonlarını anlayabiliriz, zira bu aksiyonların hepsi son amaca bağlı ve son amaçtan kaynaklanmaktadır.

Tıpkı dünyamızda olduğu gibi, eğer gelecek sonucu kestiremezsek diğer kişilerin yaptığı herhangi bir hareketi anlayamayız. Denir ki: "Yaptığın işin ortasında her şeyi tamamen gösterme."

Yaradan tüm yaratılışı, Işığı, temsil etmektedir. Amacı Işığıyla bizleri mutlu etmektir. Dolayısıyla, Yaradan'ın yaratması gereken tek şey haz alma arzusudur. Var olan her şey Işık ve haz alma arzusunu temsil eder. Bizim dışımızda yaratılan her şeyin sadece bir tek amacı vardır – yaratılışın son amacına ulaşmakta bize yardımcı olmak.

Bizler Yaradan'ın içinde, her şeyi kendisiyle dolduran bir okyanus Işığının içerisinde var olmaktayız. Ancak Yaradan'ı sadece niteliklerimizin O'nun niteliklerine benzediği kadarıyla algılayabiliriz. Işık sadece Yaradan'ın arzularına benzeyen arzularımıza girebilir.

Üst Dünyaları Edinmek

Michael Laitman

Niteliklerimiz Yaradan'ın niteliklerinden ne kadar farklı ise O'nu algılamaktan da o kadar uzağızdır, çünkü Yaradan'ın Işığı bize nüfuz etmemektedir. Eğer tüm niteliklerimiz O'nun niteliklerinin tersi ise o zaman O'nu hiç algılamayız ve kendimizi bu dünyada tekmişiz gibi hayal ederiz.

Yaradan bize Kendi niteliği olan "ihsan arzusu" vasıtasıyla mutluluk vermek için uğraşmaktadır. Bu nedenden dolayı, tüm dünyaları ve bu dünyaların varlıklarını zıt özellik olan "alma arzusu" niteliğiyle yarattı.

Tüm egoist vasıflarımız Yaradan tarafından oluşturuldu. Dolayısıyla, içinde bulunduğumuz alçak seviye bizim suçumuz değil. Ancak Yaradan bizlerin kendimizi ıslah edip, O'nun gibi olmamızı arzulamaktadır.

Işık tüm maddelere hayat verir: Cansız, bitkisel, hayvansal ve insan. Bizim dünyamızda Işık gizlenmiştir ve bu yüzden bizler hissedememekteyiz. Yaradan'ın Işığının okyanusunda yüzerken o Işığın bir parçası bize nüfuz ederse buna "ruh" denir.

Işık hayat getirdiğinden yaşamsal enerji ve haz yansıtmaktadır, ancak Işığı alamayan, sadece fiziksel varlığını sürdürebileceği kadar küçük miktarda parıltı alanlar manevi olarak ölü ve ruhtan yoksun kabul edilirler.

Bu dünyada Kabalistler olarak bilinen (Kabala – Lekabel – almak kelimesinden – Işığı edinmenin metodunu almak) sadece bir kaç kişi Işığı alabilecek niteliği edinmiş durumdadırlar. Her birimiz, içinde "yüzdüğümüz" Işığı hiç algılayamadığımız koşuldan, ilk hâlden başlarız.

Bu yüzden bizler Işığın tekrar doluşunu edinmek zorundayız.

Bu koşul "YARATILIŞIN AMACI" ya da "SON ISLAH" olarak bilinir ve bu dünyadaki yaşamlarımızın birinde ulaşılmak zorundadır.

Manevi Basamaklar

Yavaş yavaş Yaradan'ın Işığıyla doldurulma safhalarından geçme sürecine "manevi basamaklar" ya da "dünyalar" denir. Hayatın dertleri ve felaketleri bizleri yaratılışın amacına doğru ilerlemeye zorlar. Eğer ego, zevk almak yerine büyük ıstırap çekerse, bu acıdan kurtulmak için "alma arzusundan" yoksun kalmaya razı olur, zira hiçbir şey almamak acı çekmekten iyidir.

Bazı dertler bizi öylesine takip eder ki "alma arzumuzu" tümüyle bırakıp sadece "vermeyi" istemeye başlarız. İnsanlar arasındaki tek fark ne tür haz almak istedikleridir: Hayvansal (hayvanlarda da bulunan bedensel zevkler); insani (ün, itibar, güç); ve bilgiyle ilgili (buluşlar, başarılar).

Her insanda bu arzuların her birine yönelik dürtü o kişiye özgü benzersiz miktarlardan oluşmaktadır. İnsan aklı sadece arzularımızı gerçekleştirmek için bir araçtır. Bu arzular değişebildiği müddetçe, akıl farklı amaçları edinmek için yollar aramaya hizmet eder.

Acı çekmenin etkisiyle, egoizm alma arzusundan ayrılır ve "verme" eğilimi gösterir. Egoizmin tümüyle yok olması için gerekli sürece "6.000 yıl" denir, elbette bu sürecin bizim dünyamızdaki zaman anlayışıyla bir ilgisi yoktur.

Egoizm, "beden" olarak bilinir. Bedenin etkisi altında olduğumuzda manen ölü olduğumuzu hissederiz. Dolayısıyla, en kolay aşamadan en zoruna doğru beş aşamada egomuzdan ayrılarak bedenimizi "öldürürüz".

Karşı koyabildiğimiz egoist arzulara karşılık Yaradan'ın Işığını alırız. Bu yolla, sırasıyla beş çeşit Işık alırız: Nefeş, Ruah, Neşama, Haya ve Yehida. Manevi yükselişimizin safhaları şöyledir:

Üst Dünyaları Edinmek

1. Bu dünyanın egoist arzularını kovalamak. Kabala çalışmaya başlamazsak hayatımızı hâlâ bu seviyede kalarak bitirebiliriz. O zaman ikinci aşamaya geçeriz.

2. Egoizmin bizim için zararlı ve kötü olduğunun fark edilmesi ve kullanımının reddedilmesi. Egoizmimizin tam merkezinde maneviyatımızın kaynağı, tohumu vardır.

Hayatımızın belli bir döneminde maneviyatı anlamaya yönelik bir özlem ve arzu hissetmeye başlarız. Eğer bu arzuları bastırmaktansa onlara yönelik davranıp onları geliştirebilir ve işleyebilirsek bu arzular büyümeye başlar.

Daha sonra, hocamızın rehberliğinde doğru niyeti ekleyerek daha önce hissetmediğimiz manevi Işığı yeni manevi arzularımızda hissetmeye başlarız. Işığın varlığı egoizmimizi daha ileri seviyede ıslah edebilmemiz için ihtiyacımız olan güven ve gücü sağlar.

3. Her hareketimizde sadece Yaradan'a mutluluk vermeyi arzuladığımız koşulu edinmek.

4. Yeni edinilen "verme" arzusunun "Yaradan'ın rızası için almak" arzusuna değiştirilmesi. Bunu yapmak için haz alma arzularımızı "Yaradan'ın rızası için" niyetiyle kullanmalıyız.

Bu sürecin başlamasına "ölüleri diriltme" denir. Ve bu koşulda reddettiğimiz egoist arzuları tersine çeviririz böylece iki kat kazanırız. Hem Yaradan'dan hem de O'na benzemekten haz alırız. Egoizmin özgeciliğe değiştirilmesi sürecinin neticesine "ıslahın sonu" denir.

Arzularımızın bir parçasını her ıslah edişimizde ruhlarımızın bir kısmını geri alırız ve bu Işık kendimizi tümüyle değiştirene ve ruhumuzu tekrar kazanana dek ilerlememize izin verir.

Michael Laitman

Üst Dünyaları Edinmek

Işığın miktarı, Yaradan'ın o parçası, Yaradan tarafından yaratılmış olan örnek egoizmimize aynen tekabül eder.

Egoizmimizi tümüyle özgeciliğe çevirirken Yaradan'ın Işığını almaya engel her tür bariyeri bütünüyle bertaraf ederiz. Artık, etrafımızdaki Işık okyanusunun bütününü algılayıp, zevk alarak Yaradan'la bütünleşip kendimizi O'nunla doldurabiliriz.

Dünyayı anlamaktaki sınırlı potansiyelimiz defalarca aktarıldı. Öyle ki, kendimizi ne kadar az anlarsak Yaradan'ı da o kadar az anlıyoruz. Tüm algılarımız öznel hislerimizin sonucudur, yani bedenlerimizin dışarıdan gelen etkilere tepkisidir.

Başka bir deyişle, sadece bize algılama potansiyelimizin miktar ve niteliğine ya da derinliğine göre seçilerek gönderilen bilgi kadarını alıp algılayabiliyoruz.

Üst Dünyaları Edinmek

Michael Laitman

Dört Temel Bakış

Anlaşılması zor daha üst düşüncelerin yapı ve fonksiyonlarıyla ilgili somut bilgimiz olmadığından onları hissedemiyoruz ve dolayısıyla da, onlarla ilgili felsefe yapıp nasıl oluşturuldukları ve işledikleriyle ilgili varsayımlarda bulunuyoruz. Bu tür yaklaşımlar çocukların bilinmeyen bir konuyla ilgili kimin haklı olduğunu tartışmalarına benziyor.

Dini, laik, bilimsel ve sahte bilimsel felsefelerin "ruh" ve "beden"in tanımını yapma çabaları dört temel bakış açısına odaklanmıştır.

DİNİ KESİM

Tüm nesnelerde "var olan" her şey onun "ruhu"dur. Her ruh nitelikleriyle bir diğerinden farklıdır, buna "kişinin manevi özellikleri" denir. Ruhların bedenin doğumundan, bedenle giydirilmeden önce ve beden öldükten sonra bedenden bağımsız olarak mevcudiyetleri vardır. Bedenin ölümü tümüyle parçalara ayrılarak biyolojik çürüme sürecidir ("İnanç" sahibi olan bir insanın görüşü "dindar" bir kişinin görüşünden farklıdır.)

Dolayısıyla, bedenin fiziksel olarak ölümü ruhu etkilemez, sadece bedenin ruhtan ayrılmasını sağlar. Ruh ebedi bir şeyi temsil eder çünkü bu dünyaya ait bir maddeden yapılmamıştır. Doğası gereği ruh bölünmüş değildir. Birden fazla parçadan oluşmaz bu yüzden de bölünüp, parçalara ayrılıp sonunda ölemez.

Fiziksel, biyolojik beden ruhun dış "kılıfıdır". Ruhun kendisini giydirdiği kıyafettir, ruh beden vasıtasıyla hareket eder ve zihinsel ve manevi niteliklerini sergiler. Bu tıpkı

araba kullandığımızda kendi arzularımızı, karakterimizi ve aklımızı arabayı kullanma şeklimize yansıtmak gibidir.

Ayrıca, ruh bedene hayat ve hareket verir ve belli bir boyuta kadar korunmasını sağlar çünkü ruh olmadan beden cansız ve hareketsiz kalır. Bedenin kendisi esasen ölü bir materyaldir, aynen ruhun ayrılışından sonra öldüğü koşulda olduğu gibi.

Ölüm anına "ruhun bedenden ayrılması" denir. Sonuç olarak, tüm canlılık belirtileri ruha bağlıdır ve ruhun mevcudiyeti ile tayin edilir.

DUALİZM

Bilimsel gelişmelerin sonucu olarak, fiziksel bedene yönelik yeni bir bakış açısı ortaya çıktı: bedenimiz kendisine hayat verecek hiçbir ruhi parça bulunmadan tümüyle bağımsız bir şekilde var olabilir.

Aslında, beden ruhtan tamamen bağımsız var olabilir. Bu, biyolojik ve tıbbi deneylerle bedenin ya da parçalarının tekrar hayata döndürülebilmeleriyle kanıtlanmıştır.

Ancak beden bu koşulda var olduğunda bağımsızca yaşayan biyolojik bir cisimden başka hiçbir şey değildir, tıpkı proteinden oluşan maddeler gibi. Çeşitli, kişisel nitelikleri tayin eden faktör ruhtur ve bedene Yukarıdan iner, tıpkı ilk yaklaşımda olduğu gibi. Dualistik yaklaşım ile dini görüş arasındaki fark, dini yaklaşımın ruhun bedene hayat verdiği gibi zihinsel ve ruhani nitelikleri de verdiği yaklaşımı üzerine odaklanmasıdır.

Buna karşılık Dualistik görüş ruhun bedene sadece ruhani özellikler aktardığını savunur, zira deneyler bedenin kendi başına üst bir güç olmadan var olabileceğini açıkça

göstermektedir. Dolayısıyla, ruhun tek fonksiyonu maddesel niteliklerin değil sadece "manevi" olan iyi niteliklerin kaynağı olmasıdır.

Dahası, bu yaklaşım bedenin bağımsız yaşayabilmesinin ötesinde, ruhun bir ürünü olduğu fikrini de muhafaza etmektedir. Ruh öncelikli görülmektedir zira bedenin doğumu ve devamlılığının sebebi ruhtur.

İNANÇSIZ KESİM

İnançsız birisi manevi yapıların varlığını ve bedende ruhun olduğunu reddeder ve sadece madde ve özelliklerini kabul eder. Dolayısıyla, ruh olmadığından insan aklı, tüm bedensel parçalar ve özellikler gibi onu meydana getiren bedenin ürünüdür, zira beden, sinir uçları vasıtasıyla elektriksel sinyaller göndererek niteliklerini kontrol eder. (İnançsız bir insanla dindar olmayan kişi aynı değildir).

İnançsız kesim, bedenin tüm hislerinin dış uyarıcılar ile donatılmış sinir uçlarının etkileşiminden kaynaklandığını söyler. Duyular, analiz edilip "acı" ya da "zevk" olarak sınıflandırıldıkları beyne sinir uçları tarafından iletilirler.

Akıl belli bir organa duyuyu acı ya da zevk olarak algılamasına göre reaksiyon verir. Ayrıca, her şeyin beyin aygıtı tarafından sinyalleri iletilen, işlemden geçirilen ve yayılan, duyuları olan bir mekanizma gibi inşa edildiğine, aynı zamanda geri bildirim vasıtası ile de kontrol edildiklerine inanırlar.

Beyin mekanizması kendisini acıdan uzaklaştırıp zevk almaya yaklaştıran bir prensiple işlemektedir. Acı zevkin karşıtıdır sinyalleri kişinin hayata yaklaşımını ve bunun sonucu olarak da hareketlerini tayin etmektedir.

Michael Laitman

Üst Dünyaları Edinmek

İnsan ve hayvan arasındaki en temel fark insan beyninin çok gelişmiş olmasıdır. Aslında, insanlarda meydana gelen tüm işlemler (süreçler) bizim tarafımızdan akıl ve mantık olarak algılanan çok geniş kapsamlı bir resme sıkıştırılmıştır. Ancak tüm zekâmız bedensel algılarımızın ve farkındalığımızın eseridir.

Hiç tereddütsüz, problemi anlamaya yaklaşımlar içinde bu en mantıklı, bilimsel ve anlaşılır olandır, zira "ruh" diye bilinen bir takım geçici nosyon yerine tümüyle deneyime dayanır ve bu yüzden sadece bedenlerimizle ilgilenir. Dolayısıyla, en güvenilir yaklaşımdır.

Bu yaklaşımdaki problem, yetersizliği ve inançsız insanlara bile itici gelmesindedir çünkü insanları kör doğanın elinde robotlar olarak yansıtmaktadır (önceden tayin edilmiş karakter, sosyal gelişimin kanunları, bedenimizin yaşamı için talep ettikleri ve mutluluk arayışı, vs.) Tüm bunlar bizleri aklımı kullanan varlık tanımının dışına koymaktadır.

Dolayısıyla, insan sadece önceden hazırlanmış bilgiye göre toplumsal normlar dahilinde zorla hareket ettirilen bir mekanizma ise, bu görüş tüm özgür irade ve davranışlarımızı seçme (objektif düşünce) nosyonunu geçersiz kılmaktadır. İnsanlar doğa tarafından yaratılmış olmalarına karşın kendilerini daha zeki sanmaktalar.

Sonuç olarak, bu görüş Üst Yönetimin olduğuna inanmayanlar tarafından bile kabul edilemez, çünkü insanların tümüyle kör doğa tarafından amaçsız ya da plansız olarak, onlarla (akıllı yaratıklarla) sanki oyuncak gibi oynanan, hayatları ya da ölümleri için bir sebep vermeden yönetildikleri izlenimini oluşturmaktadır.

Varlığımızın nedeni sorusuna böyle bilimsel olarak mantıklı fakat manevi açıdan kabul edilemeyen bir yaklaşımı biraz yumuşatmak amacıyla, insanoğlu bizim zamanımızda kendisine yavaş yavaş "modern" bir bakış oluşturmuştur.

MODERN KESİM

Bu görüş özellikle bu günlerde çok moda oldu (bir önceki tümüyle maddeci yaklaşımı bilimsel açıdan en güvenilir ve anlaşılır olarak kabul etmemize rağmen). Ayrıca, kendisini fiziksel bedenle giydirmiş sonsuz, ölmeyen ve manevi bir şeyin varlığını kabul etmek de bu aralar bir hayli rağbette. Özellikle, ruh olarak bilinen ve bedenin sadece bir kılıf olduğu manevi özümüz budur.

Hâlâ, bu bakış açısına tutunanlar ruhun bedenin içerisine nasıl giydirildiğini, aralarındaki ilişkilerini, ruhun kaynağını ve özünü açıklayamamaktalar. Dolayısıyla, gözlerini tüm bu sorulara kapatan insanoğlu eski ve halinden memnun yaşama üslubunda kalmaya devam etmekte: günlük önemsiz sıkıntıların ve mutlulukların akıntısında tüm merak ettiklerini bir kenara bırakıp bugünü de dün gibi yaşamakta.

Kim böyle soruları anlayabilir ki?: "Beden nedir? Ruh nedir? Aralarındaki ilişki nedir? Neden kendimizi maddi ve manevi iki parçadan oluşuyormuş gibi hissediyoruz? Bunların hangisinde kendimizi, ebedi 'benliğimizi' bulabiliriz? Benliğimize doğumdan önce ve ölümden sonra ne olur? Şu an algıladığımız 'benliğimizle' aynı mı kalır? Bedenimizin içerisinde ve dışında doğum öncesi ve ölüm sonrası hissettiğimizle aynı mı?

En önemlisi, tüm bu soruların ve mümkün olan tüm alternatiflerin analizini yapmak için bedensel zekâmızı kullanıyoruz. Ruhların değişimi ve deveranını ve bedenlerimizin nasıl maddi hale geldiklerini bu şekilde değerlendiriyoruz.

Peki bunlar gerçek mi yoksa sadece maddi aklımız tarafından üretilen hayal ürünlerimiz mi? Akıl dünyevi anlayışı ile ve diğer tüm bilgilerden yoksun olarak, manevi dünyanın, o

dünyadan bizim dünyamıza ve bizim dünyamızdan manevi dünyaya yolun resmini çizer.

Akıl, sadece edinmiş olduğu izlenim ve bu dünyayı algıladığı kadarıyla işler ve bunun üzerine fantezi ve varsayımlar üretir. Benzer şekilde, bizden her yönüyle tümüyle farklı ve bedensel yapımıza uymayan uzaylı bir yaratığı tasavvur bile edemeyiz.

Sonra da şu soruyla karşı karşıya kalırız, "Peki, ya hayatın teorilerinin temelini oluşturan, hayal edebileceğimiz her şey aklımızın anlama kapasitesi olmayan bir şeyi anlamaya çalışma girişiminden başka bir şey değilse?"

Eğer bu dünyada edindiğimiz tecrübelere dayanan, aklımızın ürettiği nosyonları gerçek olarak kabul edersek, o zaman bu dünyayı algılayabildiğimiz kadarıyla "Ruh ve beden nedir?" sorusuna bir cevap var ise bu soruyu sormalıyız.

Bu kitabın diğer bölümlerinde bahsettiğim gibi sınırlı bir anlayışa sahibiz. Dünyamızda herhangi bir nesneyi gerçek anlamıyla belli bir dereceye kadar görüp, algılayıp, inceleyebildiğimizden, benzer şekilde ruhu ve hatta bedenimizi de gerçekten değerlendirememekteyiz.

Bir nesneyi dört kategoride anlayabiliyoruz – nesnenin maddesi, dış şekli, soyut hali ve özü – nesnenin ancak bize göründüğü kadarıyla dış şeklini ve onu inceledikten sonra hangi maddeden oluştuğunu algılayabiliriz. Fakat, nesnenin ayrılmış yani maddi olmayan kısmını (nesnenin özü) anlayamamaktayız.

Üst Dünyaları Edinmek Michael Laitman

Yaradan'la Bütünleşmek

Kabala'ya "gizli ilim" denir çünkü bu ilmi öğrenen kişiye daha önce gizli olan şeyler ifşa olur. Yaratılışın gerçek resmi sadece bu ilmi anlayan kişiye açık olur, Kabalist Aşlag'ın bir şiirinde şöyle yazar:

"Gerçeğin mucizesi aydınlatacak ve ağızdan sadece gerçek çıkacak ve sana güvenle açılan her şeyi göreceksin, Ama başka hiçbir şeyi değil!"

Kabala gizli olanın öğretisidir ve sıradan okuyucudan gizli olduğundan da sadece çok özel koşullarda ifşa olur. Gizlilik, bu ilmi çalışanlara zaman içinde arzularına ve düşüncelerine özel olarak rehberlik edilerek öğretilerin kendisinden ifşa olur.

Dünyanın yapısı ve sözde "ruh" ve "beden" sadece Kabala'nın kendisine gizli bir ilim olmaktan çıkıp ifşa olan kişiler tarafından görülüp kavranılabilir. Ancak yine de bu kişiler yaratılışın gerçeği ile ilgili algıladıklarını bir başkasına anlatabilecek durumda değildirler, böyle bir bilgiyi tek bir koşul dışında aktarma hakları yoktur: Kişi manevi yükselişinin ilerleyen safhalarında yaratılışın gerçeğini anlar – Yaradan'dan başka bir şey yoktur!

Yaratıldığımız duyu organlarımızla sadece gerçeğin çok küçük bir parçası olarak bilinen "dünyamızı" algılayabiliyoruz. İcat ettiğimiz tüm mekanizmalar duyu organlarımızın algı sınırlarını genişletmek içindir. Hangi duyu organlarından mahrum olduğumuzu hayal etmemiz mümkün değildir, çünkü eksikliklerinden bir yoksunluk hissetmemekteyiz.

Bu tıpkı altıncı parmağa ihtiyaç hissetmemeye benzetilebilir. Diğer dünyaları algılama duyusuna sahip olmadığımızdan, onları hissedemiyoruz. Dolayısıyla, çok zengin bir ortamla

kuşatılmamış olmamıza rağmen bunun sadece çok küçük bir oranını görebiliyoruz. Ayrıca, algıladığımız bu küçük oranın bile çok minik bir parçasını kavrayabildiğimizden bize son derece bozuk geliyor.

Bununla beraber, algıladığımızı temel olarak kullanarak tüm yaratılış hakkında kendi görüşlerimizi oluşturuyoruz. Tıpkı kişinin sadece röntgen ışınıyla görmesi gibi, her şey sadece ışınların geçemediği iskeletsel yapı olarak algılanır, biz de buna benzer olarak evreni çarpık olarak görmekteyiz. Tıpkı sadece röntgen ışını görüntüsüyle bu dünyanın görünümünü değerlendiremeyeceğimiz gibi, yaratılışın gerçek görüntüsünü de sınırlı beş duyumuzla idrak edemeyiz.

Hiçbir hayal gücü algı yetersizliğimizi telâfi edemez, zira hayallerimiz bile geçmiş tecrübelerimizin üzerine inşa edilmiştir. Tüm bunlara rağmen, duyu organlarımızın sınırlarının ötesinde, anlayışımızın öteki tarafında var olan, "diğer dünya" olarak adlandırdığımız olguyu genel anlamda kavramaya çalışalım.

Öncelikle, bir boşluğun içerisinde olduğunuzu farz edin. Önünüzde bir yol uzanıyor. Yol üzerinde sona kadar belli aralıklarla şu anda bulunduğunuz yerde sıfırdan başlayan işaretler var. Bu işaretler yolu üç parçaya ayırmakta.

Yolda ayaklarla adım atarak değil değişen arzularla hareket ediyoruz. Manevi dünyada yer, uzay ya da hareket kavramları bizim aşina olduğumuz gibi değiller. Manevi dünya, fiziksel bedenler âleminin dışında var olan hisler âlemidir.

Nesneler hislerdir. Hareket niteliklerin değişimidir. Yer belli bir niteliktir. Yer, manevi dünyada özellikleriyle tanımlanır. Dolayısıyla, "hareket", "kişinin hislerinin değişmesi" olarak tanımlanır, bizim dünyamızdaki manevi hareket kavramına benzer şekilde fiziksel hareket değil duyguların hareketidir. Dolayısıyla, anlamaya çalıştığımız yol yavaş yavaş iç özelliklerimizin, arzularımızın değişimidir.

Manevi nesneler arasındaki mesafe niteliklerin farkıyla tanımlanır ve ölçülür. Özellikler ne kadar birbirine benzerse, nesneler de birbirine o kadar yakın kabul edilir. Nesnelerin yakınlığı ya da uzaklığı özelliklerinin göreceli değişimi ile tanımlanır. Eğer iki nesne birbirlerinin aynısı iseler, o zaman bu iki farklı nesne bir olarak bütünleşirler. Ancak, manevi nesnelerden birinde yeni bir nitelik ortaya çıkarsa o nitelik nesneyi daha önce bütünleştiği nesneden ayırır ve bu şekilde yeni bir manevi nesne doğar.

Önümüzde yolun öteki ucunda Yaradan'ın kendisi bulunmaktadır. O'nun özelliği – mutlak İhsan Etme Arzusu – O'nun bizden mesafesini tayin eder.

Bizler bu dünyada sadece egoist niteliklerle doğduğumuzdan, Yaradan'dan doğuyla batı arasındaki mesafe kadar uzağız. Ve Yaradan'ın bizim önümüze hedef olarak koyduğu şey O'nun özelliklerini bu dünyada yaşarken edinmemiz, yani manevi olarak O'nunla bütünleşmek.

Yolumuz, niteliklerimizi aşama aşama ta ki O'nun niteliklerine benzeyene kadar değişimden geçirmekten başka bir şey değildir. Yaradan'ın özünü tanımlayan tek nitelik egoizmin en ufak bir izine bile sahip olmamasıdır.

Bunu, kendimiz ya da içinde bulunduğumuz koşul ve güçle ilgili hiçbir düşüncenin olmaması izler, bunların tümünün eksikliği düşüncelerimizin ve arzularımızın özünü oluşturur. Ancak bizler bu dünyada belli bir kılıf içerisinde var olduğumuzdan, varlığımızı sürdürebilmek için ihtiyaçlarımızı karşılamamız egoizm olarak kabul edilmez.

Michael Laitman

Üst Dünyaları Edinmek

Genelde, bir düşünce ya da arzunun egoistçe olup olmadığını basit bir sınamayla tayin edebiliriz: Eğer bir düşünceden kendimizi özgür kılmak istiyorsak fakat varlığımızı sürdürmemiz de ona bağlıysa o zaman böyle bir düşünce ya da hareket gönüllü değildir, egoist değildir ve dolayısıyla insanı Yaradan'dan ayırmaz. Yaradan bizi amacın doğrultusunda şu şekilde ilerletir: Bize "kötü" bir arzu ya da ıstırap verir, bu, sol ayakla ilerlemeye benzetilebilir.

Ve eğer kendi içimizde Yaradan'dan yardım isteyecek gücü bulursak, Yaradan bize "iyi" bir arzu ya da mutluluk verir ve bu da sağ ayakla ilerlemeye benzetilebilir. Ve sonra Yukarıdan tekrar fakat bu sefer daha kötü bir arzu ya da Yaradan hakkında tereddüt verilir ve biz bir kez daha, bu sefer daha büyük bir arzu ve çabayla Yaradan'dan yardım isteriz.

Yaradan bize daha da büyük, iyi bir arzu vererek yardım eder ve bu şekilde kişi ilerler. Geriye doğru hareket yoktur. Arzular ne kadar saf olursa, kişi mutlak egoizm noktasından o kadar uzak demektir. İleriye yapılan hareket birçok şekilde tarif edilebilir, ama her zaman iyi ve kötü arasında değişen hisler ile ilerlenir.

Manevi bir histen, bilinçaltında Yaradan'ın varlığının hissinden sonra bunu, bir güven arkasından da mutluluk hissi izler. Sonradan bu his kaybolmaya başlar; bu, duyu organlarımızın eksikliğinden dolayı tam yaşayamadığımız, henüz tamamen algılayamadığımız manevi yolumuzda yeni bir seviyeye çıktığımızın göstergesidir. Ve bir sonraki seviyeyi henüz acı, çaba ve çalışma sonucu gerçekleştirmediğimizden (uygun kabı oluşturmadığımızdan) bu seviyenin algısı henüz doğmamıştır.

Bir sonraki aşamanın duyu organları (yani zevk alma arzusu ve bu arzunun yoksunluğundan kaynaklanan acı hissi) iki yolla oluşturulabilir:

1) **Kabala'nın Yoluyla:** Burada Yaradan'ı algılamaya başlarız, sonra bağımız kaybolur. Bunun yerini ıstırap alır çünkü artık hazzı hissedemeyiz.

Istırap hissi sonunda haz hissedebilmemiz için gereklidir. Bu yolla, daha sonra her izleyen aşamada Yaradan'ı algılamak için yeni duyular doğar. Bizim dünyamızda olduğu gibi, bir amaca ya da nesneye arzu duymadan o şeyden zevk almamız mümkün değildir.

İnsanlar arasındaki ve insanlarla hayvanlar arasındaki fark kendilerine haz getirecek şeylerin seçimidir. Dolayısıyla, bir eksiklik hissetmeden, yani arzuladığımız şeyin eksikliğinden ıstırap çekmeden maneviyatta ilerlemek mümkün değildir.

2) **Hüzün Yoluyla:** Eğer kişi çabasıyla, çalışmasıyla, Yaradan'a olan talebiyle ve dostlarına Yaradan sevgisine ve korkusuna ulaşmak için samimi isteğiyle yapamıyorsa, eğer kişi yüzeysel düşüncelerdeyse, maneviyata saygısı yoksa basit arzulara çekimi varsa, o zaman kişi kötü güçlerin seviyesine düşer.

Bu durumda kişi kötü (egoist) ABYA (Atsilut, Beria, Yetsira, Asiya) dünyalarına tekabül ettiği seviyede sol çizgide adım atar. Bununla beraber, ıstırap kişinin içerisinde öyle bir arzu yaratır ki kişi bundan kurtulmak için Yaradan'ı algılayabileceği bir algı (Kap) oluşur.

Kabala vasıtasıyla yapılan ilerleme ıstırap yoluyla ilerlemekten Yaradan'ın Işığı, yani daha sonra kişiden alınan Yaradan'ın mevcudiyeti hissinden dolayı farklıdır.

Michael Laitman

Bu hazdan yoksun kalınca Işığa özlem duymaya başlarız. İşte bu özlem kaptır, onlar vasıtasıyla Yaradan'ı algılamaya çalışacağımız yeni duyu organları setidir. Bu amaçlar bizi istediğimiz algıları edinene kadar ileri doğru çeker.

Istırap yoluyla ilerlediğimizde, Kabala'nın tersine haz arzusu yoluyla ilerlemekten farklı olarak acı ile arkadan itiliriz. Yaradan bizleri, tüm insanoğlunu bu yaşamda ya da gelecek yaşamlarda, Kendi planına göre, Kendisinin yolun sonunda bulunduğu noktaya getirmek ve geçirmek için yönlendirmektedir.

Bu yol, O'nun özelliklerini daha da çok edinerek O'na yakınlaşmak yolunda attığımız adımları temsil eder. Sadece özelliklerimizi Yaradan'ın özellikleriyle birleştirerek dünyanın yaratılışının gerçek algısını edinebilir ve Yaradan'dan başka bir şeyin var olmadığını görebiliriz.

Tüm dünyalar ve kendimiz de dahil olmak üzere, bu dünyaların sakinleri sadece O'nun bir parçasını oluşturmaktayız, daha doğrusu biz O'yuz. Tüm düşünce ve hareketlerimiz arzularımız tarafından belirlenir. Akıl sadece arzuladığımızı elde etmemize hizmet eder.

Bizlere arzu geldiğinde bunlar Yukarıdan verilmiştir ve sadece Yaradan'ın Kendisi bunları değiştirebilir. Yaradan bunu özellikle yaptı ki bizlere geçmişte, şu an ve gelecekte olanların hepsinin tümüyle Yaradan'a bağlı olduğunu anlayalım. Durumumuzun iyileşmesi sadece O'na bağlıdır, zira geçmişte olanların, şu an olmakta olanların ve gelecekte olacakların sebebi sadece O'dur.

Tüm bunlar O'nunla bir bağ ihtiyacı hissedip bunu idrak etmemiz için gereklidir. Bu süreci, yolun başında O'nu tanıma arzusunun ilk eksikliğinden ta yolun sonunda O'nunla tümüyle bütünleşme hissine dek izleyebiliriz.

Üst Dünyaları Edinmek — Michael Laitman

Eğer kişi birden Yaradan'a yakınlaşma arzusu, maneviyata yönelik bir çekim yaşarsa, o zaman bu, Yaradan'ın kişiye bu hisleri vererek Kendisine yaklaştırmasının bir sonucudur. Tam tersi bir durumda da, kişinin başarısızlıklar ve çaresizlikler vasıtasıyla arzularına, ya da maddesel, sosyal veya başka bir koşula "düştüğünü" görüyoruz ve Yaradan'ın bunları kasıtlı olarak yaptığını zaman içinde anlamaya başlıyoruz.

Kişi, bu şekilde, tüm meydana gelenlerin Kaynağına bağımlı hissedebilir ve "sadece Yaradan'ın yardım edebileceği yoksa yok olacağı" anlayışını oluşturur. Yaradan bunu özellikle içimizde O'na ihtiyaç hissi uyandırmak için yapar ki manevi koşulumuzu değiştirmesi için O'nu teşvik edelim. Bu yolla, Yaradan'a yakınlaşmaya özlem duyarız ve O arzumuza istinaden bizleri Kendisine yakınlaştırır.

Buradan gördüğümüz gibi Yaradan bizi (manevi) uykudan ya da içinde bulunduğumuz mevcut hoşnut koşulumuzdan kurtarır. Yaradan tarafından tayin edilmiş amaca ilerleyebilmemiz için O, çevremiz, ailemiz, arkadaşlarımız, iş arkadaşlarımız ve tanıdıklarımız vasıtasıyla hem manevi hem fiziksel olarak hüzünler ve başarısızlıklar gönderir.

Öyle bir şekilde yaratıldık ki güzel olan her şeyi O'na yaklaşmak olarak algılıyoruz. Aynı zamanda tersini de hissediyoruz, kötü olan her şey O'ndan uzak olmamızdan kaynaklanıyor. Bu nedenden dolayı, bizim dünyamız sağlığa, aileye ve etrafımızı saran insanların sevgilerine ve saygılarına bağlı olduğumuz bir yapıda inşa edilmiştir.

Yaradan için bunların hepsi birer haberci görevi yapmaktadır, böylelikle bizleri bu baskıdan çıkmak için çözüm arayışına itecek negatif etkiler kullanabilsin ve bizler de sonunda anlayalım ki tüm dünya sadece O'na bağlı.

Michael Laitman

Üst Dünyaları Edinmek

Ondan sonra, yeterli güç ve sabır ile hayatta olan her şeyi bir takım sebeplerle ya da kendimizin geçmişteki düşünce ve hareketlerimizle ilişkilendireceğimize, Yaradan'ın arzusu ile ilişkilendirebilelim. Zaman içinde vuku bulan her şeyin sebebinin sadece Yaradan olduğu açıkça anlaşılır.

Yukarıda bahsedilen yol hem her birimizin hem de genel olarak tüm insanoğlunun yoludur. Kendimizi, şu anda içinde arzularımızla birlikte bulunduğumuz ("bizim dünyamız") bu ilk noktadan başlayarak, istemeyerek de olsa varmamız gereken son noktaya ("gelecek dünya") kadar dört aşama ya da koşula bölünmüş bir yolda buluruz.

1) Yaradan algısının tümüyle eksik olduğu (mutlak gizlilik) koşulu.

Bu koşulun sonuçları şunlardır: Yaradan'a ve O'nun Yukarıdan İlahi Yönetimine inanç eksikliği; tersine kişinin kendi gücüne, doğanın gücüne, koşullara ve şansa inanması.

Tüm insanlık bu koşuldadır (bu manevi seviyede). Ve bu koşulda yaşamımız bize gönderilen çeşitli ıstıraplarla ruhlarımızın deneyim biriktirdiği bir süreç haline gelir.

Ruh sürekli farklı bedenlerle bu dünyaya gelerek deneyim kazanır ve yeterli tecrübeyi edindikten sonra ilk manevi seviyeyi algılayabilir.

2) Yaradan'ın belirgin olmayan algısı.

Bu koşulun sonuçları şöyledir: Ödül ve cezaya inanmak ve hüznün sebebinin Yaradan'dan uzak olmaktan kaynaklandığı inancı. Mutluluk ise Yaradan'a olan yakınlığın sonucudur.

Bu büyük zorlukların etkisiyle, daha önceki bir safhaya geri dönebiliriz. Ancak, bu sürecin farkında olarak ya da olmayarak, sadece Yaradan'ın yönetimini tam olarak algılamak bize ilerlememiz için güç verene dek deneyim kazandıkça öğrenmeye devam ederiz.

Bu iki durumda, Üst Yönetime inanmayı seçecek konumdayız. Eğer Yukarıdan gönderilen tüm rahatsızlıklara rağmen inancımızı güçlendirmeye ve O'nun Dünyasındaki Yönetimini algılamaya çalışırsak, o zaman belli miktar ve yoğunluktaki çabalarımızın sonucunda Yaradan Kendisini ve gerçeği ifşa ederek bize yardım eder.

3) Yaradan'ın dünyanın yönetimindeki kısmi ifşası.

Burada, iyi davranışların ödülünü ve kötü olanların da cezasını görebiliriz. Bu yüzden iyi şeyler yapmaktan ve kötülükten uzak kalmaktan başka yapabileceğimiz bir şey yoktur, tıpkı her birimizin iyi şeyler yapmaktan kaçınamayacağımız ya da kendimize zarar veremeyeceğimiz gibi.

Ancak, bu manevi gelişim seviyesi son safha değildir, zira ödül ve cezanın farkında olmamızın sonucu olarak, bu seviyede tüm hareketlerimiz irade dışıdır. Dolayısıyla, manevi gelişim için bir safha daha vardır – her şeyin Yaradan tarafından, yaratılanlara yönelik mutlak ve sonsuz sevgiyle yapıldığının algısını edinmek.

4) Yaradan'ın dünyanın yönetimindeki tüm ifşası.

Bu, Yaradan'ın yönetiminin, kişinin hareketlerine göre ödül ve ceza üzerine değil, tersine O'nun yaratılanlarına olan sınırsız sevgisinin üzerine kurulduğunun açıkça algılanmasıdır. Bu seviyedeki manevi gelişimi, her koşulda, tüm yaratılanların genel olarak ve her kişinin özel olarak, hareketleri iyi ya da kötü yargılamadan sadece Yaradan'ın mutlak ve sınırsız sevgisiyle idare ve rehberlik edildiklerini açıkça gördüğümüz zaman ediniriz.

Bu Üst Manevi seviyeyi hissettiğimizde herkesin gelecekteki koşulunu zaten algılarız. Henüz bu seviyeye gelmemiş olanların koşulunu, geçmişte ve gelecekte bu koşula çoktan gelmiş olanların koşullarını algılayabiliriz; ayrıca hem kişisel olarak hem de bütün olarak, aynı seviyeyi deneyimleyecek bilgiyi de kavrarız.

Bu idrak Yaradan'ın, tüm dünyaların varoluşlarından bu yana her nesilde her ruhla ilişkisini ve yaratılışın tüm planını göstermesinin sonucu gelir. Tüm dünyalar sadece bir tek nedenden yaratıldı – O'nun yarattığı varlıklara mutluluk verebilmesi için. Yaradan'ın yarattığı varlıklara yönelik tüm hareketlerini belirleyen tek maksat budur.

Yaratılışın başından sonuna kadar bu prensip devam eder, böylece hepsi birlikte ve her biri ayrı ayrı O'nunla bütünleşmekten dolayı sınırsız hazzı yaşayabilirler. Bunun neticesi olarak, Yaradan'ın davranışlarının sadece iyilik yapmak ve yarattığı varlıklara fayda sağlamak için olduğunu açıkça gördüğümüzde bizim içimizde de Yaradan'ın yaratılanlara yönelik yaptıkları oluşmaya başlar.

Bizler, sonuç olarak Yaradan'a sonsuz sevgi hisleriyle dolup taşarız ve hislerin benzerliğinin sonucunda Yaradan ve insan tek bir varlık olarak bütünleşirler. Bu safha yaratılışın amacını temsil ettiğinden ilk üç aşama dördüncü aşamanın edinilmesi için gerekli basamaklardır.

Sanki insanın tüm arzuları kalbindeymiş gibidir çünkü orada fiziksel bir formda hissedilirler. Dolayısıyla, kalplerimiz bedenin tüm arzularının toplamının ve özümüzün temsilcisi olarak kabul edilir. Kişinin kalbindeki arzuların değişimi kişinin karakterinin değişimini gösterir.

Doğumumuzdan, yani bu dünyada ortaya çıkışımızdan itibaren, kalplerimiz sadece bedeninin endişeleriyle ve

bedenin arzularıyla ilgilenir. Kalp sadece bedenin arzularıyla doludur ve bunlarla yaşar.

Ancak, kalbin derinliklerinde, arzuların en derin yerinde, diğer değersiz ve geçici arzuların arkasına gizlenmiş ve bizim algılayamadığımız bir nokta vardır. Bu, manevi his için olan ihtiyaçtır. Bu nokta Yaradan'ın Kendisinin bir parçasıdır.

Eğer bilinçli olarak, çabalarımızın gücüyle bedenin tembelliğini ve aldırmazlığını aşabilir, Yaradan'ı kendimize yakınlaştırmak için Kabala'nın yöntemini kullanırsak, bu nokta zamanla iyi ve saf duygularla dolmaya başlar. Böylece, ilk manevi seviye olan Asiya dünyası seviyesinin algısını ediniriz.

Sonra, Asiya dünyasının tüm algı seviyelerini aştıktan sonra, Yaradan'ı Yetsira dünyasının seviyesinde algılamaya başlarız ve bu şekilde ta Yaradan'ı En Üst Seviye olan Atsilut dünyasında algılayana kadar sürer.

Her defasında tüm algılarımızı kalbimizin aynı iç noktasında algılarız. Geçmişte, kalplerimiz bedenin arzularının etkisi altındayken, kalbin bu iç noktası Yaradan'ı hiç algılamamaktaydı. Sadece bedenin bizi düşünmeye zorladığı arzuları düşünebiliyor ve sadece arzulamaya zorladığı arzuları arzulayabiliyorduk.

Şimdi ise, manevi kurtuluşumuz için kalbimizi Yaradan'a yaptığımız tüm dua, istek ve taleplerle sadece saf ve özgecil arzularla doldurursak Yaradan'ı algılamaya başlayabiliriz. Ondan sonra da sadece O'nu düşünebilecek konuma gelebiliriz, zira içimizde doğan düşünce ve arzular o manevi seviyeye aittir.

Sonuç olarak, her zaman kendimizi içinde bulunduğumuz derecenin manevi etkisi tarafından zorlandığımız arzuları

Michael Laitman

Üst Dünyaları Edinmek

arzularız. Durum böyle olunca, kendimizi düşüncelerimizi değiştirmek için zorlamamalıyız, bunun için Yaradan'a talepte bulunmalıyız, zira tüm düşünce ve arzularımız aldıklarımızdan (bize verilenden) kaynaklanmaktadır, daha doğrusu Yaradan'ı algıladığımız dereceye göredir.

Tüm yaratılışla ilgili olarak her şeyin Yaradan'dan geldiği gayet barizdir, ancak Yaradan bizi belli bir özgür iradeyle yarattı. Arzuları yönlendirebilme yeteneği sadece ABYA safhalarına ulaşanlar için mümkün olabilir. Manevi olarak ne kadar yükselirsek özgürlük derecemiz o kadar artar.

Açıklık getirmek açısından, manevi gelişim sürecimizi dünyamızın maddi doğasının gelişimiyle kıyaslayabiliriz. Doğanın ve evrenin tümü sadece bir tek arzuyu, kişisel mutluluk arzusunu temsil eder. Bu her bir kişinin içerisinde değişken bir derecede vardır ve bu arzu arttıkça, dünyamıza daha gelişmiş insanlar gelir, çünkü arzu kişinin ihtiyaçlarının giderilmesi için aklını kullanmaya ve geliştirmeye iter.

Düşüncelerimiz her zaman arzularımızın sonucudur, onları izlerler ve sadece bu arzuları yerine getirme yönünde hareket ederler başka hiçbir şey değil. Bununla birlikte, düşüncelerin özel bir rolü vardır – onların yardımıyla arzumuzu arttırabiliriz.

Eğer sürekli olarak düşüncelerimizi bir konuya yönelik olarak genişletir ve derinleştirirsek ve o düşünceye sürekli geri dönersek, o zaman o arzu diğer arzulara kıyasla daha büyük olur. Bu şekilde arzuların karşılıklı oranını değiştirebiliriz. Küçük bir arzuyu sürekli düşünerek onu öyle büyük bir arzu haline getirebiliriz ki tüm diğer arzular o arzunun gölgesi altında kalarak özümüzü belirler.

İfşanın Aşamaları

Üst Dünyaları Edinmek

Michael Laitman

Maneviyatın en alt seviyesi doğanın hareketsiz parçasına benzer, uzaydaki bir beden gibi ya da mineraller gibi. Bu hareketsiz parçaya aynı zamanda "cansız" denir.

Maneviyatta cansız seviye (ya da o seviyede olan bir kişi) bağımsız olarak davranma becerisine ve bireysel niteliklerini ortaya çıkarma kapasitesine sahip değildir, zira içerisindeki haz alma arzusu o kadar azdır ki sadece niteliklerini muhafaza etme durumunda olduğundan gelişimini devam ettiremez.

Yaratılışın o seviyesinde kişiliksizlik hiçbir bağımsızlığı olmama özelliğinden kaynaklanmaktadır. Kişi kendi görevine körü körüne odaklanır ve Yaradan'ın arzularını otomatik olarak yerine getirir, zira kişisel arzuları olmadığından başka hiçbir şeyi düşünemez.

Yaradan cansız objelerin tam olarak bu şekilde davranmasını istediğinden ve bu objelerin gelişmesinde herhangi bir gereklilik olmadığından onlara en düşük seviyedeki arzuları verdi. Dolayısıyla, Yaradan tarafından kendi içlerine konulan ilk arzu dışında hiçbir arzuya sahip olmadıklarından, bu objeler kör bir şekilde işlerini yaparlar, çevrelerini hissetmeden sadece cansız manevi seviyenin doğasının ihtiyaçları ile ilgilenirler. Benzer bir şekilde, manevi olarak hareketsiz seviyede olan insanlarda kişisel arzu eksikliği vardır. Sadece Yaradan'ın arzuları onları yönlendirir ve doğaları gereği Yaradan tarafından içlerine program olarak yerleştirilmiş bu yönlendirmeyi titizlikle, yarı bilinçli şekilde ve dikkatle takip etmek zorundalardır.

Dolayısıyla, Yaradan kişilerin doğalarını kendi nedenlerinden dolayı bu şekilde oluşturmasına rağmen, insan bu manevi seviyedeyken kendisinden başka hiçbir şeyi algılayamaz ve sonuç itibariyle başkaları için bir şey

yapamaz, sadece kendisi için çalışabilir. Bu yüzden bu seviyede gelişime "hareketsiz/cansız" seviye denir.

Daha yüksek seviyede bir gelişimi bitkilerin doğasında görebiliriz. Yaradan bu gruba ait varlıklara hareketsiz seviyedeki objelere nazaran daha büyük zevk alma arzusu verdiğinden, bitkilerde ihtiyaçlarını karşılama gerekliliğinden kaynaklanan hareket etme ve büyüme ihtiyacı oluşmaktadır.

Ancak bu büyüme hareketi kişisellikten ziyade grubun özelliğidir. Bitkisel seviyenin arzularına ait olan kişilerde, Yaradan'ın tayin ettiği programdan bir dereceye kadar bağımsız davranma kapasitesi söz konusudur. Yaradan doğanın tüm yapısını mutlak egoizm (kişisel doyum/ mutluluk isteği) temeli üzerine kurduğundan bitkisel seviyedeki kişiler içlerine önceden işlenmiş programdan kendilerini uzak tutma eğilimi geliştirmeye başlarlar.

Sonuç olarak, başkalarını düşünmeye yönelik hareketler sergilemeye başlarlar yani doğalarına ters bir şekilde. Ancak dünyamızda bitkilerin her yöne doğru büyümelerine ve bir dereceye kadar hareket etme özgürlükleri olmalarına rağmen, hareketleri hâlâ kolektif sayılır zira tek bir bitki gerekli arzudan yoksun olduğu için tek başına hareket etmeyi hayal bile edemez.

Benzer şekilde, bitkisel seviyeye ait olan bir kişi tek başına toplumsal ve kolektif normlardan ve yetiştiriliş tarzından çıkacak kapasiteye sahip değildir. Tam tersine, bu kişi "bitkisel" çevresinin değerlerini korumaya ve kurallarına itaat etmeyi hedefler. Bu çevre gelişiminin "bitkisel" seviyesinde olan benzer kişileri kapsar.

Dolayısıyla, tıpkı bitki gibi, bu seviyedeki kişinin ayrı bir hayatı yoktur, kendisine benzeyen diğer kişiler arasında toplumunun bir parçası olarak yaşar. Tüm bitkilerde ve bu seviyeye ait insanlarda bireysel bir hayattan ziyade ortak bir hayat vardır. Genel olarak tüm bitkiler tek bir bitkisel organizmaya benzetilebilir, her bitki bu bedenin bir dalı gibidir.

"Bitkisel" manevi seviyeye ait olan insanlar da bu örneğe benzetilebilir. Bazen egoist doğalarından sapma gösterseler de, her haliyle manevi gelişimleri az olduğundan, çevrelerinin kuralları çerçevesinde kalırlar. Bazı durumlarda basit doğalarına karşı koyup başkalarına fayda sağlasalar da kişisel arzuları yoktur, dolayısıyla topluma ve yetiştirilişlerine karşı koyacak güçleri de.

Manevi gelişim derecelerinde, bitkisel seviyeyi hayvansal seviye izler. Hayvansal seviye Yaradan'ın bu seviyeye verdiği arzulardan dolayı daha Üst Derece olarak nitelendirilir. Bu seviyeye ait insanlar başkalarından bağımsız olarak hareket etmekten haz duyarlar ve bitkisel seviyeye göre, arzularını tatmin etmek için bağımsız olarak düşünebilirler.

Her hayvanın çevresini dikkate almaksızın bağımsız bir karakteri ve hisleri vardır. Sonuç olarak, bu gelişim seviyesindeki bir kişinin diğer kişilere nazaran egoist eğilimlerine daha fazla karşı koyup başkalarına fayda sağlama yeteneği vardır.

Ancak, kolektiften bir derece daha fazla bağımsızlık kazanmasına ve kişisel bir hayattan zevk almasına rağmen ve toplumun görüşleriyle koşullanmamış olmasına rağmen, hâlâ kendisi için hisleri en üst seviyededir.

Gelişimin insan seviyesinde (konuşan) var olan bir kişi, doğasına ve kolektife aykırı (bitkisel seviye gibi değil) davranma yeteneğine sahiptir; arzularının seçimi açısından

tümüyle toplumdan bağımsızdır; başka yaratılışlar için hisleri olup onları düşünebilir, acılarını paylaşarak onları iyileştirmeye yardımcı olabilir; hayvanların tersine, geçmişi ve geleceği hissedebilir ve dolayısıyla merkezi bir amacı öngördüğünden ona göre hareket edebilir.

Tüm dünyalar ve bu dünyaların aşamalarını Yaradan'ı (O'nun Işığını) bizden gizleyen bir dizi perde olarak düşünebiliriz. Kişisel doğamızı yenmek için manevi gücümüzü geliştirdikçe, her güç, her sonraki perde sanki önceden hiç yokmuşçasına kaybolur.

Aşağıdaki hikâye manevi gelişimimizin perdeleri kaldırmadaki aşamalarını ve Yaradan'la bir bütün olarak nasıl yaşayacağımızı açıklamaktadır.

Yalnız Kalamayan fakat Her Güce Sahip Sihirbaz: Büyükler İçin Bir Masal

Neden sadece yaşlıların hikâye ve efsaneler anlattığını bilir misiniz? Çünkü efsaneler dünyadaki en dâhice şeylerdir! Dünyadaki her şey değişir, fakat sadece gerçek efsaneler kalıcıdır. Efsaneler bilgeliktir ve efsaneleri anlatabilmek için kişinin çok bilgisi olması ve başkalarının göremediklerini görmesi gerekir. Dolayısıyla, kişinin çok yaşamış olması gerekir. Bu yüzden sadece yaşlı insanlar efsaneleri anlatır. Tıpkı en efsanevi ve büyüleyici kitapta yazdığı gibi, "Yaşlı bir insan bilgelik edinmiş bir insandır!"

Çocuklar efsaneleri dinlemeye bayılır çünkü hayal güçleri ve akılları, sadece başkalarının gördüklerini değil, her şeyi canlandırabilir. Eğer bir çocuk büyür ve hâlâ herkesin göremediğini görürse, akıllı ve bilge olur, yani "erdemliği edinir". Ve başkalarının göremediklerini gördüğü için, hayalin gerçek olduğunu bilir. Bir çocuk gibi kalır, "erdemli bir çocuk", tıpkı en eski ve büyüleyici kitap olan "Zohar"da yazıldığı gibi.

Bir zamanlar bir sihirbaz varmış, çok yüce, asil ve iyi kalpli... Tıpkı tüm çocuk masallarında yer alan o iyi niteliklere sahipmiş... Ancak çok iyi kalpli olduğundan, kiminle paylaşacağını bilememekteymiş... Sevgisini verebileceği hiç kimse yokmuş, oyun oynayacağı, zaman geçirebileceği, düşünebileceği... ve aynı zamanda istenilmek ihtiyacı da varmış, çünkü yalnız olmak çok üzücü bir şeymiş.

Ne yapsın? Bir taş yapmayı düşünmüş, sadece küçük bir tane ama çok güzel bir taş, belki de bu üzüntüsüne cevap olur diye. "Taşı okşar ve sürekli yanımda bir şey olduğunu hissederim ve ikimiz de kendimizi iyi hissederiz, çünkü yalnız olmak çok üzücü bir şey."

Sihirbaz sihirli değneğini salladı ve tam arzuladığı gibi bir taş oluştu. Taşı sevmeye, ona sarılmaya ve onunla konuşmaya başladı, ama taş hiç karşılık vermedi. Soğuk yapısını muhafaza etti ve karşılığında hiçbir şey yapmadı. Sihirbaz taşa ne yaparsa yapsın, aynı hissiz varlık olmaya devam etti. Bu, sihirbaza hiç uymadı. Taş nasıl olurda hiç karşılık vermez? Biraz daha taş yaratmayı denedi, sonra kayaları, tepeleri, dağları, toprakları, Dünya'yı, Ay'ı ve Galaksileri. Ama hepsi aynıydı... hiçbir şey. Hâlâ kendisini yalnız ve üzgün hissediyordu.

Üzgünlüğünde, taş yaratmaktansa, güzel açacak bir bitki yaratma fikri geldi aklına. Onu sular, biraz hava verir, biraz güneş, biraz müzik çalar... ve o zaman bitki mutlu olur. O zaman ikisi de mutlu olur, çünkü yalnız olmak çok üzücü bir şey.

Sihirbaz sihirli değneğini salladı ve tam istediği gibi bir bitki oluştu. O kadar mutlu oldu ki etrafında dans etmeye

başladı, ama bitki hiç kıpırdamadı, onunla dans edip onu izlemedi. Sadece sihirbazın kendisine verdiği basit özellikler dahilinde karşılık verdi. Ona su verince büyüdü, vermeyince soldu. Tüm kalbini vermek isteyen bir sihirbaz için bu yeterli değildi. Bir şeyler daha yapmalıydı, çünkü yalnız olmak çok üzücü bir şeydi. Sonra bir sürü farklı boylarda, çeşitlerde bitki çeşidi yarattı, ormanlar, kırlar, meyve bahçeleri, korular. Ama hepsi tıpkı ilk bitki gibi davrandılar... ve sihirbaz tekrar üzüntüsüyle birlikte yapayalnız kaldı.

Sihirbaz derinden derinden düşündü. Ne yapmalı? Bir hayvan yarat! Ne tür bir hayvan? Bir köpek? Evet, sürekli onunla olacak şirin bir köpek. Onu yürüyüşlere çıkartır ve oyunlar oynayabilir. Evine geri geldiğinde (aslında kalesine, ne de olsa o bir sihirbaz), köpek onu görmekten o kadar mutluluk duyar ki koşarak onu karşılamaya gelir. İkisi de çok mutlu olurlar, çünkü yalnız olmak çok üzücü bir şey.

Sihirbaz sihirli değneğini salladı ve tam istediği gibi bir köpeği oldu. Köpeğine bakmaya başladı, yedirdi, içirdi ve sevgi gösterdi. Hatta onunla koşturup oyunlar oynadı ve yıkadı. Ama bir köpeğin sevgisi sahibinin yanındayken ölçülür. Onunla oynayıp her yere gelmesine rağmen Sihirbaz köpeğinin karşılık verememesine çok üzülür. Bir köpek onun gerçek dostu olamaz, onun için yaptıklarının değerini bilemez, düşüncelerini anlayamaz, arzularını ve onun için nelere katlandığını. Ancak Sihirbazın istediği buydu. Başka hayvanlar yarattı: Balıklar, kuşlar, memeli hayvanlar, ama ne çare – hiçbirisi onu anlamadı. Yalnız kalmak çok üzücüydü.

Sihirbaz oturup iyice bir düşündü. Sonra gerçek bir dosta sahip olabilmesi için, onun Sihirbazı araması gerektiğini fark etti, Sihirbazı çok isteyen birisi olmalıydı, Sihirbaz gibi olan birisi, onu sevebilecek, anlayabilecek... ona benzeyen... ona ortak olacak. Ortak? Gerçek bir dost? Ona yakın olması gereken birisi olmalı, Sihirbazın verdiklerini idrak edebilecek birisi, her şeyi geri verebilen birisi. Sihirbazlar da sevmek ve sevilmek isterler. O zaman ikisi de mutlu olur, çünkü yalnız olmak çok üzücü bir şey.

Sihirbaz daha sonra bir insan yaratmayı düşündü. Ona gerçek bir dost olabilecek! Kendisine benzeyen birisi... sadece kendisine benzemesi için biraz yardıma ihtiyaç duyacak birisi. O zaman ikisi de kendisini iyi hissedebilir çünkü yalnız olmak çok üzücü... Ama sonradan ikisinin de iyi hissedebilmesi için, önce insan kendisini yalnız ve Sihirbaz olmadan mutsuz hissetmeli...

Sihirbaz tekrar sihirli değneğini kullandı ve uzakta bir insan yarattı. İnsan, tüm tepelerin, dağların, kırların, bitkilerin ve Ay'ın, yağmurun, rüzgârın olduğu dopdolu bu dünyada ve hatta bilgisayarların ve futbolun olduğu bu dünyada, kendisini hiç eksiksiz ve iyi hissettiği bu yerin bir Sihirbaz tarafından yaratıldığını hissetmedi. Öteki taraftan Sihirbaz ise, hâlâ yalnız olduğu için üzgündü. İnsan ise kendisini Yaradan, seven ve onu bekleyen ve beraberliklerinden mutluluk duyacaklarını söyleyen, çünkü yalnız olmak çok üzücüdür, bir Sihirbazın varlığından habersizdir.

Ancak tatminlik duygusu içinde olan, her şeye sahip, hatta bilgisayar ve futbolu bile olan bir insan, Sihirbazdan habersiz olup da onu aramayı isteyebilir, tanımaya başlayabilir, onu sevip dostu olup şöyle diyebilir: "Gel, ikimiz de iyi hissedeceğiz, çünkü sensiz, yalnız olmak çok üzücü." Kişi sadece etrafında olan bitenlerden haberdar olup çevresindeki insanların yaptıklarını yapar, onların konuştukları şeylerden konuşur, onların istediklerini ister, etrafındakileri

Michael Laitman

Üst Dünyaları Edinmek

gücendirmekten kaçınır ve isteklerini kibarca dile getirirken, bir bilgisayar, futbol vs. nasıl olur da yalnızlıktan mutsuz olan bir Sihirbazdan haberdar olabilir ki.

Ancak Sihirbaz iyi kalpli olduğundan sürekli insana dikkat eder, onu kollar ve zamanı gelince... sihirli değneğini kullanır ve insanın kalbine çok sessizce seslenir. İnsan bir şey aradığını sanır ve Sihirbazın kendisini çağırdığını fark etmez, "Gel, ikimiz de iyi hissedeceğiz, çünkü sensiz, yalnız olmak çok üzücü."

Sonra Sihirbaz tekrar değneğini sallar ve insan onu hisseder. Sihirbazı, beraber olmanın ne kadar iyi olacağını düşünmeye başlar çünkü Sihirbazsız, yalnız olmak çok üzücüdür. Sihirbaz bir kez daha değneğini sallar ve insan sihirli bir kalenin kulesinin iyiliklerle dolu olduğunu ve belki de Sihirbazın orada beklediğini ve sadece orada iyi hissedeceklerini hisseder, çünkü yalnız olmak çok üzücüdür...

Peki ama nerede bu kule? Oraya nasıl ulaşabilir? Hangi yönde gitmelidir? Kendisine sormaya başlar, aklı iyice karışır, Sihirbazla nasıl tanışabilir acaba. Sihirli değneğin etkisini sürekli kalbinde hissetmektedir ve bir türlü gözlerine uyku girmemektedir. Sürekli Sihirbazı ve sihirli kuleleri görmektedir ve iştahını bile kaybetmiştir. İnsan, arzuladığı birçok şeyi bulamayınca kendisini böyle hisseder ve yalnız olmak da çok üzücüdür. Ama Sihirbaz gibi erdemli, asil, iyi kalpli, sevgi dolu ve yüce bir dost olabilmek için sihirli değneği sallamak yeterli değildir, insan mucizeleri yapmayı kendi öğrenmelidir.

Bu yüzden, Sihirbaz gizlice ve çok hafifçe, fark edilmeden, onu en sihirli ve eski kitap olan Zohar'a getirir... ve ona yüce kulelere giden yolu gösterir. İnsan Sihirbazla, dostuyla buluşabilmek ve ona "Gel, ikimiz de iyi hissedeceğiz çünkü yalnız olmak çok üzücüdür" diyebilmek için elinden geldiğince hızlı çalışır.

Ancak kulenin etrafında Sihirbazla insanı ayıran yüksek bir duvar ve insanı püskürtmek için nöbet tutan bir sürü muhafız vardır. İnsan umutsuzluğa kapılır, Sihirbaz kilitli kapıların arkasında kulede gizlenmektedir, duvarlar yüksektir ve muhafızlar kararlılıkla insanı geri püskürtüp, Sihirbazla insanın beraber olmalarına engel olmaktadırlar, hiçbir şey bu duvarları geçememektedir. Peki şimdi ne olacak? Nasıl beraber olup iyi hissedebilecekler; zira yalnız olmak çok üzücüdür?

İnsan her zayıf düştüğü ve çaresizliğe kapıldığı anda, birden sihirli değneğin etkisini hisseder ve ne olursa olsun tekrar duvara koşup muhafızları aşmaya çalışır! Kapıları yıkıp geçmek ve kuleye ulaşıp merdivenin basamaklarından çıkarak Sihirbaza ulaşmak ister.

Ve her kendini ileri atıp kuleye ve Sihirbaza yaklaştığında, muhafızlar daha da inatçı, güçlü ve merhametsizce kişiyi geri püskürtürler.

Ancak her defasında insan daha cesur, güçlü ve erdemli olur. Sadece bir Sihirbazın yapabileceği birçok hile ve numara geliştirir kendisi için. Her geri itilişinde, Sihirbaza ulaşmayı daha çok istemektedir, Sihirbazın kendisine olan sevgisini daha çok hissetmektedir ve artık dünyada Sihirbazla beraber olmaktan, onun yüzünü görmekten başka hiçbir şey istememektedir; dünyadaki her şey kendisine verilse bile Sihirbaz olmadan kendisini yalnız hissedecektir.

Sonra, artık onsuz olmaya dayanamadığında, kulenin kapıları açılır ve Sihirbaz, onun Sihirbazı, kendisine doğru

koşar ve der ki: "Gel, beraber iyi olacağız, çünkü yalnız olmak çok üzücü..."

Ve o andan itibaren, birbirlerine yakın sadık dost olurlar; insanlar arasında bundan daha büyük ve sonsuzluğa açılan bir mutluluk yoktur. Beraber kendilerini o kadar iyi hissederler ki, arada sırada bile eski yalnızlıklarından kaynaklanan hüzünlerini hatırlamazlar...

SON

Perdelerin dizisi Yaradan'ı bizden gizler. Bu perdeler kendi içimizde ve ruhumuzda bulunmaktadır. Ancak, kendimiz ve ruhumuzun dışında var olup bizi etkileyen tüm etkenler Yaradan'ın Kendisi'dir.

Dışımızda var olanların sadece çok küçük bir kısmını perdemizden süzerek algılayabilmekteyiz. Dışımızdan geriye kalan her şey algımıza girmeden kaybolmaktadır. Aynı şekilde, bu dünyada da sadece gözümüzün iç yüzeyine yansıyan şeyleri, görüş alanımıza girdiği zaman görmekteyiz.

Manevi dünyalarla ilgili bilgimiz Kabalistlerin ruhlarının algı ve duyuları tarafından edinilip bizlere aktarılmasından ibarettir. Ancak, onların edinimleri de manevi öngörüşleriyle sınırlıydı. Dolayısıyla, bildiğimiz tüm mevcut manevi dünyaların varlığı sadece ruhlara yöneliktir.

Yukarıda yazılanlardan sonra diyebiliriz ki, tüm yaratılış üç parçaya ayrılabilir:

YARADAN: O'ndan bahsedemeyiz, çünkü sadece manevi öngörüşümüzün alanına giren ve engelleyici perdelerden sızan olayları yargılayabiliriz.

Üst Dünyaları Edinmek

Michael Laitman

YARATILIŞIN AMACI: Bu bizim, Yaradan'ın niyetini inceleyebileceğimiz başlangıç noktamızdır. Bazıları, yaratılışın amacının özünün yaratılanları mutlu etmek olduğunu tartışsa da, bilgi eksikliğinden dolayı, Yaradan'ın bizimle ilişkisiyle ilgili başka bir şey söyleyemeyiz.

Yaradan, etkisinin bizim üzerimizde mutluluk olarak hissedilmesini arzuladı ve bu yüzden de duyu alıcılarımızı öyle bir şekilde yarattı ki O'nun üzerimizdeki etkisini haz olarak hissetmemize izin verebilsinler. Ancak tüm algı ruh tarafından gerçekleştirildiği için diğer dünyalardan, bu konuyu diğer dünyaları algılayanlarla ilişkilendirmeden bahsetmek son derece mantıksız olur. Çünkü ruhun algılama yetisi yok ise diğer dünyalar zaten yoktur.

Aslında Yaradan'la aramızda olan bu engelleyici perdeler dünyaları sunmaktadır. Olam kelimesi Alama kelimesinden türemektedir ve "gizlilik" demektir. Dünyaların var olmasının tek sebebi Yaradan'dan yansıyan Işığın ruha küçük bir miktarda da olsa Haz (Işık) verebilmesidir.

RUHLAR: Bunlar, Yaradan tarafından meydana getirilmiş ancak kendisinin bağımsız olarak var olduğu hissini taşıyan varlıklardır. Bu his tümüyle öznel olup ruha nakledilişi ise bizim kendi bireyselliğimizdir ve bu özellikle Yaradan tarafından böyle tasarlanmıştır. Ancak gerçekte, bizler O'nun önemli bir parçasıyız.

Kişinin tüm gelişim yolu, ilk aşamadan tüm nitelikleriyle tamamen Yaradan'la bütünleştiği son aşamaya kadar olan süreç beş aşamaya ayrılır. Her bir aşama tekrar tekrar beş alt kademeden oluşmuş beş alt kademeye ayrılır. Böylece toplamda 125 aşama mevcuttur.

Her insan belirli bir aşamada, tıpkı o aşamadaki her bir diğer kişi gibi, aynı hisleri ve etkileri yaşar. Ve her bir kişi

aynı manevi duyu organlarına sahiptir, dolayısıyla her bir kişi aynı safhada aynı manevi algıyı deneyimler.

Benzer şekilde, bizim dünyamızda var olan herkesin aynı duyu organlarına sahip olup aynı şekilde algılayıp da manevi dünyaları hissetmediği gibi.

Dolayısıyla, Kabala kitapları sadece yazarın seviyesine ulaşmış kişiler tarafından anlaşılabilir, zira o noktada yazar ve okuyan aynı hisleri paylaşacaklardır, tıpkı bu dünya olaylarıyla ilgili yazan yazar ve onların okuyucuları gibi.

Ruh manevi dünyalardan, hem manevi zevk ve O'nunla bütünleşmenin beraberinde getirdiği aydınlanmayı, hem de Yaradan'ın yakınlığının farkındalığını alır. Yaradan'ın arzularından ve O'nun Hâkimiyetinin yasalarından edinilen anlayıştan, ruh aynı zamanda "Yaradan'ın Işığını" ya da O'nu algılama yeteneğini kazanır.

Manevi yolumuzda ilerledikçe Yaradan'a daha yakınlaştırıldığımızı algılarız. Yolculuğumuzun her safhasında Yaradan'ın İfşası'na yeni bir perspektif kazanmamızın sebebi budur.

Sadece bizim dünyamızı algılayabilenler için Kutsal Kitaplar sadece bu dünyadaki insanların davranışlarını betimleyen bir dizi kural ve tarihsel olaylarmış gibi görünür. Ancak, manevi yolda daha ileri aşamada olan kişiler, nesnelere verilen isimlerde ve dünyamızın olaylarında Yaradan'ın eylemlerini algılarlar.

Tüm bu anlatılanlardan sonra açıkça görüyoruz ki yaratılışta iki katılımcı vardır: Yaradan ve yüce Yaratıcı tarafından yaratılan insan. İnsanın önünde ortaya çıkan her görünüm, ister bizim dünyamız ya da isterse Üst Dünyaların algısı olsun, sadece Yaradanın keşfinin ve ifşasının, O'nun bize yakınlaşma yolundaki farklı safhalardır.

Manevi Seviyeler

Yaratılışın tümü dört parametrenin fonksiyonu olarak tanımlanabilir: zaman, ruh, dünya ve yaratılışın kaynağı. Bunlar Yaradan'ın Arzu ve Niyetiyle içsel olarak düzenlenirler.

ZAMAN: Her ruh ve bütünü ile insanlıkta meydana gelen olayların sebep-sonuç ilişkisiyle ilerleme sürecidir, bu, insanoğlunun tarihsel gelişimine neden olan olaylara benzetilebilir.

RUH: Organik (canlı) olan her şeydir, buna insan da dâhildir.

DÜNYA: İnorganik (cansız) olan tüm evrendir. Bu, manevi dünyalarda cansız seviyedeki arzulara tekabül eder.

VAROLUŞUN KAYNAĞI: Bu, olayların gelişiminin planıdır. Her birimizde ve insanlığın genelinde ortaya çıkar ve tüm yaratılışı yönetim planıyla ilk başta tayin edilmiş olan koşula getirme planıdır.

Tüm dünyaları ve içinde insanları yaratıp Kendisine yakınlaştırmaya karar verdiğinde Yaradan, bizim dünyamızı yaratmak için giderek Işığını zayıflatarak Kendi varlığını azalttı.

Yaradan'ın varlığının dört aşamalı gizliliğine (Yukarıdan aşağı doğru) dünyalar denir. Bunlar: Atsilut: Bu dünyada var olanlar Yaradan'la tümüyle bütünlük içerisindedir.

Beria: Bu dünyada var olanların Yaradan'la bağları vardır.

Yetsira: Bu dünyada var olanlar Yaradan'ı algılayabilirler.

Üst Dünyaları Edinmek

Asiya: Bu dünyada var olanlar ya neredeyse tamamen ya da hiç Yaradan'ı algılayamaz. Bu seviyenin en alt kısmında bizim dünyamız vardır, en alt ve Yaradan'dan en uzak yerde.

Yukarıdaki tüm dünyalar bir birlerinden doğmuştur ve aslında bir nevi bir birlerinin kopyalarıdır. Her alt dünya, yani Yaradan'dan bir aşama daha uzak olan, bir önceki dünyaya göre daha bayağıdır, ancak onun tam bir kopyasıdır.

Burada ilginç olan bir noktayı vurgulamalıyız, her dünya tüm dört parametrede de kopyalanmıştır: Dünya, ruh, zaman ve varoluşun kaynağı. Dolayısıyla, bizim dünyamızdaki her şey daha önce Üst Dünyalarda meydana gelmiş süreçlerin doğrudan sonucudur ve orada olan her şey de daha önce meydana gelenlerden kaynaklanmaktadır, ta ki bu dört faktör – dünya, zaman, ruh ve varoluşun kaynağı – tek bir varoluş kaynağında, Yaradan'da birleşene dek!

Bu "yer" Atsilut olarak bilinir. Yaradan'ın Atsilut, Beria, Yetsira dünyalarının kıyafetleriyle örtülmesi (O'nun, bu dünyaları zayıflatan perdeden geçerek yansıyan Işık yoluyla bize görünmesi) Kabala olarak bilinir. Yaradan'ın bizim dünyamızdaki örtüsüne, yani Asiya dünyasına, yazılı kutsal kitap denir.

Ancak aslında Kabala ile bu dünyanın kutsal kitapları arasında bir fark yoktur. Her şeyin kaynağı Yaradan'dır. Başka bir deyişle, yazılı kutsal kitaplara göre çalışmak ve yaşamak, ya da Kabala'ya göre çalışmak ve yaşamak kişinin bulunduğu manevi dereceyle belirlenir. Eğer kişi bu dünyanın seviyesindeyse bu dünyayı görür ve bu dünyayı algılar.

Ancak, kişi daha yüksek bir seviyeye çıkarsa, o zaman farklı bir resim ortaya çıkar. Bu dünyanın örtüsü yok olur ve geriye Yetsira ve Beria dünyalarının örtüleri kalır. Sonra kitaplar ve gerçek tümüyle farklı görünür, tıpkı Yetsira dünyası seviyesine ulaşan kişilere göründüğü gibi.

Bu noktada, kutsal kitaplarda anlatılan tüm hikâyeler, savaşlar ve bu dünyaya ait nesne ve hayvanlar, Kabala'ya dönüşür – yani Yetsira dünyasının tarifine.

Eğer kişi kendisini daha da ileri, hatta Beria ya da Atsilut dünyalarına kadar yükseltirse, o zaman kişinin manevi durumuna göre, dünyanın ve onu yöneten mekanizmanın tamamıyla farklı, yeni bir resmi ortaya çıkar.

Kutsal kitaplardaki ve Kabala'daki olayların arasında hiçbir fark yoktur. Fark, bunlarla ilgilenen kişilerin edindiği manevi seviyedir. Aslında, aynı kitabı okuyan iki kişiden biri kitapta tarihsel olayların anlatımını görür, diğeri ise, dünyalar üzerindeki yönetimin dile getirilişini, ki bu da Yaradan'dan algılanılmıştır.

Yaradan'ın tümüyle gizlendiği dünyada var olanlar Asiya dünyasında bulunmaktadır. Bu yüzden de sonunda her şey bu kişilere iyi değilmiş gibi görünür: dünya ıstırapla dolu gibi gelir, zira Yaradan'ın gizliliğinden dolayı başka türlü algılayamazlar.

Eğer herhangi bir mutluluk hissederlerse, aslında bu sadece ıstırabı izleyen bir mutluluk olarak ortaya çıkar. Sadece Yetsira seviyesini edindikten sonra Yaradan Kendisini kişiye kısmen ifşa eder ve kişinin O'nun yönetimini ödül ve ceza vasıtasıyla görmesini sağlar; böylece kişide sevgi (ödüle dayalı) ve korku (cezaya bağlı) doğar.

Üçüncü basamak – koşulsuz sevgi – kişinin Yaradan'ın kendisine hiçbir zaman zarar vermediğini sadece iyi davrandığını anlamasıyla oluşur. Bu, Beria seviyesine tekabül eder. Yaradan kişiye yaratılışın tüm gerçeğini ve yaratılış üzerindeki tüm yönetimini ifşa ettikten sonra, kişide

Michael Laitman

Üst Dünyaları Edinmek

Yaradan'a yönelik mutlak sevgi oluşur, çünkü Yaradan'ın tüm yaratılanlara yönelik mutlak sevgisini görmeye başlar.

Bu anlayış kişiyi Atsilut dünyasının seviyesine yükseltir. Dolayısıyla, Yaradan'ın eylemlerini anlayabilmemiz sadece O'nun Kendisini bize ne kadar açtığına bağlıdır, çünkü yaratılışımız gereği Yaradan'ın eylemleri bizi (düşüncelerimizi, niteliklerimizi, davranışlarımızı) otomatikman etkilemektedir. Bu yüzden O'ndan sadece bizi değiştirmesini talep edebiliriz.

Yaradan'ın tüm eylemleri doğal olarak iyi olmasına rağmen, yine Yaradan'dan kaynaklanan güçler vardır ki bunlar Yaradan'ın arzularına ters işliyor gibi görünürler. Bu güçler sık sık O'nun eylemlerini eleştirmeye yöneltir ve dolayısıyla "saf olmayan güçler" olarak bilinirler.

Her adımda, yolumuzun başındaki ilk noktadan son noktaya kadar, Yaradan tarafından yaratılan ve birbirine karşıt olan iki güç vardır: Arı ve arı olmayan. Arı olmayan güç içimizde kasten güvensizlik yaratır ve bizi Yaradan'dan uzağa doğru iter. Ama eğer, bu arı olmayan güce aldırmaz ve bize yardım etmesi için Yaradan'a yalvarmaya gayret edersek O'nunla aramızdaki bağı güçlendiririz ve buna karşılık arı bir güç ediniriz. Ve bu, bizi daha yüksek bir manevi boyuta yükseltir ve aynı anda da arı olmayan güç bizi etkilemeyi bırakır, çünkü zaten işlevini yerine getirmiştir.

1. Basamak- Asiya dünyasının arı olmayan gücü: Bu güç oluşumları Yaradan'ın varlığının inkârıyla aşılamaya çalışır.

2. Basamak- Yetsira dünyasının arı olmayan gücü: Bu güç dünyevi oluşumların ödül ve ceza mekanizmasıyla değil de rastgele oluştuğuna ikna etmeye çalışır.

3. Basamak- Beria dünyasının arı olmayan gücü: Bu güç, insanın içerisinde Yaradan'ın kişiye yönelik sevgisinin

algılanmasını nötrleştirmek ister, buna karşılık içimizde Yaradan'a yönelik sevgi için dua eder.

4. Basamak- Atsilut dünyasının arı olmayan gücü: Bu güç, kişiye Yaradan'ın tüm yaratılanlara her zaman mutlak sevgiyle yaklaşmadığını kanıtlamaya çalışır, böylelikle kişinin Yaradan'a olan mutlak sevgisini engellemeye çalışır.

Dolayısıyla, her manevi basamağa yükselişin, Yaradan'ın ifşasının ve O'na yakınlaşmaktan duyulan mutluluğun, bunlara tekabül eden karşıt güçleri aşmamızı gerektirdiği çok açıktır. Bu güçler düşünce ve arzu şeklinde yükselirler. Ve sadece bunları aştığımızda bir sonraki seviyeye yükselebilir ve manevi yolda bir adım daha atabiliriz.

Söylenenlerden anlaşıldığı üzere, manevi güçlerin türü ve bu dört dünyanın; Asiya, Yetsira, Beria, Atsilut hissi, arı olmayan Asiya, Yetsira, Beria, Atsilut dünyalarından bunlara tekabül eden zıt ve paralel güç türleri ve hislerine sahiptir. İlerleyiş, bu güçlerin sırasıyla değişimi sürecinde olur.

Sadece, Yaradan tarafından bize gönderilen tüm arı olmayan güçleri ve engelleri aştıktan sonra, Yaradan'dan Kendisini ifşa etmesini isteyerek ve böylece bu arı olmayan güçlere, düşüncelere ve arzulara karşı durmak için gereken gücü bize bahşettiğinde ancak o arı seviyeye gelebiliriz.

Doğuştan itibaren her birimizin içinde bulunduğu durumda Yaradan bizden tümüyle gizlenmiş durumdadır. Bahsedilen manevi yolda ilerlemeye başlayabilmek için şu koşullar gereklidir:

1. İçinde bulunduğumuz durumu dayanılmaz olarak hissetmek,

2. En azından bir dereceye kadar Yaradan'ın varlığını hissetmek,

3. Sadece Yaradan'a bağımlı olduğumuzu hissetmek,

4. Sadece Yaradan'ın bize yardımcı olabileceğini anlamak.

Kendisini ifşa ederek Yaradan anında arzularımızı değiştirebilir ve içimizde yeni bir öz ile akıl oluşturabilir.

Yüzeye çıkan bu güçlü arzular, içimizde bunları gerçekleştirecek güçleri uyandırır.

Bizim özümüzü tanımlayan tek şey arzularımızın çeşitleri ve kombinasyonudur. Aklımızın olmasının tek nedeni arzularımızı elde etmek içindir. Doğruyu söylemek gerekirse, aklımız yardımcı bir araçtan başka bir şey değildir.

Yolumuzda aşama aşama ilerleriz, birer birer adımlarla ileriye doğru gideriz; sırasıyla arı olmayan (sol) egoist güç ve de arı olan (sağ) özgecil güç tarafından etkilenerek. Sol tarafın güçlerini Yaradan'ın yardımıyla aşarak sağ tarafın niteliklerini ediniriz.

Yol böylelikle iki ray gibidir – sol ve sağ, Yaradan'a yaklaştıran ve Yaradan'dan uzaklaştıran iki zıt güç gibi, tıpkı iki arzu gibi – egoizm ve özgecilik. İlk başlangıç noktamızdan ne kadar uzaklaşırsak karşı koyan taraf o kadar güç kazanır.

Hem arzularda hem de sevgide Yaradan'a benzediğimiz kadarıyla ilerleyebiliriz, çünkü Yaradan sevgisi bizlere yönelik tek kutsal histir ve diğer tüm hisler bu histen doğarlar. Yaradan'ın bizlere sadece iyilik yapma, bizi ideal noktaya getirme arzusu vardır ve bu konum ancak Yaradan'a benzer olduğumuz bir konum olabilir.

Bu durum, Yaradan'a yönelik sonsuz sevgiden gelen, sınırsız haz ile dolu ölümsüzlük durumudur. Bu hali edinmek yaratılışın amacı olduğundan tüm diğer arzular arı olmayan arzular olarak değerlendirilirler.

Yaradan'ın amacı bizleri kendisine benzer niteliklerde olma koşuluna getirmektir. Bu amaç her birimize ve genel olarak tüm insanoğluna istesek de istemesek de zorunludur. Bizim bu amacı arzulamamız Yaradan'la bütünleşmekten, sadece tüm arzuları algılayabileceğimiz ve çekilen tüm ıstıraplardan kurtulmanın yolunu bulduğumuz için olmamalıdır.

Çekilen ıstıraplar Yaradan tarafından bizi ileri itmek, içinde bulunduğumuz çevreyi, alışkanlıklarımızı, davranışlarımızı, bakış açımızı değiştirmemiz için gönderilir, zira kendimizi ıstıraptan kurtarmak için içgüdüsel olarak hazırızdır. Dahası, önce ıstırap çekmeden hazzı deneyimlememiz mümkün değildir; tıpkı bir soru yoksa cevabının da olamayacağı; açlık olmazsa doymanın olamayacağı gibi.

Şöyle ki, herhangi bir hissi yaşayabilmek için önce o hissin tersini hissetmek gerekir. Dolayısıyla, Yaradan'ın çekim gücünü ve O'na yönelik sevgiyi hissetmek için, fikir, alışkanlıklar ve arzulardan nefret ve soğuma gibi kesin zıt hisleri yaşamak gereklidir.

Boşluktan hiçbir his doğmaz; o hissi edinmek için gerçek ve kesin bir arzu gerekmektedir. Örneğin, kişinin önce müziği anlayabilmesi öğretilir ki, böylece onu sevsin. Eğitimsiz bir kişi eğitimli bir kişinin mutluluğunu anlayamaz, zira eğitimli kişi yoğun çabalardan sonra uzun zamandır edinmek istediği yeni bir şey keşfetmiştir.

Bir şeye olan arzu Kabala terminolojisinde "Kap" (Kli) olarak bilinir, zira haz duyabilmek için bir şeyin eksik olduğu hissi gerekli bir koşuldur. İleri zamanda alınacak zevkin büyüklüğü de elbette kabın büyüklüğüne bağlıdır.

Michael Laitman

Üst Dünyaları Edinmek

Bizim dünyamızda bile görüyoruz ki, yemekten alınan zevk kişinin midesinin büyüklüğüne değil ne kadar açlık hissettiğine bağlıdır. Yani, arzulanan şeyin eksikliğinden kaynaklanan ıstırabın derecesi kabın büyüklüğünü tayin eder ve bu durum daha sonra elde edilecek zevkin büyüklüğünü de belirler.

Arzuyu tatmin eden haz "Işık" olarak bilinir, çünkü kabın doyum ve tatmin duygusu edinmesini sağlar. Dolayısıyla, kişinin eksikliğinden dolayı ıstırap çektiği çok güçlü bir arzu gereklidir. Ve sadece o zaman kabın, kişinin uzun zamandır almayı beklediği bolluğu almaya hazır olduğu söylenebilir.

Arı olmayan güçlerin (arzuların), Klipot olarak da bilinir, yaratılmasının amacı kişinin içinde sonsuz boyutta bir arzu oluşturmaktır. Eğer Klipot'un arzuları olmasaydı, kişi asla bedensel temel ihtiyaçlar dışındaki arzular için bir dürtü yaşamazdı.

Bu şekilde ancak çocuksu bir gelişim seviyesinde kalırdık. Kişiyi yeni zevkler aramaya zorlayan Klipot'tur, çünkü sürekli olarak tatmin edilmesi gereken yeni arzular yaratırlar ve bu, kişiyi gelişmeye zorlar.

Atsilut dünyasına özgü nitelikleri edinmek "ölülerin diriltilmesi" olarak bilinir, zira bu şekilde, arı olmayan (ölü) tüm arzuları arı bir hale dönüştürürüz. Atsilut dünyasından önce kişi, sanki iki rayda gidiyor gibidir, sadece arzularını zıt olanlarla değiştirebilir, ancak tüm arzularını arınmış arzulara çeviremez.

Atsilut dünyasına girdikten sonra geçmişteki arzularımızı ıslah edebilir, böylelikle daha yüksek manevi seviyelere ulaşabiliriz. Bu sürece "ölülerin dirilmesi" (arzular) denir.

Elbette ölülerin dirilmesinden bahsederken fiziksel bedenlerimizden bahsetmiyoruz, zira bu dünyada yaratılan tüm varlıklar gibi beden de ruh ayrıldıktan sonra yok olacak ve ruhun varlığı olmadan hiçbir değeri olmayacaktır.

Eğer kendi üzerimizde çalışmanın sonucu olarak arı olmayan arzuların kontrolünden kurtulursak, ancak bu arzular tarafından hâlâ rahatsız ediliyorsak ve Yaradan'la bağ kuramıyorsak, bu duruma Şabat (kutsal gün) denir. Fakat düşüncelerimiz ve Yaradan'a yönelik arzularımız kendimiz ya da çevremizin düşünceleri tarafından farklı yönlere çekiliyorsa ve bu yabancı düşüncelerin ve arzuların girmesine izin verdiysek (bu koşula kutsallığı kirletmek denir) o zaman bu düşünceleri yabancı düşünceler olarak görmeyip kendimize ait sanırız. Ve bizler, daha önceden bizleri hiç tereddütsüz, doğrudan Yaradan'a götüren düşüncelere nazaran, bunların doğru düşünceler olduğunu sanırız.

Eğer bir konuda çok uzman bir kişi aynı alanda çalışan ancak ikinci dereceden bir grup insanla bir araya gelirse ve bu grup kişiyi ruhunu vererek gönülden çalışmaktansa daha az çalışmanın iyi olduğuna ikna ederse, o zaman bu büyük uzman yeteneğini zamanla kaybeder.

Ama eğer, böyle uzman bir kişi başka dalda çalışan orta seviyeden insanlarla beraber olursa kendisine bir zarar gelmez, zira kendisiyle diğer çalışanlar arasında bir ilişki yoktur. Dolayısıyla, belli bir alanda gerçekten başarılı olmak isteyen bir kişi, aynı alanda işlerini bir sanat gibi görüp bu yolda uzman olmak isteyen kişilerden oluşan bir çevrenin parçası olmak için çaba sarf etmelidir.

Bunun dışında, bir uzmanla sıradan bir çalışan arasındaki en çarpıcı fark, uzmanın kazandığı paradan ziyade yaptığı işten ve edindiği sonuçlardan zevk duymasıdır. Sonuç itibariyle, kendilerini gerçekten manen yüceltmek isteyenler

Michael Laitman

Üst Dünyaları Edinmek

içinde bulundukları çevreyi ve bu çevredeki insanları dikkatlice incelemeliler.

Eğer çevre Yaradan'a yönelik inançtan mahrum insanlar ise, o zaman manevi yükselişi arayanlar, farklı bir dalda ihtisas yapmış kişilerin arasında uzmanlar gibidirler. Uzmanın amacı manen yücelmektir ve diğer alanda ihtisas sahibi kişilerin amacı ise bu dünyanın en büyük zevklerini edinmektir.

Dolayısıyla, ihtisas sahibi kişilerin görüşleri bir tehdit unsuru değildir. Kişi sadece anlık bile diğer görüşleri uygulasa, hemen bu görüşün inançsızlardan çıktığını anlar. Bu noktada diğer görüşten sıyrılır ve asıl hedeflere geri dönülür.

Ancak kişi, inanan fakat emirleri yerine getirirken doğru nedenlere dikkat etmeyenlerden uzak durmalıdır. Bu tür insanlar bir sonraki dünyada gelecek ödülleri beklerler ve emirleri sadece bu sebepten dolayı yerine getirirler. Onlardan titizlikle sakınmak gerekir.

Kişi özellikle kendisine "Kabalist" ya da mistik diyenlerden durabildiğince uzak durmalıdır, zira kişinin girdiği bu alanda yeni edindiği yeteneklerine çok zarar verebilirler.

Kabala yaratılışın iki parçadan oluştuğunu gösterir: Yaradan ve O'nun tarafından yaratılan ve Kendisine yakınlığından mutluluk duyan alma arzusu. Sonsuzluğun ve mutlak hazzın kaynağı Yaradan'a yakınlıktan duyulan böyle bir mutluluk arzusu, "ruh", olarak bilinir. Ruh tüm arzularımıza benzemektedir ama fiziksel formu yoktur.

Yaratılışın sebebi ve amacı Yaradan'ın ruhları memnun etme arzusudur. Ruhun arzusu da Yaradan tarafından memnun edilmektir. Yaradan'ın arzusu ve yaratılanların arzusu birbirlerine yaklaştıkça çözülürler ve bütünleşirler.

Üst Dünyaları Edinmek

Michael Laitman

Bütünleşmek ve yakınlık, niteliklerin ve arzuların uyuşmasıyla olur.

Bizim dünyamızda da benzer şekilde, bazen bir kişinin kendimize yakın olduğunu düşünürüz, bunun nedeni akrabalık ya da mesafe yakınlığından ziyade, "yakınlık" hissinin yaşanmasıdır. Yine dünyamızda, aradaki mesafe başlangıçta ne kadar fazla ise, arzulananın önündeki engel de o kadar fazladır ve buna müteakip arzuladığımız şeyi elde ettiğimizde aldığımız haz da o kadar büyük olur.

Bu nedenden dolayı, Yaradan ruhu kendisinden en uzak ve en zıt nitelikler içerisine yerleştirir: Kendisinin tüm zevklerin kaynağı olduğunu tümüyle gizler ve ruhu, etrafındaki her şeyden zevk alma arzusu ile bir bedene yerleştirir.

Yaradan'ın gizliliğine ve bedensel arzuların engellerine rağmen, içimizde Yaradan'a yakınlaşmak ve O'na tutunmak için bir arzu geliştirebiliriz. Ondan sonra, tamamen bedenin karşı koymasının sebep olduğu engellerden dolayı, ruhlarımız Yaradan'dan, bedenlerle örtülmeden önceki halinde duyduğu hazdan çok daha fazla mutluluk duyma arzusu edinir.

Yaradan'a tutunabilmemizi sağlayan yönteme ya da öğretiye Kabala denir ve "Lekabel" – (almak) kelimesinden gelir – Yaradan'dan mutluluk almak. Bu dünyanın kelimeleri ve nosyonlarını ele alarak, Kabala bizlere manevi dünyaların deneyimlerini aktarır.

Kabala'ya göre, kutsal kitaplarda yazılanların tamamı (buna Hz. Musa'nın beş kitabı ve peygamberlerin kitapları da dâhildir) bizlere yaratılışın amacına ulaşmayı öğretirler.

Kabala şu yazılanlarda bu anlamı görüyor: "Başlangıçta" – (kişinin kendi üzerinde çalışmasının başlangıcında, Yaradan'a yakınlaşmasının başlangıcında), "atalarımız"

(kişinin arzularının ilk durumu), "putperesttiler" (tüm kişisel arzular haz almaya yönelikti), "Ve sonra, Yaradan aralarından bir tanesini seçti" (tüm arzularımızın arasından bir tek arzuyu seçeriz, Yaradan'la bütünleşme arzusu), "ve ona bir emir verdi, topraklarından ve insanlarından ayrıl ve başka bir yere yerleş" (Yaradan'ı algılamak için bir arzuyu diğer tüm arzuların üzerine çıkarmalıyız – Yaradan'ı algılama arzusu ve kendimizi diğer arzulardan uzaklaştırma arzusu).

Eğer tüm arzularımızın arasından sadece bir tane arzuyu seçebilirsek, onu yetiştirip ve sadece o arzuyla yaşarsak, yani Yaradan'la bütünleşme arzusunun içinde yaşarsak, o zaman sanki farklı bir hayata, manevi yaşama geçeriz. Bu yolda ilerlemeyi arzularsak veya zaten Yaradan'a yönelik yolda isek, o zaman bizlere "Yaşar " (doğrudan) ve "El" (Yaradan'a) kelimelerinden gelen, doğrudan Yaradan'a anlamında, "İsrail" denir.

Dünyanın yaratılışı, başlangıcı ve idaresi de dahil olmak üzere, önceden tayin edilmiş bir plana göre dünyanın var olmasını ve yaratılışının amacı olan sona doğru ilerlemesini mümkün kılmaktadır.

Yaradan'a Dönüş

İlahi Takdiri uygulayabilmek ve böylece insanın eylemlerinde özgür seçime yer verebilmek için, her pozitif, arı gücün karşısında her zaman negatif, arı olmayan bir gücün bulunduğu iki birbirine zıt yönetim sistemi yaratıldı. Böylelikle "Keduşa"nın (arı/kutsal) pozitif dört ABYA dünyası ve bunlara karşıt olarak "Tumah"ın (kirli/murdar) negatif, arı olmayan dört ABYA dünyası yaratıldı.

Bnei Baruch Eğitim ve Araştırma Enstitüsü

Üst Dünyaları Edinmek

Michael Laitman

Bizim dünyamızda, arı ve arı olmayan güçler arasındaki fark ayırt edilememektedir, tıpkı manevi olarak Yaradan'a doğru yükselen bir insanla, manevi gelişim göstermeyen birisinin arasındaki farkın gözle görülemediği gibi. Bizler kendi başımıza, ilerlediğimizin ya da yerimizde saydığımızın doğruluğunu bilme yetisine sahip olmadığımız gibi, üzerimizde pozitif mi negatif mi bir gücün etki ettiğini de tayin edemeyiz. Dolayısıyla, doğru bir şekilde ilerleyip ilerlemediğimiz konusundaki bilincimiz ve güvenimiz son derece yanıltıcı olabilir ve çoğu zaman yanılmış olma ihtimalimiz yüksektir.

Peki ama manevi yolculuğumuzun başında isek, yaratılışın ve varoluşumuzun amacına yönelik nasıl doğru bir şekilde ilerleyebiliriz? Hayali ve geçici hazlar dışında iyi ve kötünün ne olduğunu kesin olarak algılayamadığımız bir koşulda, son varış noktamız ve mutlak ve sonsuz iyiliğimiz için, bu dünyada doğru yolu nasıl bulabiliriz?

Tüm insanoğlu kayıp bir şekilde gezinmekte, sanki bir ormanda gibi ve hayatın gerçek amacına ilişkin yanlış teoriler üretmekte. Hatta doğru yolun başında olanlarımızın bile hiçbir kilometre taşı yok, düşüncelerimizin ve arzularımızın doğru olup olmadığını ölçecek bir konumda bile değiliz.

Yaradan'ın bizleri bu çaresiz ve çözümsüz koşulda yardımsız ve hiç hazırlamadan bırakması mümkün müdür? Mantık, kesin amacı olan bir şey yaratıp, sonra da bu süreci bizler gibi zayıf ve kör yaratıkların ellerine bırakmanın akla uygun olmadığını söylüyor.

Elbette ki Yaradan bu şekilde davranmazdı. Dolayısıyla varsayımda bulunacak olursak, O, her durumda bizlere doğru yolu bulabilmemiz için bir imkân verdi. Aslında yapılabilecek tek şey mantığın ötesine gitmektir. Tüm

yolumuz boyunca başarısızlıklar yaşarız ve nasıl devam edilmemesi gerektiğini görürüz. Bir şeyde önce tökezlemeden başarıya ulaşamayız. Çaresizliğe düştüğümüz zaman ise Yaradan'a ihtiyaç duyarız.

Aslında, seçilen yolun doğruluğunu netleştiren çok önemli bir teyit etme unsuru vardır, bu da Yaradan'ın yardımıdır! Arı olmayan egoist ABYA yolunu seçenler manevi hedefe ulaşamazlar, bu süreçte tüm güçlerini kaybederler ve sonunda mutlak çaresizlik engeline gelirler çünkü Yaradan'dan gelen tüm yaratılışın ifşasını edinemezler.

Öteki taraftan ise, arı olan ABYA dünyalarının yolunu izleyenler Yaradan tarafından tüm yaratılışın ifşası, algılanması ve bilinci ile ödüllendirilirler. Bu insanlar en yüce manevi koşullara gelebilirler.

Dolayısıyla, dünyamızda (içinde bulunduğumuz koşulda) hangi yolu seçeceğimize, nasıl davranacağımıza ve bizlere arı olan Asiya ve arı olmayan Asiya dünyalarından gelen tüm düşünce ve arzulara bakmaksızın hangi düşünceleri seçmemiz gerektiğine dair yapabileceğimiz tek sınama budur. Doğru yolda ilerleyenler ile hataya düşenler arasındaki fark, Yaradan'ın doğru ilerleyenlere Kendisini ifşa edip yakınlaştıracağı, diğerlerine ise bunu yapmayacağıdır.

Dolayısıyla, şevkimiz, güçlü kanaatimiz ve hayal gücümüz bize başka bir noktayı işaret etse ve çoktan belli bir manevi dereceye ulaştığımızı gösterse bile eğer Kabala'nın sırları bize açık ve net gelmiyorsa o zaman bu yolun doğru olmadığı sonucuna varmalıyız. Bu tür bir sona, gayri ciddi Kabala öğretileri ve "mistik" felsefeleri çalışanlar arasında çok sık rastlanılır.

ABYA dünyalarının evreleri boyunca manevi yükselişimizin tüm safhaları, kendimizi herhangi bir anda bulduğumuz o birbirini izleyen evrelerden kaynaklanan, yer değiştiren güçlerin etkisi olarak tarif edilebilir. Bu güçlerin her biri İbrani alfabesinin belli bir harfi ile belirtilmiştir, şöyle ki; her bir harf ABYA dünyalarında belli bir evreyi yöneten manevi bir gücü simgeler. Ancak bizi egoist arzuların etkisinden sadece tek bir güç kurtarıp özgür kılabilir. Bu güç Yaradan'ın rızasıdır ve "Bet" harfi ile temsil edilir.

Arı olmayan ABYA dünyalarında buna tekabül eden zıt bir güç yoktur, zira Yaradan'ın rızası sadece tek olandandır ve arı olmayan ABYA dünyasından hiçbir şey O'na eşdeğer olamaz. Dolayısıyla, dünya sadece Yaradan'ın rızası ile var olur ve sadece O'nun rızası (arzusu) iyi ve kötü arasındaki farkı aydınlatabilir, daha açık ifade etmek gerekirse, kişiye iyilik getiren ile zarar veren arasındaki fark O'nun ifşasıyla ayırt edilir.

Sadece Yaradan'ın lütfu ile kişi arı olan güçleri arı olmayanlardan ayırabilir ve yaratılışın sonuna doğru giden tüm yaşam yolu boyunca arı olmayan güçleri aşabilir. Bu, kişiye kendisini kandırıp kandırmadığını veya gerçek anlamıyla manevi dünyalarda ilerleyip ilerlemediğini açıkça gösterir.

Kötülüğün arı olmayan güçlerinin dünyasındaki her güç sadece kendisine tekabül eden, ancak arı güçlerin dünyasında var olan zıt bir güçten yaşamsal güç alır. Bunun tek istisnası ise Yaradan'ın lütfundan kaynaklanan güçtür.

Dolayısıyla, bu dünya Yaradan'ın lütfundan yayılan Tek güç dışında hiçbir güç tarafından yaratılamazdı. Bu süreç içerisinde Yaradan'dan hiç azalmadan yayılan bu güç tüm dünyalara nüfuz eder, ta ki en alt seviyedeki dünyaya – bizim dünyamıza –gelene kadar.

Michael Laitman

Üst Dünyaları Edinmek

Bu Güç yaratılanlara, kendilerini düzeltmeleri ve manevi olarak yükselmeye başlamaları için güç vererek onları düzeltmeye muktedirdir. Bu Gücün yardımıyla evren yaratılmıştır, bu yüzden arı olmayan egoist güçler bu gücü ne azaltabilir ne de kişisel amaçları için kullanabilir, çünkü arı olmayan bu güçler sadece arı olan güçlerin zayıf olduğu koşullarda etki yaratabilirler.

Bu sebepten dolayı, mutlak arı Güç bizim arı ve arı olmayan düşünceler arasında ayırım yapmamıza yardımcı olur, zira düşüncelerimiz Yaradan'dan uzağa yönlenir yönlenmez bu ilahi Gücün etkisi kaybolur.

Harflerin sesleri (Nekudot) Işığın dışarıya yayılmasını, Yaradan'ın algılanmasını sembolize eder. Yaradan'ın herhangi bir şekilde algılanması, herhangi bir manevi his on Sefirot'tan oluşur. Bunların En Üst noktasından (Keter) başlayarak, sesler şu aşamalara tekabül eder: 1-Kamats; 2-Patah; 3-Segol; 4-Tseyreh; 5-Şiva; 6-Olam; 7-Hirek; 8-Kubuts; 9-Şuruk; 10-Sessiz harf ve bu Malhut'a tekabül eder – asla doyum alamayan, algılayışın son safhası.

Bazen, Yaradan'a yakınlaşma amacına doğru ilerleme sürecinde, aniden kendimizi güçsüz hissederiz çünkü manevi bilgimiz eksiktir ve egoistçe olmayan hiçbir şey yapmak elimizden gelmez. Bunun yerine, düşüncelerimiz sadece dünyevi hayatımızdaki başarılarımızla ilgilidir.

Ondan sonra da çaresizliğe kapılır ve kendimize, Yaradan'a sadece doğuştan özel güçleri olan, kalpleri manevi ve kişisel gelişime özlem duyan, bununla birlikte nitelikleri, düşünceleri ve arzuları bu amaca uygun kişilerin yaklaşabileceğini söyleriz.

Ancak sonra başka bir his ortaya çıkar – her yaratılan için Yaradan'ın yanında bir yer olduğu ve herkesin er ya da geç

Üst Dünyaları Edinmek

Michael Laitman

Yaradan'a tutunarak o muazzam manevi hazları edineceği hissi. Bu koşuldan sonra artık çaresizlikten çıkarız ve Yaradan'ın "Her şeye kâdir" olduğunun ve herkesin yolunu planladığının, her birimizin hissettiklerini bildiğinin, bizi yönlendirdiğinin ve bizim Kendisine yakınlaşma talebi ile dönmemizi beklediğinin bilincine varırız.

Daha sonra da, bu sözleri kendimize daha önce de defalarca söylediğimizi ve buna rağmen hiç bir şeyin değişmemiş olduğunu hatırlarız. Sonunda, kendi aşağılık zayıflığımız ve önemsizliğimizin düşünceleri içine saplanıp kalırız. Ve sonra, bu hissin bize Yaradan tarafından sadece bunun üzerinden gelebilmemiz için gönderildiğini anlarız.

Böylece, sahip olduğumuz tüm arzuyu kullanarak kendi kişisel gelişimimiz üzerinde çalışmaya başlarız. Ve aniden gelecekte içinde var olmak için özlem duyduğumuz manevi koşuldan ilham alırız. Bu demektir ki, gelecekteki manevi koşulun Işığı bize uzaktan yansıyor, zira arzularımız hâlâ doğasından dolayı egoist bir niteliğe sahip olduğundan, Işık (manevi haz) kendi içimizden yansıyamaz. Işık (manevi haz), egoist doğaya sahip arzuların içerisinde yansıyamaz (yani bize haz veremez). Yaratılanlar olarak bizlerin özü yoğunlaştırılmış egoist bir arzudur ve bu arzu insan olarak tanımlanır.

Diğer taraftan Yaradan ise, tümüyle egoizmden ayrıdır. Dolayısıyla, Yaradan'a geri dönmek, O'na tutunmak ve O'nun varlığının bilincine varmak, sadece Yaradan'la ortak bir nitelik edinmenin sonucunda mümkün olur. Yaradan'a böyle bir dönüşe "yükseliş" denir.

Bu nedenden dolayı Yaradan'a dönüş, O'nunla bütünleşmek, O'nun bilincine varmak, O'nunla belli ortak niteliklerin kazanılmasından başka bir şey değildir. Bu şekilde Yaradan'a geri dönüşe Tşuva (cevap/gerçeğe gelen) denir.

Kişi böyle bir dönüşe ulaştığını ancak Yaradan'ın Kendisi kişiye tanıklık ederse tayin edebilir. Nedir tanıklık etmek? Bu, kişinin sürekli olarak Yaradan'ın varlığını hissedebildiği ve tüm düşüncelerde Yaradan ile birlikte olmasının mümkün kılındığı durumdur.

Böylece kişi kendisini bedensel arzulardan sıyırabilir. Bizler sadece bireysel olarak kendimiz gerçekten Yaradan'a dönüp dönmediğimizi hissedebiliriz. Kişinin Yaradan'ı algıladığında edindiği güç, bizim aşama aşama Yaradan'la tamamen bütünleşmemizi ve tüm egoist arzularımızı özgecil arzulara dönüştürmemizi sağlar.

Yolumuzun başında ne kadar çok "kötü" arzulara sahipsek, o denli çok kişisel gelişimden geçebilir ve sonuç olarak Yaradan'a daha fazla yakınlaşabiliriz. Bu nedenden dolayı asla kötü niteliklerimiz için üzülüp feryat etmemeli, sadece bunların ıslahı için talepte bulunmalıyız. Değersizlik düşünceleri aklımıza her geldiğinde bu düşünce tarzına dönmeliyiz.

Bu düşüncelerin hepsi kendimizi Yaradan'dan uzak hissettiğimiz için gelir ve Yaradan bu hisleri başkalarına değil, ancak sadece bu hisleri almaya hazırsak bizlere gönderir. Diğer insanlar kendilerinin kötü olduklarını düşünmezler ve egoizmlerini algılamazlar. Tam tersine kendilerinin erdemli olduklarına ikna olmuşlardır.

Yaradan bizlere bu düşünceleri hüzün, acı ya da çaresizlik hissi vermek için göndermez, tersine bu koşullar bizleri Yaradan'a çağrıda bulunmaya teşvik etmek içindir; benliğimizden ve zayıflıklarımızdan özgür kılınmayı talep etmemiz içindir.

Üst Dünyaları Edinmek

Michael Laitman

Her defasında tekrardan zayıf ve değersiz olduğumuzu hissederiz – bu hisleri daha önce hissetmemize rağmen – tekrar bu yenilgi ve başarısızlık hislerine dönmememiz gerektiğini hatırlamalıyız. Bu süreçten her geçişimizde, yeni ıslahlardan geçtiğimiz bize hatırlatılmalıdır ve bu ıslahlar Yaradan bunları bir araya getirene dek birikirler.

Yaradan'dan uzak olmamızdan kaynaklanan tüm bu negatif hislerimiz, maneviyat yolundaki tatminsizliğimiz, bir çok kör düğüm koşuldan şikâyetçi olmamız – bunların hepsini Yaradan'ı hissedene ve O'ndan yayılan hazlara layık olabilmek için gerekli dereceye kadar yaşarız. İşte o zaman "gözyaşlarının kapıları" sonuna kadar açılır ve ancak o kapıdan geçerek Yaradan'ın malikânesine girebiliriz.

Egomuzun güçlü tepkisi ve inatçılığı altında boğulsak bile, Yaradan'ın bize egomuzla mücadele edip başa çıkabilmemiz için yeterince güç vermediğine ya da kendimizin yetenekten, sabırdan, ılımlılıktan ve akıldan yoksun olduğumuza inanmamalıyız. Ne de Yaradan bize kendimizi ıslah etmek için gerekli koşulları vermedi ve bu yüzden ıslah olamadık ve bizim yerimizde bir başkası olsaydı bunu becerebilirdi diye düşünüp kederlenmemeliyiz.

Ayrıca bize gelen tüm bu acıların daha önce işlediğimiz günahlardan, ya da daha önceki hayatımızda yaptıklarımızdan kaynaklandığını, ya da bunun "bizim kaderimiz" olduğuna inanmamız, böyle bir karara varmamız kesinlikle yanlıştır. Ayrıca, ümidimizi yitirmek ve hiçbir şey yapmamak da kesinlikle yanlıştır, zira sahip olduğumuz vasıfları asgari seviyede ve minimum gücümüzle doğru bir şekilde kullansak gayet başarılı olabiliriz.

Yaradan'ın bize verdiği her niteliğe, en aşağılık olanlara bile, bugün ya da gelecekte amacımızı gerçekleştirmek için

ihtiyacımız olacak: Ruhumuzu ıslah etmek için. Bu süreç bir tohum ekmeye benzer. Eğer verimli bir toprağa ekilir ve iyi bakılırsa tohum filizlenir, büyür ve meyvesini verir. Dolayısıyla, hem iyi bir rehbere hem de iyi bir toprağa (çevreye) ihtiyacımız vardır ki tüm niteliklerimiz her bir diğer niteliğimizle birleşerek uygun bir ilişki yaratmak için gelişip dengelensinler ve böylece temel amacımıza ulaşmamızda bize yardımcı olabilsinler.

İçimizde uyanan tüm sorular Yaradan tarafından gönderilir ve O bizden doğru cevabı bekler. "Ne için?", "Bundan bana ne fayda gelecek?" gibi bedenin ve aklın sorduğu egoistçe soruların tek bir cevabı vardır, bedenin anlamadığı tek bir cevap: "Yaradan'a bu şekilde ulaşmam O'nun Arzusu."

Kabala'da bahsi geçen tüm dünyalar ve verdiği nasihatler sadece bir tek konuyla ilgilidir: Yaradan'a nasıl ulaşıp O'nunla nasıl bütünleşeceğimiz. Tüm eksikliklerimiz Yaradan'ın yüceliğini hissetmek için yeterli olmayışımızdan kaynaklanmaktadır. O'na yakınlaşmayı henüz arzulamaya başlamışken şimdiden O'nu hislerimizde yaşamak istiyoruz.

Ancak bu, Yaradan'ın Işığını geri çevirecek bir perdeye (Masah) sahip olmadan mümkün değildir. İhsan etme kaplarımız (arzularımız) olmadığı sürece bu böyle gider. Ve ihsan etme niteliklerine sahip olmadığımız sürece, Yaradan'ın hissini sadece çok uzaktan alabiliriz, buna "saran Işık" denir ve Yaradan'ın niteliklerinden uzak olanlara uzaktan yansır.

Saran Işık her zaman perde vasıtasıyla edinilen iç Işıktan daha fazladır, tabii kişinin belli özgecil niteliklere sahip olduğunu düşünürsek. Saran Işık Yaradan'ın Kendisidir, iç Işık (ruh) ise sadece niteliklerini belli bir ölçüye kadar düzelttikten sonra kişinin edinebileceği Yaradan'ın "parçasıdır".

Peki, henüz kendimizi o ihtiyaç duyulan asgari seviyede düzeltmeden Yaradan'ın Işığını nasıl algılayabiliriz? Bunun cevabı çok basittir: sadece Saran Işığın yansıma gücünü artırarak. Başka bir deyişle, Yaradan'ı daima tüm varoluşun ve olanların kaynağı olarak hissetmeyi arzulayarak, O'nun yüceliğini ve önemini gözümüzde artırarak gerçekleştirebiliriz.

Başımıza gelen her şeyin Yaradan tarafından yapıldığını ve öyle ki tüm evrende O'ndan başkasının olmadığını anlamalıyız. Tüm çabamız bu yönde yoğunlaşmalı: tüm olanların bir tesadüf, şans, kader ya da daha önce yaptığımız bir şeyden kaynaklandığını veya başkalarının iradesiyle bir şeyin olabileceğini düşünmemeliyiz. Sadece Yaradan'ı unutmamak için çaba sarf etmeliyiz.

Hiçbir koşul altında kutsal kitaplarda yazılan hiçbir bölüm ya da kelimeyi kendi algıladığımız şekilde yorumlayıp anlatılanları bizim dünyamızdaki olaylara benzetmemeliyiz.

Örneğin, daha önceki kitaplarımda yazdığım gibi, Hz Musa'nın kitaplarında bahsi geçen "kötü Lavan" Yaradan'ın tüm Işığıyla dolan En Üst derecedeki bir ruhu ifade etmektedir. "Firavun" ise bütünüyle egoizmimizin sembolüdür.

Bu kitaplardan bir başka örnek daha bulabiliriz, şöyle bir hikâyeden bahseder; Ptahia adında bir kişi şehre geldi ve etrafına boş insanlar topladı ve hep beraber çöle gittiler. Ptahia adı "liftoah" (açmak) fiilinden türemiştir – yani insanların gözlerini açan kişi anlamındadır.

Tüm "boş" insanları topladı – "hayatında bir boşluk hisseden insanları". "Onları şehirden aldı ve çöle götürdü"

– hayatlarındaki kuraklığı onlara gösterdi, şöyle yazdığı gibi; "Leh aharay ba midbar".

Yaradan "Leh" (git) der, "Aharay ba midbar" (arkamdan çöle) – şöyle ki, yaşamlarımız içsellikten (manevi algıdan) mahrumken bir damla suyu olmayan çöl gibidir ve boşluktan kurtuluşun bir damla hissi sizlere "yorgun ruhlarınız için serin bir pınar" gibi görünecektir.

Bir başka örneği Mısır sürgününde görebiliriz, Firavunun manevi tutsaklığından – egoizmimizden kaçış hikâyesi vardır. "Firavun öldü" – kişi en sonunda egoizmin kendisi için iyi olmadığını görür, kendisini öldürdüğünü ve hayatı boyunca egoizmine hizmet etmekte olduğunu görür. Şimdi bu "prensip" kişinin gözlerinde "ölür." Kişi egoizminin tek düşmanı olduğunu görmeden önce, Mısır'da (bedensel arzularının içerisinde yaşadığı hayat) hayatı güzeldi. Hatta daha sonra bile, bazen kişi (manevi çalışmada düşüş yaşarken) Mısır'da sahip olduğu "tabak dolusu et ve ekmeği" yani kişisel egoizmine hizmet eden şeyleri ister.

Firavun (kişinin kalbindeki egoizm), Mısır'ın Kralı (kişinin tüm düşünce ve arzularının yöneticisi) hayatta olduğu sürece kişinin iradesine karşı insanın tüm arzularının ve eylemlerinin ne olması gerektiğini o emreder. Böyle bir kişi için "Mısır sürgününde (tutsak)" denir, yani çeşitli egoist arzularının esiridir (Mısır kelimesi, Mitsraym "Mits" ve "Ra" kelimelerinden gelir – kötülüğün yoğun olduğu yer anlamındadır).

Bizi yöneten doğamızın kötü olduğunu anlamamız mümkün değildir. Bu koşul Yaradan bizim için iyiliği yaratmadan öncedir, şöyle der; "Firavun öldü!". Yaradan bize bu hayat tecrübelerini egoizmin düşmanımız olduğunu anlamamız için verir. Ancak o zaman kötülüğün bu sembolü ölür ve daha önce yaşadığımız, bir hiç için çalıştığımız hayatı, artık yaşayamayacağımızı hissederiz.

Ve şöyle yazar; "ve onlar ettikleri hizmetten dolayı şikâyet edip haykırdılar" – ve bunu, egoist bir çıkar olmadan en küçük bir şeyi yapamadıklarını, henüz manevi edinimleri ve özgecil bir doğaları olmadıklarını gördükten sonra yaptılar.

"Ve çabalarından haykırışları Allah'a yükseldi ve Allah seslerini duydu" – kişi sadece ruhunun en derinliklerinden haykırırsa yakarışı duyulur ve bu kişi sabrının ve ıstırabının had safhasına geldikten sonra mümkün olur. Yaradan ancak o zaman yardım eder ve bu yardım kişiye en beklenmedik zamanda gelir. Kişi hiçbir zaman hangi gözyaşının son gözyaşı olacağını önceden tahmin edemez; her gözyaşı sanki son gözyaşıymış gibi dökülmelidir. Ve, Yaradan'ın yardımına gelince; kişinin hiç beklemediği bir anda ve her zaman birden olur!

Birçok kişi tarafından Zohar Kitabı'nın Kabala'yı temel almış dünyevi ahlaktan bahsettiği düşünülür, zira kullandığı dil emir dilidir ve kişinin ne yapması gerektiğini yazar. İnsanların manevi konuları içeren Zohar Kitabı'na bu şekilde yaklaşmaları, kitabın gizemli sırrının özünü inkâr etmeye teşebbüs etmektir.

Zohar Kitabı'nın yazarları bu kitapta sadece manevi dünyaların oluşumu ve işleyişini yazmışlar ve bunu özellikle eğitsel ve hukuki bir dille aktarmışlardır. Bu, okuyucunun aklında manevi ilmin, Kabala'nın, amacının ilmin kendisi değil sadece "ilmin dağıtıcısı" olduğuna ilişkin hiçbir tereddüt bırakmamak için böyle tasarlanmıştır. Zira manevi bir ilim olan Kabala'nın ve manevi yasaların temel amacı, Yaradan ihtiyacımızı oluşturmak ve ruhun nitelikleriyle O'na yakınlaşma arzusunu geliştirmektir.

Michael Laitman

Üst Dünyaları Edinmek

Manevi dünyaya girebilmek için Yaradan'a yönelik yolumuzda karşılaştığımız tüm engeller aslında Yaradan'a, manevi kapılara yaklaştığımızın işaretidir. Çünkü, Yaradan'a, manevi dünyanın varlığını hiç düşünmediğimiz veya bunu deneyimlemeyi arzulayamadığımız bir koşuldan daha uzak bir mesafe yoktur.

Manevi dünyadan uzak olduğumuzu hissettiğimiz zaman, Yaradan aslında içinde bulunduğumuz gerçek koşulun bilincine varmamızı sağlamaktadır, bu şekilde O'na yakınlaşmak için içimizde bir arzu oluşturur. Eğer bu, Yaradan'a uzak olduğumuz hisleri içimizde uyandırılmasaydı, O'na yaklaşabilmek için hiçbir olanağımız olmazdı.

Dolayısıyla, bu uzaklık hissi gerçekte yakınlaşmaya başlamanın işaretidir. Ve kişinin Yaradan'a doğru ilerlemesi tüm yolu boyunca bu şekilde devam eder: sürekli bir sürü engelle karşılaşırız. Gerçekte bu engeller Yaradan'ın bizi, kızgınlık, koşullarımızdan duyulan tatminsizlik gibi hislerle uyandırarak O'ndan bunları değiştirmesi için yardım talep etmemizi sağlamaktan başka bir şey değildir.

Yaradan'a yakınlaşma yolunda aştığımız tüm engeller uzaklık hissi içerisindeki yolumuza alışmamız, egoistliğimizi ve O'ndan farklılığımızı görmemiz için gereklidir. Yine de bu hisler yaptıklarımızı değiştirmemelidir. Tersine, bu yeni ifşa olan hislerin içinde bulunduğumuz gerçek durumu gösterdiğini ve o anda bilincinde olmamamıza rağmen, bir önceki halimizin şu an içinde bulunduğumuz halden daha da iyi olmadığını idrak etmeliyiz.

Ve bu şekilde kişi devam eder, durumumuzla ilgili kişisel endişelerimize odaklanmayı bir tarafa bırakmalı ve tüm düşüncelerimizi ve arzularımızı sadece tek bir arzuyla, Yaradan'ın bizlerle nasıl ilgilendiğiyle değiştirmeliyiz. Bu arzu tüm yaptıklarımızı ve düşüncelerimizi yönetmelidir. Ve yaratılışın nihai amacına ulaşmak için manevi kuralları uygulayarak Kabala çalışırsak, o zaman Yaradan'ın hepimizin içinde neyi görmek istediği açıklık kazanır. İşte o zaman tüm manevi yasalar Yaradan ile bütünleşmek için bir araç olur.

Tüm yaptıklarımızı ve düşüncelerimizi Yaradan'ın arzularıyla ölçmeye başlayana dek, tüm eylemlerimizi kendi iradeleriyle bizi etkileyen diğer insanlara göre ölçüyoruz ve bu şekilde düşünce ve davranışlarımızı tanımlıyoruz. Hiçbir zaman kendi başımıza hareket edecek özgürlüğümüz yok.

Ya eylemlerimizi ve hareketlerimizi belirleyen başkalarından etkileniriz ya da düşüncelerimiz ve davranışlarımız Yaradan'ın iradesiyle yönlendirilir. Asla tam anlamıyla özgür hareket edemeyiz. Yaradan'ın bizlerden gizliliği bizim iyiliğimiz içindir.

Tıpkı dünyada net olarak görüp inceleyemediğimiz her şeyin, net olarak anladığımız bir şeyden daha çok ilgimizi çektiği gibi, manevi dünyanın örtülü olması da bizi, manevi dünyayı anlamayı edinme arzumuzu artırmaya zorlamak için şarttır.

Gerçek anlamıyla hiçbir zaman Yaradan'ın ve O'nu kısmen ifşa eden manevi dünyaların yüceliğini anlayamayız. Ancak tam olarak da bu gizlilik nedeniyle ya da Yaradan'ın bize verdiği gizlilik ve mesafe hissinin ölçüsüne göre, içimizde Yaradan'ı hissetme ve buna ek olarak da gizli olanı anlama arzusunun önemi uyanır.

Diğer taraftan, gizliliğin boyutu ifşa etmek isteyen kişinin ihtiyacı ile tayin edilir. Yani kişi, özlemle edinmek istediği

şeyden uzaklaştırılmış olduğu hissine varana dek, yavaş yavaş kendisinden gizli olana ulaşmanın ne kadar önemli olduğunun farkına varır.

Gizli olanı Kabala vasıtasıyla edinme yolu bu dünyada hiçbir deneyime benzemez. Mesela, kişisel gurur insanın egosunu doldurur ve sonuç itibariyle ruhuna büyük zarar verir. Bu zararın boyutu o kadar büyük kabul edilir ki edinmiş ve çok büyük ün kazanmış erdemli kişiler, bu itibarı Yaradan'dan kendilerine gelen bir ceza olarak kabul ederler.

Öteki taraftan da, manevi seviyelerinin en ufak zerresini bile ceza olarak görmemeleri için Yaradan'ın korumak istediği büyük kişiler vardır. Yaradan bu insanlara sadece onları dinleyenleri değil kendisinden nefret edenleri, kıskananları, görüşlerine karşı çıkanları ve her an çamur atmayı bekleyen kişileri de gönderir. Böylece Yaradan bu yüce insanlara verilen itibar ve gururu, düşmanlarının ellerinden çektikleriyle dengeler.

Henüz manevi dünyaya geçmemiş ve manevi güç ve arzuyu algılamamış bir kişinin, düşünce ve eylemlerini doğru yönde muhafaza etmesi zordur. Tam tersine, manevi gücü almış ve manevi dünyaya girmiş bir kişinin manevi dünyaların doğasıyla uyum içinde hareket etmesi son derece doğal ve kolaydır, dolayısıyla bu kişi daha yüce bir doğa edinir.

Manevi düşüş anında, önceki manevi edinimler kaybolur. Yaradan'la bütünleşmek ve O'na hizmet etmek arzusu, kişinin kendi içindeki savaşı sürdürüp sadece manevi yükselişte kalma arzusu – bunların hepsi birden yok olur. Manevi edinimlerin anısı ve hatta manen yükselme arzusunun var olabileceği bilinci bile kaybolur.

Eğer gerçekten bunlar var ise, o zaman kişi bir yandan kendisini bu dünyanın bir çok değersiz ve fani hazlarına

karşı korurken bir yandan da manevi arzuların sadece yüce düşüncelerle sürdürülebileceğini hisseder. Ancak sıradan insanların çoğu, ki kişi manevi düşüşte onlardanmış gibi hisseder, manevi özlemlerin dışında dünyevi endişeler ve amaçlar içerisindedir.

Ve kişi kendisine sorar; benim gibi basit bir insan, bırakın Yaradan'la bütünleşmeyi, O'nunla bir bağı olabileceğini bile nasıl hayal edilebilir ki? Böyle bir şeyin olasılığı bile uzak ve saçma gelir.

Böyle anlar için şöyle yazılmıştır: "Yaradan'ın yüceliğini bulduğunuz yerde O'nun mütevazılığını da bulursunuz," zira O her bir insana O'nunla bütünleşme fırsatını verir. Aradan biraz zaman geçtikten sonra, düşüşten kalkıp tekrar hızla yükselişe geçenler, moralinin kötü olduğu bu anı hiç unutmamalı ki Yaradan'la bütünleşmeyi arzulamanın o yüce manevi halin ve kendisine verilen bu kişisel hediyenin gerçek değerini bilsinler.

Bu durumda, bir daha manevi düşüş geçirmek için bir neden olmaz çünkü kişi kendi üzerinde sürekli çalıştıkça, inancını mantığının üzerine çıkardıkça, öğrendikçe ve sıraya koyduğu hareketlerini ve düşüncelerini gözlemledikçe aşamalı bir manevi yükseliş için manevi algı geliştirir.

Manevi Yol

Manevi ilerlemenin tercih edilen yolu Kabala yoludur. Istırap yolu sadece mükemmelliğe ulaşmamız için bizi harekete geçirecek başka hiçbir yol kalmamışsa kapıda bekler. Daha önce de bahsettiğimiz gibi, Kabala her birimize manevi gelişimimize yönelik gerekli arzuları oluşturmak için Yukarıdan verilen bir fırsattır ve manevi yükseliş ve

düşüşlerle Işığın varlığının mutluluk ve eksikliğinin ise ıstırap olduğunu gösterir.

Bu şekilde Işığı, manevi yükselişi ve Yaradan'ı algılamayı arzulamaya başlarız. Üst manevi Işığı önce hissedip sonra kaybetmeden, Işığa arzu duyamayız.

Yaradan tarafından bize gönderilen o ilk Işık ne kadar güçlü ise, daha sonra "geri alındığında" tekrar o Işığı alma arzumuz o kadar büyük olur. Bu manevi edinim yoluna Hz. İbrahim'den günümüze kadar gelen, Kabala yöntemi denir, yani Işığın yolu. Ancak buna karşılık bir de ıstırabın yolu vardır, bu yol kişinin kaybettiği o hazzı tekrar bulmak arzusuyla giriştiği bir arayış değildir, tersine sürekli dayanılmaz acılardan kaçmak isteyip de kaçamadığı bir yoldur.

Kabala yöntemi ile kurtuluşun yaşamsal kaynağı olarak o manevi Işıkla tekrar dolma arzusu uyanır. Her iki yol da aynı kapıya çıkar; ancak bir tanesi önümüzde görünen mutluluk ve mükemmellik ile, diğeri ise acıdan kaçmaya teşvik eden iteklemelerle.

İnsanın dış faktörleri ve içsel hislerini inceleyebilmesi için iki tür algı verilir: kalp tarafından algılanan acı ve tatlı ve aklın algıladığı doğru ve yanlış.

Manevi edinim kalp tarafından değerli bulunmaz zira kalbin gerçek doğasına tümüyle zıttır ve bu nedenden dolayı manevi edinim her zaman acı, kişisel zevkler ise tatlı olarak hissedilir. Bu yüzden kişinin arzularını yeniden yönlendirmesi kalbin yaptığı çalışma olarak bilinir.

Aklımızın çalışma sistemi ise tümüyle farklı bir tabiattır çünkü etrafımızda olanları incelemekte kendi aklımıza ve mantığımıza güvenemeyiz. Böyle bir koşulda, doğal, egoist aklımıza güvenmek zorunda bırakılırız.

Üst Dünyaları Edinmek

Michael Laitman

Bundan kurtulamayız çünkü her birimiz Yaradan tarafından böyle yaratılmışız. İşte bu nedenden dolayı sadece tek bir yol vardır: kişinin çevresinde olanları anlamaya yönelik doğal meylinden tamamen vazgeçmesi ve otantik Kabala kitaplarında manevi yolu anlatan, o yollardan geçerek maneviyatı edinmiş, manevi bilince ulaşmış hocalarımızın yazdıkları tavsiyelere kulak vermesi gerekmektedir.

Eğer Yaradan'ın yardımıyla mantığımızın yerine, inancımız vasıtasıyla ufacık bir inceleme yapabilirsek ve kalbimizle egoizmin kötülüğünü ayırt edebilirsek, o zaman bize anında, hem manevi Işık hem de o dereceye tekabül eden güçten (Perde) oluşan, edinmiş olduğumuz seviyenin manevi anlayışı gönderilir.

Bundan sonra Yaradan egoizmin bize daha önceden gizlenmiş olan bir alt aşamasını ifşa eder, çünkü eğer kendi egoizmimizin tüm derinliğini doğrudan doğruya kavrasaydık, bunu aşacak gücümüz olmazdı ve gördüklerimizden dolayı ümitsizliğe kapılırdık.

Ancak, devasa egomuzun başından beri zaten içimizde olduğunun farkına varmalıyız, sadece gizliydi ve Yaradan bize egomuzu ıslah edecek beceriyi ve gücü verdikçe, o aşama aşama ifşa olur. Bu nedenden dolayı manevi basamaklardan çıkan kişiler, yavaş yavaş "kendi kişisel" mantıklarını aşarlar ve Kabalistleri ve Kabala kitaplarını anlaşılması güç bulurlar ve giderek kafalarının daha da karıştığını hissederler.

Ancak "kendi kişisel" anlayışımızın değerini azalttıkça, bize daha da yüce bir anlayış gönderilir. Sonunda, egoist dünyevi aklımıza sırt dönmekten dolayı aciz kalmak yerine, emsalsiz bir erdemlik sahibi oluruz.

Michael Laitman

Üst Dünyaları Edinmek

Henüz daha yüce bir anlayışa ulaşmamışsak, ya da analiz şeklimizi değiştirmemiş, egoist olmayan düşüncelerin hoşluğunu hissetmeye başlamamışsak, ya da dünyevi doğamızla kuşatılmış inancın doğruluğunu aklın yalanıyla kıyaslamaya başlamamışsak, analiz şeklimizi değiştirmek yoluyla kullanacağımız bu yöntem vasıtasıyla, öğretmenlerimizin her alandaki tavsiyelerini de uygulayarak yine de ilerleyebiliriz.

İşte burada bilgelerimizin nasihatleri vardır: Kalbin ve aklın gerçek manevi algısına sahip sadece tek bir Kabalist (gerçek manevi edinimi olan kişi), tüm insanoğlunu peşinden sürükleyebilir ve her insan yaratılışın amacına ıstırapla değil rahat ve acısız olarak içselliği, ihsan etmeyi çalışarak ulaşabilir ve Kabala yöntemi sadece bunun içindir!

Öteki taraftan da, bu yolda ilerlemesi için ilk seçilenler, Yaradan'ın ilk olarak tüm hesapları hallettiği ve en çok talepte bulunduğu kişiler, eğer Yaradan'ın yüce amacını ya da yaratılışı nasıl tasarladığını anlamayanları liderleri olarak seçerlerse talihsizlikler ve sürekli başarısızlıklar bizimle olur.

Sadece savaşlar, büyük afetler veya talihsizlikler zamanında, problemlerimiz çözülemeyecekmiş gibi göründüğü zaman, Yaradan'ın rolünü ve yardımını açıkça görebiliyoruz. Ancak bu tür koşullar sadece kendimizi kritik olayların içerisinde bulduğumuzda olur, zira Yaradan'ın İlahi Takdirini anlamak için manevi bir ilim olan Kabala'nın erdemliğini edinmeyi ve onu kullanmayı önceden reddederiz.

Neden insanlar etraflarındaki bariz olmayan güçleri algılayacak ve ayrıca olayların doğasını sağduyu ve mantıkla kavrayacak farklı kapasitelerle yaratılmışlardır? Peki kişinin dahiler gibi, ya da derin düşünce ya da hislere sahip insanlar gibi yaratılmamasının suçu kimde? Neden doğduğumuzda Yaradan hepimize eşit olmayan akli ve hissi arzular ve vasıflar veriyor?

Büyük arzularla doğan, kalpleri büyük, keskin bir zekâsı olan insanlar vardır, kutsal kitaplarda bu insanlara "akıllılar" denir zira En Üst düzey anlayışı edinmeye muktedirlerdir. Diğer taraftan, sınırlı bir zekâ ve manevi kapasitesi olan kişiler için kutsal kitaplarda "aptallar" diye bahsedilir. Ancak her ruhun bu dünyaya "inmekte" kendisine ait özel bir amacı olduğundan hiç kimse doğuştan kendisine verilen vasıflardan utanmamalıdır.

Ne de kötü düşüncelerimizden utanmalıyız zira onlar da bize Yaradan tarafından gönderilir. Ancak elimizden geldiğince, onlarla mücadele etsek de, körü körüne izlesek de, kendimizi ıslah etsek de, her birimiz doğmuş olduğumuz kapasiteye göre ve kendimizi ıslah etmek için ne yaptığımıza göre kötü düşüncelere dikkat edip nasıl tepki gösterdiğimizin bilincinde olmalıyız.

Her birimizin utanması gereken ve Yaradan'a cevap vermek zorunda olduğu şey budur. Ama yine de, aptal bir insan nasıl manevi yüksekliklere çıkabilir ki? Yaradan dedi ki: "İrfan sahibi olanları ve aptalları yarattım. Her neslin içerisine irfan sahibi olanlardan koydum ki aptallara yardım etsinler, ve onlar da kalplerini yükselmekte olanlara bağlayarak Benimle mutlak bütünlüğü edinebilirler."

Peki ama neden bu dünyada aptallara ihtiyaç var ki? Dünyadaki birkaç irfan sahibi insana kıyasla milyarlarca aptal var!

Bunun nedeni her manevi niteliğin kendi farklı bir taşıyıcısına ihtiyacı olmasıdır. Sınırlı manevi kapasiteleri olan kişiler egoizmin taşıyıcılarıdır. Diğer taraftan,

erdemli olan, Yaradan'a hizmette sonsuzca yükselmeyi arzulayanlar, egoist niteliklerini ıslah etmiş olduklarından, aptalların egoizmleri üzerinde çalışmalarına yardım etmek durumundadırlar.

Yükselmeye devam edebilmek için, erdemli kişi sürekli "dışsal" egoizmi içine alıp ıslah etmelidir. Dolayısıyla, hem erdemli hem de aptalın bir birlerine ihtiyacı vardır. Ancak kitleler irfan sahibi birisine sadece basit ve geçici dünyevi arzulardan oluşan değersiz egoizmlerini verebilir, dolayısıyla dünyadaki her erdemli için milyarlarca aptal vardır.

Yine de, aptal olanlar irfan sahibi olanların tavsiyeleriyle hareket ederler ve bilinçli olarak erdemli kişilerin her yaptığını öğrenirlerse, elbette herkes yaratılışının amacı olan Yaradan'la mutlak bütünleşmeye gelebilir.

İhsan etmeyi egoizmin üzerine çıkarma çalışması kalpte olmasına rağmen, inancı aklın zorlamalarının üzerine çıkarmak zihinle olur. Bu iki koşul da kişinin kendisine doğuştan verilen zekâyı ve kişisel sevgisini reddetmesiyle olur.

Zira ihsansal değerlere yönelik çalıştığımızda bile, kişi hâlâ kime verdiğini ve çabasının meyvesini kimin aldığını bilmek ve görmek ister – ve böyle bir durumda kişinin Yaradan'ın varlığına inancından ve Yaradan'ın kişinin çabasının meyvelerini kabul edeceğine inancından başka hiçbir şeyi yoktur.

Bu noktada Yaradan'ın tekliği olgusunu "O'ndan başkası yok" prensibiyle ahenk içinde buluruz. Bizi belli bir düşünce çizgisine getiren yani bir takım kararlar ve çözümlere yönlendiren her hissin ve aklımızla algıladığımız her şeyin Yaradan tarafından gönderildiğini fark etmeliyiz.

Üst Dünyaları Edinmek — Michael Laitman

Ancak yukarıda anlatılanların hepsinin doğruluğunu kabul ettikten sonra, gelişen tüm olaylara karşı doğru bir yaklaşım edinebilir ve ondan sonra arzu ve düşüncelerimizi Yaradan'ın tasarımına uygun bir hale getirmek için ıslah edebiliriz.

Kabala kendi bütünlüğü içerisinde her yönüyle Yaradan'a ve O'nun yaptıklarına odaklanmaktadır. Bu nedenden dolayı Kabala Yaradan'ın isimleriyle adlandırılır. Tıpkı bir insanın adının tanımıyla ilişkilendirilmesi gibi, Kabala ilminde kullanılan her kelime Yaradan'ın adlarından biridir, zira Yaradan'ın yaptıklarını ve her an bizlere gönderdiği şeylere işaret etmektedir.

Kabala ilmi insanın, Yaradan'ın içine egoizm vererek kendisinden uzaklaştırdığı bir parçası olduğundan bahseder. Bu yüzden insanın ruhu iki ayrı ve birbirine zıt parçadan oluşur. Bunların ilki kutsal olan parçadır ve (bazılarımızda) Yaradan'ı algılama arzusu olarak kendisini ifade eder, insanlar bu arzuyu hissettiklerinde kendilerini içsel olarak dolduracak manevi bir şeyin arayışına girerler. Aynı zamanda etrafımızdakilerin peşlerinden koştukları hazlar manevi doyum arayışındaki kişileri tatmin etmemeye başlar.

Ruhun ikinci kısmı ise insanların son noktasına kadar hissettikleri egoist doğalarıdır: her şeye sahip olmak, her şeyi bilmek, her şeyi yapmak, tüm yaptıklarının sonucunu görmek, yani kişi etrafındaki her şeyde "kendisinin" bir parçasını görmek ister. Ruhun egoist olan kısmı yaratılan tek şeydir, zira ihsan eden kısım Yaradan'ın Kendisine ait bir parçadır. O, Kendi içinden, Kendisine ait bir arzuyu alıp yerine egoizmi verdi ve böylelikle O'na ait olan bu parçayı

Kendisinden uzaklaştırdı ve bir ruh oluştu, O'ndan ayrı bir varlık.

Yaratılan bir varlık olarak varsayılmasının tek nedeni yeni bir parça barındırdığı içindir, yani benliğini (egoizm), daha önce var olmayan bir nitelik, zira Yaradan'da böyle bir niteliğin benzeri bile yoktur. Kabala ilmi, hem Yaradan'ın bir parçasından hem de "her şeyi kendi için almak isteyen" bu yeni yaratılmış egoist hissin parçasından oluşan ruh anlayışı ile ilgilenir. Kutsal kitaplarda bedenlerden değil ruhtan bahsedilir, çünkü beden et ve kemikten oluşur ve tıpkı bir hayvanın eti ve kemiği gibidir ve sonu da dünyevi elementlerin içinde çürümektir.

Bizler kendimizi bir beden olarak hissediyoruz çünkü ruhumuzu algılayamıyoruz. Ancak ruhumuzu algılamaya başladıkça bedenselliğimizi algılayışımız, onun arzularının ve acılarının hissi, azalmaya başlar çünkü ruh giderek kendisini daha fazla baskın kılar. Manevi yolda daha da ilerlediğimiz zaman bedensel arzularımızı tümden hissetmemeye başlarız çünkü sadece ruha önem veririz – yani Yaradan'ın içimizdeki parçasına. Dolayısıyla, "beden" artık et ve kemiğin arzularından ziyade manevi arzuları temsil etmeye başlar çünkü fiziksel arzular artık neredeyse hissedilmez.

Kutsal kitaplar fiziksel bedenlerimizden bahsetmez, yani et ve kemik yığınından, tersine, bahsedilen ruhun iki arzusudur – Yaradan'ı algılamak ve O'nunla bütünleşmek isteyen ilahi parçanın arzusu ve kişisel zevk ve doyuma ve Yaradan yerine kendisini algılamaya yönelik olan egoist parçanın arzusu.

Kabala'da bu iki arzuya da "beden" denir. Şu şekilde anlamlanır: Hem egoist hem de fiziksel beden yani dünyevi bedenimiz, zira sadece bizim dünyamızda egoizm niteliği vardır; ya da manevi beden çünkü özgecil arzular Yaradan'ın arzularıdır ve manevi dünyaların niteliğidir.

Tüm anlatılanlarda, kutsal kitaplar ruhumuzun farklı koşullar altında ve etkisinde neler yaşadığını anlatmaktadır. Aynı zamanda arzularımızla da ilgilenir; Yaradan'ın arzularımızı nasıl değiştirdiğine ve yolumuz üzerinde her birimizin nasıl arzularımızı değiştirebileceğine, ya da aslında Yaradan'dan arzularımızı değiştirmesini nasıl talep edeceğimize odaklanır, zira biz kendi arzularımızı değiştirebilecek vasıflara sahip değiliz.

Manevi çalışmaya yeni gelen bir kişinin esas boy ölçüştüğü şey iradesiyle tutunmak ve tüm düşünce ve arzularının çokluğuna rağmen, bunların tamamının Yaradan tarafından kendisine gönderildiği gerçeğine odaklanmaktır; bunca farklı ve bazen de aşağılık, bütün bu düşünceler ve arzular Yaradan tarafından gönderilir.

Yaradan'ın bu şekilde davranmasının nedeni tüm engellere karşın, bütün bu düşünce ve arzuların Yaradan'dan geldiğine inancını korumak suretiyle kişinin Yaradan'la arasındaki bağı ısrarla el üstünde tutmaya devam etmesi içindir. Dolayısıyla, bu düşünce ve arzularla mücadele etmek her şeyin Yaradan'dan geldiği kavramına olan inancımızı güçlendirir.

Kendi içimizde bu inancı güçlendirdikçe öyle bir seviyeye ulaşırız ki Yaradan tarafından gönderilen engellerin giderek artmasına rağmen bu his bizi hiç bırakmaz. Zaten bütün bunlar bu hissiyatı daha da güçlendirmek içindir.

Sonra da, Yaradan'ın aynı anda her yerde olduğuna sabit inancımız O'nun varlığının içimizde olduğu hissiyle bütünleşir ve Yaradan içimizde "giydirilmiş" olur ve bu

şekilde tüm düşünce ve arzularımızı tayin eder. Bu noktada O'nun parçası haline geliriz.

Yaradan'ı algılayabilmemiz için Yaradan'dan uzaklaştırıldığımız hissinin tam olarak ihtiyacımız olan tek araç olduğunu anlamamız gerekmektedir. Kabala ilminde bu iki his kap (Kli) ve Işık (Or) olarak bilinir. Bunların birincisi Yaradan'ı edinme arzusudur, bu koşul yaşadığımız engeller (düşünceler ve arzular) vasıtasıyla aşama aşama içimizde doğar.

Bu engeller bizi kasıtlı olarak Yaradan'a ve O'nun tekliğine yönelik düşüncelerden uzaklaştırır ve irade gücümüzü kullanmak suretiyle Yaradan'ı düşünmemiz inancımızın gücünü artırır.

Işığın kendisi bizim Yaradan'ı algılama arzumuza cevaptır. Yaradan kendisini kişinin bu arzusuyla giydirdiği zaman Işık kaba girer ve manevi gelişimin aşamaları kişinin maneviyat arzusu, Yaradan'ı algılama arzusu, kendisini Işığın etkisi altında keşfetme ihtiyacı, yoğun yaşam hissi, manevi hislere yakınlık duymaktan kaynaklanan ilham ve bütünlük hissinin uyanması ile başlar.

Ancak yine o dönemde kişiye konuyla ilgisi olmayan düşünceler gelir. Bunların etkisiyle kişi edindiği seviyeden tekrar sıradan arzu ve düşüncelerin içine düşer. Ve bir süre sonra, kişi tekrar içine düştüğü bu geçici ve önemsiz düşünce ve arzulardan pişmanlık duymaya başlar.

Bu da sonrasında kişinin kendisine ve hatta bazen de Yaradan'a karşı kızgınlık duymasına sebep olur, zira kişinin maneviyattan uzaklaşmasına sebep olan o düşünce ve arzuları Yaradan yollamıştır. Kişi manevi halinden duyduğu acı hissine karşılık olarak Yukarıdan Işığı, O'na yakınlaşma hissini alır.

Üst Dünyaları Edinmek — Michael Laitman

Ve sonra o korunma, özgüven, kişinin ebediyete yakınlaştığında hissettiği sonsuzluk ve Yaradan'ın kendisine aktardığı mükemmellik hisleri, yani Yaradan hissi, her şeyi terk etme arzusu doğurur. O andan itibaren eski düşüncelerin tüm utancı ve tüm dünyevi korkular yok olur.

Kişi, ruhu Yaradan'ın bir parçası olarak ve de dolayısıyla ölümsüz hissettiğinde; Yaradan'la her konuda hemfikir olup O'nu yaratılanlara yaptığı her şeyde haklı gördüğünde; ve kendi aklını reddedip Yaradan'ı izlemeye hazır olduğunda Yaradan'ın Işığı ile dolar ve manevi idrakin gönüllü bir hizmetkârı olur.

Ancak belli bir süre sonra kişiye tekrar alakasız düşünceler gelir. Ve böylece kişiye gelen birçok rahatsız edici düşünce ve manevi yükseliş döngüsünden sonra kişinin içinde değişmeyen manevi yükselme ihtiyacı doğar ve sonunda kişi içine Yaradan'ın Işığının sonsuz varoluşunu alır.

Kabalist Baruh bir gün dedesi olan Baal Şem Tov'a şöyle sordu: "Bilinir ki eski nesillerde ve çağlarda Yaradan'ı hissetmek isteyen insanlar kendilerini sürekli bir çok şeyden kısıtlıyorlardı ama siz bunu, "her kim kendisini bilerek mahrum kılarsa manevi yasaları alçaltır ve bundan sorumlu tutulmalıdır" deyişine istinaden kaldırdınız. Peki o zaman manevi çalışmada kişinin kendi üzerinde yapması gereken en önemli şey nedir?" Baal Şem Tov şöyle cevap verir: "Bu dünyaya başka bir yolun olduğunu göstermek için geldim, insan üç şeyi iyice öğrenmek için çaba sarf etmelidir; Allah sevgisi, insan sevgisi ve maneviyat sevgisi. O zaman gönüllü mahrumiyete gerek kalmaz."

Yaradan'a teşekkür edebilme niteliği Yaradan tarafından ihsan edilen bir iyiliktir. Yaradan'ın iyilikseverliği bizim

O'nu sevebileceğimiz gerçeğindedir. O'nun gücü ise O'ndan korkabileceğimiz gerçeğindedir. Öyleyse hangi nedenden dolayı Yaradan'a yaklaşmak isteyen ve belli bir ölçüde O'na yaklaştığını hisseden bir kişi, kendisini birden uzak hisseder?

Baal Şem Tov bu soruya şu şekilde cevap vermektedir: "Bu, bir bebeğe yürümeyi öğretmek gibidir; çocuğa destek olunduğunda babasına doğru birkaç adım atar, ancak babası, çocuğunun kendi başına yürümesini arzuladığından çocuk kendi başına yürümeyi öğrenene kadar uzaklaşır."

Baal Şem Tov şöyle dedi: "Kişinin kendisi üzerinde çalışması egoizmiyle verdiği sürekli bir mücadeledir, kişinin son nefesine kadar defalarca verdiği bu mücadele Yaradan'ı egoizminin yerine yerleştirmesiyle son bulmalıdır."

"Yaradan, yüce bir Kral gibi sarayının ortasında oturur. Etrafına bir sürü duvar ve engeller inşa etmiştir. Sarayının içerisine de muazzam bir hazine yaymıştır ve her kim bu engelleri aşarsa o kişiye unvanlar ve ayrıcalıklar verir. Bunları Yaradan'dan aldıktan sonra kişi tatmin olur. Ancak tüm bunları geri çevirip sadece Yaradan'la beraber olmak isteyen bir kişi, O'nun yanında var olabilme hakkını kazanır."

Doğada, tohumla filiz arasında geçici bir dönem vardır; şöyle ki, tohumun toprakta tamamen çürümesi ve tümüyle yok olması gerekmektedir. Benzer şekilde, "benliğin" mutlak bir şekilde reddedilmesi safhasına gelmeden yeni manevi doğayı edinemeyiz.

Yaradan, insan "benliğini" yoktan var etti ve bu nedenden dolayı Yaradan'la bütünleşebilmek için "benlik" durumundan "hiçlik" durumuna geri dönmek zorundadır.

Üst Dünyaları Edinmek   Michael Laitman

Dolayısıyla, tamamen çaresizlik durumuna geldiğimiz her seferde görürüz ki her şey "boş ve abesle iştigal." Tam bu noktadan manevi yükselişimizde yeni bir basamak ortaya çıkar, çünkü bu durumda her şeyden vazgeçip, bırakabiliriz.

19. yüz yılın büyük Kabalistlerinden biri olarak bilinen Mezrih'li Magid şu tavsiyeyi verdi: "Manevi çalışmanın 10 kuralı vardır. Bunlardan üç tanesi bir çocuktan öğrenilir ve yedi tanesi de bir hırsızdan öğrenilir."

Çocuk:

1. Nedensiz yere mutlu olabilir,

2. Bir anlığına bile rahat durmaz,

3. İstediği bir şeyi tüm gücüyle talep eder.

Hırsız:

1. Geceleri çalışır,

2. Dün gece edinemediğini bu gece edinmeye çalışır,

3. Dostlarına sadıktır,

4. Hayatını hiç değeri olmayan şeyleri elde etmek için bile tehlikeye sokar,

5. Çaldığına fazla değer vermez ve birkaç kuruşa satar,

6. Cezalandırılsa da yolundan vazgeçmez,

7. Mesleğinin avantajlarını görür ve değiştirmek istemez."

Ve şöyle devam eder: "Her kilidin bir anahtarı vardır, ancak anahtar kilidi açmazsa, cesur bir hırsız kilidi kırar. Yaradan, O'nun evine girmek için kendi kalbini kıranları sever."

Sadece manevi seviyeleri öğrendikten sonra kendimizin bir hiç olduğunu anlarız ve o zaman Yaradan'a boyun eğebiliriz zira O'ndan başka hiçbir şeye ihtiyacımız olmadığını hissederiz: Ne manevi kurtuluşa, ne manevi yükselişe ne de sonsuzluğa.

Manevi düşüşler esnasında, Yaradan Kendisini gizliyormuş gibi görünebilir ve Yaradan'ın varlığına ve İlahi yönetimine inancımızı korumamız zor olur. Ancak gerçekten Yaradan'ın Kendisini gizlediğini hissediyorsak o zaman gerçek anlamıyla O'nun gizliliğini yaşamıyoruz demektir, Yaradan bizden sadece O'na yaklaşmamız için bir adım atmamızı beklemektedir.

Yaradan, "Yer" (HaMakom) olarak bilinir, zira kişi o mekâna özellikle tüm varlığıyla girmelidir ki Yaradan kişiyi sarsın ve O yer insanın içinde yaşadığı bir yer olsun. (Daha önce belirttiğimiz gibi aslında bizler bir Işık okyanusu içerisinde yaşamaktayız ve bu gerçeğin bilincine ulaşmalıyız.)

Dua ettiğimiz zaman, dikkatimizi ve çabamızı neye yönelteceğimizi sürekli kontrol etmeliyiz: Metinlerin okunması ve okuduğumuz belli bir dua kitabındaki metinlerin kati sırasının izlenmesi; isimlerin anlamlarının ve harf kombinasyonlarının derinden incelenmesi; kelimelerin doğru telaffuzu; belli bir dua kitabındaki zihinsel niyetlerin sıralamasına uyulması; ya da en önemlisi – kalbimizin Yaradan'a tutunmaya yönlendirilmesi, çalışmamız sırasında dikkat etmemiz gereken noktalardır.

En önemli şey niyetimizdir: Yaradan'ı algılayabilmek için yapılan dua! Dua eden Yaradan'ın varlığını kabul edendir, ancak O'nu algılayabilmek için dua edenler Yaradan'ı yaşarlar!

Egoizmin Islahı

Tüm manevi kanunların varoluş nedeni bizlerin egoizmimizi aşmamızı sağlamaktır.

Dolayısıyla, "komşunu kendin gibi sev" manevi kanunu Yaradan'la olan bağın doğal bir sonucudur. Yaradan'dan başka hiçbir şey olmadığından, kişi bu algıyı edindikten sonra, tüm yaratılış, bizim dünyamız dâhil her şey Tek Olan, Yaradan algısında bütünleşir.

Şimdi atalarımızın kutsal kitaplar kendilerine gelmeden çok önce tüm manevi kanunlara nasıl uyduklarını anlayabiliriz. Manevi yükselişin sonucu en kötü düşmanımızı ve diğer uluslardaki tüm hasımlarımızı sevmeye başladığımızda ortaya çıkar. Bu yüzden, en büyük manevi çalışma düşmanlarımız için dua etmeyi gerektirir.

Berdihev'li Kabalist İshak, Yaradan'a hizmette doğru yaklaşımı öğretmeye çok büyük çaba harcadığından dolayı çoğu kez saldırıya uğramıştı. Lizhensk'li Kabalist Elimeleh bu haberi aldığında şöyle dedi: "Bunda şaşıracak ne var ki! Bu her zaman olan bir şey! Eğer bu olmasaydı hiçbir millet bizi esir alamazdı." Egoist arzularla mücadelenin iki safhası vardır: Önce bu arzuların peşinden koşarız ve sonra bunlardan kaçmak isteriz ve görürüz ki şimdi bu arzular bizi kovalıyor.

Yaradan'ın Tekliğini inkâr eden kişiler O'nun ve dünyada olup biten her şeyin, her bir kişinin başına gelenler de dahil, tek ve aynı şey olduğunu henüz algılayamayanlardır.

Geçen yüzyılının büyük hocalarından Kabalist Yihiel Mihal çok büyük yoksulluk içinde yaşamıştı. Öğrencileri ona şöyle sordu: "Nasıl olur da ihtiyacınız olan her şeyi verdiğine dair Yaradan'a şükredebilirsiniz?" Kendisi şu cevabı verir: "Bana verdiği her şey için Yaradan'a teşekkür edebilirim

çünkü görünüşe bakılırsa beni Kendisine yakınlaştırmak için fakirliğe ihtiyacım vardı ve bu yüzden de bana bunu verdi."

Yaradan'ın İlahi yönetimini depresyondan daha fazla inkâr eden bir koşul yoktur. Gerçekten de herkes bu koşula farklı bir nedenden dolayı gelir: ıstırap, kişisel çaresizlik hissi, arzulanan bir şeyin eksikliği vs. Hayatta yaşadığı darbelerin gerekliliğini ve onların büyük değerini görmeden, kişinin memnunluk duyması mümkün değildir.

Kişinin tek endişesi, endişesinin nedeni olmalıdır. Kovrin'li Kabalist Musa şöyle yazar: "Kişi çektiği ıstırabı kötü olarak görmemelidir, zira dünyada kötü bir şey yoktur sadece aldığımız ilaç acı, çünkü ilaç hep acıdır."

En ciddi çaba depresyon hissini "iyileştirmek" için olmalıdır çünkü inancın sonucunda mutluluk doğar ve kişi ancak inancını yükseltirse kendisini kederden kurtarabilir. Bu nedenden dolayı hocalarımız şöyle yazar: "Kişi kötülüklere şükretmelidir" ve şu sözleri eklerler: "Ve bunları mutlulukla kabul etmelidir, çünkü dünyada kötülük diye bir şey yoktur!"

Bizler dışımızda kalan şeyleri değil, sadece hissettiklerimizi algıladığımızdan dolayı Yaradan'ı sadece bize yaptıklarının derecesine göre kavrayabiliriz. Dolayısıyla, hislerimizin Yaradan'ın Tekliğini reddetmesi gerekiyor ve özellikle bu şekilde olmasının nedeni sonunda kişinin Yaradan'ın Tekliğini hissedip ifşa edebilmesi içindir.

Son Denizi geçtikten sonra insanlar Yaradan'a inandılar ve şarkı söylediler denir. Sadece inanç kişinin şarkı söylemesine neden olur. Eğer insan kişisel gelişimle kendisini düzeltebileceğini hissediyorsa, Yaradan'ın Tekliğine ve her şeye gücü yettiğine olan inancını sınamalıdır çünkü insanın içinde bir şeyin değişmesi sadece Yaradan vasıtasıyla ve değişim için kişisel duası ile mümkün olabilir.

Üst Dünyaları Edinmek

Michael Laitman

Dünya yaratılanların mutluluğu için yaratıldı denir. Olam (dünya) kelimesi "gizlilik" anlamına gelen He'elem veya Ha'alama kelimelerinden gelir. Kişi, ancak gizlilik ve ifşanın iki zıt koşulunu yaşayarak haz alabilir. Bununla ilgili şöyle yazar, "Sana karşı yardımı yarattım" (Ezer ke-negedo).

Egoizm insanoğluna bir yardım olarak yaratıldı. Buna karşı mücadele ederek, her bir kişi maneviyatı yaşayabilmek için zaman içinde tüm hisleri edinir. Bu nedenden dolayı, kişi tüm ıstırabının ve engellerinin hangi amaçla geldiğine tam bir bilinçle bakmalıdır, yani bütün bunlar acıdan kurtulmak için kişiyi Yaradan'dan yardım istemeye zorlamak içindir. O zaman egoizm ve diğer tatsızlıklar yani aslında bize karşı olan egoizm, "bize karşı yardım" şeklini alır.

Ayrıca başka bir alternatif yorum daha sunabiliriz. Yaradan'ın yerine egoizmin "karşımızda" durduğunu ve bir perde gibi Yaradan'ı bizden gizlediğini düşünün, sanki "Ben Yaradan'la aranızda duruyorum" der gibi. Yani kişinin "Benliği" ya da "Ben"i, kişi ve Yaradan arasında durur.

Bu nedenden dolayı önce uyulması gereken bir emir vardır; "bize Amalek'in ne yaptığını unutmayın" ve sonra "içinizde O'na ait tüm anıları silin".

İçimizde, engel teşkil edecek düşünceleri aramamalıyız, sadece kalbimizde ve aklımızda uyanan ilk şeyi anında Yaradan'la ilişkilendirmeliyiz. "Engeller" düşüncelerimizi Yaradan'a çevirmeye bu şekilde yardım ederler. Bundan anlıyoruz ki olabilecek en kötü şey Yaradan'ı unutmamızdır.

Egoizm bizi günaha ittiği kadar olağanüstü "erdemliğe" de iter, her iki koşulda da bizi gerçekten ayırır. Zira başkalarının önünde erdemli davranabildiğimiz ölçüye kadar, bazen farkında olmadan kişisel yanılgıya düşer gerçekten aynı şekilde irfan sahibi olduğumuza inanmaya başlarız.

Michael Laitman

Üst Dünyaları Edinmek

Lyublin'li Kabalist Yakup İshak şöyle dedi: "Kendilerinin, günahkâr olduğunu bilen insanlara sevgim erdemli olduğunu bilen insanlardan daha fazladır. Ancak, kendilerini erdemli sanan günahkârlar asla doğru yolu bulamayacaklar, zira cehennemin dibine getirildiklerinde bile başkalarını kurtarmak için oraya gönderildiklerini sanırlar."

Gerçek bir Kabalist öğrencilerinin Yaradan'dan korkmalarını ve O'na saygı duymalarını kendisine duyulan saygı ve korkudan daha çok ister. Şöyle ki, öğrencilerinin Yaradan'a kendisinden daha fazla güvenmelerini ve bağlanmalarını ister.

Geçen yüzyılın hocalarından Ruzhin'li Kabalist Nahum öğrencilerini dama oynarken görür ve damanın kurallarıyla maneviyatın kuralları arasındaki benzerliği anlatır: öncelikle aynı anda iki hamle yapamazsınız; ikincisi, geriye değil sadece ileriye hamle yapabilirsiniz; ve üçüncüsü, sona ulaşan kişi arzuladığı gibi hareket edebilir.

Eğer birinin bizim hakkımızda konuştuğunu düşünürsek söylenenlere ilgi duymaya başlarız. Arzulanan ancak gizli olan bir şeye "sır" denir. Kutsal kitapları okurken bizden bahsettiğini düşünüyorsak o zaman Kabala ilminin sırlarını çalışmaya başlamış kabul ediliriz, zira henüz kendimizin farkında olmasak da okumaktayızdır.

Manevi yolda ilerledikçe kutsal kitapların bizden bahsettiğini görürüz ve o zaman kitaplar gizlilikten ifşaya gelir. Kutsal kitapları çalışırken kendileriyle ilgili sorular ortaya atmayanlar kitaplardaki gizli ya da açık olan kısımları ayırt edemezler, böyle kişilere kutsal kitaplar sanki tarihi olaylar ya da bir yasal hükümler kitabı gibi gelir. Manevi ilmi çalışanlar için ise kutsal bir kitap sadece içinde bulunulan andan bahseder denilir.

Üst Dünyaları Edinmek

Michael Laitman

Egoizm açısından bakarsak, ne koşul olursa olsun önceden bilmeden, kişinin kendisini Yaradan'a köle olarak "satmasından", kendisine ait düşünce ve arzuları silerek O'nun iradesine teslim etmesinden daha garip ve doğasına aykırı, ayrıca gerçek dışı ve saçma bir şey yoktur.

Yaradan'dan uzak bir kişiye tüm manevi talepler eşit derecede anlamsız gelir. Buna karşılık, kişi manen bir yükseliş hisseder hissetmez, o koşulu hiçbir karşı koyma ve eleştiride bulunmadan kabul eder. Ondan sonra, kişi artık kendisini Yaradan'a teslim eden arzu ve düşüncelerinden utanmaz.

Bu çelişkili durumlar bize özellikle verilir ki egoizmden kurtulmanın doğamızın üstünde olduğunu ve sadece Yaradan'ın İradesiyle ödüllendirilebileceğimizi anlayabilelim.

Bu zamana dek, tatminsiz bir koşulda yaşarız ya da şu anki halimizi gelecekle ilgili umutlarımızla kıyaslar ve böylece arzulanan yaşamın yokluğundan ıstırap çekeriz.

Eğer sadece Yukarıdan alabileceğimiz büyük mutlulukları bilseydik ve alamıyor olsaydık şu an çektiğimiz ıstırabın hayli fazlasını çekerdik. Ancak, manevi zevklerin hâlâ farkındalığımızdan gizli olduğu ve bilinçsiz bir durumda olduğumuz ve onların eksikliğini algılamadığımız açıkça söylenebilir. Dolayısıyla, Yaradan'ın varlığını hissetmek bizim için son derece önemlidir. Eğer bu algıyı sonradan kaybetmiş olsaydık yeniden özlemini hissetmek kaçınılmaz olurdu. Hz. Davut'un yazılarında geçtiği gibi (sayı 42) "bir ceylanın dereleri özlediği gibi, ruhum da Sana haykırıyor Allah'ım."

Yaradan'ı hissetme arzusuna "Yaradan'ın varlığını yerden 'yükseltme' arzusu" denir; yani dünyamızdaki her şey bize

Michael Laitman

Üst Dünyaları Edinmek

Yaradan'ı hissetmekten daha önemli göründüğü zaman anlayışımızın en alt noktasından yükseltme arzusudur bu.

Çocukluktan itibaren yetiştirilişlerine göre dini emirleri uygulayan insanların yaptıkları (ki bu vecibeler Yaradan'ın arzusunun ifşasıdır) aslında Yaradan'ı hissetmeyi arzulayanların yaptıklarıyla aynıdır. Aradaki fark kişinin algılayışındadır. Bu en önemli unsurdur zira Yaradan'ın isteği yaratılanlarına Kendi yakınlığının hissini vererek mutlu etmektir.

Dolayısıyla, geleneksel dini alışkanlıklarımızı geride bırakıp özgürce hareket edebilmek için, toplumdan ve yetiştirilişimizin sonucu eğitim olarak ne aldığımızı ve özgür bireyler olarak kendimizin ne arzuladığını net bir şekilde anlamamız gerekir.

Örneğin, bizim dünyamızın bir "hiç" olduğu eğitimini almış bir insan düşünün. Böyle bir durumda manevi dünya "hiç" tanımının sadece biraz daha üstünde olarak algılanır. Öteki taraftan, manevi ilim olan Kabala insana bu dünyanın, algılandığı haliyle, zevklerle dolu olduğunu öğretir. Ancak, manevi dünya, yani Yaradan'ı hissettiğimiz dünya, kıyas kabul etmeyecek kadar daha güzeldir.

Dolayısıyla maneviyat bir "hiç" ten sadece daha fazla değil, ama dünyamızın tüm mutluluk ve zevklerinden çok daha büyük olarak ortaya çıkar. Kişinin, Yaradan'ın bize sağladığı fayda kadar Yaradan'a fayda sağlamak için kendisini zorlaması mümkün değildir, çünkü bu tür nitelikler insanoğlunun tabiatında yoktur.

Ancak, yüce gayemizin "kime" yönelik olduğuna dair net olmalıyız. Yaradan'a yaklaşma arzumuzun arkasındaki gerçeği incelediğimizde şunu aklımızda tutmalıyız; içtenlikle Yaradan'ı arzuladığımız zaman tüm diğer düşünce ve arzularımız yok olur, tıpkı güçlü bir fenerin mum ışığını etkisiz hale getirdiği gibi.

Yaradan'ı algılayana dek, her birimiz kendimizi dünyada yalnızmışız gibi hissederiz. Ancak, sadece Yaradan Tek ve Yegane olduğundan ve sadece O ihsan edebildiğinden ve tüm dünyayı verdiğinden ve bizler de O'nun özgecil doğasının tamamıyla zıttı olduğumuzdan Yaradan'ın varlığını algılar algılamaz, geçici de olsa, aynı nitelikleri ediniriz, tıpkı yukarıda açıklanan fenerin önündeki mum örneğinde olduğu gibi.

Manevi dünyaların yasalarıyla yaşayarak, ihtiyacımız olan her şeyi hâlâ bu dünyada yaşarken gerçekleştirebiliriz. Kötü olarak yaşadıklarımız da dahil, her şeyin Yaradan tarafından gönderildiğine inanırsak sürekli olarak O'na tutunuruz.

Yaradan ve yaratılış vardır; Yaradan'ı algılayamayan yaratılan sadece O'nun varlığına ve Tekliğine ve sadece O'nun var olduğu ve her şeyi yönettiği gerçeğine "inanabilir", ("inanmak" kelimesi tırnak içine alınmıştır çünkü manevi anlamda "inanç" Yaradan'ı algılamak demektir).

Kişinin arzuladığı tek şey haz duymaktır. Yaradan'ın planı böyleydi. Aslında yaratılışın amacı, Yaradan'ın arzusu da buydu. Ancak, kişi mutluluğu Yaradan'ın hissettiği şekilde yaşamalıdır. Geçmişte olmuş olan her şey, şu anda olmakta olan, ya da her birimize olacak olan, iyi veya kötü her şey, önceden planlanmış ve bizlere Yaradan tarafından gönderilmiştir.

Islahın sonunda, tüm olanların bizlerin menfaati için gerekli olduğu mükemmel bir şekilde açıklığa kavuşacaktır. Ancak islah yolunda iken, bu yol her birimize çok uzun, zorlu ve tahammül edilmez ıstıraplarla dolu binlerce yıl sürecek bir yol gibi görünür. Bir sonraki darbeye ne kadar hazırlıklı olursak olalım, bu koşulun yaklaştığının titreşimlerini hissetmeye başladığımız an bunun, dünyadaki her şeyin kaynağı olan Yaradan'dan geldiğini unuturuz.

Yaradan'ın elinde sadece bir araç olduğumuzu unutur ve kendimizin bağımsız hareket eden varlıklar olduğunu hayal etmeye başlarız. Sonuç olarak olumsuz ve nahoş koşulları, Yaradan'ın İradesinin birer aracı olarak değil de başka insanlar tarafından sebep olunan şeyler olarak kabul ederiz.

Dolayısıyla, anlamamız gereken en önemli kavram her şeyin Yaradan tarafından tayin edildiğini basitçe kabul etmek değil, bunun çok ötesine gitmektir. Anlayışımız ayrıca, en zor anlarda bile zararlı his ve düşüncelere yenilmemeye de odaklanmalıdır.

Ne de aniden "bağımsızca" düşünmeye başlamalı ve hayatımızda o an olan olayların Yaradan değil başka insanlar tarafından yapıldığı inancına düşmeliyiz, dahası herhangi bir olayın sonucunun dahi başka insanlar ya da koşullar tarafından tayin edildiğini bile düşünmemeliyiz, zira sadece Yaradan vardır.

Bunu kendi başımıza sadece yaşadıklarımız vasıtasıyla öğrenmemiz mümkündür, ancak öğrenirken hayatımızda olayların neden ortaya çıktığını unutmaya eğilim gösteriyoruz. Hayatımızda olan her şey manevi gelişimimizi artırıp teşvik etmek içindir. Eğer bunu unutursak İlahi Yönetimin yetersizliği ve Yaradan'ın bizden tümüyle gizlendiği gibi yanlış bir inanç içerisine düşebiliriz.

Bu süreç şu şekilde gerçekleşir: Yaradan bize sadece Yaradan'ın, Kendisinin dünyayı yönettiği bilgisini verir, sonra bizi sonuçları nahoş, korkutucu ve talihsiz koşulların ortasına bırakır. Bu kötü hisler bizi öyle güçlü kavrar ki bunların Kim tarafından gönderildiğini ve bu acımasız darbelerin hangi nedenle iletildiğini unutuveririz.

Zaman zaman bu "deneysel" süreçte, neden bunların bize olduğu anlayışı yine Yaradan tarafından verilir. Ancak sonra bu korkunç darbeler arttığında anlayışımızı yitiririz. Bazen böyle acıları bize Kimin ve neden gönderdiğini birden "hatırlasak da", bunları Yaradan'la ilişkilendirmeye kendimizi bir türlü ikna edemeyiz ve dolayısıyla da yardım için bir talepte bulunamayız. Hatta, her şeyin Yaradan'dan kaynaklandığını anlasak bile hâlâ kendi kendimize yardım etmeye çalışırız.

Yaşanılan bu süreci şöyle hayal edebiliriz:

1) Yaradan'a giden yolda caydırıcı kötü (arı olmayan) bir güç ya da düşünce vardır ve bizi Yaradan'a tutunmak için bu gücü aşmaya zorlar;

2) Yaradan'a yakın olduğumuz zaman, annesi tarafından tutulan bir çocuk gibiyizdir, ancak dışsal düşünceler/ güçler bizi Yaradan'ı ve O'nun Yönetimini hissetmekten uzaklaştırmaya çalışır;

3) Sanki, Yaradan düşmanımızdan korumak için bize önemli bir şey verir ve sonra düşman saldırır ve biz kahramanca düşmanımızla mücadele ederiz.

4) Mücadele bittiği zaman, anlayış ve yükselme edinebilmek için Yaradan tarafından gönderilen engellerle mücadele ettiğimiz ortaya çıkar.

Sonunda, kendimizle ve Yaradan'ın İlahi Yönetimiyle ilgili bilgi edinir ve Yaradan'a yönelik sevgi geliştiririz, en sonunda da Yaradan'ın tüm bu engelleri bize neden gönderdiğini idrak ederiz.

Michael Laitman

Üst Dünyaları Edinmek

Yetiştirilişimiz, zorlama veya baskıyla değil, daha ziyade içsel hislerimize ve arzularımıza çözümsel bir bakışı oluşturmak için gerekli becerileri geliştirmekte bize yardımcı olmaya yönelik olmalıdır. Doğru yetiştiriliş, düşünme ve analiz etmeye yönelik becerilerin nasıl geliştirileceğiyle ilgili açıklamaları içermelidir; geleneksel yetiştiriliş, bunun tersine, gelecekteki hayatımızda başvuracağımız otomatik davranışları ve reaksiyonları aşılar.

Aslında yetiştirilişin tüm amacı, kendi özgür hareketlerimizi sürekli ve bağımsız bir şekilde inceleyebileceğimiz bir alışkanlığı oluşturma üzerine odaklanmalıdır. Bunlar özgürce seçilen hareketlerdir, yoksa dışsal bir güç tarafından mecbur edildiğimiz ya da yetiştiriliş şeklimizle etkilendiğimiz hareketler değildir.

Ego, güveni acı ve ıstırap olarak algılıyorsa gerçeğe nasıl ulaşabiliriz ki? Böyle ateşten bir gömleği gönüllü giymeye kim hazırdır ki? Zira, hırs, gurur ve kıskançlıktan alıyoruz yaşamsal enerjiyi.

Örneğin, pasaklı bir şekilde giyinmişsek, iyi giyinen insanlar arasında utanırız. Ama diğerleri bir dilenci gibi giyinmişse, o zaman kendimizi daha az kötü hissederiz. Bu yüzden şöyle denir: "Paylaşılan talihsizlik tesellinin yarısıdır".

Eğer bu üç şeyin (hırs, gurur, kıskançlık) sadece bir tanesinden bile zevk alsak, asla manevi gelişimde ilerleyemeyiz. Örneğin, eğer itibar değil sadece haz güdüsüne sahip olsaydık sıcak havada çıplak dolaşırdık, zira utanç hissetmezdik. Eğer insanlar tıpkı savaş ve olağanüstü durumlarda olduğu gibi, ihtiyaçlarını azaltsalar o zaman itibar ve üst seviyede olma özlemleri de azalır.

Ama, zevk alma arzusunda ya da bir başkasının ıstırabını azaltma isteğinde, başkalarının fikirlerine çok bağımlı değilizdir, tıpkı dişi ağrıyan bir insanın acısının bir başkasının da dişi ağrıdığı için azalmadığı gibi. Dolayısıyla, "Yaradan'ın adına" yapılan çalışmanın temeli zevk almak olmalıdır, itibar edinmek ya da gururlanmak değil, aksi takdirde kişi tatmin olup yolun yarısında durabilir.

Şöyle denir, "alimlerin kıskançlığı irfanı arttırır." Kişinin itibar sahibi olmak gibi bir arzusu olmasa bile, yine de kendisinin değil de neden bir başkasının itibar sahibi olduğunu merak eder. Bu yüzden insanlar, ilime büyük çaba sarf ederler ki başkaları kendilerinden daha fazla itibar sahibi olmasınlar.

Bu tür çabalar bilgiyi arttırır. Yeni başlayanlar arasında da buna benzer bir oluşum gözlemlenebilir. Kişi arkadaşlarının sabahın zifiri karanlığında kalkıp manevi kitapları çalıştıklarını görür ve böylelikle, kalbinin derinliklerinde bunu yapmamak için güçlü bir istek olsa bile, kendisini kalkmaya zorlar.

Ancak, her bir düşüncenin gerçekte bize ait olmadığının ve dışarıdan geldiğinin farkına varabilirsek, o zaman bu düşüncelere karşı koymak daha kolaylaşır. Toplum insanları öylesine etkiler ki, toplumun dayattığı tüm arzuları ve düşünceleri kendilerine aitmiş gibi kabul ederler. Dolayısıyla, kendimize doğru amaç ve arzularla yönlenmiş uygun bir çevre seçmemiz son derece önemlidir.

Ancak eğer başka bir grup insan tarafından etkilenmek ve onların düşüncelerini edinmek istiyorsak, bu amacın en etkili yolu kendimizi o grup insanın arasına yerleştirmektir; hatta dahası, onlara hizmet edip yardımcı olmalıyız çünkü bir şeyler edinme süreci Üst Seviyeden alt seviyeye doğru işler. Bu yüzden çalışma grubunda diğer herkesi kendimizden daha bilgili görmek çok önemli bir noktadır.

Bu koşul "yazarlardan edinmek" olarak bilinir, çünkü başkalarıyla iletişim vasıtasıyla edinilir. Hatta, iş yerinde ve evde başkaları arasındayken, aklımız maneviyatı çalışan arkadaşlarımızın seviyesinde kalmalıdır. Bu durum dışsal düşüncülerin kurnazca aklımıza girip iş arkadaşlarımız, komşularımız ya da eşlerimiz gibi düşünmemize engel olur.

Manevi Niteliklere Özlem Duymak

Yeni başlayan bir kişi için gerçek bir Kabalisti sahte olandan ayırmak mümkün değildir, zira sahte olan da gerçek olan da kişinin egoizmini alt ederek kişisel gelişimin gerekliliği gerçeğini savunmaktadır. Ancak söylenen kelimeler, tıpkı her şeyin üzerine yansımakta olan Yaradan'ın Işığı gibi, kabı olmayan bir Işık ile kıyaslanabilir, yani herhangi bir kişi bu tür derin sözleri ağzıyla söyleyebilir, ancak kişi Kelim sahibi değil ise – Işığın hissini algılayan kap – o zaman bu sözlerin içsel anlamını algılayamayabilir.

"Kitaplardan" (Mi Sfarim) diye adlandırılan süreç, yani bir Kabalistin kitaplarından fikir ve nosyonları almak, doğrudan öğretmenden bilgi edinmekten çok daha zordur. Eğer kişi yazarın düşüncelerini öğrenmek istiyorsa, onun büyük bir Kabalist olduğuna inanması gerekir.

Kişinin yazara saygısı ne kadar büyük olursa, onun kitaplarını o kadar çok özüne katabilir. Yaradan'ı algılayan binlerce insandan sadece, Raşbi (Bar Yohai), Ari ve Baal HaSulam'a, henüz manevi seviyelerin algılarını edinmemiş insanlar için anlaşılır bir dilde Kabalistik kitaplar yazma izni verilmiştir.

Diğer Kabalistik yazılar ise sadece manevi seviyeleri edinmiş insanların anlayabileceği betimleme kullanarak yazılmıştır ve dolayısıyla yeni başlayanlar tarafından kullanılmaları mümkün değildir.

Kişi seçtiği dostlarına ve bilgi için okuyacağı kitaplara itimat etmek suretiyle zaman içinde bağımsız düşünme yetisini edinebilir. Bu safhadan önce kişi, diğer insanlar arasında bu dünyanın ortak paylaşım sahnesinde hayatına devam eder, yani, bağımsız olmayı ister ama olamaz.

Şöyle denir; kıskançlık, zevkler ve itibar sahibi olma arzusu kişiyi bu dünyadan çıkartır. Bu sözden çıkartılacak sonuç basitçe, bu üç arzunun insanı hareket etmeye zorlamasıdır. İyi arzular olarak düşünülmese de her halükârda insanı değişmeye, yetişmeye ve daha da fazla şeye sahip olmaya motive ederler, ta ki kişi asıl edinilecek şeyin manevi bir şey olduğunu anlayana ve manevi dünyayı bu dünyaya tercih edene kadar.

Bu yüzden bu üç arzunun insanı bu dünyadan "alıp" manevi dünyaya getirdiği söylenir. Bilgi ve akıl birikiminin sonucu olarak, kişi bu dünyada en değerli şeyin ne olduğunu ayırt etmeye ve en önemli amaca ulaşması gerektiğini anlamaya başlar. Bu şekilde kişi, "kendisine yönelik" arzulardan uzaklaşır ve "Yaradan'a yönelik" arzulara ulaşır.

Tüm yaratılış, zevk alma arzusu olarak görülebilir, ya da Yaradan'dan gelen hazzın eksikliğinden kaynaklanan ıstırap olarak düşünülebilir. Zevk hissedebilmek için iki koşul gereklidir; ilki, zevk ortaya çıkmalı ve kaybolmalıdır, bu geriye bir izlenim, anı (Reşimot) bırakır; ve ikinci olarak da kişi, dış kabuğu gerekli bilgi ve gücü edinerek kırmalı ve meyveyi almaya layık olmalıdır.

Bir kaç çeşit arı olmayan, kişiyi yoldan çıkarmaya çalışan güç vardır ve bunlara Klipot, kabuklar, denir. Bu ad amaçlarını yansıtır. Bu güçler; (1) arı manevi güçleri, manevi

Michael Laitman

Üst Dünyaları Edinmek

dünyaya zarar veren elementlerden korurlar (kabuğun meyveyi koruması gibi) yani maneviyatı edindikten sonra hem kendisine hem de başkalarına zarar verebilecek olan aydınlanmamış kişilerden ve (2) gerçekten meyveye ulaşmak isteyenler için engeller oluştururlar.

Sonuç itibariyle, bunlarla boğuşan bir kişi, dış kabuğu kıracak gücü edinir ve meyveyi paylaşmaya layık olur. Kişi hiç bir koşul altında, Yaradan'a, manevi yola ve inancına karşı olan düşüncelerin Yaradan'dan başka bir yerden geldiğine inanmamalıdır.

Sadece Yaradan, tek bir Güç olarak insanı sarar, tüm yaratılışı yönlendirir. İnsanın rolü ise aktif bir gözlemci olmaktır, yani insan üzerinde işleyen tüm güçlerin etkisini yaşamak zorundadır ve her defasında bu düşüncelerin, güçlerin Yaradan dışında bir kaynaktan geldiği inancına karşı savaşmak zorundadır. Yaradan, kişinin maneviyat ve kişisel gelişim çalışmalarını engelleyen düşünceler vermediği taktirde insan yol alamaz.

Esas Klipot Mısır olarak bilinen Klipat Mitsrayim'dir ki bu, kişiyi manevi yolda ilerleme arzusundan döndürür ve Klipat Noga'dır, bu da kişiye her şeyin olduğu haliyle yolunda olduğu ve daha fazla ilerlemeye gerek olmadığı şeklinde sahte bir his verir. Bu durumda kişi, kalbi bu koşul ile hemfikir olmasa da, kendisini uykudaymış gibi hisseder (şöyle söylenir; "ben uyuyorum, ama kalbim uyumuyor").

Gerçek otantik Kabalist yazılar, özellikle Kabalist Yehuda Aşlag'ın yazıları yazılışları itibariyle, yaratılışın amacı açıklık kazanır kazanmaz, bunları inceleyen kişi Klipat Noga'nın aldatıcı parlaklığından artık haz alamaz.

Yaradan tarafından Kendisine yakınlaştırılmak için seçilen insanlara sevginin ıstırabı (İsurey Ahava) yollanır. Bu

ıstırap onları yolları üzerindeki engelleri aşmaya zorlamak ve Yaradan'a yakınlaşmalarını sağlamak içindir.

Kişinin kendisine ait olduğunu hissettiği bu içsel çabasına Dahaf Pnimi – içten gelen baskı denir. Ve her türlü hareketimiz "ifşa edilmiş" olarak kabul edilir, çünkü herkes hareketlerimizi görebilir ve bunlar bir takım felsefi yorumlara neden olmazlar.

Buna karşılık, düşüncelerimizin ve niyetimizin "gizli olduğu" kabul edilir, zira bunlar başkalarının algıladığından tümüyle farklı olabilir, hatta kişinin kendi niyetini algılayışından bile farklı olabilir.

Bazen, bir takım davranışlara bizi neyin teşvik ettiğinin farkına varamayız. Diğer insanlara gizli olduğu gibi bizi motive eden gerçek içsel niyetimiz çoğu zaman kendimizden de gizlidir. Bu yüzden Kabala, kutsal kitapların sırları, yani gizli ilimi olarak bilinir, çünkü bizlere niyeti ve bunları nasıl Yaradan'a doğru yönlendireceğimizi öğretir.

Dolayısıyla, bu bilgi herkesten gizlenmelidir hatta bazen kişinin kendisinden bile. Bu dünyada olan her şeyin Yaradan'ın Arzusuyla olduğuna, her şeyin Yaradan tarafından idare edildiğine, her şeyin O'nun tarafından gönderildiğine ve O'nun kontrolünde olduğuna inanmak elzemdir.

Bazı insanlar ıstıraplarımızın ıstırap değil ödül olduğu görüşündedirler. Bu sadece, tüm koşulları ve ortaya çıkan sonuçları Yaradan'ın yasaları ile bağdaştırabilen erdemli insanlar için geçerlidir. İnsanlar ne zaman büyük sınamalar ve acılara rağmen Yaradan'ın sonsuz adaletine inanarak yaşayabilirse ancak o zaman lanet etmekten kutsallığa dönebilirler.

Ancak, aklımızın sınırlarının ötesine geçerek bu sınamaları aşamamak bize manevi düşüş getirir, zira sadece mantık ötesi inançta destek bulabiliriz. İnancımızdan kopup kişisel mantığa bağımlılığa geri döndüğümüz zaman ise kurtarılmayı beklemeliyiz.

Diğer taraftan, bu sınamalara karşı direnen kişiler yükselir, çünkü çekilen sıkıntılar ve geçirilen sınamalar kişinin inancının gücünü arttırır. İşte ancak böyle durumlarda sınamalar ve ıstıraplar kutsal olurlar.

Yaradan'a yönelik bir yalvarış kalbin derinliklerinden gelmelidir, öyle ki kişinin tüm kalbi Yaradan'dan talep edilenle hemfikir olmalıdır. Bu yalvarış sözlerle değil hislerle olmalıdır, zira insanın sadece kalbinde olanlar Yaradan tarafından duyulur. Aslında Yaradan kişinin söylemek istediğinden fazlasını duyar, çünkü Kendisinin kişiye gönderdiği tüm olayları ve kişinin içinde oluşturduğu tüm hisleri anlar.

Hiç bir yaratılan önceden tayin edilmiş olan amaçtan – manevi niteliklere özlem duymaya başlamaktan – kaçınamaz. Peki dünyevi zevklerden kendisini ayıracak arzuya sahip olmayan bir kişi ne yapmalıdır? Kişi tüm sevdiklerinden, ailesinden, akrabalarından, hayat dolu bu dünyadan ve onun küçük zevklerinden ve aklına çok güçlü bir şekilde resmedilmiş tüm egoist arzularından kopma fikriyle nasıl baş edebilir? Kişi Yaradan'ın yardımını isterken bile, aslında Yaradan'ın bunu duymasını ve kabul etmesini gerçekten istemiyorsa ne yapmalıdır?

Bu pozisyonda olanları desteklemek ve yardım etmek özel bir hazırlık ve ihsan etme niteliklerini edinmenin ne kadar önemli olduğunun bilincini gerektirir. Böyle bir bilinç insanın manevi hazlardan ve içsel sükûnetten ne kadar uzak olduğunu hissetmesiyle birlikte yavaş yavaş gelişir.

Bu durum ev sahibinin, misafirlerini bekleyen ziyafetten zevk almaları için önce iştah açıcı yiyecekler sunması gerektiğine benzetilebilir. Önce ziyafete hazırlanmazlarsa yemek ne kadar güzel ya da çok olursa olsun misafirler asla gerçek zevki alamazlar. Bu yaklaşım, insanın doğasında bulunmayan ve hiç aşina olmadığı özgecil bir nitelikten zevk almasına yönelik istek uyandırmak için de etkilidir.

Yaradan'a yakınlık ihtiyacımız, manevi kurtuluştan aşırı derecede uzak hissettiğimiz zamanlarda kişisel çabamızın etkisiyle yavaş yavaş doğar. Bunlar, kişisel kurtuluş için Yaradan'a ihtiyacımız olan çok şiddetli çaresizlik ve karanlık zamanlarıdır ve bu şekilde Yaradan bizi içerisine koyduğu ümitsiz koşullardan çıkarır.

Eğer gerçekten Yaradan'ın yardımına ihtiyaç duyuyorsak o zaman bu, yardım almaya hazır olduğumuzun işareti olarak düşünülebilir, zira Yaradan'ın bizim için hazırladığı tüm hazları kabul etmek için bir "iştah" geliştirmişizdir.

Çektiğimiz ıstırabın derecesi haz alabilme derecemize paralel olacaktır. Ancak, eğer acılardan geçmek zorundaysak ve Yukarıdan, çektiğimiz ıstırapla aynı derecede mutluluk alıyorsak o zaman bu yol ıstırabın yoludur Kabala'nın değil.

Burada bir soru daha ortaya çıkıyor; gerçekten Yaradan'dan herhangi bir talepte bulunmaya gerek var mı? Belki de kişi, bedeni bütünüyle kurtarılmayı istediği noktaya gelene dek acı çekmeli ve en sonunda Yaradan'a öyle güçlü haykırmalı ki Yaradan da onu kurtarsın.

Bunun cevabı basittir: Dua! Kişinin kalbinin derinliklerinden gelmese bile, her halükârda insanı kurtuluşuna hazırlar. Dua ile Yaradan'a, manevi gücü aldıktan sonra tüm çabamızı şu

an eksik olan manevi arzulara yönelteceğimize söz veririz. İşte bunun içerisinde Duanın gerçek gücü vardır.

Yaradan ancak böyle bir talebi kabul eder ve bu durumda ıstırabın yolu yerine maneviyatın yoluyla Kabala'nın yolunda ilerleriz. Bu nedenden dolayı, tüm acıların Yaradan tarafından gönderildiğine emin olsak bile ve hatta O'nun tarafından gönderilen her şeyin bizim iyiliğimiz için gönderildiğine kati olarak inansak bile asla ıstırap yolunu kabul etmemeliyiz.

Yaradan bizim pasif bir şekilde ıstırabı kabullenmemizi istemiyor. Tam tersine, acıyı, ıstırabı önlememizi, O'nun bizi ıstırap yoluyla arkamızdan ittiği koşuldan kaçınmamızı arzulamaktadır. Yaradan bizden inancımızı kullanarak kendimizin çabalamasını ve ilerlemek için fırsat talep etmemizi istemektedir.

Henüz doğru koşulu edinmek için gerçek bir arzuya sahip olmasak bile yine de Yaradan'dan doğru arzuya ve inanca gelmeyi duamız ile talep etmeliyiz. Yani, Yaradan'dan şu an içimizde eksik olan talep etme arzusunu vermesini istemeliyiz.

Ruhlarımız, yani her birimizin "benliği", nasıl var olacaklarına Yaradan tarafından karar verildiği andan itibaren mükemmellik içerisinde var olmaktadırlar. Bu koşul "mutlak sükûnet koşulu" (zira her hareket daha mükemmel bir safhaya ulaşma arzusundan kaynaklanır) ve "mutlak mutluluk koşulu" (çünkü Yaradan'ın içimizde yarattığı tüm arzular had safhasına kadar doldurulur) olarak tanımlanabilir.

Bu koşula gelebilmek için, bu noktaya ulaşma arzusunu edinmemiz gerekir. Şöyle ki, içinde bulunduğumuz arzuları mükemmel, özgecil arzulara çevirmeye karar vermeliyiz.

Üst Dünyaları Edinmek — Michael Laitman

Başka hiçbir alternatif yoktur: "Yaradan şöyle der: Eğer kendiniz doğru kararı vermezseniz, üzerinize zalim yöneticiler getiririm ve onlar sizi Bana zorla döndürür."

Her birey aynı anda iki mükemmel koşul barındırır: şimdiki an ve gelecekteki an. Herhangi bir anda, sadece şimdiki anı yaşarız, "gelecekteki" koşula ancak egoist ve maddi doğamızı özgecil ve manevi bir hale getirerek geçilebilir.

Yaradan böyle bir mucizeyi her birimizin içinde her an uygulayabilir, çünkü her iki koşul da eş zamanlı olarak var olmaktadır. Aradaki fark her iki koşulda da eş zamanlı var olmamıza rağmen, koşullardan birini anında algılayabilmemiz ve bu koşula paralel var olan diğer mükemmel koşulu algılayamamamız gerçeğinde yatar.

Böyle bir koşulun ortaya çıkmasının sebebi bizim niteliklerimizin-arzularımızın algılayamadığımız mükemmel koşulun nitelikleriyle uyumlu olmamasıdır. Yaradan'ın da bildirdiği gibi, "Benim ve sizlerin aynı yerde var olması mümkün değildir", çünkü arzularımız birbirine terstir.

Bu nedenden dolayı, her birimizin iki koşulu vardır, ya da Kabala manevi ilminde iki beden olarak bilinir. Gördüğümüz üzere, Kabala'da "maddi kılıf" olarak bilinen ve şu anda işgal etmiş olduğumuz fiziksel bir beden var.

Öteki taraftan da, Yaradan'ın parçası olan, içinde ruhlarımızın bulunduğu ve Kabala'da arzularımız ve niteliklerimiz olarak bilinen beden vardır. Eğer şimdiki halimizle, bedenimiz tümüyle egoist arzu ve düşünceler barındırıyorsa, o zaman ruhumuzun Ner Dakik denilen sadece mikroskobik bir parçası o büyük Işığın kıvılcımı olarak içimize girebilir ve bize hayat veren budur.

Michael Laitman

Birinci bedene paralel olarak var olan ikinci beden, henüz hissetmediğimiz manevi bedendir ve gelecekteki mutlak ruhumuzu oluşturan özgecil arzu ve niteliklerimizi barındırmaktadır, şöyle ki, ıslah süreci tamamlandıktan sonra gelecekte ifşa olacak olan Yaradan'a ait parçadır manevi beden.

Egoist ve özgecil bedenlerimizin nitelikleri ve ikisine de hayat veren güçler, kalp ve zihnimizle algıladığımız hisler ve akıl olarak ikiye ayrılır. Egoist beden kalple almayı ve akılla bilmeyi arzular; özgecil beden ise kalple ihsan etmeyi ve akılla inanmayı arzular.

Bu bedenlerin ikisini de değiştirmemiz mümkün değildir. Manevi beden değiştirilemez çünkü tümüyle mükemmeldir ve şimdiki bedenimiz de tamamıyla sabittir ve düzeltilemez çünkü Yaradan tarafından bu şekilde yaratıldı.

Ancak üçüncü bir beden daha vardır ki diğer ikisi arasında iletişim hizmeti görür. Yukarıdan yönlendirilen bu orta beden, kendimizin düzeltmeye çalışması ve bunların ıslahı için Yaradan'dan talepte bulunmamız gereken, sürekli bir şekilde değişen arzu ve düşüncelerden ibarettir. Bu yolla Klipat Noga denilen orta bedenimizi manevi bedenimizle ilişkilendirebiliriz.

Sürekli yüzeye çıkan arzuları ve düşünceleri manevi bedenimizle ilişkilendirebildiğimiz zaman egoist bedenimiz bizden ayrılır ve manevi bir beden ediniriz. Bu noktada Yaradan insanın egoist niteliklerini tersine çevirir ve yaratılıştan gelen tüm egoizmimiz tamamıyla özgecil bir form alır.

Hayatta karşımıza çıkan tüm durumlarda, her şeyin bize doğrudan Yaradan'dan geldiğini ve O'nun yaklaşımını kendimizinmiş gibi görmeye çalışmalıyız. Kendimize şunu hep hatırlatmalıyız; "Benim ve diğer her şeyin arasında O var; kendim dâhil bu dünyadaki herkese O'nun aracılığıyla bakarım. Benim tarafımdan algılanan her şey O'ndan kaynaklanır ve benden yansıyan her şey de sadece O'na gider. Bu nedenden dolayı bizi saran her şey Yaradan'dır."

Şöyle denir; "Sen benim hem önümde hem arkamdasın ve elin üzerimde." Ve kişi şunu demelidir; "İçimde olan her şey, tüm düşündüklerim ve hissettiklerim Senden gelir ve Seninle bir diyalogdur."

En korkunç his ise o dipsiz kuyuyu algılayışımızdır. Bu his, ayaklarımızın altında aniden bir uçurum açılıyormuş gibi çarpar bize; çaresizlik, korku, güvensizlik hislerinin yanı sıra bir sonraki anın, yarının ve geleceğin hissini veren o saran Işığın tümüyle kaybolduğu hissinin hakim olmasıdır bize.

Bu korkunç negatif hissin tüm türevleri o daha büyük olan temel histen kaynaklanır ve aslında onun farklı görünüşleri olarak kabul edilebilir. Hepsi bize aynı kaynaktan, Malhut'tan, yani Yaradan'ın oluşturduğu o boş ruhtan gönderilir ki her birimiz o ruhun bir parçasını Işıkla dolduralım.

Yaşadığımız tüm karanlık hisler bu boş ruhtan gelir ve ancak Yaradan'ı algılayarak ve O'na olan inancımızla aşılabilir. Yaradan tarafından tüm acılar işte bu nedenden dolayı gönderilir.

Hz. Davut (Kral Davut), ruhlarımızın somut hali olarak, ruhun tüm safhalardan yükselirken geçirdiği izlenimleri ve koşulları yazılarında anlatmaktadır. Doğru yolu anlamaya ve fark etmeye gelene dek ne kadar çok şeye katlanmamız gerektiği çok şaşırtıcıdır. Hiç kimse bize bir sonraki adımın ne olacağını söyleyemez.

Michael Laitman

Üst Dünyaları Edinmek

Sadece gereklilikten, yani bir önceki basamakta tökezlediğimizden dolayı doğru hareketi seçebiliriz. Zorluklarla ne kadar çok karşılaşırsak manevi olarak o kadar hızlı yükseliriz. Bu yüzden şöyle denir; "Yaradan tarafından ıstırap verilen kişi mutludur."

Bir sonraki adımımızı ya da geleceğimizi bilmememiz gerekiyor; dinlerde falcılığın yasak olması hafife alınmamalıdır. Manevi gelişim sadece inancın gelişimi sayesinde olur. İnancın gelişimi ise, an be an yaşadıklarımızın ve bir sonraki an yaşayacaklarımızın hepsinin Yaradan'dan kaynaklandığı ve O'na yakınlaşarak bütün bunların üzerinden gelinebileceği gerçeği ile desteklenir. Bu koşul gereklilikten doğar zira doğamız O'nun bize hükmettiğine inanmayı reddeder.

Gelecekteki halimizin bilinmesi, ya da bildiğimize dair güvenimiz, gözlerimizi kapatıp, sessiz kalarak Yaradan'dan gelen herhangi bir olayı adil ve doğru olarak kabullenme ihtimalini ortadan kaldırır, ki bu koşul ancak Yaradan'a yakınlaştığımızda olabilir.

Manevi yükselişimizin tüm basamakları peygamberlerin kitaplarında günlük hayatın diliyle anlatılmıştır. Bildiğimiz gibi evrende sadece iki nitelik vardır: özgecilik (ihsan etme yani karşılıksız verme) ve egoizm; Yaradan'ın niteliği ve yaratılan varlığın niteliği. Kabala'da ise manevi yükselişin basamakları doğrudan hislerin diliyle anlatılır, bu kitapta kısmen olduğu gibi, ya da Sefirot'un diliyle yani manevi nesnelerin fizik-matematiksel tanımlarıyla.

Bu dil evrensel, pratik ve kesin tanımlardan ibarettir. Dışsal formları yeni başlayanlar tarafından algılanabilir. Ayrıca başkalarını anlamamıza ve bizim de başkaları tarafından anlaşılmamıza yardımcı olur çünkü bir dereceye kadar soyut manevi nesneler ve olaylardan bahsetmektedir ki bunlar bizlerden silinmiştir.

Manevi safhalara ulaştığımızda bu "bilimsel" dili kendi duygu ve hareketlerimizi tanımlamak için kullanabiliriz çünkü algıladığımız Işık hem hareketin adı hem hareketin kendisi hem de manevi derecesiyle ilgili bilgiyi taşımaktadır. Ancak, maneviyatı edinen bir kişi o dereceye ait duygu ve tecrübelerini sadece o dereceyi yaşamış bir kişiye anlatabilir zira başka bir kişi bu kavramları anlayamaz. Bizim dünyamızda da aynı şekildedir, belli bir hissi yaşamamış ve bunun safhalarını hissetmemiş bir kişinin başkasının hislerini anlayabilmesi mümkün değildir.

Egoizmi ıslah etmenin ardışık iki aşaması vardır. Birinci safha egoizmi hiç kullanmamaktır yani kişisel çıkarı hareketin sonucuna ilişkilendirmeyi düşünmeden, sadece ihsan etme arzusunu düşünerek "vermek" hareketinde bulunmaktır. Bu şekilde hareket etmeyi başarabildiğimiz zaman ikinci safhaya geçeriz: egoizmimizi yavaş yavaş, küçük miktarlarda kullanarak özgecil davranış ve düşüncelerimize dahil etmek suretiyle onu ıslah etmeye başlarız.

Örneğin, kişi hiçbir karşılık almadan sahip olduğu her şeyi başkalarına verir, bu gelişiminin ilk safhasıdır. Eğer kişi gerçekten her koşulda bu şekilde davranmayı başarabilirse o zaman daha fazla verebilmek için daha fazla kazanır.

Başkalarına verebilsin diye zenginlik bu kişiden geçmeye başlar. Kazanılan miktar kişinin kazancının bolluğundan etkilenmeden her şeyi vermeye devam edebilmesine bağlıdır. Bu durumda egoizm yüce bir sebep için kullanılmaktadır: kişi daha fazla kazandıkça daha çok vermektedir.

Michael Laitman

Üst Dünyaları Edinmek

Ancak, kişi her şeyi vermeyi başarabilecek midir? Kişinin ellerinden geçen miktar onun ıslahını tayin edecektir. Birinci safha "yaratılışın (egoizmin) ıslahı" ve ikinci safha da "yaratılışın amacı" olarak bilinir, yani egoizmi özgecil hareketler için kullanabilme durumu. Kabala, bu iki aşamalı manevi gelişimi içermektedir. Ancak Kabala'da bahsi geçen arzu ve zevkler dünyevi arzuların toplamının milyarlarca katından fazladır.

Ayrıca, bu iki seviye sürekli birbirleriyle çatışma içerisindedir, çünkü birinci safha egoizmin kullanımını ve ıslahını tümüyle reddeder. İkinci safha ise kişinin ıslahı için egoizmine karşı koyabilme gücünün belirlediği şekilde egoizmi küçük miktarlarda kullanmaya başlar. Dolayısıyla bu iki koşuldaki uygulamalar, her ikisi de ihsana yönelik olmalarına rağmen birbirlerine zıttır.

Bizim dünyamızda bile, her şeyi veren bir kişi ile vermek için başkalarından alan bir kişinin yaptığı hareket tümüyle birbirine zıt hareketlerdir. Bu aydınlatmanın ışığında, kutsal kitaplarda anlatılan çelişkili koşullar ve çatışmalar daha anlaşılabilir olur. Örneğin Saul ile Davut arasındaki çatışma ve Şamai ile Hilal'in öğretileri arasındaki çelişkiler ve tartışmalar, Yusuf'un oğlu Ari ile Davut'un oğlu ve diğerleri arasındaki çatışmalar ve neredeyse diğer tüm ihtilaflar ve savaşlar manevi dünyayı hissetmeyen kişiler tarafından kabile savaşları, ülkeler arası savaşlar, aileler ya da egoist bireyler arasındaki çatışmalar olarak algılanmaktadır.

Kendimiz üzerinde yoğun bir çalışma, öğrenme ve manevi algı için çaba sarf etme dönemi geçirdikten sonra içimizde bir sonuç görmek için arzu doğar. Yaptığımız tüm çalışmalardan sonra (özellikle de etrafımızdakilerin

Üst Dünyaları Edinmek

Michael Laitman

çalışmalarıyla karşılaştırıldığında) Yaradan'ın ifşasını, defalarca çalıştığımız manevi kanunların işleyişini daha net görmeyi ve manevi dünyaların hazlarını algılamayı hak ediyormuşuz gibi gelir bize.

Ancak işin gerçeği, beklentilerimizin tam tersidir: maneviyatla ilgilenmeyen kişilere kıyasla, ilerlediğimizi değil daha da geriye gittiğimizi hissetmeye başlayabiliriz. Yaradan'ı algılamaktan ve Yaradan'ın bizi duymasından ziyade O'ndan daha da uzaklaştığımızı hissedebiliriz. Hatta dahası, manevi edinimlerden giderek uzaklaşmak ve maneviyata olan arzumuzun azalması çalışmalarımızın direkt sonucuymuş gibi görünür. Dolayısıyla, haklı bir soru ortaya çıkar: kutsal kitapları basitçe dinci olarak çalışan bir kişi kendisini başkalarından daha üstün görmeye başlar, ancak Kabala çalışan bizler arzularımızda ve düşüncelerimizde ne kadar kötüleştiğimizi ve bizi ilk başta maneviyatı çalışmaya getiren o saf, temiz, manevi arzulardan ne kadar uzaklaştığımızı görürüz! Belki de hiç Kabala çalışmasak daha iyi olurdu! Belki de içselliğe yönelik yaptığımız tüm çalışma boşa harcanmıştır! Diğer taraftan da sadece bu ilimde gerçeği ve içimizdeki soruların cevaplarını bulduğumuzu hissedebiliriz.

Bu his sadece içteki gerginliğin artmasına neden olur: kendimizi manevi çalışmadan ayıramayız çünkü gerçeğin bu olduğunu görürüz, ancak maneviyatla ortak hiçbir noktamız yokmuş gibi gelir ve arzumuzun çalışma içerisinde olan diğer kişilerden daha az olduğunu algılayarak manevi hislerden giderek uzaklaşırız.

Bize sanki kendimizin yerinde bir başkası olsaydı, Yaradan o kişiye çoktan cevap verir ve Kendisine yakınlaştırırdı gibi gelir. Bir başkası, Yaradan'a şikayette de bulunmaz ve Yaradan kendisini O'na yakınlaştırmadığı ya da yaptıklarına karşılık göstermediği için hüzün de hissetmezdi. Ancak işin özü, bu duyguların sadece kendi üzerlerinde gerçek manevi çalışmayı gerçekleştiren kişiler tarafından hissedilmesidir, yani kutsal kitapları çalışıp dini kuralları öğrenenler ve fiziksel vecibelerini yerine getirenler tarafından hissedilmez.

Bunun nedeni, manevi bir varoluş edinmek için çabalayan kişinin bu varoluş içinde hiçbir kişisel arzusu, düşüncesi ya da isteğinin olmamasıdır. Bu amaç doğrultusunda da kişiye özü ve hareket etme güdüsü Yukarıdan ifşa edilir.

Istıraplardan geçip, kendimizi muazzam egoizmimizin içerisinde bulup, en önemsiz manevi nitelikten bile ne kadar uzak olduğumuzu gördükten sonra ancak sınanmaya katlanabileceğimizi ispatlarız. Katlandığımız her şeye rağmen, kalbimizi susturabilir ve çabamız ve ıstıraplarımızın karşılığında hiçbir ödül beklemeden Yaradan'a olan sevgimizi ifade edebilirsek işte o zaman anlık bile olsa manevi dünyalara bir bakışı hak ettiğimizi kendimize kanıtlarız ve elbette tüm katlanılanlara rağmen bu koşullar hayvansal zevklerimizden daha değerliyse!

Tüm bu engeller bize Yukarıdan bir sınama olarak gönderilir. Kendi egoist doğamızla ne kadar çelişkili olursa olsun, kişisel rahatlığımızdan Yaradan için taviz vermek ne kadar stresli olursa olsun gerçekten hakikate susuzluğumuz var mı bu engeller tarafından belirlenir.

Öteki taraftan da, sıradan insanlar sınanmazlar ve alışıla gelmiş hayatlarıyla her zamanki gibi yaşamaya devam ederler, hatta bir sonraki hayatlarında cennetin bile kendisi için garanti olduğuna inanırlar zira dini vecibelerini yerine getirmektedirler.

Üst Dünyaları Edinmek

Michael Laitman

Dolayısıyla, böyle kişiler hem bu dünya hem de sonraki dünyanın garanti olduğunu sanırlar ve dini vecibeleriyle Yaradan'ın tüm arzularını yerine getirdiklerinden dolayı hak ettikleri gelecekteki ödülün düşüncesi ile sevinirler zira hem bu dünyada hem de bir sonraki dünyada mükafat alacaklardır. Yani, karşılaştırıldığında, gözlemci bir kişinin egoizmi manevi dünyada Yaradan'dan bir ödül beklemeyen, gözlemci olmayan bir kişinin egoizminden kat kat fazla artar.

Ancak Yaradan bizlerin maneviyatta nerede durduğunu görmek için sınamaz. Yaradan bunu sınamaya gerek duymadan zaten bilmektedir, zira her bir kişiye geçirdiği tüm koşulları veren O'dur. O, bizleri içinde bulunduğumuz manevi koşulun farkındalığına getirmek için sınar. Yaradan içimizde dünyevi arzular yaratarak, değersiz olanları uzaklaştırır ve manevi dünyanın kapılarına yakınlaşarak Kendisine ulaşmak isteyenlere engelleri aşmaları için fırsat verir.

Kişinin egoizme karşı nefret duyabilmesi için, Yaradan yavaş yavaş kişinin gözlerini gerçek düşmanını görmesi için açar ve kişiye manevi dünyaya girmesine engel olan gerçek suçluyu gösterir, bu şekilde kişinin içerisindeki egoizme karşı öyle bir nefret gelişir ki bu niteliğinden tümüyle sıyrılmayı başarır.

Kişinin "benliğinin" dışında var olan her şey Yaradan'ın Kendisidir, zira yaratılan varlığın yaratılışının temeli her birimizin "benliği" algılamasıdır. Bu kişisel "benliğin" algılanmasındaki yanılsama yaratılışı oluşturur ve sadece bizler tarafından algılanmaktadır. Ancak, kişisel "benlik" hissiyatının dışında sadece Yaradan vardır.

Dolayısıyla, dünyaya ve etrafımızda bulunan herkese olan tavrımız Yaradan'a olan tavrımızı yansıtır. Eğer etrafımızdaki her şeye olan yaklaşımımızı bu şekilde ayarlarsak o zaman Yaradan'la bağımızı direkt olarak inşa ederiz. Peki Yaradan'dan başkası yok ise, o zaman bu "benlik" nedir? "Benlik" kişinin "ben" olarak hissettiği, kendisinin var olduğu hissidir, ancak, aslında var olan bir şey değildir.

Bununla birlikte, Yaradan'ın isteği doğrultusunda, Yaradan'ın bir parçası olan ruh kişiye var olduğu hissini verir çünkü Yaradan'dan uzaklaştırılmıştır. Yaradan kendisini bu parçadan yani ruhtan gizlemektedir, ancak Yaradan'ın o parçası (ruh) Yaradan'ı giderek daha fazla hissetmesiyle o "ben" kendisini bağımsız bir varlık yerine giderek daha çok Yaradan'ın bir parçası olarak hissetmeye başlar.

Yaradan'ın aşama aşama algılanması safhalarına dünyalar ya da Sefirot denir. Genellikle hiçbir Yaradan hissi olmadan doğarız ve etrafımızdaki her şeyi "realite" olarak algılarız. Bu koşul "bizim dünyamız" olarak algılanan formdur.

Eğer Yaradan bizi Kendisine yakınlaştırmak isterse, o zaman çok hafiften Üst Bir Güç olduğunu hissederiz. Henüz bu gücü kendi içsel duyumuzla göremeyiz, ancak uzaktan hissederiz, dışarıdan bir şeyler yansır ve bize biraz güven biraz sevinç ve ilham getirir.

Ancak Yaradan Kendisini tekrardan öyle bir şekilde uzaklaştırabilir ki o manevi Varoluşun ayrılışını hissederiz ve sonuçta duyarsızlaşırız. Bu his Yaradan tarafından Kendisine daha da yakınlaştırmak istediği kişilere gönderilir, zira kaybettiğimiz o muazzam manevi hissin özlemini duymak bizi o hissi tekrar geri getirmek için harekete geçirir.

Üst Dünyaları Edinmek

Michael Laitman

Eğer çaba sarf eder ve manevi ilim olan Kabala'yı çalışırsak ve kendimize gerçek bir öğretmen bulursak o zaman Yaradan Kendisini ya manevi yükselişler vasıtasıyla biraz daha ifşa eder ya da manevi düşüş koşulundan çıkma arayışına motive etmek için biraz daha gizler.

Eğer kendi irademizin gücüyle Yaradan'ın gizli olduğu bu tatsız durumdan kurtulabilirsek o zaman Yukarıdan manevi yükseliş veya ilham olarak yardım alırız. Öteki taraftan da, kişisel çabamızla bu durumdan çıkmaya çalışmazsak, Yaradan Kendisi bize yaklaşabilir, ya da (bir kaç kez bizi kendi çabamızı uygulamaya yönelik teşvik ettikten sonra) henüz O'nu algılayamasak da Yaradan bizi tamamen terk de edebilir.

Manevi Gelişim

Dünyamızla ilgili bilmek istediğimiz her şey yaratılışın ve Yaradan'ın İlahi Yönetimi olarak tanımlanabilir ya da bilim adamlarının tanımladığı gibi "doğanın kanunları" olarak. İnsanoğlu icatlarıyla yaratılışın bazı detaylarını kopyalamaya ve doğanın kanunlarına ilişkin bilgisini kullanmaya çalışır, şöyle ki Yaradan'ın yaptıklarını daha alt bir seviyede ve daha temel maddelerle kopyalamaya çalışır.

Sınırları giderek büyüse de insanoğlunun doğayı anlayışının derinliği sınırlıdır. Örneğin bugün bile insanın bedeni fiziksel bedeni olarak tanımlanmaktadır. Ancak böyle bir bakış açısı insanları ayıramaz zira her kişinin bireyselliği bedensel şekilleriyle değil kendi manevi güçleri ve nitelikleri tarafından belirlenir.

Dolayısıyla, yaratılış açısından o devasa çeşitliliğe bakmaksızın tüm bedenler sadece tek bir beden oluştururlar zira aralarında birini diğerinden ayıracak hiçbir kişisel

fark yoktur. Bu perspektiften bakarsak, başkalarını ve etrafımızdaki tüm dünyayı anlamak ve kendi bedenlerimizin dışındaki her şeyle doğru ilişki kurabilmek için sadece kendi içimize bakmamız ve kendimizi anlamamız yeterlidir.

Aslında davranışımız da zaten böyledir çünkü dışarıdan içimize gireni kavramak ve dışsal güçlere tepki vermek üzere yaratıldık. Dolayısıyla, eğer manevi olarak başkalarından farklı olmazsak ve tüm davranışlarımız standart ve bedenlerimizin çeşitli hayvansal nitelikleri çerçevesindeyse, o zaman sanki hiç yaşamıyor gibiyizdir.

Belirgin manevi bir kişisellik yok ise sanki tüm bedenlerimizi temsil eden ortak bir bedenin parçası gibiyizdir. Diğer bir deyişle, birbirimizden farklı olabileceğimiz tek nokta ruhlarımız aracılığıyla olur. Dolayısıyla, ruhumuz yok ise bir birey olarak yaşadığımız söylenemez.

Ne kadar çok manevi farklılıklara sahip olursak o kadar önemli oluruz, ancak bu farklılıklar var olmazsa o zaman bizler de var olamayız. Ancak içimizde en ufak manevi özellik oluşur oluşmaz o andan itibaren bu koşula manevi doğum denir, çünkü içimizde ilk kez bizi herkesten ayıran bireysel bir nitelik ortaya çıkmıştır.

Dolayısıyla, kişiselliğimizin doğumu ancak genel kitleden kişisel manevi ayrılışımız sayesinde gerçekleşir. Tıpkı yeni ekilen bir tohumda iki çelişkili sürecin birbirini izlemesi gibi: çürüme süreci ve arkasından büyüme süreci. Tohumun daha önceki formdan yani ilk halinden tümüyle sıyrılması gerekmektedir. Şu anki hali tümüyle erimeden, yani fiziksel doğası tümüyle yok olmadan kişi fiziksel bedenden manevi güce geçemez.

Tüm bu safhalardan geçene dek (buna "bir meyvenin yukarıdan aşağıya doğru büyümesi" denir) aşağıdan

Üst Dünyaları Edinmek

Michael Laitman

Yukarıya ilk manevi güç içimizde doğamaz, büyümeye devam edemez ve bize Hayat Verenin seviyesine ve özelliklerine ulaşamaz.

Buna benzer süreçler farklı formlar alsa da cansız, bitkisel, hayvansal ve insansal doğalarda da vardır. Kabala "manevi doğumu" bireyin içerisinde en alt seviyedeki manevi dünyanın en alt niteliğinin ortaya çıkması olarak tanımlamaktadır – yani bu, kişinin "bizim" dünyamız sınırlarının dışına, ilk ve en alt manevi seviyelere geçişidir.

Ancak bu dünyada yeni doğan bir bebekten farklı olarak, manevi olarak yeni doğmuş bir kişi ölmez sadece sürekli olarak gelişir. Kişi kendisini sadece kendi farkındalığının ilk-bilinç noktasından itibaren anlamaya başlayabilir, asla daha önce değil. Örneğin, bizler daha önce var olduğumuz formları hatırlamıyoruz, mesela annemizin rahmindeki cenin halimizi, doğum anımızı, hatta doğduktan sonraki erken bebeklik dönemlerimizi bile. Bizler sadece gelişimimizi algılayabiliriz daha önceki formlarımızı değil.

Bununla beraber, Kabala yaratılışın tüm safhalarını, sadece Yaradan'ın var olduğu durumdan O'nun ilk genel ruhu – manevi varlığı yaratışına dek aşama aşama En Üst manevi dünyalardan en alt manevi seviyeye, en son ve en alt manevi dünyaya inişi anlatmaktadır.

Kabala, bizim dünyamızda bir kişinin en aşağıdan en yukarıya kadar, manevi seviyeleri nasıl algıladığını ve kişinin yaratılışının amacına nasıl geldiğini anlatmaz. Zira yükseliş inişin kanunlarından ibarettir ve her kim anlamak isterse manevi doğumdan En Üst manevi gelişime kadar her basamağı şahsen bağımsız olarak yaşamak zorundadır.

Yükselişlerinin en son safhasına, yani ruhlarının niteliklerinin mutlak ıslah olmuş ilk haline geldikten

sonra tüm ruhlar Yaradan'a geri dönecek ve O'nunla benzerliklerinden dolayı ayrılmaz bir bütün olacaklar, tıpkı yaratılışlarından önce Yaradan'ın ayrılmaz bir parçası oldukları gibi. Başka bir deyişle, kişi manevi doğumundan Yaradan'la tümüyle bütünleşene dek ruh, en alt seviyeden En Üst seviyeye kadar, yani Yaradan'ın seviyesinden indiği 125 seviyeden aynen Yukarı çıkmak zorundadır.

Kabala'da en alt basamak "doğum" olarak, En Üstteki son basamak da "son ıslah" olarak bilinir ve aradaki tüm basamaklar Kutsal kitaplardaki insanların ya da yerlerin isimleri olarak ya da Kabalistik semboller, Sefirot'un isimleri veya dünyalar olarak bilinir.

Yukarıdaki açıklamalardan sonra görüyoruz ki yaratılışın amacını, yaratılışın oluşumunu ve son ıslaha dek yaratılışın tüm aşamalarını tamamıyla gerçekleştirmeden ne yaratılışı ne de kendimizi anlayabilecek kapasiteye sahibiz. Dünyayı sadece kendi içimizden incelediğimiz için yaratılışın yalnızca algılayabildiğimiz kısmını keşfedebiliriz. Bu yüzden de kendimizle ilgili bilgiyi tümüyle edinemeyiz.

Dahası, anlayışımız da sınırlıdır zira bir nesneyi anlayabilmek için onun olumsuz özelliklerini keşfetmemiz lazım ve bizler henüz kendi eksikliklerimizi göremiyoruz. Tersine bir arzumuz yoksa yani bilinçli olarak kendi negatif özelliklerimizi keşfetmek istemiyorsak, doğamız otomatikman olumsuz niteliklerimizi bilincimizden ayırır çünkü bu niteliklerin içimizde var olduğunu algılamak bize çok büyük bir ıstırap verir, dolayısıyla doğamız kendisini otomatikman bu tür hislerden uzak tutar.

Sadece Yaradan'ın niteliklerini edinmek için kendi doğalarının ıslahı üzerine çalışan Kabalistler doğalarının olumsuz niteliklerini ıslah edebildikleri dereceye göre aşama

Üst Dünyaları Edinmek

aşama Yaradan'ı ifşa ederler. Bu olumsuz nitelikler zaten ıslahtan geçtikleri için henüz ıslah olmayan nitelikler sanki kişiye ait değilmiş gibi gelir. Ancak bu koşulda bir Kabalistin aklı ve doğası olumsuz niteliklerini görmesini sağlar.

Önce diğer insanların olumsuz niteliklerini görme eğilimimiz kendimizi analiz etmemize yardımcı olmaz. Zira, insan doğası otomatik olarak negatif hislerden uzak durur, başkalarında gördüğümüz kötü özellikleri hiç kendi üstümüze alınmayız. Doğamız asla aynı kötü özellikleri kendimizde algılamamıza izin vermez.

Aslında, başkalarının kötü özelliklerini tespit etmek bize zevk verdiği için bunu yapabiliyoruz! Dolayısıyla, bu dünyada kendisini bilen bir tek kişi bile olmadığını kesinlikle söyleyebiliriz. Diğer taraftan, bir Kabalist kişinin ilk esas formu olan ruhunu anlayarak insanın doğasının tüm boyutunu ve kökenini kavrayabilir.

Yukarıda yazılanlara göre, yaratılışı tam olarak anlayabilmek için kişi realiteyi Yukarıdan aşağıya, Yaradan'dan bizim dünyamıza doğru ve sonra da aşağıdan Yukarıya doğru incelemelidir. Yukarıdan aşağıya doğru olan yola "ruhun bu dünyaya aşama aşama inişi" denir. Bu süreç, bizim dünyamızla karşılaştırdığımızda ruhun algılanması ve gelişimidir, tıpkı babanın tohumu ile ceninin anne rahminde oluşması gibi.

Kişiye tümüyle Yaradan'dan uzak olduğu hissiyatı olan en alt seviye ifşa olana dek, tıpkı ebeveynlerinin meyvesi olarak ilk şeklini tamamen kaybetmiş bir tohum gibi, fiziksel olarak bağımsız bir organizma olamaz. Ancak tıpkı bizim dünyamızda olduğu gibi, manevi dünyada da kişi tümüyle Köküne bağımlı olarak gelişir ta ki Kaynağının yardımıyla tümüyle bağımsız manevi bir varlık haline gelene kadar.

Michael Laitman

Üst Dünyaları Edinmek

Manevi doğumun gerçekleşmesiyle birlikte kişi kendisini Yaradan'dan daha da uzak bir manevi noktada bulur ve yavaş yavaş Yaradan'a doğru yükselişin basamaklarını öğrenir. Manevi dünyanın kanunlarına uygun olarak manevi gelişimin seviyelerinde aşağıdan Yukarıya doğru giden yol "kişisel idrak ve yükseliş" olarak bilinir. Bu, bizim dünyamızda yeni doğan bir bebeğin bu dünyanın kurallarına göre büyümesiyle paraleldir. Kişinin aşağıdan Yukarıya yükselişinin aşamaları ruhunun Yaradan'dan ayrılıp bu dünyaya Yukarıdan inişinin basamaklarının bire bir aynısıdır. Bu nedenden dolayı, Kabala ruhun Yukarıdan aşağıya inişine odaklanır; manevi olarak gelişmek için ise yükselişin basamakları her bir kişi tarafından bağımsızca gerçekleştirilmelidir.

Dolayısıyla, hiçbir koşulda öğrenciye müdahale edilmemesi gerekir ayrıca hiçbir manevi harekete de zorlanamaz. Öğrencinin manevi gelişimi çevresinde olanları bilinciyle algılamasıyla tayin edilir. Ancak o zaman kişi ıslah edilmesi gereken tüm niteliklerini keşfedip düzeltebilir. Zaten bu nedenden dolayı da Kabalistlerin kişisel manevi edinim ve düşüşlerini paylaşmaları yasaklanmıştır.

Zira iki yol – Yukarıdan aşağı ve aşağıdan Yukarı – bire bir aynıdır, kişi aşağıdan Yukarıya giden yolu anladığında Yukarıdan aşağı olan yolu da anlar. Bu şekilde, kişisel gelişiminde insan, yaratılışından önceki halin anlayışına gelir.

Yaratılışın programı bizim dünyamıza Yukarıdan iner; En Üst seviye bir sonraki alt seviyeyi doğurur ta ki bizim dünyamızda bir bireyin içinde, yaşamlarımızın birinde belli bir anda doğana kadar. O andan itibaren süreç tersine döner ve en son safhaya ulaşana kadar kişiyi manen gelişmeye zorlar.

Ancak manen gelişen kişiler ilerledikçe kendi çabalarını eklemeliler ve kişisel eylemlerini gelişim ve sonuca gelebilmesi için yaratılışın içerisine dahil etmeliler. Bu hareketler yaratılış sürecinin kişi tarafından tekrar inşa edilmesinden oluşur, çünkü kişi ne fiziksel ne manevi doğada olmayan bir şeyi icat edemez. Aynı şekilde, yaptığımız her şey doğadan aldığımız fikirlerden ya da şablonlardan oluşmaktadır. Dolayısıyla, manevi gelişimin tümü manevi doğamıza zaten Yaradan tarafından ekilen manevi dünyaları tekrar inşa etmeye yönelik bir arzudan ibarettir.

Bu kitabın ilk bölümünde anlatıldığı gibi, bu dünyanın tüm yaratılanları ve onları saran her şey her bir tür için gerekli tüm koşulların mükemmel olarak sağlandığı bir ortamda yaratılmışlardır. Bizim dünyamızda da olduğu gibi, doğa bir canlının büyüyebileceği güvenli ve uygun bir yer sağlar ve bebeğin doğması anne ve babasında ona bakmaları için bir ihtiyacı harekete geçirir.

Manevi dünyada da durum buna benzer, kişi manevi olarak doğana kadar her şey kişinin bilgisi ve müdahalesi olmadan doğal bir süreçle olur. Ancak kişi büyür büyümez varlığını sürdürebilmesi için çaba gerektiren hayatın zorlukları ve rahatsızlıkları ortaya çıkar. Kişi olgunlaştıkça, giderek daha da olumsuz nitelikler ortaya çıkmaya başlar.

Benzer şekilde manevi dünyada da manevi gelişimle beraber kişinin olumsuz yönleri giderek daha bariz olmaya başlar. Bu yapı Yaradan tarafından doğayı kullanarak hem bizim dünyamızda hem de manevi dünyalarda özellikle yaratılmıştır ki doğru gelişim seviyesine ulaşabilelim, zira kişi ancak sonu gelmeyen hayatsal sıkıntılarla "komşunu kendin gibi sev" koşuluna gelerek mutluluğu edinebileceğini anlar. Ve ancak o zaman kendimizle "doğanın" Yukarıdan aşağı oluşumları arasında yeni bir ilişki keşfedebiliriz.

Dolayısıyla, ne zaman doğada "yanlış uygulamalar" ya da Yaradan'ın "eksikliklerini" görsek bu durumu kendi doğamızı ve etrafımızdaki dünyaya olan yaklaşımımızı tamamlamak için bir fırsat olarak değerlendirmeliyiz. Dışımızdaki her şeyi ve herkesi manevi dünyalardan inişine uygun olarak, tıpkı kendimiz gibi sevmeliyiz. Ve ancak bu şekilde Yaradan'la tamamen bütünleşebilir ve sonsuz haz ve iyilik olan yaratılışın amacına ulaşabiliriz. Bunların hepsi edinebileceğimiz şeylerdir ve Yaradan asla yaratılışın planından vazgeçmeyecektir, çünkü O bu planı bizlere mutlak haz ve iyilik verme Arzusu ile oluşturdu.

Bizim işimiz sadece manevi dünyalardan bu dünyaya inişi çalışmak ve aşağıdan Yukarıya çıkarken kendi davranışlarımızı nasıl düzenleyeceğimiz anlayışını edinmektir. Yaradan'ın bizlerden talep ettiği tıpkı bizler gibi doğamıza aykırı görünen o tuhaf "başkalarını kendin gibi sevme" hissi (bize yakın olan aile vs. gibi bireyleri sevmekten bahsetmiyoruz zira yakınlarımız zaten kalbimize de yakındır) içimizde "benliğimize" yönelik bir çelişki yaratmaktadır, tıpkı diğer özgecil hisler ya da egoizmin inkâr edilmesinin verdiği hisler gibi.

Ancak, kişisel isteklerimizden feragat edebilir ya da onları daraltabilirsek, o zaman egoizmden boş kalan manevi alan Üst Işığı almak için kullanılabilir, ki Işık bu boşluğu doldurup genişleterek etkiler. Bu iki harekete "hayatın nabzı" ya da "ruh" denir ve bunlar zaten daha da fazla daralıp genişleme hareketleri gerçekleştirebilirler.

Üst Dünyaları Edinmek

Michael Laitman

Sadece bu şekilde kişinin manevi kabı Yaradan'ın Işığını alabilir ve genişleyen ruh yükselir. Daralmaya hem dış bir güç hem de kabın içsel niteliklerinin hareketleri sebep olabilir. Daralma safhasında dış bir etkinin ıstıraplı baskısına karşı koyabilmek için kap doğası gereği kendi içinde genişleme koşulu yaratır ve böylece dış basıncın etkisini kendisinden kaldırır.

Bu daralma kabın kendisi tarafından yapılırsa o zaman kap tekrar orijinal haline kendi başına genişleyemez. Ama Yaradan'ın Işığı bu kaba girer ve doldurursa, kap o zaman eski geniş haline gelebilir. Ve bu Işığa "hayat" denir.

Hayatın kendisi varoluşun özünü edinmektir, bu ancak daha önceki daralmalar vasıtasıyla mümkün olabilir, zira kişi yaratıldığı manevi sınırları aşacak kapasiteye sahip değildir. Kişi daralmayı ilk kez sadece dış bir baskının etkisiyle gerçekleştirebilir, ya da Yaradan'a daha Üst manevi güçlerin yardımı için dua ederek, çünkü kişi ilk yardımı alana kadar – hayat – ruhunun içerisine girene kadar, kişinin ruhun bu doğaya aykırı koşulunu yaratması kendi gücü dahilinde değildir.

Kişi Üst Gücün yardımına bağımlı ve kendi başına "daralma" gerçekleştiremezken, henüz canlı olarak kabul edilmez, zira "hayatta olmak" bağımsız hareket edebilme yeteneğine sahip olmak demektir.

Yaratılışın tüm safhaları ve kavramları anlaşılır bir şekilde otantik Kabala öğretilerinde bulunmaktadır. Kabala Yaratılıştaki her şeyi ikiye ayırır: Işık (Or) ve kap (Kli). Işık basınçtır ve kap zevk alma arzusudur. Haz, zevk alma arzusuna girince bu arzunun içerisine zevk alma isteğini verir. Işığın eksikliğinde, kap neyden zevk alacağını bilemez. Dolayısıyla, kap hiçbir zaman bağımsız değildir, sadece Işık

ne tür bir zevk alacağını belirler, yani düşünceleri, arzuları ve tüm özelliklerini belirleyen Işık'tır. Bu nedenden dolayı, kabın manevi değeri ve önemi kabı dolduran Işık tarafından tayin edilir.

Dahası, kabın zevk alma arzusu ne kadar büyük olursa kap da o kadar "bayağı"dır ve Işığa o denli daha fazla bağımlıdır ve o kadar da bağımsızdır. Diğer taraftan da, kap ne kadar "bayağı" olursa alacağı zevk de o kadar büyük olur. Bu paradoks, Işıkla kabın karşılıklı zıt niteliklerinin sonucu olarak ortaya çıkar. Manevi çalışmamızın ödülü Yaradan'ı ifşa etmektir, ancak bizim "Ben" imiz Yaradan'ı kendimizden gizleyen bir perdedir.

Bireyi belirleyen şey fizyolojik bedeni değil arzusu olduğundan her ortaya çıkan yeni istekle sanki yeni bir kişi doğmuş gibidir. Bu şekilde ruhların dolaşımı kavramını anlayabiliriz, yani her yeni düşünce ve arzuyla kişi yeniden doğar, zira arzu yenilenmiştir.

Dolayısıyla, eğer kişinin arzusu hayvansal ise, o zaman kişinin ruhu bir hayvanın bedenine girmiştir denir, öteki taraftan da, eğer arzusu yükseltilmişse o zaman kişinin erdemli olduğu söylenir. Kişi ruhların dolaşımı sistemini ancak bu şekilde anlamalıdır. Kişi zaman zaman kendi içinde düşünce ve arzularının ne kadar çeliştiğini açıkça algılayabilir sanki bir değil de birkaç kişiymiş gibi hisseder.

Ancak kişi her seferinde belli arzuları yaşadıkça ve eğer bu arzular da gerçekten güçlüyse, o an içinde bulunduğu koşulun tümüyle zıttı başka bir koşulun olabileceğini hayal bile edemez. Bunun nedeni kişinin ruhunun ölümsüz olmasıdır zira Yaradan'ın bir parçasıdır. Bu yüzden kişi herhangi bir koşulda sonsuza dek kalacağını hayal eder.

Üst Dünyaları Edinmek

Michael Laitman

Ancak Yaradan kişinin ruhunu Yukarıdan değiştirir, ruhların dolaşımı bundan oluşur, bu şekilde önceki koşul ölür ve "yeni bir kişi doğar." Benzer bir şekilde manevi yükselişlerimizde, esinlenmelerimizde ve düşüşlerimizde, mutluluk ve hüzünlerimizde bir koşuldan başka bir koşula geçebileceğimizi kavrayamayız ve manevi yükseliş esnasında da manevi gelişim dışında herhangi bir şeye ilgi duyabileceğimizi bile düşünemeyiz.

Tıpkı ölü bir adamın hayat gibi bir koşulun var olabileceğini hayal edemeyeceği gibi, yaşayanlar da ölümü düşünmezler. Tüm bunlar sadece Yaradan'ın varoluşundan ve dolayısıyla ruhun sonsuzluk doğasından kaynaklanan koşullardır.

Tüm realitemiz özellikle bizi manevi dünyaları algılamaktan alıkoymak için yaratılmıştır. Bin bir düşünce bizi amacımızdan saptırır ve odaklanmaya çalıştıkça daha büyük engeller yaşamaya başlarız. Bütün bu engellere karşı tek çare Yaradan'dır. Yaratılışın amacında bu vardır bu yüzden kişisel kurtuluşumuz için Yaradan'a döneriz.

Tıpkı yemek yerken çocuklara masallar anlatarak dikkatlerini dağıttığımız gibi Yaradan da bizleri iyiliğe yöneltmek için özgecil gerçeği egoist sebeplerle sarar ki bizler maneviyatı yaşamak isteyelim. Ancak manevi hayatı tattıktan sonra bunun içerisinde kendimiz yer almayı arzulayabiliriz.

Manevi gelişim yolumuzun tamamı manevi nitelikleri edinmek amacıyla Yaradan'la birleşmek ve manevi bütünlük sağlamak prensibi üzerine kurulmuştur. Sadece maneviyatla ilişki içerisindeyken orada rol alabiliriz.

Bu nedenden dolayı, kişinin aynı amaca ulaşmak isteyen bir grup dostu ve bir hocası olması çok önemlidir: kişi kendisi fark etmese de günlük ilişkilerinde bile beden tarafından engellenmeye maruz kalmadan manevi arzular edinebilir.

Michael Laitman

Üst Dünyaları Edinmek

Görebiliriz ki, birey ne kadar manevi amaçları yüksek olan kişiler arasında olmaya çalışırsa düşünceleri ve arzularının da bu çevre tarafından etkilenme olasılığı o kadar yüksektir.

Gerçek bir çaba, bedenin arzusuna karşı yapılan bir çabadır ve eğer bariz bir örnek varsa ve bir çok kişi de bunu uyguluyorsa doğamıza aykırı gelse bile çaba sarf etmek daha kolay olur. (Çoğunluk bilinci tayin eder; herkesin çıplak olduğu bir saunada ya da ilkel bir toplumda kişinin elbiselerini çıkarması zor değildir.)

Ancak, bir grup dost ve öğretmen sadece yardımcı araçlardır. Manevi yükseliş sürecinde Yaradan her zaman kişiyi yardım için Kendisine dönmeye zorladığından emin olur.

Neden hem yazılı bir Tora (dünyevi kelime anlamı Hz Musa'nın yazdığı Tevrat'tır, ancak manevi çalışmada Tora Işık anlamına gelen "Or" kelimesinden gelir ve Yaradan'ın ıslah eden Işığı olarak adlandırılır) yani manevi yasaların yazılı olduğu peygamberlerin kutsal kitapları gibi bir kitap hem de ayrıca sözlü olan vardır? Bunun cevabı basittir: yazılı olan bizlere Yukarıdan aşağıya oluşan manevi süreci anlatmaktadır. Ve bu anlatım için tarihsel gelişimler, yasal belgeler, peygamberlerin dili ve Kabalistik öğretileri kullanmasına rağmen sadece bu süreci anlatır.

Ancak, manevi yasaların verilişinin asıl nedeni kişinin aşağıdan Yukarıya manevi yükselişi ve Yaradan'ın Kendisine ulaşması içindir, bu yol her birey için kişisel bir yoldur ve o ruhun niteliklerine ve özelliklerine göre manevi yolu tayin edilmiştir.

Dolayısıyla her bir kişi manevi dünyaların seviyeleri boyunca her yükselişi kendine özgü bir şekilde algılar. Manevi yasaların kişiye aşağıdan Yukarıya yükseldikçe ifşa olmasına "sözlü Tora" denir, çünkü her bir kişiye tek bir

Üst Dünyaları Edinmek

Michael Laitman

anlatım şekli vermek ne gereklidir ne de mümkündür. Her birey Yaradan'a dua yükselterek kişisel olarak algılamalıdır, dua sözeldir (Kabala'da dua kalpteki arzu olarak bilinir, ancak dünyevi yansıması sözler olduğundan sözel kelimesi kullanılmıştır.)

Manevi çalışma ve kişisel gelişim yolunda gösterdiğimiz tüm çaba sadece çaresizliğimizi fark edip Yaradan'a yardım istemeye dönmemiz içindir. Elbette ki, ihtiyaç duyana kadar kendi hareketlerimizi değerlendirip Yaradan'a yardım çağrısında bulunamıyoruz. Ne kadar kendi üzerimizde çalışırsak Yaradan'a karşı kederimiz de artar.

Eninde sonunda yardım Yaradan'dan gelse de bunun için dua etmeden yardım alamayız. Dolayısıyla her kim manevi yükselme sürecinde ilerlemek istiyorsa her tür hareketle çaba sarf etmelidir. Oturup bekleyen kişiye de "akılsız oturup kendi kendisini yiyor" denir.

Ne tür bir hareket olursa olsun "çaba" kişinin bedeninin arzusuna karşı koyarak yaptığı her şey olarak tanımlanır. Örneğin, kişi bedensel arzularına karşın uyursa bu davranış da çaba sayılır. Ancak esas problem kişinin her zaman gösterdiği çabaya karşılık ödül beklentisinin olmasıdır. Egoizmi aşmak için kişi herhangi bir ödül beklentisi olmadan çaba göstermeye çalışmalıdır. Dolayısıyla, bunu yapabilmek için kişi Yaradan'dan güç talebinde bulunmalıdır, zira beden bir ödül olmadan işlemez.

Ancak tıpkı bir sanatkarın, çalışırken ödülü değil de sadece zanaatını düşündüğü gibi, Yaradan'ı seven bir kişi egoizmini zapt edebilmek için Yaradan'dan güç talep eder. Bu şekilde, Yaradan arzuladığı için kişi O'na yakınlaşır, bu yakınlığın sonucu olarak sonsuz haz alacağı için değil.

Michael Laitman

Üst Dünyaları Edinmek

Kişi ödül için çalışmadığı zaman sürekli mutludur çünkü Yaradan'ın yardımıyla, ne kadar çok çaba sarf ederse hem kendisi için hem de Yaradan için mutluluk vardır. Bu yolla kişi sanki sürekli ödüllendirilmektedir.

Bu nedenden dolayı, insan eğer kişisel ıslahın çok zor olduğunu ve bundan hiçbir zevk almadığını hissediyorsa hâlâ egoizminden kurtulamadığının bir işaretidir ve henüz kitlelerden ayrılıp bu dünyada Yaradan adına çalışan bir kaç kişinin var olduğu insanlar arasına girememiştir.

Ama Yaradan adına olup da kendisi için olmayan bir şeye en asgari çabayı harcamanın bile ne kadar zor olduğunu hisseden bir insan şimdiden kitlelerle Kabalistlerin var olduğu manevi hissin arasında bir yerdedir.

Kitleler doğru eğitilemezler çünkü kişisel ödül olmadan çalışmayı kabullenmeleri mümkün değildir. Kitleleri eğitmenin temeli egoizmi ödüllendirme üzerine inşa edilmiştir. Bu nedenden dolayı kitlelerin dini vecibelerini yerine getirmeleri zor değildir ve hatta bu kuralları daha katı tutabilmek için hayatlarını daha da zorlaştırmak için yeni yollar bile ararlar. Ancak ilk basamak olan, sadece bir inanan olmak herkes için gereklidir. 12. yy büyük kabalistlerinden RAMBAM herkesin önce küçük çocuklar gibi eğitildiğini yazar, yani kurallara uymanın gelecek dünyada kişisel fayda getireceği anlatılır. Daha sonra aralarından bir kaç tanesi olgunlaşır ve biraz erdemlik sahibi olurlarsa ve gerçeği bir hocadan öğrenirlerse, egoizmden yavaş yavaş sıyrılmanın yöntemini öğrenme safhasına gelebilirler.

Genellikle, kişinin çabasının karşılığında görmek istediği şey ödüldür, yaptığı şeyler bir çok farklı alanda olsa bile. Kişi ödül olmadan hiçbir şey yapamaz, ama almak istediği ödülü egoist hazlardan özgecil (ihsan eden) hazlara çevirebilir.

Üst Dünyaları Edinmek

Michael Laitman

Örneğin, bir çocuğun oyuncağından aldığı mutlulukla bir yetişkinin maneviyattan aldığı mutluluk arasında bir fark yoktur. Fark sadece hazzın dışsal formunda, kıyafetindedir. Ancak bu formu değiştirebilmek için, tıpkı dünyamızda olduğu gibi, kişinin büyümesi gerekmektedir. O zaman, kişinin oyuncak yerine manevi bir arzusu olur, dolayısıyla kişinin egoist arzusu da özgecil bir arzuyla yer değişir.

Bu nedenden dolayı Kabala'da manevi çalışmanın insana haz duyma isteğinden kaçınmasını öğrettiği tümüyle yanlış bir düşüncedir. Hatta durum bunun tam tersidir; Kabala öğretisinin prensiplerine göre kişi arzularını bastırırsa, Yaradan'ın insanlara verdiklerini kullanmama günahına karşılık bir fedakarlıkta bulunması gerekir.

Yaratılışın amacı ruhlara sonsuz mutluluk vermektir ve böyle bir haz ancak ihsan etmekte bulunabilir. Kabala'nın bizlere öğretilmesindeki amaç bu öğreti yardımıyla aldığımız hazzın dışsal formunu değiştirmemiz gerektiğine ikna olabilmemizdir ki gerçek kişi için şu anki gibi acı olmaktansa tatlı olsun.

Hayatımız boyunca ya yaşımızın ilerleyişi ya da içinde yaşadığımız toplumdan dolayı zevk aldığımız şeylerin dışsal kıyafetlerini değiştirmeye zorlanırız. Kelime hazinemizde zevki tanımlayacak kelime yoktur. Bunun yerine sadece şekli, kıyafeti, nesneyi tarif eden kelimeler vardır yani zevk alınan nesnelere verilen isimler bulunur: yemek çeşitleri, doğa, oyuncak. Bizler zevk alma çabamızı çeşidine göre tarif ederiz, mesela "ben balık severim" deriz.

Kabala çalışanların tercih ettiği haz şu soru ile tayin edilir; kişi için önemli olan Kabala mıdır yoksa Kabala'yı veren mi? Yani kişi için Kabala, Yaradan'dan aktarıldığı için mi önemlidir? Yoksa Yaradan mı daha önemlidir, ya da dini

gelenekleri uygulayarak Yaradan'dan alma beklentisinde olduğu ödül mü?

Problemin karışıklığı aslında manevi koşulu edinmenin kısa ve basit bir yolunun olduğu gerçeğindedir, ancak egoizmimiz bu yolda gitmemize izin vermemektedir. Bizler kural olarak, egoizmimiz tarafından dikte ettirilen zor ve ıstırap dolu yolu seçiyoruz; ve başlangıç noktasına birçok acıdan sonra dönüyor ve ancak o zaman doğru yolu izliyoruz. Kısa ve kolay yol inanç yoludur, uzun ve zor olan yola ise ıstırap yolu denir. Ancak manevi yolu seçmek kişiye ne kadar zor gelse de, bu yolu seçtikten sonra izlemesi de o kadar kolaydır.

Alt seviyedeki dünyevi aklımızın önce idrak edip ondan sonra ilerlemeyi talep etmesine "engel" (insanı tökezleten duvar) denir. Herkes bu taşa takılır.

Kabala sadece tek bir ruhtan bahseder, herhangi birimizin ruhundan ve ruhun son basamağa yükselişinden. Hocalarımız şöyle yazar; Hz. Musa'nın (Musa kelimesi Aramikçe'de Moşe olarak okunur ve Limşoh – çekmek fiilinden gelir ve kişinin kendisini egoizminden çekmesi anlamındadır) kolları (kollar manevi köklerde inanç anlamındadır) güçsüzleşti, düşmanlarıyla (düşmanı olarak tanımladığı şey kendi egoist arzu ve düşünceleridir) olan savaşını kaybetmeye başladı. Sonra yaşlı olanlar (yani erdemli düşünceleri) onu bir taşın (egoizmin) üzerine oturttu (kendi aklını aşağı çekti) ve kollarını kaldırttılar (yani egoizminin üstüne çıkardılar) ve altına bir taş koydular (inancı sıradan egoist aklın üzerine taşıdılar) ve böylece İsrail (İsrail kelimesi Yaşar (direkt-doğrudan) ve El (Yaradan) kelimelerinden gelir ve Yaradan'a direkt anlamındadır, hangi dinden, ülkeden ve ırktan olursa olsun her kim kendisini Yaradan'a doğru manevi yükselişe yönlendirmişse o kişiye İsrail denir; zira manevi bir arzu her insanda olabilir ve bu arzunun kişide ifşa olması sadece Yaradan'a bağlıdır) kazandı.

Ayrıca, atalarımızın putperest (yani insanın arzularının egoist ve sadece kişisel menfaatine yönelik olması) oldukları ve kaçtıkları yazılır (Zion kelimesi de bu manevi anlatımdan gelir ve kökü Yetsira kelimesidir, Yetsiot kelimesiyle bizlere anlatmak istediği egoizmden kaçarak Işığı almak anlamındadır).

Yeni başlayan bir Kabalistin dünyasında, sadece iki hâl vardır: ya ıstırap çekmek ya da Yaradan'ı algılamak. Kişi egoizmini ıslah edip kişisel düşünce ve arzularını Yaradan'a yönelttene dek etrafını saran dünyayı sadece ıstırabın kaynağı olarak hisseder.

Fakat daha sonra kişi Yaradan'ı algıladığında Yaradan'ın tüm dünyayı doldurduğunu ve tüm dünyanın ıslah olmuş manevi nesnelerle doldurulmuş olduğunu görür. Ancak bu tür bir görüntü sadece kişi manevi duyuyu edinirse mümkün olur. O noktada, geçmişte yaşanmış tüm sıkıntılar gerekli ve aslında güzel koşullar olarak görülür zira kişi ıslahı geçmişte edindiğini görür.

En önemlisi, kişi kimin Yöneten olduğunu bilmeli ve bedenin (elbette Yaradan'ın isteği doğrultusunda) sürekli olarak her şeyin tesadüfen olduğunu iddia etmesine karşın bu dünyada her şeyin sadece O'nun isteğiyle meydana geldiğinin farkına varmalıdır.

Ancak bedene rağmen, birey bu dünyada olan her şeyi ödül veya cezanın izlediği inancına sıkıca tutunmalıdır. Örneğin, eğer kişi birden manevi yükseliş için bir istek duyarsa, bunun tesadüf olduğunu düşünebilir. Doğru hareket etmesi için Yaradan'a bir talepte bulunmuştur, kendisine derhal bir cevap gelmediğinden geçmişteki duasına yeterince önem vermemiş ve unutmuştur. Ancak bu arzu geçmişte doğru yaptığı bir şeyin ödülüdür – doğru hareketi yapmak için Yaradan'a ilettiği talebin karşılığıdır.

Veya, eğer kişi manevi olarak bir yükseliş hissederse ve hayatta bu tür yüce hislerden başka bir şey olmadığını ifade edebiliyorsa anlamalıdır ki, (1) bu his kendisine Yaradan tarafından önceki dualarına gönderilen bir cevaptır ve (2) böyle bir ifade ile kişi bağımsız olarak çalışabilmesinin Yaradan'dan ziyade kendi gücüne ait olduğunu ortaya çıkarmış olur.

Bu demektir ki, kişinin manevi yükselişi Yaradan'ınkinden ziyade kendi eylemlerine bağlıdır. Dahası, eğer kişi çalışma esnasında aniden öğrenmenin amacını algılamaya başlarsa, bir kez daha bunun tesadüf olmadığını ve böyle bir durumun Yaradan tarafından gönderildiği inancını pekiştirmelidir.

Dolayısıyla, çalışma sırasında kendimizi Yaradan'ın Takdiri'ne bağımlı olduğumuz pozisyona koymalıyız ki İlahi Takdir'e olan inancımızı güçlendirebilelim. Yaradan'a bağımlı olduğumuzda Yaradan'la bağ oluştururuz ve bu koşul sonunda bizi tümüyle Yaradan'la bütünleşme koşuluna getirir.

Üzerimizde etki eden birbirine iki zıt güç vardır: Yaradan'ın Arzusu'nu yaşamanın ve her şeyin O'nun hatırı için yapılmasının hayatın en yüce amacı olması gerektiğini hissettiren özgecil (ihsan eden) güç ve her şeyin insanoğlu için ve onlar tarafından yapıldığını kabul eden egoist güç.

Aslında her koşulda daha Üst güç olan özgecil güç üstün gelse de, uzun ve ıstıraplı bir yol mevcuttur. Ancak, kısa bir yol da vardır, buna manevi çalışma yolu olan, Kabala'nın yolu denir. Her birey gönüllü olarak, elinden geldiğince çaba sarf ederek bu yolu ve kişisel ıslah sürecini kısaltmaya

Üst Dünyaları Edinmek — Michael Laitman

çalışmalıdır, aksi takdirde, yaratılışın amacına gelebilmek için gönülsüzce acının yolunu kabullenerek ilerler. Yaradan kişiyi eninde sonunda maneviyata getirecektir, yaratılışın amacı budur ve bu kaçınılmazdır.

Kişinin en doğal hissi kendisine olan sevgisidir, bu koşul yeni doğanlarda ve çocuklarda daha açık örnek teşkil eder. Ancak kişisel sevginin doğurduğu ve sayısız şiir ve hikâyenin de temasını oluşturan, başka bir kişiye duyulan sevgi de bundan daha az doğal değildir. Sevginin ve bu oluşumun ortaya çıkardığı süreçlerin hiçbir bilimsel açıklaması yoktur.

Hepimiz yaşamlarımızda karşılıklı sevgi olan bu doğal olguyla, bu hissin dalga dalga kabarmasıyla ve sonra da garip bir şekilde düşüşüyle karşılaşmışızdır. Tam olarak da bu karşılıklı sevgide his ne kadar güçlü olursa o kadar çabuk geçer.

Tam tersi olarak da, bir kişinin çok hafif bir hissi başka birisine karşı genellikle çok yoğun ve güçlü bir his doğurur fakat bu ani duygu dönüşü ilk sevgi hissini elbette azaltabilir. Bu çelişki bir kaç sevgi türü örneğinde görülebilir: cinsiyetler arasındaki sevgide, ebeveynler ve çocuklar arasındakinde ve benzer sevgi durumlarında.

Hatta diyebiliriz ki, kişi bir başkasına sevgisini çok gösterirse, diğer kişinin kendisini özlemesine ve daha yoğun sevmesine olanak vermez. Dolayısıyla gösterilen büyük sevgi, sevilenin sevgisinin büyüklüğünü göstermesine olanak tanımaz, tam tersine sevgiyi nefrete dönüştürür. Bunun nedeni sevilen kişinin sevdiğini kaybetme korkusunun kalmamasıdır, zira karşısındakinin koşulsuz, sonsuz sevgisini yaşamaktadır.

Ancak bizim dünyamızda bir başkasını egoistçe bile sevme olanağımızın olması çok ender görünen bir şeydir, dolayısıyla özgecil sevginin bizlere tümüyle yabancı ve edinilemez bir his olarak gelmesi hiç şaşırtıcı değildir. Yaradan tarafından bizlere ihsan edilen şey tümüyle özgecil sevgi olduğundan, Yaradan bize olan bu sevgisini bizler bu sevgiye tam ve sürekli karşılık verebilecek nitelikler geliştirene kadar gizli tutmaktadır.

Kendimize yönelik sevgi hissetmediğimiz sürece her türlü sevgiyi kabul edebiliriz. Ancak sevgiyi alıp bununla dolar dolmaz, daha seçici olur alışılmamış yoğun hisler arzulamaya başlarız. Ve tam olarak bu noktada kişinin Yaradan'a yönelik sevgisinin gücünü artırmayı sürekli arzulaması fırsatı bulunabilir. Dalgalanmayan, sabit ve karşılıklı bir sevgi ancak bu sevgi hiçbir şeye bağlı olmazsa mümkün olabilir. İşte bu nedenden dolayı Yaradan'ın sevgisi bizlerden gizlidir ve ancak maneviyatı edinen bir kişinin bilincinde, kişi kendisini egoizmden arındırdığı dereceye kadar ifşa olur, zira egoizm bizim dünyamızda karşılıklı sevginin hissedilmemesinin tek sebebidir.

Egoist olarak yaratılmamızın nedeni hislerimizin sınırlarını git gide genişletme kapasitesine gelip, Yaradan'ın sevgisini gizleyen örtüleri kaldırarak bu sevgiyi artan şekilde hissedebilmemiz içindir. Sadece Yaradan'ın sevgisini hissederek, O'nunla bütünleşmeyi arzulayarak egoizmimizden sıyrılmayı isteyebiliriz. Egoizmin yaratılış üçgeninde üçüncü olduğu söylenebilir (Yaradan, biz ve egoizm) ve bu bizlerin Yaradan'ı seçebilmesine izin verir.

Dahası, Yaradan'ın tüm yaptıkları, yaratılışın mutlak amacı ve O'nun tüm etkisi, bizler nasıl görürsek görelim sadece mutlak ve sonu olmayan bir sevgiden kaynaklanmıştır. Yaradan'dan yansıyan Işık, tüm dünyaları ve bizleri yarattı, bu Işığın sadece minicik bir kıvılcımı bedenlerimizde bulunmakta, yaşamımızı teşkil etmekte ve bizlere ruhumuzun ıslah olduktan sonra ne olacağını hatırlatmaktadır. İşte o Işık O'nun sevgisidir.

Bizlerin yaratılışının nedeni, sadece iyilik yapmak uğruna saf bir arzu, sevme ve yüceltme arzusu, özgecil (ihsan etmek isteyen) saf bir istek (özgecil olduğu için de bizler tarafından anlaşılması mümkün değil), öyle ki bizler O'nun sevgisinin sonucu olarak bu sevgiyi tümüyle sonsuzluğuyla yaşamalı, içinde yüceliği bulmalı ve ayrıca O'na yönelik kendi içimizdeki sevgiyi de tamamıyla yaşamalıyız. Bizim dünyamızdaki koşula zıt olarak, sadece bu iki hissin eş zamanlı olarak yaşanması Yaradan'ın amacı olan sonsuz mutluluğu getirebilir.

Tüm doğamızı bir kelimeyle özetleyebiliriz – egoizm. Egoizmin en net kendisini gösterdiği yer kişinin "ben"ini algılamasıdır. İnsan aşağılanmak dışında her şeye tahammül edebilir. Hatta aşağılanmayı engellemek için ölmeye bile razı olabilir.

Her ne koşul olursa olsun, ister fakirlik, ister kaybetmek, zarara uğramak, ister ihanet, her zaman olaylara neden olan etkenlerin ve sebeplerin kendi kontrolümüz dışındaki faktörlerden kaynaklandığı bahanesinin arayışı içerisine girer ve maalesef buluruz da. Yoksa kendimizi ne kendi gözümüzde ne de başkalarının gözünde asla temize çıkartamayız çünkü bu doğamıza aykırı.

Doğamız asla kendimizi küçük düşürmemize izin vermez yoksa bizler tarafından "benlik" şeklinde algılanan ve yaratılışın bir parçası olan doğamız tümüyle yok olur ve dünyadan ayrılır. Bu nedenden dolayı, egoizmimizin kendimiz tarafından yok edilmesi mümkün değildir, bu sadece Yaradan'ın yardımıyla mümkün olabilir. Egoizm ancak kişinin yaratılışın amacını kendi rızasıyla kendi gözünde diğer her şeyden daha değerli kılmasıyla yer değiştirebilir.

Michael Laitman

Üst Dünyaları Edinmek

Manevi Çalışma

Yaradan'dan manevi algı talep etmemiz ancak günlük hayatımızdaki problemleri çözmesi için yardım istemememiz gerçeği, Yaradan'ın ilahi yönetimine ve varlığına olan inancımızın ne kadar zayıf olduğunun bir göstergesidir. Ve yaşadığımız tüm olayların bizleri sadece tek bir amaca yönlendirmek için geldiğini anlamadığımızı gösterir: zira problemler onları kendimiz çözmeye çalışalım diye gönderilir.

Fakat aynı zamanda Yaradan'dan çözüm için yardım da talep etmeliyiz, zira her problemin bize O'nun bütünlüğüne ve tekliğine olan inancımızı güçlendirmek için geldiğine inanmalıyız.

Eğer gerçekten her şeyin Yaradan'a bağlı olduğuna inanırsak, o zaman gerçekten de Yaradan'a dönmek zorunda kalırız, elbette O'nun sorunlarımızı çözmesi ümidiyle değil, sadece tüm bu problemleri O'na bağımlı olabilmek için bir fırsat olarak kullanmalıyız.

Tabii ki kişisel dürtülerimize de ihanet etmemek için, tıpkı etrafımızdaki diğer insanlar gibi problemlerimizi kendi başımıza çözmeye çalışmalıyız. Manevi bir düşüş, içinde bulunduğumuz koşulun üstüne çıkıp manevi yükselişe geçebilmemiz için Yaradan tarafından gönderilir. Ve Yukarıdan gönderildiği için de bize anında gelir, bir anda ortaya çıkar ve neredeyse her zaman bizi hazırlıksız yakalar. Fakat o koşuldan çıkmak, yani manevi yükseliş yavaş yavaş olur, tıpkı bir hastalıktan iyileşmek gibi, zira düşüş koşulunu tümüyle algılamalı ve bunu kendimiz aşmaya çalışmalıyız.

Eğer manevi yükseliş esnasında, kötü niteliklerimizi inceleyebilir, sol çizgiyi sağ çizgiyle birleştirebilirsek o zaman bir çok manevi düşüşten kendimizi alıkoyabiliriz, sanki düşüşlerin üzerinden atlıyormuş gibi oluruz. Ancak sadece sağ çizgiye tutunabilenler, yani egoist ıstıraba karşın Yaradan'ın eylemlerini haklı gören kişiler, doğru yolda kalıp manevi düşüşlerden kaçınabilirler.

Bu kavram kutsal kitaplarda zoraki savaş (Milhemet Mitsva) ve gönüllü savaş (Milhemet Reşut) olarak geçer: egoizme karşı zoraki savaş ve eğer kişi kendi çabasıyla ve arzusuyla egoizme karşı savaşabilirse gönüllü savaş olarak tanımlanır.

Kendi üzerimizde yaptığımız içsel çalışmayı, egoizmi aşmak için sarf ettiğimiz çabayı, Yaradan'ı her şeyin üzerine yükselttiğimizi, O'nun her şeyi yönettiğine dair inancımızı güçlendirişimizi, bu koşulların hepsini gizli tutmalıyız, tıpkı geçirdiğimiz tüm diğer manevi koşullar gibi. Ayrıca, insan bir başkasına nasıl davranması gerektiği konusunda da nasihat veremez. Eğer bir başkasının egoist işaretler verdiğini görüyorsak, bu işaretleri yorumlayabilecek olan o kişinin kendisidir, zira tüm evrende Yaradan'dan başka kimse yoktur.

Bu şunu belirtmektedir; kişinin gördüğü ve hissettiği her şey Yaradan'ın o kişinin içinde tüm bu olguların farkına varılmasını sağlama arzusudur.

Bizi saran her şey sadece sürekli olarak Yaradan'ı düşünmemizi, Yaradan'dan maddi, fizikseli, sosyal çevreyi ve yaratılışın diğer koşullarını değiştirmesini istememiz gerektiğini anlamamız içindir.

Her birimizin, tamamı egoizmimizden ve her koşulda mutluluk ve huzur içerisinde olma arzumuzdan kaynaklanan sonsuz sayıda arzuları vardır. Hayatımızdaki her ihtar ya da hayatın kulağımızı çekmesi hissettiğimiz her bir eksiklikle

başa çıkabilmemiz içindir ve hayat bunları bize bilimsel olarak açıklamaktadır.

Kabala'nın manevi yaklaşımı, yeni başlayan bir kişiye bile, Üst Güçlerin var olduğu bir dünyayı açar ve kendimizle manevi nesneler arasındaki farkı anlayabilmemizi sağlar. Bu şekilde, kişi kendi içi vasıtasıyla kendisinin ne olduğunu ve ne olması gerektiğini öğrenir. Dolayısıyla, dünyevi hayatın gerekliliği tamamıyla ortadan kalkar, özellikle de dünyevi hayatın arzulanan sonuçları getirmeyeceği gerçeği ışığından bakarsak.

Kendi içimizdeki iki gücün – egoist ve manevi güçlerin çatışmasına şahit oldukça, yavaş yavaş bedenimizi dışarıdan bir zorlama olmadan, kendi doğamızla manevi doğanın, Yaradan'ın nitelikleriyle kendi niteliklerimizin yer değiştirmesi için zorlarız.

Kabala, her bir yanlışı ıslah etmektense tüm kötülüğünün kaynağı olan egoizmimizi ıslah etmemiz gerektiğini önermektedir. Geçmiş, şu an ve geleceği şimdiki zamanda hissederiz. Bizim dünyamızda, bu üç zaman da şimdiki zamanda fakat farklı hisler olarak algılanır. Bu farklı hisler, aklımızın bu üç zaman nosyonunu içsel zaman çizelgesine göre organize edip insana zaman olgusunun var olduğu hissiyatını vermesinden kaynaklanır.

Kabala dilinde bu koşul "Işık – haz"dan alınan farklı etkiler olarak tanımlanır. Herhangi bir anda hissedilen haz şimdiki zaman olarak nitelendirilir. Eğer içsel ise, hazzın üzerimizdeki etkisi çoktan geçmiş demektir, eğer haz kaybolduysa ya da uzaktan bir yansıma varsa bu bizim tarafımızdan mesafe olarak hissedilir ve bunu "geçmiş zaman" olarak algılarız.

Üst Dünyaları Edinmek — Michael Laitman

Eğer haz bizden ayrıldığında Işık kesiliyorsa, eğer artık Işığı alamıyorsak o zaman onun var olduğunu tümüyle unuturuz. Ancak uzaktan yansımaya devam ederse o zaman bizler tarafından unutulup da henüz hatırlanmış geçmiş olur.

Eğer daha önce herhangi bir Işık-haz yaşamadıysak ve birden duyularımızda uzaktan ortaya çıkarsa o zaman bu durumu "gelecek" ("güven Işığı") olarak algılarız.

Başka bir deyişle, şimdiki zamanı içimizde içsel bir edinim, Işık, bilgi, haz olarak algılarız, ama geçmiş ve geleceği uzaktan hatırlanan ya da öngördüğümüz bir hazzın uzak yansıması olarak algılarız. Ancak, her ne koşulda olursa olsun ne geçmişte ne de gelecekte yaşıyoruz, sadece şu anda farklı zamanlar olarak yorumlanan Işığın farklı türlerini algılıyoruz.

Eğer şimdiki zamanda hiçbir haz duymuyorsak, gelecekte bize haz verebilecek bir Kaynağı aramaya başlarız; bize farklı bir his getirecek olan bir sonraki anı bekleriz. Kişisel durumumuzu iyileştirme alanında harcadığımız çaba uzak ve dışımızda olan Işığı şimdiki algımıza çekmeye yöneliktir.

Üzerimize etki eden iki tane güç vardır: ıstırap bizleri arkadan iter ve zevk bizi baştan çıkarıp önden çeker. Genellikle, sadece bir gücün işleyişi yeterli değildir; yani yalnızca gelecekteki bir zevkin beklentisi bizleri ilerletmek için yeterli değildir, zira bu beklentiyi elde etmek için çaba sarf etmek gerektiğinden kişinin tembel doğası ve şu anda elinde olanları kaybetme ihtimali burada işin içine girebilir. Bu nedenden dolayı, bizi arkadan itecek bir gücün – şimdiki zamanda çekilen ıstırap hissinin devreye girmesi gerekmektedir. Tüm hatalar tek bir nihai hatadan doğar – haz alma arzusu.

Genellikle, bu hatayı yapan kişiler nefislerine hakim olamadıkları ve bu zevke karşı koyamayan zayıf iradeleri olduğu konusunda övünmezler. Bu insanların sadece öfkelerinden aldıkları haz açıkça gururlarını ifade etme fırsatı verir çünkü gurur onların erdemliklerini belirler. İşte bu gurur onları anında yere indirir. Bu yüzden öfke egoizmin en güçlü ifade şeklidir.

Fiziksel, maddesel, bedensel ya da manevi ıstırap yaşadığımızda, Yaradan'ın bizi böyle bir ceza ile ödüllendirdiğinden pişmanlık duymalıyız. Eğer pişmanlık duymazsak, o zaman bu ceza değildir, zira ceza sağlık olsun, maddesel ihtiyaçlar olsun üstesinden gelemediğimiz bir koşulun ıstırap hissidir.

Eğer içinde bulunduğumuz durumdan ıstırap çekmiyorsak o zaman henüz Yaradan'dan ceza almamışız demektir. Zira her ceza kişinin ruhunun ıslah olması içindir, dolayısıyla bunu yaşamayarak ıslah olma fırsatını kaçırırız. Ancak, her kim cezayı yaşar ve ıstırabı hafifletmek için Yaradan'a dua edebilirse sadece acı çekme koşuluna kıyasla daha da büyük bir kişisel ıslahtan geçer. Bunun nedeni Yaradan'ın bize gönderdiği cezaların bizim dünyamızdaki cezalardan çok daha farklı sebeplerden dolayı geldiği gerçeğinde yatar. Ceza bizlere Yaradan'ın rızasına (arzusuna) karşı hareket ettiğimizden dolayı gelmemektedir, bizlerin O'na yönelmesi ve O'nunla bağ kurabilmesi içindir.

Dolayısıyla, eğer Yaradan'a bizi ıstıraptan kurtarması için dua edersek, bu durum kişisel gelişimden alıkonulmayı istiyormuşuz gibi algılanmamalıdır, çünkü dua insanın Yaradan'la arasındaki bağ olarak bilinir ve bu basamak acı çekerek ilerlemekten kıyaslanamayacak kadar daha etkilidir.

"Zoraki olarak doğarız, zoraki yaşarız ve zoraki ölürüz." Bizim dünyamızdaki yaşam süreci budur. Ancak bizim dünyamızda olan her şey manevi dünyalarda olanların sonucudur. Yine de, bizim dünyamız ve manevi dünya arasında doğrudan bir benzerlik yoktur.

Bu yüzden kişi (bedenin arzularına karşın) zorlanarak doğar (manevi doğuş, ilk manevi hissi edinmektir), şöyle açıklanabilir; beden asla gönüllü olarak razı olmasa da, bu his kendi "benliğimizden" ayrılışın başlangıcıdır. Yukarıdan alınan manevi hareket ve algılama ile duyu organlarına (Kelim) sahip olduktan sonra manevi bir hayat sürmeye ve yeni dünyamızı keşfetmeye başlarız.

Ancak bu durumda bile, manevi hazlarda olabilmek için bedenin arzularına karşı gideriz ve bu yüzden de "zoraki yaşarız." Sonunda "zoraki ölürüz", yani dünyevi hayatımızın günlük boş işleriyle ilgilenmek durumunda olmayı manevi ölüm olarak tanımlarız.

Her nesilde Kabalistler, çabaları ve yazdıkları kitaplarla, yaratılışın amacına ulaşma ve Yaradan'a yakınlaşma yolunda daha uygun koşullar yaratmak istemişlerdi. Baal Şem Tov zamanından önce sadece bir avuç insan bu dereceye ulaşabilmişti, sonrasında ise onun çalışmaları sayesinde maneviyatı sadece basit bir şekilde çalışan kişiler bile yaratılışın mutlak amacını edinebilmişlerdi. Hatta dahası, Baal HaSulam'ın ve Kabalist Baruh Aşlag'ın çalışmaları sonucunda, bugün bu dünyada, yaratılışının amacına ulaşmak isteyen her insanın bunu başarabilmesi mümkündür.

Maneviyatın yoluyla ıstırabın yolu arasındaki fark ancak kişi ıstırap yoluna devam ederken hakikatin yolunda ilerlemenin çok daha hızlı ve kolay olduğunu fark ettiği

zaman ortaya çıkar. Kabala yolu, çektiğimiz ıstırabı ve bunun tekrar olabileceğini hatırlama sürecinden oluşur. Bu yüzden, çekilen bir acıyı tekrar yaşamaya gerek yoktur, çünkü daha önce yaşananlardan çekilen ıstırabı hatırlamak ve anlamak doğru hareket yolunu seçmek için yeterlidir.

Erdemlik, olanları analiz edebilmekten ve çekilen tüm ıstırabın egoizmden kaynaklandığını anlamaktan geçer. Dolayısıyla, egoizmden kaynaklanan ıstırabın yoluna girmekten sakınacak şekilde hareket etmeliyiz. Gönüllü olarak egoizmi reddettikten sonra artık manevi yolu seçmeliyiz.

Kabalistler tüm dünyanın kendileri için yaratıldığı hissindedirler, yani tüm dünya yaratılışın amacına ulaşmakta yardımcı olmak için vardır. Onlara göre dışarıdan gelen tüm arzular sadece manevi yolda ilerleyebilmek içindir ve bu arzuları kişisel menfaatleri için kullanmayı anında reddederler.

Kişinin, etrafındakilerin olumsuz yanlarını görmesi, onun henüz kişisel eksikliklerinden kurtulmadığının göstergesidir, sonuç itibariyle hâlâ ıslah olması gerektiğini görür. Bu anlayışın ışığı altında, tüm dünya insanoğlunun yükselişine hizmet etmek için yaratılmıştır, zira insanların kendi eksik yanlarını dünyada kötü olarak tanımladığı şeylerde görmelerini sağlar.

Ancak kendi manevi düşüşümüzün derinliğini ve şevkle arzuladığımızdan sonsuz uzaklığı hissederek, Yaradan'ın bize verdiği manevi hissin mucizesini bizi bu dünyanın seviyesinden Kendisine yükselttiği zaman algılayabiliriz.

Yaradan bize ne muazzam bir armağan vermiştir! Sadece içinde bulunduğumuz koşulun derinliklerinden böyle bir armağanın kıymetini bilebilir ve gerçek sevgi ve bütünleşme arzusuyla karşılık verebiliriz.

Çaba sarf etmeden herhangi bir bilgiyi edinmemiz mümkün değildir. Bu, kişinin içerisinde iki koşul doğurur; bilginin gerekliliğini anlamak ki bunu edinmek kişinin sarf ettiği çabaya denk gelir ve bilgiyi edinme sorumluluğunun bize ait olduğunu anlamak.

Dolayısıyla, çaba kişiye iki ön koşul getirir: kalplerimizdeki ve düşüncelerimizdeki arzu, ya da yeni bir şeyi anlayabilmek için zihinsel hazırlık. Bu nedenden dolayı çaba göstermemiz beklenir, aslında bu bir gerekliliktir.

Gerçekte bize bağlı olan tek şey de budur, çaba; çünkü bilginin edinimi Yukarıdan gelir ve bunun ifşası konusunda hiçbir etkimiz yoktur. Dikkat edilecek olursa, manevi bilgi ve algı ediniminde, sadece Yukarıdan talep ettiğimizi ve hazır olduğumuz kadarını alırız. Peki Yaradan'dan bir talepte bulunduğumuzda arzularımızı ve kendi egomuzu kullanmıyor muyuz?

Manevi yükselişte böyle talepler Yaradan'dan karşılık bulur mu? Dahası, daha önce hiç tecrübe etmediğimiz bir şeyi nasıl talep edebiliriz?

Eğer ıstırabın kaynağı olan egoizmden kurtulmayı talep edersek ya da ne olduğunu bilmeden bile manevi nitelikleri talep edersek, Yaradan arzuladığımız hediye ile bizi ödüllendirir.

Eğer Kabala sadece kalpte ve akılda vuku bulan manevi çalışmaya odaklanıyor ve manevi ilerleyişin yalnız bu faktörlere bağlı olduğu üzerinde duruyorsa o zaman dini vecibeleri yerine getirmekle yaratılışın amacı arasındaki ilişki nedir?

Michael Laitman

Üst Dünyaları Edinmek

Aslında kutsal kitapların tüm emirleri Üst dünyalardayken Kabalistlerin yaptıkları manevi hareketlerin birer tarifidir – dolayısıyla aslında fiziksel olarak yapılan dini vecibelerin hiçbiri manevi dünyaları etkilememesine rağmen sadece fiziksel olarak Yaradan'ın İradesi'ni yerine getirmiş oluyoruz. Şüphesiz Yaradan'ın amacı tüm insanoğlunu manevi olarak Kendi seviyesine çıkarmaktır. Ancak manevi öğretinin nesilden nesle aktarılması, ekilen topraklardan sadece birkaç değerli kişinin çıkması sadece kitlelerin belli görevleri yerine getirmesiyle mümkün olur.

Yukarıda anlatılanlar bizim dünyamıza benzeyen bir durum. Yetenekli bir bilim adamının ilerleyebilmesi için tüm diğerlerine de ihtiyaç vardır. Bilginin nesilden nesle aktarılması bazı koşulların oluşturulmasını gerektirir ve buna gelecekteki büyük insanların yetiştirilip eğitildiği akademik enstitülerin kurulması da dahildir. Böylece, ilim adamının başarılarında herkes yer alabilir ve daha sonra o büyük adamın emeğinin meyvelerini paylaşabilirler.

Kabalistler, emsalleri tarafından emirleri uygulamanın otomatik olarak yapıldığı ve Yaradan'a inancın kolay olduğu bir çevrede yetiştirilmiş olduklarından, manevi gelişimlerine devam ederler, diğerleri ise manevi gelişimin ilk basamaklarında kalırlar. Ancak yine de, diğer insanlar gibi bilinçsizce Kabalistin manevi çalışmasında yer alırlar ve bu nedenden dolayı Kabalistin kazanmış olabileceği herhangi bir manevi gelişimden pay alırlar.

Dahası, manevi niteliklerinin bilinçaltındaki parçaları da farkında olmadan ıslah olurlar ve böylece birkaç nesil sonra onların da bilinçli manevi gelişimi gerçekleştirmeleri mümkün olur.

Üst Dünyaları Edinmek — Michael Laitman

Kabala çalışmaya gelen öğrenciler (bazıları bilgi sahibi olmak, bazıları da manevi edinim için) hakkında bile şöyle denilir; "bin kişi dergâha girer, ama bir kişi öğretmeye çıkar." Her koşulda herkes o bir kişinin başarısında yer alır ve herkes katkısıyla kişisel ıslahının bir kısmını edinir.

Manevi dünyaya girdikten ve egoist niteliklerini ıslah ettikten sonra bir Kabalist yeniden başkalarına ihtiyaç duyar: bir Kabalist bu dünyada yaşarken başkalarının egoist arzularını toplar ve ıslah eder ve bu şekilde başkalarının da gelecekte bir zamanda bilinçli olarak manevi çalışma ile ilgilenebilmesine yardımcı olur. Eğer sıradan bir kişi sadece mekanik bir şeyler yaparak da olsa bir Kabaliste yardımcı olabilirse, Kabaliste yaptığı ıslahta onun arzularını kendisine dahil etme fırsatı tanımış olur. Hatta öyle ki, bazı manevi kitaplarda "kişinin hocasına hizmeti ondan öğrenmesinden daha faydalıdır" diye yazar.

Manevi öğrenim süreci egoizmi gerektirir ve dünyevi anlayışımızı kullanır, ancak kişinin hocasına hizmet etmesi hocasının yüceliğine olan inancından kaynaklanır ve bu öğrencinin algısının ötesinde olan bir şeydir. Bu yüzden, öğrencinin hocasına hizmeti manevi niteliklere daha yakındır ve sonuç olarak da daha tercih edilen bir koşuldur.

Dolayısıyla, hocasına yakın olup da ona hizmet eden kişinin manevi yükseliş açısından daha fazla fırsatı olur. Bundan dolayı, Kabalistler, "manevi edinim miras alınmaz hocadan öğrenciye aktarılır" derler. Ve bu prensip nesiller boyunca günümüze kadar süregelmiştir.

Ancak, şimdiki nesil manevi açıdan o kadar alt bir seviyeye düştü ki, bu neslin liderliğini yapanlar bile ailedeki bir sonraki kuşağa aktarıyorlar çünkü tüm bilgileri bedensel seviyededir. Öteki taraftan ise, Yaradan'la ve öğrencileriyle

manevi bağ oluşturmuş kişiler, erdemliklerini sadece alabileceklere aktarırlar, yani en yakın öğrencilerine.

Yaradan'a giden yolda ilerlerken engellerle karşılaştığımızda **Yaradan'dan şunları istemeliyiz:**

1. Yaradan'ın Kendisinin gönderdiği tüm engelleri kaldırmasını, ki böylece bu engelleri kendi yolumuzla aşabilelim ve sahip olmadığımız daha büyük manevi bir gücün ihtiyacında olmayalım.

2. Yaradan'ın bize manevi anlayış için daha büyük bir arzu ve manevi yükselişin önemini bağışlamasını. Bundan sonra artık Yaradan'a ilerlediğimiz yolda engeller bizi durduramaz.

Bizler bireyler olarak hayatımız için her şeyden vazgeçmeye hazırızdır, tabii eğer yaşam bizim için değerliyse. Bu nedenden dolayı, Yaradan'dan bize manevi hayatın tadını bahşetmesi için talepte bulunmalıyız ki hiçbir engel bizi yoldan çıkarmasın.

Manevi arzu bir başkasına mutluluk verme arzusu anlamındadır, kişinin arzusunu sadece başkalarına mutluluk vermek için kullanmasıdır. Manevi hayatta, kişinin kendisini mutlu etmesi gibi bir nosyon yoktur. Maddi dünya manevi dünyaya bire bir zıttır.

Ancak, maneviyat (ihsan etmek) ile maddesellik (egoizm) arasında ortak bir nokta ya da nitelikler yoksa, o zaman kişi egoizmi nasıl ıslah edebilir? Egoizmi ihsan etmeye çevirebilen manevi Işık, egoist bir arzunun içerisine giremez. Dünyanın Yaradan'ı algılayamamasının nedeni, Yaradan'ın Işığının bir objeye girmesinin ancak o objenin niteliklerinin Işığın niteliklerine benzerlik derecesine bağlı olmasıdır. Sadece Yaradan'ın Işığı egoist bir niteliği manevi bir niteliğe çevirebilir. Bunun dışında başka hiçbir yol yoktur.

Bu nedenden dolayı insan yaratıldı: öncelikle, egoist güçlerin etkisi altında var olmak ve bu nitelikler vasıtasıyla manevi hislerden tümüyle kopmak; sonra da manevi gücün etkisi altına girerek, kalbinin merkezinde maneviyatı çalışıp egoist güçlerden aldığı etkileri ıslah etmek için.

Güven ve İnanç

Kutsal kitapta şöyle yazar: Hz. İbrahim, Sarah'ı eşi olarak değil kız kardeşi olarak tanıttı, zira kendisinin öldürülüp eşinin alınacağından korktu. Kabala'da tüm dünya kişinin içerisindedir, zira ruh ıslah olmak ve yaratılışın amacına ulaşmak daha kolay olsun diye 600,000 parçaya ayrılmıştı, bu yüzden İbrahim'e her birimizin içerisinde inancın kişiselleşmesi olarak bakılır.

Bir eş sadece kocasına aittir, ancak kişinin kız kardeşi sadece o kişi için yasaktır, başkalarına değil. İbrahim gördü ki sadece kendisi (inanç) – insana ait tek nitelik – Sarah'ı hayatın temeli yapabilirdi. Ve gördü ki diğer adamlar (kişinin içindeki diğer nitelikler) kendisine (inanca) zarar verebilir, zira Sara (yaratılışın amacı) güzelliğiyle onları baştan çıkarabilir ve onlar da kendi egoist arzularıyla Sarah'a sonsuza dek sahip olmak isteyebilirler. Bu nedenden dolayı, İbrahim Sara'yı (insanın yaratılışının amacı) kız kardeşi olarak tanıttı ve dolayısıyla diğer adamlar (kişinin içindeki diğer nitelikler) için yasak olmadığını ifade etti. Sonuç itibariyle şunu anlamamız gerekir; ıslahı tamamlanana kadar kişi maneviyatı – Kabala'yı – kendi kişisel zevki için kullanma koşulunda olabilir.

Michael Laitman

Üst Dünyaları Edinmek

Tüm manevi safhalar ile bizim içinde bulunduğumuz dünya arasındaki fark, manevi dünyalara ait olan her şeyin Yaradan'ın bir parçası olmasıdır ve insanın manevi ilerleyişini kolaylaştırmak için merdivenin basamakları gibidir. Diğer taraftan, bizim egoist dünyamız, asla Yaradan'ın bir parçası değildi, yoktan yaratıldı ve son ruh ıslahına gelip manevi dünyaya yükselince tümüyle ortadan kalkacak. Bu nedenden dolayı tüm insan aktiviteleri ve nesilden nesle geçen maddesel dünyadan yaratılmış her şey yok olmaya mahkumdur.

Soru: İlk yaratılan tüm Işığı aldı ve reddetti ki utanç hissetmesin; böyle bir koşul nasıl Yaradan'a yakın kabul edilebilir, zira hoş olmayan bir his Yaradan'dan uzaklaşmak demek değil midir?

Cevap: Böyle bir manevi koşulda, geçmiş, şu an ve gelecek tek bir bütün olur. Yaratılış utanç duygusu hissetmedi çünkü Yaradan'la bütünlüğe kendi arzusuyla ulaşmaya karar verdi, dolayısıyla bu kararını ve kararının sonucunu aynı anda hissetti.

Güven ve tehlike hissinin olmaması saran Işığın (Or Makif) etkisinden ve Yaradan'ı şimdiki anda hissetmekten kaynaklanmaktadır. Ancak kişi henüz düzeltilmiş uygun nitelikler edinmediğinden Yaradan iç Işık (Or Pnimi) olarak hissedilmez, sadece saran Işık (Or Makif) olarak hissedilir.

Güven ve inanç benzer nosyonlardır. İnanç, "bir amaç için ıstırap çekmeye psikolojik olarak hazır olmaktır". Kişinin arzusu için, sarf edilmesi gereken çabanın sabır eksikliği ve yorgunluktan başka hiçbir engel yoktur. Dolayısıyla güçlü kişi, ıstırabı kaldıracak güveni, sabrı ve gücü olan kişidir. Zayıf bir kişi ise ıstıraba tahammül edemez ve daha acıların baskısı başlar başlamaz pes eder.

Üst Dünyaları Edinmek

Michael Laitman

Yaradan'ın algılanabilmesi için kişinin akıl ve güce ihtiyacı vardır. Bilinen bir şey vardır ki, kişinin çok değerli bir şeyi edinebilmesi için bir hayli çaba sarf edip birçok sıkıntıdan geçmesi gerekir. Harcadığımız çaba edinmek istediğimiz şeyin bizim gözümüzdeki değerini belirler.

Sabrımızın derecesi yaşamdaki gücümüzü ifade eder. Kırk yaşına kadar gücümüzün en üst noktasındayızdır, ancak bundan sonra yaşam gücü kendimize inanma kapasitemizle birlikte erimeye başlar, ta ki güven ve inanç, bu yaşamdan çıkış anımızda tamamen yok olana dek.

Kabala, diğer tüm dünyevi edinimlere kıyasla, En Üst manevi ilim ve sonsuz bir edinim olduğundan, doğal olarak çok daha yoğun çaba gerektirir, çünkü bu çaba geçici ve kısa vadeli bir şeyi değil bize dünyayı "edindirir". Kabala öğretisini tam olarak kavradıktan sonra, tüm bilimlerin kaynağını gerçek ve tamamen ifşa olmuş haliyle ediniriz. Bu bile kendi içinde ne kadar yoğun bir çaba sarf etmemiz gerektiğini gösterir bize, zira sadece o minik çerçevede anladığımız kadarıyla bile bir ilimde uzman olabilmenin ne kadar çok çaba gerektirdiğini biliyoruz.

Kabala'yı, manevi edinimi, kavramak için gerekli gerçek doğaüstü güçleri Yaradan'dan alırız ve sadece bu güçle manevi yolda karşılaştığımız tüm sıkıntılara tahammül edebiliriz. Bu aşamada manevi edinimi kendi kendimize anlayacak kişisel güven ve yaşam gücünü kazanırız. Ancak, Yaradan'ın yardımı olmadan engelleri aşamayız, (Yaradan'ın örtülü yardımı açıkça görülmektedir, zira her yaratılanda yaşamın sürekliliğini sağlayandır O). Harekete geçmeye ne kadar hazır olduğumuzu belirleyen güç inançtır.

Yolumuzun başında, ihsan etme niteliklerinden mahrum olduğumuzdan Yaradan'ı algılayabilecek duyuya sahip

değilizdir. Ancak yine de, tüm dünyayı yöneten Kadiri Mutlak yüce bir olgunun var olduğunu hissetmeye başlarız ve büsbütün çaresiz hissettiğimiz anlarda bu güce döneriz. İçgüdüsel olarak bunu yaparız.

Yaradan tarafından öyle özel bir nitelik verilmiş ki bizlere dini olgulara ters yetiştiriliş ve görünüşte olsak bile O'nu mutlak gizlilik durumundan dahi keşfetmeye başlayabiliriz.

Nesiller boyu bilim adamlarının doğanın sırlarını keşfettiklerini görüyoruz. Eğer buna benzer bir çabayı Yaradan'ı keşfetmek için harcasaydık, doğanın sırlarının ifşası gibi Yaradan da bizlere Kendisini açardı. Aslında, insanoğlunun tüm arayışları doğanın sırlarının ifşasına yönlendirilmiştir.

Peki Yaratılışın amacını inceleyen bilim adamları neredeler? Tam tersine, genelde bilim adamları daha yüce bir gücün varlığını inkâr edenlerdir.

Bu inkârın nedeni Yaradan'ın bu kişilere sadece mantıklarıyla düşünme yeteneği ve maddesel keşif ve yeniliklerle ilgilenme kapasitesi vermiş olması gerçeğinde yatar. Ancak tam da bu nedenden dolayı, tüm bilimlere rağmen, Yaradan içimize içgüdüsel bir inanç yerleştirir. Doğa ve evren sanki daha Yüce bir gücün varlığını reddediyor gibi görünür bize, dolayısıyla da, bilim adamları doğuştan inancın gücüne sahip değillerdir.

Buna ek olarak, toplum bilim adamlarının çalışmalarından somut sonuçlar beklemektedir ve bilim adamları da buna içgüdüsel olarak itaat ederler. Bu dünyadaki en değerli şeyler küçük miktarlarda bulunurlar ve büyük çabayla elde edilirler ve Yaradan'ın ifşası keşiflerin en zorudur, bir bilim adamı doğal olarak başarısız olmak istemez ve Yaradan'ı keşfetmek gibi bir maceraya atılmaz.

Dolayısıyla, kendimizi Yaradan'ı algılamaya yakınlaştırmak için tek yol çoğunluğun fikri ne olursa olsun içimizdeki inanç hissini yetiştirmektir. İnancın gücü insan doğasında var olan diğer güçlerden daha büyük değildir, zira hepsi Yaradan'ın Işığının sonucudur. İnancın gücünü diğer tüm güçlerimizden ayıran özel husus inancın kişiyi Yaradan'la iletişime geçirme gücüne sahip olmasıdır.

Yaradan'ı algılama süreci bilgi edinme süreciyle karşılaştırılabilir: Öncelikle öğrenir ve anlarız. Bunu edindikten sonra da öğrendiğimizi kullanmaya başlarız. Her zaman olduğu gibi ilk başlarda zordur, ancak meyveler sadece son amacı, manevi dünyaya girişi gerçekleştirenler tarafından toplanır. Bu noktada, Yaradan'ı algılamanın sınırsız hazzını ediniriz ve sonuç olarak da tüm dünyaların ve orada var olanların ve yaratılışın başından sonuna kadar tüm koşullarda ruhların dolaşımlarının mutlak bilgisini kazanırız.

Yaradan'a Boyun Eğme Süreci

Yaratılış, özgecil bir hareket olarak, egoizmden ayrılmaktır. Manevi Işık formunda gelen hazza bir sınırlama ya da perde (Masah) çekmekten ibarettir. Bu perde hazzı kaynağına geri yansıtır. Bunu yapmakla haz alma kapasitemizi gönüllü olarak sınırlar ve zevki hangi nedenden dolayı alacağımızı tayin ederiz; kendimiz için değil yaratılışın amacı için kabul ederiz hazzı.

Yaradan bize haz vermek istiyor; biz de bu hazdan zevk alarak Yaradan'a mutluluk veririz ve sadece bu nedenden dolayı hazzı kabul ederiz. Bu durumda aldığımız hazzın kendimiz için şöyle olmasına karar veririz: Yaradan'a

mutluluk vermek ve böylece doğrudan haz almaya karşı koyacak irade gücüne sahip olmak.

Böyle bir koşulda, bizim hareketlerimiz ve Yaradan'ın yaptığının formu birbirine uyar ve ilk orijinal hazza ek olarak, Yaradan'ın nitelikleriyle ortak nitelikler, O'nun yüceliği, gücü, bilgeliği ve sonsuz varoluşunu paylaştığımız için de muazzam mutluluk duyarız.

Manevi olgunluğumuzun seviyesi egoist zevklerin önüne koyduğumuz perdenin boyutuyla ölçülür: kişisel menfaatimize karşı alabileceğimiz önlemlerin gücü ne kadar büyük olursa o kadar yüksek bir seviyeye ulaşır ve "Yaradan'ın rızası için" o kadar daha fazla Işık alabiliriz.

Tüm duyu organlarımız şu şekilde işler: ses, görüntü, koku vs. aracılığıyla dışarıdan gelen bilgiyi aldıklarında bu bilgiyi tercüme edebiliriz. Dışarıdan gelen sinyal duyu organlarımızın engeline çarpmazsa ne bir şey algılayabiliriz ne de bilgiyi tercüme edebiliriz. Doğal olarak, tüm ölçü cihazlarımız bu temel prensibe göre işler, zira bizim dünyamızın kanunları manevi kanunların sonucudur. Dolayısıyla, tıpkı dünyamızda yeni fenomenlerin keşfi gibi, Yaradan'ın da ilk ifşası ve akabinde O'nu daha derinlemesine hissetmek, tamamen oluşturabildiğimiz alana bağlıdır.

Manevi dünyada bu alana "Kli" (kap) denir. Algıladığımız şey aslında Işığın kendisi değil sadece onun yayılım hattı üzerinde olan alan ile etkileşimidir ve bu, Işığın kişinin manevi kabı üzerindeki etkisinden kaynaklanır. Benzer şekilde, biz de dünyamızda fenomenin kendisini algılamıyoruz, sadece fenomenin duyu organımızla veya duyu organlarımızın uzuvlarıyla etkileşiminin sonucunu algılayabiliyoruz.

Yaradan Kendisinden bir parçaya egoistçe haz duyma arzusunu bahşetti; Kendisinin yarattığı bir arzu. Ancak, bu varlık Yaradan'ı algılama niteliğini yitirdi ve sadece kendi halini kendi arzusunu algılamaya başladı. Bu parçaya "ruh" denir.

Egoist olan bu parça da Yaradan'ın bir parçası, zira sadece Yaradan vardır ve O'nun doldurmadığı hiçbir boşluk yoktur. Ancak egoizm sadece kendi arzularını hissettiğinden Yaradan'ı hissetmez. Yaratılışın amacı, bu parçanın kendi karar ve iradesiyle Yaradan'a dönmeyi seçmesini sağlamak ve niteliklerini tekrar Yaradan'ın niteliklerine benzer hale getirmektir.

Yaradan, bu egoist parçanın Kendisiyle bütünleşme sürecini tümüyle idare eder. Ancak bu kontrol dışarıdan algılanmamaktadır. Yaradan'ın arzusu kendisini (O'nun gizli yardımıyla) o egoist parçanın derinliklerinden gelen O'nunla bütünleşme arzusunda gösterir.

Bu problemi biraz basite indirgeyecek olursak; Yaradan egoizmi 600,000 parçaya böldü. Bu parçaların her biri egoizmi aşama aşama reddetme problemini, sürekli tekrarlayan egoist nitelikler edinme ve bu niteliklerden acı çekme süreci vasıtasıyla yavaş yavaş anlayarak aşar.

Ruhun 600,000 parçasının her biri insanın "ruhu" olarak bilinir. Egoizmle birleşme dönemine insanın "yaşamı" denir. Egoizmle kısa süreli bir kopukluk Üst manevi dünyalarda "var olmak" olarak bilinir. Ruhun egoist nitelikler edindiği an bir insanın dünyamızda "doğması" olarak adlandırılır.

Kolektif ruha ait 600,000 parçanın her biri egoizm ile kaynaşma süreçlerinden geçtikten sonra egoizmin hâlâ ruhun içerisinde ve ruhun da hâlâ insan bedeninin içerisinde

Michael Laitman

Üst Dünyaları Edinmek

(kıyafetlenmiş) olmasına rağmen, Yaradan'la bütünleşmeyi seçer ve egoizmi reddeder.

Yaradan'ın nitelikleriyle uyum sağlama sürecine yani ruhun Yaradan'ın niteliklerine sistemli olarak yakınlaşmasına "manevi yükseliş" denir. Manevi yükseliş, Sefirot adı verilen seviyeler veya derecelerden geçerek gerçekleşir. İlk basamaktan Yaradan'la bütünleşme derecesine gelene kadar toplamda 125 basamak ya da Sefirot vardır. Her 25 Sefirot bitirilen bir safhayı oluşturur ve dünya ya da âlem olarak bilinir. Dolayısıyla, "bizim "dünyamız" olarak bilinen, kendi içinde bulunduğumuz koşul dışında beş tane dünya vardır.

Görebiliyoruz ki, egoist parçanın amacı bizim dünyamızda var olurken Yaradan'ın niteliklerine ulaşmaktır ki böylece egoizmimize rağmen Yaradan'ı etrafımızdaki ve içimizdeki her şeyde hissedebilelim.

Bütünleşme arzusu hepimizin içinde doğal bir arzudur. Bu arzu, herhangi bir önkoşul veya müdahale tarafından etkilenmemiştir, sadece Yaradan'la bütünleşme gereksiniminin derin bilgisidir. Yaradan'da bu arzu özgür bir istek olarak vardır, ama yaratılışta doğal olarak işleyen kalıcı bir kanun olarak etki eder. Yaradan doğayı Kendi planına göre yarattığından, tüm doğal kanunlar O'nun bu düzeni yerli yerinde görme arzusunu temsil eder.

Bu nedenden dolayı, tüm "doğal" güdü ve arzularımız doğrudan Yaradan'dan kaynaklanır, fakat hesap kitap yapmayı ve önbilgiyi gerektiren tüm girişimler kendi eylemlerimizin meyveleridir. Eğer Yaradan'la tamamen bütünleşmeye ulaşmak istiyorsak bu arzuyu içgüdüsel bilgi seviyesine getirmeliyiz, sanki kendi doğamızla Yaradan'dan almışız gibi.

Üst Dünyaları Edinmek

Michael Laitman

Manevi arzuların kanunlarında şüpheye ya da alakasız isteklere yol açan, bütün olmayan veya parçalı arzulara yer yoktur. Bu nedenden dolayı, Yaradan sadece en derinlerimizden çıkan yakarışa, var olduğumuz seviyedeki manevi kabımızın bütün olan arzusuna karşılık verir.

Ancak, böyle bir arzunun kalbimizde doğması yavaş yavaş ve bizler farkına varmadan, insan aklının algısının üzerinde bir seviyede olur. Yaradan tüm küçük dualarımızı tek bir duada birleştirir ve gerekli büyüklüğe gelen son talebi aldığında bize yardım eder.

Yine benzer şekilde, Yaradan'ın Işığının etki alanına girdiğimizde, her şeyi aniden alırız, zira İhsan Eden Yaradan sonsuzdur ve insanların hayatlarının deveranına ve zamana göre hesap yapmaz. Bundan dolayı da en alt manevi seviye bile sonsuzluğun bütünlük hissiyatını tümüyle oluşturur. Ancak ilk manevi seviyeyi edindikten sonra bile bir dizi manevi yükseliş ve düşüşler yaşadığımızdan bu dünya, yıl, ruh gibi koşullarda var olmaya devam ediyoruz.

Henüz ıslahını tamamlamamış olan devinimsel ruh, hareket edecek alana ihtiyaç duyar; bu alana "dünya" denir. Ruhun tüm hareketlerinin toplamı zaman olarak algılanır ve "yıl" olarak bilinir.

En alt manevi seviye bile belli bir dereceye kadar tam mükemmellik hissiyatına sebep olur ve yeni bir manevi seviyeye yükselmenin sadece mantık ötesi inancı sayesinde, daha Üst manevi seviyenin "ruhsal inkârının" üstesinden gelmesinden başka bir şey olmadığını anlarız. Sadece bu olguyu algılayarak kişi var olduğuna inandığı, kendi mükemmellik anlayışının üzerindeki manevi seviyeye yükselebilir.

Bedenlerimiz egoist doğa ve alışkanlıklarına göre otomatik olarak fonksiyon gösterir. Eğer kendimize sürekli olarak sadece manevi yükselişi arzuladığımızı tekrarlarsak sonunda bunu gerçekten arzularız, çünkü beden fasılasız tekrarlamaların etkisiyle bu arzuyu doğal bir arzu olarak kabul eder. Hatta sık sık şöyle denilir; alışkanlık ikinci doğamız olur.

Manevi düşüş esnasında "Yaradan her zaman yanımda" düşüncesine sıkı sıkı sarılmalıyız. Kayıtsızlık ve çaresizlik içerisinde olduğumuz zaman, manevi dünyalar bile çekici gelmez bize, çünkü o an her şey hissettiğimiz seviyede var olmaktadır. Bu yüzden, hissettiklerimizin tümünün kişisel algımızdan başka bir şey olmadığına inanmalıyız, zira henüz manevi sürgünde olduğumuzdan, aynı zamanda bizim farkındalığımızın sürgününde olan Yaradan'ın varlığının farkında değiliz.

Yaradan'dan yansıyan Işık egoizm yaratılmadan önce dört safhadan geçer (sıfır bazen kök olarak da bilinir, 1, 2, 3 ve 4). Sadece en son safha olan beşinci safha (Malhut) yaratılan tanımını alır, çünkü egoist arzularını Yaradan'ın Işığıyla tatmin edebileceğini algılar. Dolayısıyla ilk dört safhanın tümü Yaradan'ın bizi yarattığı Işığın kendi nitelikleridir. İlk safhanın en yüce niteliğini ya da gelecekte var olacak yaratılan varlığı mutlu etme arzusunu Yaradan'ın Kendi niteliği olarak kabul ederiz. Tayfın en sonunda, kendi egoist doğasına karşı koyan ve ilk safhaya benzemek isteyen, gelişimin beşinci safhası ya da egoist yaratılış vardır. Ve bu yolda çaba sarf etmesine rağmen sadece kısmen başarılı olur.

Kendisine tümüyle karşı koyabilen, egoizmin ilk safhası Olam Adam Kadmon (Adem'in Dünyası) olarak bilinir.

Üst Dünyaları Edinmek

Egoizmin ikinci safhası Olam Atsilut (Atsilut Dünyası) dır. Beşinci safhanın parçasını oluşturan ve artık birinci ve ikinci safhalarla karşılaştırılamayan, egoizmin üçüncü safhası Olam Beria (Beria Dünyası)dır.

Beşinci safhanın bir kısmını oluşturan, egoizmin dördüncü safhasının, birinci, ikinci, ya da üçüncü safhalarla karşılaştırmak gerekirse, kendisine karşı koyacak gücü yoktur ve sadece Işığın gelişiminin dördüncü safhasına benzeyebilir. Bu safha Olam Yetsira (Yetsira Dünyası) olarak bilinir.

Beşinci safhanın geriye kalan kısmı, daha önceki safhalara benzemeyi arzulayacak hiçbir güce sahip değildir. Sadece kendisini haz almaktan alıkoyarak pasif bir şekilde egoizme karşı koyabilir (bu durum beşinci safhaya tümüyle zıttır). Bu, Olam Asiya (Asiya Dünyası) olarak bilinir.

Her dünyanın Partsufim denilen beş alt safhası vardır: Keter, Hohma, Bina, Zer Anpin ve Malhut. Zer Anpin altı alt Sefirot'tan oluşur: Hesed, Gevura, Tiferet, Netzah, Hod ve Yesod.

Beş dünyanın yaratılışından sonra, Asiya dünyasının altında, bizim maddi dünyamız ve içinde de bir insan yaratıldı. İnsanın içine beşinci safhanın egoizminden ufak bir miktar verildi. Eğer insan manevi gelişim sürecinde, manevi dünyalarda aşağıdan Yukarıya yükselirse, yükseliş esnasında kullandığı egoizm ve o dünyaların tüm parçaları ilk safhaya, yani Yaradan'ın ihsan etme niteliğine benzeyebilir. Beşinci safhanın tümü ilk safhaya yükselince, o zaman tüm dünyalar yaratılışın amacına gelir.

Yer ve zaman nosyonlarının manevi sebebi kolektif ruhta Işığın eksikliğidir, manevi yükseliş ve düşüşler zaman nosyonunun hissedilmesine neden olur ve Yaradan'ın

Işığının gelecekte var olacağı yer bizim dünyamızda yer ve mekân izlenimi verir.

Dünyamız, etkilerinin değişimi vasıtasıyla bizlere zaman hissi veren manevi güçler tarafından etkilenir. Nitelikleri farklı olan iki manevi cisim bir olamayacaklarından, birbirlerinin ardı sıra etkilerini uyguladıkça (önce yüksek manevi nesne sonra alçak manevi nesne ve böylece devam eder) bu bizim dünyamızda zaman hissiyatı yaratır.

Egoizmimizi doğru bir şekilde düzeltebilmek için üç tane araca sahibiz: hislerimiz, aklımız ve hayal gücümüz. Manevi madde ve form açısından bakarsak; madde egoizmdir, form ise bizim dünyamızla ilgili bahsettiğimiz o iki zıt güç tarafından belirlenir.

Zevk ve ıstırapları iyi ve kötü olarak tanımlarız. Ancak manevi ıstırap insanoğlunun gelişmesi ve ilerlemesine hizmet eden tek kaynaktır. Manevi kurtuluş mükemmelliktir ancak kaynağı güçlü negatif hisler olan hoş bir mükemmellik hissidir.

Sol çizgi sağ çizgiye geri döndüğünden, tüm talihsizlikler, ıstıraplar ve baskılar mutluluğa, hazza ve manevi özgürlüğe dönüşür. Bunun nedeni her nesnede karşılıklı iki gücün var olmasıdır: egoizm ve özgecilik ve bu iki koşul Yaradan'a yakınlık ya da uzaklık olarak yaşanır. Bununla ilgili kutsal kitaplarda pek çok örnek vardır: İshak'ın kurban edilmesi, Tapınaktaki kurbanlar vs. gibi. (İbranice'de kurban etmek Türkçe ile aynı anlamda kullanılır ve kökü Karov kelimesinden gelir – bir şeye doğru yakınlaşmak demektir).

Sağ çizgi manevi nesnenin özünü temsil eder, sol çizgi ise kişinin özgecil niyetiyle birleştirerek kullanabileceği egoist kısmın parçasıdır.

Üst Dünyaları Edinmek

Michael Laitman

Manevi Dünyayı İdrak Etmek

Felsefeciler, Yaradan'ın algılanmasının imkânsız olduğuna dair çok kağıt harcamalarına rağmen Kabalistler şöyle açıklamaktadır: Yaradan'ı algılamadan önce O'nu algılamanın mümkün olup olmadığından ciddi ve ayrıntılı bir şekilde nasıl bahsedebiliriz?

Herhangi kesin bir açıklama belli bir algılamayı gerektirir. Dolayısıyla, önce "Yaradan'ı ya da sonsuzluğu algılamak mümkün değildir" söylevinin ne anlama geldiğini tanımlamamız gerekmektedir. Bu kavramları anlayıp anlamadığımızı hangi temellere dayandırabiliriz?

Yaradan'ı anlamaktan bahsederken böyle bir algılamanın duyu organlarımızla ve aklımızla yapılmasından bahsettiği gayet açıktır, tıpkı bu dünyadaki tüm araştırmalarda olduğu gibi. Bunun da ötesinde, tüm kavramlar dünyamızda herkes tarafından anlaşılmalıdır, tıpkı araştırılan diğer kavramlar gibi; dolayısıyla, bu kavramlar duyu organlarımızın algılayabileceği somut ve gerçek bir şeylerle aktarılmalıdır.

Nesnenin dışsal sınırıyla doğrudan temasa geçtiğimizde en yakın algı sınırı dokunma organlarında bulunur. Duyma organımızı kullanmaya gelince, artık cismin kendisiyle direkt olarak temasımız yoktur; bunun yerine cismi bize aktaran onun dışsal sınırı ile doğrudan temasa geçmiş belli bir araç ile (hava gibi) iletişime geçmişizdir, bu ya insan sesi, ya da ses dalgaları yayan titreşimli bir yüzeydir.

Yaratılan varlığın dışsal sınırıyla temas hissi (tıpkı dokunma hissine benzer bir şekilde) "peygamberlere özgü önsezi" olarak bilinir. Diğer taraftan da, yaratılan varlığın kesintisiz olan belli bir iletişim aracı kullanarak dış sınırıyla temasa geçmesi (duyma hissine benzer) "peygamberlere özgü işitme" olarak bilinir.

Michael Laitman

Üst Dünyaları Edinmek

"Peygamberlere özgü önsezi" en bariz ifşa olarak bilinir (tıpkı dünyamızda bir nesneyi görüp bunu nesnenin tamamını algıladığımızı farz etmemiz gibi) çünkü Yaradan'ın Kendisinden yansıyan Işıkla doğrudan iletişime geçiyoruzdur.

Diğer yandan, "peygamberlere özgü duyu" (Yaradan'ın sesi) Kabalistler tarafından peygambersel görüye kıyasla akıl tarafından anlaşılmaz olarak tanımlanır. Bu, ses dalgalarını duymamıza benzer, zira gerçekte duyduğumuz Yaradan'ın dışsal sınırı ile temasın sebep olduğu aracılık eden manevi nesnenin işaretleridir. Tıpkı önsezi durumunda olduğu gibi bu dalgaları ses dalgaları olarak algılarız.

Yaradan'ı peygambersel algıyla edinmiş gerçek Kabalistler O'nu önce görme ve duyma duyularımızın manevi karşılıklarıyla algılarlar. Daha sonra algıladıklarını yorumlarlar. Dikkat edilecek olursa, görülebilen bir fenomeni anlamak Kabalistlere mutlak bir idrak sağlar, buna karşılık sadece duyulabilen bir fenomenin doğasının anlaşılması mümkün değildir.

Ancak tıpkı bizim dünyamızda olduğu gibi, sadece duymak bile bir nesnenin niteliklerini kavramamız için yeterlidir (doğuştan kör olan bir kişi bile yakınındaki insanların niteliklerini algılayabilir), dolayısıyla duyma aracılığıyla edinilen manevi idrak da yeterlidir. Bunun nedeni manevi duyuşta kişiye ulaşan bilginin tüm diğer gizli nitelikleri içinde dâhil etmesi gerçeğinden kaynaklanır.

Yaradan'ı anlamak, O'nu manevi görüş ve duyuş aracılığıyla öyle bir dereceye kadar algılamaktır ki O'nunla "yüz yüze" olmak denilen tam görsel ve işitsel temasın farkında olduğumuzdan eminizdir.

Üst Dünyaları Edinmek — Michael Laitman

Yaratılış ve yaratılan varlıkların idaresi iki karşıt fenomen vasıtasıyla ortaya çıkar: Yaradan'ın İlahi Yönetiminin gizliliği ve O'nun İlahi Yönetiminin aşama aşama ifşası; ki bu ifşa yaratılan varlıkların ıslah olmuş nitelikleriyle algılanabilir.

Bu nedenden dolayı, Yaradan'a verilen isimlerden bir tanesi Maatsil'dir ve "gölge" anlamına gelen Tsel kelimesinden gelir. Bir başka isim de Bo-Re'eh kelimesinden gelen ve "gel ve gör" anlamındaki Bore'dir. Netice olarak, Atsilut ve Beria dünyalarının isimleri bu kelimelerden türemiştir.

Yaratılışın gerçek koşulunu anlayabilecek durumda değiliz, ancak maddi ya da manevi duyularımızın algıladığı kadarını anlayabiliriz. Bilincimiz dünyada var olan her şeyi boşluk ya da yeterlilik olarak ayrıştırır. Bu, "öğrenmiş kişilerin" tümüyle boşluk diye bir şeyin olmadığı konusunda ısrar etmelerine rağmen böyledir. Bu kavram gerçekten de idrak kapasitemizin sınırları ötesindedir zira bir şeyin eksikliğini bile duyularımız ile anlarız. Ancak, boşluk ya da yokluk denilen kavramları bu dünyada var olanlar ile ölümümüzden sonraki koşulu karşılaştırırsak hissedebiliriz.

Bununla beraber, bu dünyada yaşarken bile bedenimizin dışında var olan her şeyi eksik ya da gerçekten mevcut değilmiş gibi bir hisse sahibiziz. İşin gerçeği ise bunun tam tersidir: dışımızda var olan şey sonsuz bir mevcudiyettir, bizler ise birer hiçiz ve bu yüzden yok oluruz.

Bu iki kavram tümüyle yetersizdir çünkü duyularımız bizi var olan her şeyin bizimle ilişkili olduğuna ve bu çerçevede var olduğuna inanmaya yönlendirir: ve sanki dışımızda var olan hiçbir şeyin değeri yokmuş gibidir. Ancak mantık bize tersini söyler; aslında hiçbir değeri olmayan şey bizleriz, dışımızdaki her şey ise sonsuzdur.

Michael Laitman

Üst Dünyaları Edinmek

Daha Üst Manevi Seviyeleri Anlamak

Cansız ve canlı doğada var olan her şeyin varlığını belirleyen Üst Işığın o en küçük miktarına "küçük Işık" (Nehiro Dakik) denir.

Kabala ilminin sırlarını açığa çıkarmanın yasaklanması bu ilmin küçük görülmesi endişesinden kaynaklanır. Zira bilinmeyen her şeye daha çok saygı duyulur ve o şey değerli olur. İnsan doğası böyledir: Fakir bir kişi bir kuruşa değer verir, ama milyoner olduktan sonra o bir milyona değer vermez artık iki milyon gözünde değerlidir ve böylece gider durur.

Aynı şablon bilimde de gözlemlenebilir: hâlâ bilinmeyen fenomenlere saygı gösterilir ve değerli kabul edilir, ancak bilinip anlaşıldıktan sonra hiçbir değeri kalmaz. Ondan sonra da yeni bilinmeyen kavramlar eskilerinin yerini alırlar ve gerçekleştirilecek yeni odak noktaları olurlar.

Bu nedenden dolayı, Kabala ilmi kitlelere açılamaz, zira konuları kavradıkları zaman, maneviyata verdikleri önem de yok olur. Kabala'nın sırları ancak bir Kabaliste açılabilir, zira maneviyatı edinen bir kişi erdemliğini ve bilgisini daha da arttırmak ister, tıpkı bu dünyadaki bilim adamlarının yaptığı gibi. Kabalistlerin bilgiye önem vermemeleri onları "henüz bilinmeyeni" anlama yolunda teşvik eder. Dolayısıyla, tüm dünya Yaradan'ın gizemini keşfetmek isteyenler için yaratılmıştır. Yaradan'dan yansıyan Üst Işığı (Or Hohma) hisseden ve anlayan kişiler bu süreçte yine de Yaradan'ı kavrayamaz, ya da O'nun özünü idrak edemezler.

Ancak daha yüksek manevi dereceleri kavramış kişiler için böyle söylenemez. Manevi seviyeleri ve o derecelere özgü Işığı algılayan insanlar sadece Işığı değil Yaradan'ı da idrak edebilirler, zira bir Kabalist en alt manevi seviyede bile Yaradan'ı ve O'nun, Kabalistin içinde bulunduğu manevi seviyeye mahsus niteliklerinin bizimle olan ilişkisini anlamadan maneviyatı edinemez.

Dünyamızda arkadaşlarımızı bize ve başkalarına olan tutumlarıyla anlarız. Bir insanın iyiliği, kıskançlığı, kızgınlığı, uzlaşma arzusu vs. gibi nitelikleriyle aşina olduktan sonra ancak o kişiyi "tanıyoruz" diyebiliriz. Aynen buna benzer şekilde, bir Kabalist Yaradan'ın yaptıklarını ve yapılanlardaki İlahi tezahürü idrak ettikçe Yaradan Işığı vasıtasıyla tümüyle anlaşılır bir şekilde Kabaliste ifşa olur.

Eğer manevi seviyeler ve o seviyelerden yansıyan Işık Yaradan'ın "Kendisinin" algılanma fırsatını beraberinde getirmezse o zaman, onları "arı olmayan" olarak adlandırırız (Tıpkı bizim dünyamızda olduğu gibi, "Kendisi" kelimesi bir insanı yaptıklarıyla tanırız olgusunu ima ediyor ve daha fazlasını bilmek gibi bir dürtümüz yoktur, zira algı sınırlarımız ötesinde olanlar içimizde herhangi bir ilgi veya algılanma ihtiyacı yaratmaz).

Klipa ve Sitra Ahra gibi arı olmayan güçler, yaşadığımız azıcık hazla tatmin olup, hissettiğimiz her hazdan zevk almamızı engelleyen ve tamamen bize hükmeden güçlerdir. Başka bir deyişle, bu güçler bizi mevcut bilgimizle, yani kabukla (Klipa) tatmin olup "meyvenin" aslını bir kenara bırakmaya yöneltirler. Dolayısıyla, arı olmayan güçlerin yaratmış olduğu ve Işığın sırlarını anlamamızı engelleyen müdahaleler yüzünden aklımız Yaradan için çalışmanın ne olduğunu anlayamaz.

Manevi bir nesnede, Roş'tan (Baş) Tabur'a (Göbek) kadar olan Üst yarıyı dolduran Işığa – "geçmiş"; alt yarıyı dolduran

Michael Laitman
Üst Dünyaları Edinmek

Işığa ise "şimdiki zaman" denir. Nesneye henüz girmemiş ancak hâlâ ifşa olmayı bekleyen saran ışığa "gelecek" denir.

Eğer kişi manevi düşüşteyse ve egoist arzuları arttıysa, o zaman maneviyatın önemi kişinin gözünde azalır. Ancak, manevi düşüş Yaradan'dan belli bir amaçla gönderilir: kişiye hâlâ manevi sürgünde olduğunu göstermek içindir, ki bu durum kişiyi dua denilen bir koşula getirsin. Bununla beraber, gerçek sükûneti önceden tayin edilmiş olan amaç seviyesine yükselmeden bulamayacağız, yani her şeyin üzerinde, kendimizin ve tüm insanoğlunun manevi özgürlüğe gelmesi gerekmektedir. Sürgün, manevi bir kavramdır.

Galut (sürgün) bir çok milletin tarihinin bir noktasında yaşadığı fiziksel kölelik değildir. Galut, her birimizin en kötü düşmanı olan egoizmin kölesi olma hâlidir. Dahası, bu kölelik o kadar aldatıcıdır ki sürekli ona hizmet ettiğimizin farkında bile değilizdir; bize hükmeden dış bir güç şimdi bizi kendi isteklerine hizmet ettiriyor.

Bizler de tıpkı delirmiş insanlar gibi bunun farkında değiliz ve tüm gücümüzle egonun bütün taleplerini yerine getirmeye çabalıyoruz. Gerçekten de, hayali sesleri emirler gibi, ya da daha kötüsü, gerçekten kendisine ait arzularmış gibi algılayan ve buna göre hareket eden bir kişinin durumuna benzetilebilir hâlimiz.

Bizlerin gerçek Galut koşulu maneviyatı yaşamamamızdır, Yaradan'la bir ilişkimizin olmaması ve sadece O'nun için bir şey yapamamamızdır. Sürgün denilen bu durumda olduğumuzu bilmek ondan kurtuluş için gerekli bir ön koşuldur.

İlk başta ego maneviyatı çalışmaya ve bunun için çaba sarf etmeye eğilimlidir çünkü manevi bilgiye sahip olmakta belli bir menfaat görür. Ancak, gerçek manevi çalışmanın gerekliliğinin "Yaradan'ın rızası için" olduğunu anladığımızda ve kurtuluşumuzu talep etmeye zorlandığımızda bu çalışmayı elimizin tersiyle iter ve kendimizi böyle bir çalışmada başarılı olmanın mümkün olmadığına ikna ederiz. Dolayısıyla bir kez daha kendi mantığımızın kölesi olur ve maddi hayatın ideallerine döneriz. Böyle bir durumdan kurtuluş sadece mantığımızın üzerine çıkmakla olabilir.

Manevi düşüş inanç kaybı anlamına gelmez. Egoizmimizin daha çok ifşası ile Yaradan bize ek bir çaba harcayacak alan oluşturur ve böylece inancımızı büyütecek bir fırsat vermiş olur. Daha önceki inanç seviyesi kaybolmamıştır, ancak önümüzdeki çalışmayla kıyasladığımızda manevi bir düşüş olarak hissederiz.

Bizim dünyamız manevi dünyaya benzer olarak yaratılmıştır, ancak fark bizim dünyamızın maddesinin egoist olmasıdır. Etrafımızdaki dünyadan manevi nesnelerin nitelikleriyle ilgili olmasa da en azından bizim dünyamızla aralarındaki ilişki hakkında kıyaslama yaparak kayda değer bilgi edinebiliriz.

Manevi dünya da bizim dünyamız gibi kavramlar barındırır; çöl, yerleşim, ülkeler vs. Herhangi bir manevi seviyede sevgi ve korku dışında tüm manevi hareketler muhafaza edilebilir. Bu kavramlar sadece İsrail Toprakları (Erets İsrail) adı verilen "manevi edinim seviyesi"ni edinmiş kişilere ifşa edilir.

Erets İsrail seviyesinin alt seviyesinde Kudüs (Yeruşalayim) adı verilen manevi bir basamak vardır, bu kelime Yir'ah (korku) ve Şalem (bütün) kelimelerinden oluşturulmuştur: Yaradan'ın önünde korku yaşamak kendimizi egoizmden kurtarmamıza yardımcı olur.

Michael Laitman

Üst Dünyaları Edinmek

Islahın Aşamaları

İnsan istemeyerek de olsa bedeninde fiziksel yaşamı sürdürebilmek için her şeyi yapmak zorundadır. Örneğin, hastayken iştahımız olmasa bile kendimizi yemek yemeye zorlarız, çünkü yemezsek iyileşemeyeceğimizi biliriz. Bunun nedeni bizim dünyamızda ödül ve cezanın herkese açıkça görünmesidir; dolayısıyla tüm insanlar doğanın kanunlarına uyarlar.

Ancak ruhumuzun hasta olduğu ve sadece ihsan etme yönünde bir çalışmayla iyileşebileceği gerçeğini dikkate almaksızın alacağımız ödül ve cezayı açıkça göremediğimiz zaman kendimizi iyileşme sürecine girmeye zorlayamayız. Dolayısıyla, ruhumuzun iyileşmesi sadece inancımıza bağlıdır.

Bir Üst Seviyedeki manevi nesnenin alt yarısı, bir basamak aşağı seviyenin Üst yarısının içerisindedir. Alt seviyede perde (Masah) gözlerin olduğu yerdedir. Buna "manevi körlük" denir, çünkü böyle bir durumda Üst Derecenin sadece alt yarısı bize görünür durumdadır zira bir alt manevi derecenin perdesi Üst Derecenin bir kısmını gizlemektedir.

Üst manevi nesne kendi perdesini alt seviyeye aktarırsa, o zaman alt seviyeye kendisini gösterir, bundan sonra artık alt seviye Üst Dereceyi o derecenin kendisini gördüğü gibi görebilir. Sonuç olarak, alt derece tümüyle doyum alır (Gadlut). O zaman alt derece Üst Dereceyi "yüce" bir koşul olarak görür ve Üst Seviyenin önceki gizli hâlinin ve şimdiki ifşasının "önemsiz" (Katnut) bir koşul gibi kılınması özellikle alt derecenin iyiliği için yapılmıştır. Bu şekilde alt seviyedeki manevi nesne daha Üst Seviyedeki manevi nesnenin öneminin farkına varabilir.

Bnei Baruch Eğitim ve Araştırma Enstitüsü

Üst Dünyaları Edinmek   Michael Laitman

Yolumuz üzerinde yaşadığımız ve birbirini izleyen tüm safhalar Yaradan'ın insana bir hastalık vermesi ve sonunda da bu hastalığı Kendisinin iyileştirmesi gibi görülebilir. Bu hastalığı (örneğin; çaresizlik, zayıflık ve ümitsizlik) Yaradan'ın isteği olarak algılamamız bu koşulları ıslah aşamalarına çevirir ve aşama aşama Yaradan'la bütünleşmeye doğru ilerlememizi sağlar.

Yaradan'ın Işığı egoist bir arzuya girer girmez, bu arzu Işığa teslim olur ve ihsan etmek uğruna değişmeye hazırdır. (Bir çok kere Işığın egoist bir arzuya giremediğini söyledik, ancak iki çeşit Işık vardır: arzuyu ıslah etmek için gelen Işık ve haz veren Işık; bu durumda ıslah eden Işıktan bahsediyoruz.)

Dolayısıyla, Işık bu arzulara girdiğinde arzular tersine çevrilirler. Bu şekilde, en büyük günahlar bile sevaba çevrilirler. Fakat bu durum sadece Yaradan sevgisi için yönelirsek olur, yani Yaradan'ın tüm Işığını kendi adımıza almadığımız zaman. Sadece o zaman geçmiş eylemlerimiz (arzularımız) Işığı alabilecek bir kaba dönüşebilir.

Ancak böyle bir durum son ıslah seviyesine gelmeden olmaz. O ana kadar, Yaradan'ın Işığının sadece bir miktarını kendi adımıza olmadan, orta çizginin prensibine göre alabiliriz.

Almanın birkaç yolu vardır: bağış, hediye veya zorla (kişinin hakkı olan şeylerden bahsediyoruz). Kişi sadaka aldığı zaman bundan utanır, ancak gereklilikten dolayı yine de ister. Diğer taraftan, kişi kimseden hediye istemez, hediye sevilen bir kişiye verilir. Zorla talep eden bir kişi de sadaka veya hediye aldığını değil hakkı olduğunu düşünür.

Bu son örnek Yaradan'dan talep eden erdemli, Hak'tan yana olan insanların özelliğidir, zira onlar yaratılışın planının başından beri onlar için hazırlanmış bir şeye hakları olduğunu düşünürler. Bu yüzden şöyle denir: "Hak'tan yana olanlar zorla alırlar".

Hz. İbrahim (sağ çizgi olarak bilinir: mantık ötesi inanç) sürekli sağ çizgide kalabilmek için İshak'ı (İshak sol çizgidir: kişinin manevi durumunu mantığıyla kontrol etmesi) kurban etmeye hazırdı. Netice olarak, sağ ve sol çizginin kombinasyonu olan orta çizgiye geldi.

Salt inanç kontrolsüz bir inançtır ve genelde "kör inanç/ mantık altı inanç" olarak bilinir. Aklın kontrol ettiği inanca ise "mantıklı/mantık dâhilinde inanç denir. Ancak mantık üstü/ötesi inanç sadece kişinin içinde bulunduğu koşulu analiz etmesiyle mümkün olabilir. Dolayısıyla, hiçbir şey başaramadığımızı görüp, buna rağmen inancımızı sanki her şey zaten edinilmiş gibi muhafaza eder ve yolumuza o kritik noktaya gelene kadar devam etmeyi seçersek, o zaman bu "mantık ötesi inanç" olarak kabul edilir, çünkü mantığımıza aldırmamışızdır. Ve ancak o zaman orta çizgiye layık olabiliriz.

Manevi davranışın üç çizgisi vardır: sağ çizgi, sol çizgi ve ikisinin kombinasyonu olan orta çizgi. Eğer kişinin sadece bir çizgisi varsa, ne sağ ne de sol olarak bir tanım alamaz, zira sadece iki zıt koşul hangi çizgide olunduğunu belirleyebilir.

Aynı zamanda mükemmellik olarak bilinen, her inanç sahibinin yürüdüğü, kurallarına göre yetiştirildiği ve hayatı boyunca yol aldığı bir de düz çizgi vardır. Bu yolda ilerleyen herkes tüm yükümlülüklerini yerine getirdiğini hissedebilmek için kendi adına tam olarak ne kadar çaba sarf etmesi gerektiğini bilir. Dolayısıyla yaptığı çalışmadan tatminlik hissi alır. Dahası, her geçen günün daha fazla fayda ve iyilik getirdiğini hisseder, zira işlediği sevaplara eklemiştir.

Bu hareket çizgisine "düz çizgi" denir; ve gençliği boyunca bu yolda kendilerine rehberlik edilmiş insanlar bu çizgiden uzaklaşamazlar çünkü kendilerine çocukluklarından beri verilen dini eğitim onları kişisel kontrol ve özeleştiri yapmalarına gerek kalmadan belli bir çerçevede tutar. Böylelikle hayatları boyunca düz çizgide ilerlerler ve her gün erdemliklerine eklerler.

Her kim sağ çizgide gidiyorsa düz çizgide giden gibi davranmalıdır. Aralarındaki tek fark düz çizgide giden bir insanın maneviyatına yönelik kişisel eleştiri kapasitesine sahip olmamasıdır. Sağ çizgide gidenler her adımı zorlukla atarlar çünkü sol çizgi sağ çizgiyi nötrleştirerek manevi susuzluğu artırır ve böylece edinilen manevi koşuldan hiçbir haz duyulmaz.

Düz çizgide ilerlediğimizde içinde bulunduğumuz manevi koşulu eleştirel incelemeyiz, sadece her gün geçmişteki erdemliğimize ekleriz zira aldığımız temel eğitime güveniriz. Ancak sol çizgi önceki tüm çabayı siler.

İnanç Egoizmi Islah Etmenin Tek Çaresidir

Hazzın algılanmasındaki en önemli etken hazza olan açlıktır; Kabala ilminde buna kap (Kli) denir. Kabın boyutu kişinin hazza olan ihtiyacının derecesiyle tayin edilir. Bu yüzden, aynı haz iki farklı kap (kişi) tarafından alındığında birisi tümüyle doyum hissederken diğerinde hiç etki yaratmayabilir ve kişiyi depresyona bile sokabilir.

Dolayısıyla, her insan önceki yaşadıklarının bilgisini taşıyarak, anı yaşamaya çalışmalıdır; ve şimdiki anda mantık ötesi inançla geleceğe ihtiyacımız yoktur.

Erets İsrail ("İsrail Toprakları") adı verilen manevi seviyeyi algılamak ve sonuç olarak Yaradan'ın ifşasını edinmek bu seviyeye ulaşan insanlara bahşedilir. Bu seviyeye ulaşmak için kişi egosunun manevi sünneti anlamına gelen, üç arı olmayan güçten kendisini arındırmalı ve Işığın egoizmine girmesine engel olmak için gönüllü olarak kısıtlama (Tsimtsum) koşulunu üstlenmelidir.

Eğer Kabala'da bir şey için "yasak" denilirse, bu aslında kişi arzulasa bile imkânsız olduğunu belirtir. Ancak, amaç istemek değildir. Mesela, kişi bir işte günde bir saat çalışıyorsa ve o işi yaparak karşılığında ödeme almış başka insanlar tanımıyorsa, bu iş için ödeme alıp almayacağı konusunda endişe duyar, ancak aynı koşulda günde on saat çalışan bir kişi kadar değil. Günde on saat çalışan kişi patronuna daha fazla güvenmelidir, ancak başkalarının ödeme alıp almadığını bilmediğinden endişesi çok daha fazladır, çünkü söz verilen karşılığı sonunda alıp almayacağını bilme ihtiyacı çok daha fazladır.

Ancak, mantık ötesi inançla gidenler içlerinde Yaradan'ın ifşası için muazzam bir ihtiyaç geliştirirler ve bununla beraber Yaradan'ın ifşasıyla yüzleşebilecek yeteneği edinirler; ve tam bu noktada Yaradan tüm yaratılışı insanın önüne serer.

Egoist arzuları kullanmaktan kaçınmanın tek yolu inanç yoluyla ilerlemektir. Sadece ihsan etme niteliğinde çalışma gücümüzü kaybetme korkusundan dolayı bilmeyi ve görmeyi reddedersek ancak o zaman inanç yolunda ilerlemeye engel teşkil etmeyecek derecede güçlü hisler ve bilgi almaya devam ederiz.

Dolayısıyla, manevi çalışmanın temeli olan kendin için çalışmama noktası sınırlı egoist haz alma olasılığından kurtulma gerekliliğinden doğar. Bunun yerine, kişi bedenin dar sınırlarının dışında sınırsız haz alma olasılığını edinmeye çalışmalıdır. Bu tür bir "algı/duyu organına" bilgi ötesi inanç denir.

Kişisel egoizmi için ödül almadan çalışabildikleri manevi gelişim seviyesine ulaşanlar Yaradan'la benzer nitelikler edinirler (bu durum elbette Yaradan'a yakınlaşmayı başarmaktır, çünkü manevi dünyalarda nesneleri ayıran tek şey sadece farklı niteliklere sahip olmalarıdır zira maneviyatta yer, zaman ve hareket nosyonları yoktur).

Aynı zamanda, sadaka alan birisinin duyduğu utanç hissini yaşamadan muazzam haz edinilir. Her şeyi içinde barındıran, tüm evrene nüfuz eden ve her şeyi yöneten Üst İdrak'in görünmeyen varlığını algıladığımızda en gerçek destek ve güven hissini ediniriz. Dolayısıyla, inanç egoizme karşı koymanın tek yoludur.

İnsanlar doğaları gereği sadece anlayıp hissettikleri şeyleri yapabilme gücüne sahiptirler. Bu koşula "mantık dâhilinde inanç" denir. İnanç, eylemlerinin özünü anlayıp kavramasa da kişiyi harekete geçiren, yüzleştirici bir Üst güçtür; yani inanç insanın kişisel çıkarına, egoizmine bağlı olmayan bir güçtür.

Baal Teşuva'nın (Yaradan'a dönmek ve O'na yakınlaşmak isteyen kişiye verilen isim) olduğu yerde, tümüyle Hak'tan yana olan (erdemli) bir kişi duramaz denir. Kişi yeni bir arzuyu ıslah ettiğinde tümüyle Hak'tan yana kabul edilir. Kişi ıslah yapamıyorsa ona "günahkâr" denir.

Ancak kişi kendi benliğini aşarsa, o zaman ona "geri dönen" denir. Tüm yolumuz hepimizi yaratılışın amacına doğru götürdüğü için, her yeni safha önceki safhanın Üstündedir.

Ve "geri dönen" kişinin yeni safhası "Hak'tan yana olan" kişinin önceki seviyesinden daha yücedir.

Yaradan'ı haz Işığı olarak algılarız. Kendi ihsan etme kabımızın (manevi Işığı algılama organımız) arılık seviyesine ve niteliklerine göre Yaradan'ın Işığını farklı şekillerde algılarız. Bu açıdan bakıldığında, sadece tek bir Işık olmasına rağmen, algılarımıza ve üzerimizdeki etkisine göre Işığa farklı isimler veririz.

Islahı Getiren Işık

Yaradan'ın iki çeşit Işığı vardır: Or Hohma adı verilen bilgi, akıl ve erdemlik ışığı ve merhamet, güven ve bütünlük adı verilen Or Hasadim Işığı. Or Hohma, üzerimizdeki etkisine göre bize iki şekilde gelir; önce Işık geldiğinde kendi kötülüğümüzü keşfederiz ve sonrasında, kötülüğümüzü görmüş olduğumuzdan egoizmin kullanılmaması gerektiğini fark ederiz ve bu aynı Işık egoist arzularımıza güç kazandırır ki bunlarla çalışabilelim (haz duyabilelim), ancak elbette kendimiz için değil. Sonunda, egoizmimizin üstüne çıkacak gücü edinince aynı Işık önceden egoist olan ancak ıslah olmuş arzuların şimdi artık ihsan ederek hazla dolmasını sağlar.

Öteki taraftan, Or Hasadim bize "zevk almaktansa" "ihsan etme" arzusu bahşeder. Bu nedenden dolayı, Or Hohma'nın hareketleri ruhun 320 bozuk arzusundan (ki bunlar aşama aşama manevi derecelerde yükseldikçe hissedilir, zira kişi zamanla tüm kötülüğünün derinliğini anlamaya başlar ve kendi özünü tanıdıkça ürperir) Malhut'un 32 parçasını yani kişisel zevk alma arzularını ayırır zira artık egoizmin en kötü düşmanımız olduğunu görürüz.

Geriye kalan 288 arzu ne egoist ne de özgecil yöndedir, bunlar sadece (tıpkı duyma, görme vs. gibi) kendimiz ya da başkaları için istediğimiz yönde kullanabileceğimiz hislerdir. Or Hasadim Işığı altında, tüm bu 288 arzuyla özgecil olarak çalışma isteği geliştiririz. Bu, Or Hohma'nın 32 egoist arzuyu 32 ihsan etme arzusuyla değiştirmesinden sonra olur.

Işığın etkisi altında olan bir ıslah, hiçbir haz hissiyatı olmadan gerçekleşir. Kişi sadece kendi egoizmiyle Işığın ihtişamı arasındaki niteliklerin farkını görür. Sadece bu bile bedensel arzulardan kurtulmak için yeterlidir. Bundan dolayı şöyle bir deyim vardır, "içinizdeki bencil eğilimi Ben yarattım ve Işığı size şifa olarak verdim."

Ancak daha sonra, arzularını ıslah ettikten sonra, kişi Işığı Yaradan'a memnunluk verebilmek için alır. Yaradan'ın Işığına Tora da denir (Türkçe karşılığı Tevrat olmasına rağmen manevi çalışmada Kabalistler Hz. Musa'nın kitabına Işık derler, zira maneviyata yönelik bu kitapta anlatılan her şey "sadece" insan ve Yaradan arasındaki ilişkiden bahsetmektedir, tarihsel olaylardan değil) ve Yaradan'ın İsimleri olarak bilinir, çünkü kişi ıslah oldukça kendinin ve Yaradan'ın parçası olan ruhunun içine Işığı alır ve Işıktan aldığı o hissiyata ve hazzın izlenimine karşılık Yaradan'a isimler verir.

Manevi dünyaya sadece her şeyi verebilme (Hafets Hesed) niteliğini edinince girebiliriz. Bu durum, egoist arzuların kişiyi asla baştan çıkarıp zarar vermemesi için gerekli en asgari önkoşuldur, zira bu koşulda kendimiz için bir şey istemeyiz.

Özgecil eğilimlerin Or Hasadim nitelikleri tarafından korunması olmasa, Üst Işıktan sınırsız hazzı almaya

Michael Laitman

Bnei Baruch Eğitim ve Araştırma Enstitüsü

Üst Dünyaları Edinmek

başladığımızda bunu kendi kişisel zevkimiz için almayı arzularız ve bu durum da kişisel çöküşü beraberinde getirir; ve asla egoizmden kurtulup ihsan etme niteliğine varamayız. Tüm varlığımız ulaşamayacağımız bu egoist arzuların peşinde koşmaktan ibaret olur.

Ancak, bize özgeciliğe yönlenme isteği veren Or Hasadim Işığını egoist arzularımızın içine yansıtamaz. Egoist arzular, manevi doğaya karşı direnmemiz için Yaradan tarafından zorla içimize yerleştirilen küçük bir kıvılcım tarafından ayakta tutulurlar. Ve bu hayatımızı sürdürmemizi sağlar çünkü insan hiçbir haz almadan yaşayamaz.

Eğer Üst Işığa ait bu küçük kıvılcım yok olursa, biz de anında yok oluruz. Zira bize umutsuzluk ve keder getiren egoizmden ve hazla dolmak isteyen doyumsuz arzumuzdan ancak bu şekilde kurtulabiliriz.

Or Hasadim'in egoizme girememe nedeni nedir? Daha önce de aktarıldığı gibi, Işığın kendisi Or Hasadim veya Or Hohma arasında bir fark gözetmemektedir, sadece kişi aradaki farkı tayin eder. Işığın kaynağı ne olursa olsun egoist bir arzu Işıktan haz almaya başlayabilir yani Or Hasadim'den kendisi için zevk alabilir. Sadece özgecil davranışlar için hazırlanmış bir arzu, ihsan etmekten haz duyabilmek için Işığı alabilir, yani Işığı Or Hasadim olarak alır.

Kişi üç çeşit histen zevk alır: geçmiş, şimdiki zaman ve gelecek hissinden. En büyük haz gelecekteki hislerden alınır çünkü kişi bir şeyden gelecekte alacağı hazzı şimdiki zamanda hissetmeye çalışır, yani hazzı şimdiden hissetmeye başlar. Bu yüzden, yapacağı uygunsuz bir davranıştan alacağı hazzı önceden düşünmesi yapmasından daha da kötüdür, çünkü bu beklenti hazzı sürdürür ve kişinin aklını uzun zaman meşgul eder.

Şimdiki anın hazzı genellikle zaman açısından çok kısadır, zira arzularımız genellikle basit şeylerden ibarettir ve kolayca tatmin edilir. Geçmişteki hazzı ise kişi sürekli hatırlayarak zevk alabilir. Dolayısıyla, iyi bir şey yapmaya başlamadan önce düşünmeye ve hazırlık yapmaya epey zaman ayırmak gereklidir. Böylelikle mümkün olan birçok farklı hazzı alabilir ve bunları daha sonra hatırlayarak maneviyata doğru arzumuzu tekrar tekrar uyandırılabiliriz.

Egoizm doğamızın özü olduğundan hayattan zevk almak isteriz. Eğer Yukarıdan arzularımızın içine ruhun küçücük bir tohumu verildiyse ve bu tohum doğası gereği egoist olmayan hazlarla var olmayı istiyor ve bunun için uğraşıyorsa, egoizm bu davranışları harekete geçiremez ve kişi artık böyle bir hayattan haz duyamaz. Çünkü ruhumuz artık bizi rahat bırakmaz, sürekli dolu dolu bir hayat yaşamadığımızı ve sadece var olduğumuzu hatırlatır.

Sonuç olarak, hayatımızı dayanılmaz ve ıstırapla dolu hissetmeye başlarız, zira ne yaparsak yapalım bir türlü hayattan tat alamayız, ya da en kötü ihtimalle bir tatminlik duygusu bile yaşayamayız çünkü insanın ruhu tatmin olmasına izin vermez. Koşullar böylece devam eder ta ki sonunda egoizm ruhun sesini dinlemekten ve onun isteğini izlemekten başka bir çaresi olmadığına karar verene dek. Aksi takdirde asla sükûnet bulamayız.

Bu durum, "Yaradan'ın kişiyi isteğine rağmen Kendisine geri getirmesi" olarak tarif edilebilir. Kişinin bir şeye yönelik eksiklik hissetmeden en ufak bir haz alması mümkün değildir. Arzulanan hazzın hissedilememesi de "ıstırap" olarak tanımlanır. Ve Yaradan'ın Işığının alınabilmesi için de önceden bir arzu olması gerekmektedir. Bu nedenden dolayı, kişi öğrenirken ve diğer tüm eylemleri süresince Üst Işık için bir ihtiyaç hissedebilmeyi talep etmelidir.

"O'ndan başkası yok": Olan her şey Yaradan'ın arzusudur ve tüm yaratılan varlıklar O'nun arzusunu gerçekleştirirler. Tek fark küçük bir grup insanın, O'nun rızasını gönüllü olarak yerine getirmesidir. Yaradan'la bütünleşmenin yaşanabilmesi sadece Yaradan ve kişinin arzularının ortak olduğu noktada mümkün olabilir.

Yaradan'ın lütfü merhamet Işığının (Or Hasadim) Yukarıdan akıp taşmasıdır ve bu ancak ihsan etme eylemlerinde bulunduğumuz zaman mümkün olur.

Kabalistler şöyle der: "Halkının ihtiyaçları çoktur, ama erdemlilikleri azdır." Gerçekten de ihtiyaçlar çok büyüktür çünkü bilgelik azdır.

Kabalist Yehuda Aşlag şöyle dedi: "Halimiz Kral'ın oğlunun durumuna benzer. Şöyle ki babası tarafından çeşit çeşit hazinelerle dolu ancak tüm bunları görecek ışığı olmayan bir saraya kapatılan oğlun durumu gibi. Ve oğul öylece tüm hazinenin içerisinde karanlıkta oturmaktadır ama hazineye sahip olamamaktadır. Hatta yanında bir mum bile vardır (Yaradan kişiye Kendisine doğru ilerleyebilmesi için fırsat verir) ve şöyle denir: "İnsanın ruhu Rabb'in mumudur". Kişinin bunu sadece arzusuyla yakması gerekmektedir.

Kabalist Yehuda Aşlag şöyle dedi: "Yaratılışın amacını anlamak imkânsızdır denilmesine rağmen, erdemli bir adamın anlayışı ile basit bir adamın kayıtsızlığı arasında çok büyük fark vardır."

Kabalist Yehuda Aşlag şöyle dedi: "Kök ve dal yasasına göre en alt seviyedeki En Üst seviyeye ulaşmalıdır, ancak

En Üst seviyedeki en alt seviyedeki gibi olmak zorunda değildir."

Manevi çalışmamızın tümü sadece Işığı alabilmeye hazırlanmaktır. Kabalist Yehuda Aşlag'ın dediği gibi: "Işık olmayan bir kap ruhsuz bir beden kadar cansız olmasına rağmen, en önemli olan şey kap (Kli)dır. Dolayısıyla, kabımızı önceden hazırlamalıyız ki Işığı aldığı zaman doğru işlesin. Bu durum elektrikle çalışan insan icadı bir alet gibidir. Cihazı prize takmazsanız çalışmaz, ama cihazın yapacağı iş de o aletin yapılma şekline bağlıdır."

Manevi dünyada tüm kanunlar ve arzular bizim dünyamızınkine tamamen zıttır; bizim dünyamızda nasıl bilgi ve anlayış sahibi olmadan ilerlemek çok zor ise, maneviyatta da bilgi ile ilerlemek o denli zordur. Kabalist Yehuda Aşlag'ın dediği gibi: "Tapınakta herkes dua için ayakta durduğunda çok kalabalık görünür, ama herkes yere kapandığında çok yer olur. Ayakta durmak Partsuf durumunun "yüceliğini" (Işığı alma) temsil eder. Yere kapanmak ise küçüklüğü yani Işığın azlığını sembolize eder. Alttaki koşulda daha çok alan, boşluk vardır ve kişinin özgürlük hissi daha fazladır. Ancak, Yaradan'ın gizli olduğu durumda manevi yükselişteki kişiler mantık ötesi ilerleme potansiyeline sahiptir ve kişinin manevi çalışmadan aldığı tadın kaynağı budur.

Kabalist Yehuda Aşlag 19. yüzyılın en büyük Kabalistlerinden biri hakkında bir hikâye anlatırdı; Korits köyünden olan Kabalist Pinhas o kadar fakirmiş ki, Ari'nin Hayat Ağacı adlı kitabını bile alacak parası yokmuş ve bu kitabı alabilmek için küçük çocuklara altı ay boyunca öğretmenlik yapmış. Bedenlerimiz manevi yükselişimize birer engel gibi görünse de bu şekilde algılamamızın sebebi Yaradan'ın onlara ne görev tayin ettiğinin farkında olmayışımızdır.

Kabalist Yehuda Aşlag, "Bedenimiz saatin hareketini sağlayan bir tekerlek gibidir, bu tekerlek saati durdurmasına rağmen saat de bu parça olmadan çalışmaz."

Kabalist Aşlag bir başka örneğinde de şöyle demişti: "Uzun namlulu bir tüfeğin namlusunda özel bir sargı vardır, bu sargı aslında kurşunun çıkmasını zorlaştırmasına rağmen tam olarak da bu sargı sayesinde kurşun daha uzağa ve hedefe daha doğru gider." Kabala'da böyle bir koşula Kişui denir.

Kabalist Yehuda Aşlag: "İnsanoğlu kutsal kitapları dünyevi koşullara göre yorumlamaya öyle alışık ki, kitaplarda 'Ruhlarınızı koruyun' dediği zaman bile insanlar hâlâ bedenlerinin sağlığını korumaktan bahsediliyor gibi anlıyorlar," der.

Kabalist Yehuda Aşlag: "Kişi egoist arzularının aslında ne kadar kötü (arı olmayan) güçler olduğunu fark ettiği noktaya kadar manevi koşuldadır," der.

Kabalist Yehuda Ashlag: "Maneviyatın en alt seviyeleri, maneviyatın kişi için en önemli şey olduğu ve maddiyattan önce geldiği zaman edinilir," der.

Kabalist Yehuda Aşlag: "İnsan sadece bir tek konuda gurur ve kibirlilik gösterebilir; o da Yaradan'ı kendisinden başka hiç kimsenin memnun edemeyeceğini öne sürmesidir," der.

Kabalist Yehuda Aşlag: "Bir Emri yerine getirmenin ödülü, Emreden'i algılamayı kazanmaktadır," der.

Kabalist Yehuda Aşlag: "Bu dünyanın endişeleri manevi yükselişle ilgilenenlerin umurunda olmaz, tıpkı ölümcül

bir hastalığı olan bir kişinin maaşını almayı değil sadece iyileşmeyi düşünmesi gibi," der.

Kabalist Yehuda Aşlag: "Maneviyatta, tıpkı fiziksel dünyamızda olduğu gibi kontrolümüz dışındaki koşullardan dolayı bir şey olursa, bu gerçek bizi kurtarmaz. Örneğin, bir kişi dikkatsizlik yüzünden uçurumdan düşerse, düşmek istememesine rağmen bu, kişiyi ölümden kurtarmaz. Aynı şey maneviyatta da geçerlidir," der.

Kabalist Yehuda Aşlag hasta olduğu bir dönemde, kendisini muayene etmesi için bir doktor çağırıldı. Doktor kendisine dinlenmesini ve sinirlerinin sakinleştirilmesi gerektiğini önerdi ve ille de bir şeyler okuyacaksa komplike olmayan kutsal kitaplar gibi şeyler okumasını söyledi.

Doktor ayrıldıktan sonra, Kabalist Aşlag şöyle eleştirdi: "Doktor herhalde kutsal kitapların içsel anlamını aramadan yüzeysel bir şekilde okunmasının mümkün olduğunu sanıyor."

Kabalist Yehuda Aşlag: "Karşılıksız vermek, 'ihsan etmek' olan maneviyatla, egoist ve maddi alma arasında bir yer yoktur. Eğer kişi her an maneviyata tutunmuyorsa veya maneviyatı tümüyle unutuyorsa, o zaman kirli (arı olmayan) fiziksel koşul içerisinde kalır," der.

Hakuzari kitabında, Kral Kuzari halkı için din seçme zamanı geldiğinde bir Hıristiyan, bir Müslüman ve son olarak da bir Yahudi'ye döndü. Hıristiyan ve Müslüman Kral'a öldükten sonraki yaşamda yani bir sonraki dünyada sonsuz cenneti vaat ettiler. Diğer taraftan Yahudi ise Emirlerin Yerine Getirilmesinin bu dünyadaki ödülleri ve cezasından bahsetti. Ancak Kral bu dünyada hayatını nasıl yaşayacağından ziyade öldükten sonra gelecek yaşamda alacaklarıyla ilgilendi. Yahudi, daha sonra şöyle açıkladı:

Gelecek yaşamdaki ödülleri vaat edenler bu şekilde kendilerini yanlıştan uzaklaştırmak, yalanı kelimelerin anlamını gizlemek için yaptıklarını söyler. Benzer bir şekilde Kabalist Yehuda Aşlag AGRA'nın yazılarını açıklarken "Yahudi" (Yehudi:Jew) olgusunu manevi dünyanın tamamını, yani gelecek dünyayı bu dünyada yaşarken edinmiş kişilere verilen isim olarak açıkladı.

Kabalist Yehuda Aşlag: "Kişi kirli (arı olmayan, kötü) güçlerin, egoist arzularının kendisine baskı yaptığını hissediyorsa bu onun manevi kurtuluşunun başlangıcıdır", "Her şey Yaradan'ın elindedir, Yaradan korkusu hariç," der.

Kabalist Yehuda Aşlag, Kabala ilmine değinerek, "Allah korkusu dışında her şey Allah'ın elindedir," der. İnsan Yaradan'ından ne isterse istesin, sonuçta isteğine karşılık verip vermeyeceğine Yaradan karar verir. Ancak, Yaradan'dan Allah korkusunu talep etmek "Yaradan tarafından verilen bir karar değildir, kişi gerçekten Allah korkusuna sahip olmayı arzularsa, Yaradan kişinin bu arzusunu yerine getirir."

Kendim İçin Değil

Hayat, alarak ya da vererek bir arzuyu yerine getirip haz duyma olarak algılanan durumdur. Eğer haz alma arzusu kaybolursa, o zaman bilinçsizlik, baygınlık ya da ölüm olarak bilinen yeni bir koşul olur.

Eğer kişi net bir şekilde artık hiçbir şeyden haz duymadığını görür ve hissederse, örneğin geçmişte yaptıklarından duyduğu utanç hissinden dolayı; eğer kişi ıstırabından dolayı hayatından az da olsa aldığı o mutluluğun kaybolduğunu görürse, o zaman kişi yaşadığını hissetmez. Dolayısıyla, manevi bakımdan yükselen kişiler çevrenin

Michael Laitman

etkileri, düşmanlar, iflas ya da işte başarısızlık vasıtasıyla umutsuzluk, keder ve varoluşunun anlamsızlığını deneyimler.

Bu yüzden, tüm çabamızı Yaradan'ın gözünde iyi addedilen eylemlerden haz alma yoluna harcamalıyız ve bu şekilde O'na mutluluk vermeliyiz. Bu tür düşünceler ve eylemler o kadar inanılmaz haz içerirler ki bu dünyadaki en büyük acıları yok ederler.

Halihazırda özgecil eylemleri sergileyebildiğimiz bir safhada olabiliriz. Ne tür bir eylemde bulunuyorsak bulunalım hiçbir şekilde kişisel çıkar hesabı yapmayıp sadece eylemi adına yaptığımız Yaradan'ın iyiliğini düşünürüz.

Ancak, özgecil eylemlerimizden haz almıyorsak o zaman bu hareketler sadece 'vermek' olarak nitelendirilirler. Mesela, Yaradan'ın emirlerini sadece Yaradan adına yerine getirmek bize her bir emre tekabül eden Yaradan'ın Işığını (haz) getirmeyecektir. Bunun sebebi kişisel gelişim sürecinin (ruhun ıslahı) henüz tamamlanmamış olmasıdır.

Yaradan'ın Işığını hiç engel olmadan alsaydık kişi egoizmini uyandırma riskinde olurdu ve o zaman egoizm kendi mutluluğu için haz alma talebinde bulunurdu. Bu noktada kişinin bu hazzı reddetmesi mümkün olmazdı ve hazzı Yaradan'ı memnun etmek için değil sırf haz alma arzusunun gücüyle alırdı.

Özgecil eylemleri uyguladığımız Kelim (kaplar), "ihsan etme kapları" olarak bilinir. Manevi bir nesne fiziksel bedene benzer bir yapıya sahiptir ve 613 organdan oluşur. Genellikle, manevi güçlerin taslağı bedenlerimizin fiziksel yapısına benzer. Bu sebepten dolayı, 248 ihsan etme kabı manevi nesnenin üst bedeninin üzerinde yer alır ve her bir

kişinin uygulamak zorunda olduğu pozitif manevi eylemlere tekabül eder.

Üst manevi eylemleri uygulayan kişinin aldığı Işığa "Merhamet Işığı" (Or Hasadim) ya da "Gizli Merhamet" (Hasadim Mehusim) denir. Erdemlik Işığı (Or Hohma) alıcıdan henüz gizlenmiştir.

Kişi güçlü arzusuyla hislerini öyle bir boyuta kadar ıslah edebilir ki hem özgecil eylemlerde bulunup hem de bundan Yaradan adına haz alabilir, yani geçmişteki egoist arzuları hazla doldurur. Bu süreç "İhsan etmek için Almak" olarak adlandırılır.

Sonuç olarak, bu kişi her manevi hareketin ihtiva ettiği Işığı alabilir. (Kutsal kitaplardaki emirler aslında manevi eylemlerdir. Dünyamızdaki her bir kişi manevi safhaları ne olursa olsun, bu emirleri yerine getirmek zorunda olduğundan bu emirler birincil amaçları (yani Yaradan'a haz vermek) ile uyum içinde olan zorunlu başlangıç safhalarıdır.)

Yaratılışın amacını anlamaya çalıştığımız ilk safha (Yaradan adına değil) kendi kişisel çıkarımız içindir, zira haz almanın bir çok yolu vardır – yemek yemek, oyun oynamak, saygı görmek, şan şöhret sahibi olmak vs. ancak bu yöntemler bize sadece küçük ve geçici hazlar verir. Bu eylemlerin arkasındaki motivasyon "kendimiz için" olmalarıdır.

Yaradan'a inanarak, O'nun her şeye kadir olduğu gerçeğine; O'nun tüm dünyayı yönetmekte, her birimize olan her şey de dahil olmak üzere, Tek olduğuna; her birimizi ilgilendiren her şeyin üzerinde hakimiyeti olduğuna; dualarımızı duyduğunda bize yardım etme isteğine ve bunların hepsine inancımız olmasıyla çok daha muazzam hazlar edinebiliriz.

Sadece bu ilk hazırlık safhasını tamamladıktan sonra Üst manevi koşulun çok farklı ve özel hislerini alabiliriz.

Üst Dünyaları Edinmek

Michael Laitman

Sonuç olarak, yaptıklarımızdan kişisel bir çıkar sağlayıp sağlamadığımız umurumuzda olmaz. Tam tersine, düşüncelerimiz ve niyetimiz yaratılışın gerçek kanunlarının özünü anlamaya, sadece Yaradan'ın Arzusunu algılayıp gerçekleştirmeye odaklanır ki bu durum ancak Yaradan'ın yüceliğini ve gücünü algıladıktan sonra olabilir.

Ondan sonra, geçmişteki tüm motivasyonlarımızı unutur ve görürüz ki kendimizi düşünüp endişelenecek en ufak bir eğilimimiz bile yok. Tümüyle Yaradan'ın yüceliği ve O'nun Yüksek İlahi Yönetimine kendimizi bırakır ve kişisel mantığımızın sesini hiç duymayız. Bu durumda tek endişemiz Yaradan'ı nasıl mutlu edebileceğimiz ve O'na hoş gelen şeyleri nasıl yapabileceğimiz olur. Böyle bir koşula "kendim için değil" denir.

İnancın temeli Yaradan'ı algılayıp, O'nunla dolmaktan daha büyük bir haz olmadığı gerçeğidir. Ancak böyle bir hazzı kendimizi düşünmeden alabilmemiz için Yaradan'ın gizli olması gerekmektedir; gizlilik durumu manevi çalışmayı kişisel hiçbir beklenti olmadan yapma fırsatı verir. Bu tür bir içsel çalışmaya "ödül için değil" denir.

Bu safhaya geldiğimiz ve böyle bir manevi kap yarattığımızda, Yaradan'ı anında tüm var oluşumuzla görür ve algılarız. Bizim ilk başta manevi çalışmayı kişisel tatminimiz için yapmaya yönelten neden ortadan kalkar, hatta bu kişisel neden ölüm gibi gelir, zira gerçek yaşam (yani Yaradan'ın ifşasının gerçekleşmesi) başlamış ve bu his inanç erdemliği ile edinilmiştir.

Ama ıslah olmuş durumdayken mantık ötesi inanç edinme üzerine çalışırsak, o zaman ruhumuzu, Yaradan'ın Işığını alırız.

"Lişma"yı (O'nun adına yapmak) Edinmek

Kabalistik tanımlar dünyamızdan alınmış olmalarına rağmen bu dünyayla hiç ilgisi olmayan, manevi dünyada tümüyle farklı nesne ve eylemleri tanımlarlar. Bizim dünyamızda var olan nesnelerin asıl köklerinin manevi dünyada olduğu bir gerçektir (bakınız birinci bölüm "Kabala'nın Dili" ve üçüncü bölüm "Yaradan'ın Adları").

Bu uyumsuzluktan ve manevi sebep ve dünyamızdaki sonucunun farklılığından manevi nesnelerin bizim egoist kavramlarımızdan ne kadar uzak olduğunu görebiliriz.

Manevi dünyada, bir isim Yaradan'ın Işığının bir aksiyon vasıtasıyla insana belli bir ifşasını ifade etmektedir. Benzer şekilde bizim dünyamızda da her kelime bir şey ifşa eder, ancak nesneyi değil o nesneyi algılayışımızı ifade eder.

Fenomen ya da nesnenin kendisi tümüyle algı dünyamızın dışındadır; bizlerin kesinlikle anlayamayacağı başlı başına bir oluşumdur.

Şüphesiz, nesnenin duyularımızın algısının ötesinde formu ve nitelikleri vardır. Bu nosyonun teyidini nesneyi gözümüzle görmenin röntgen ışınları ya da ısı frekanslarıyla görmeye ne kadar zıt olduğu ile kanıtlayabiliriz.

Her halükârda, nesne ve o nesnenin algılanışı ayrı ayrı mevcuttur. Algılamak nesneyi algılayan kişinin nitelikleriyle ilgilidir. Dolayısıyla, nesnenin gerçek nitelikleri ve nesneyi algılayanın nitelikleri (algılayan), üçüncü bir varoluş oluşturur: Algılayanın algısında nesnenin izlenimi. Bu, tamamen nesnenin kendisinin ve algılayanın genel niteliklerine bağlıdır.

Üst Dünyaları Edinmek

Michael Laitman

Manevi Işıkla çalışma sürecinde, Işığı almak isteyen ve Işığı alan kişinin iki belirgin hâli vardır: kişinin Işığı almadan önceki ve aldıktan sonraki algı ve nitelikleri.

Aynı zamanda, kişinin kabını-arzusunu dolduran Işığın da iki hâli vardır: Işığın kişinin his ve arzularıyla temasa geçmeden önceki hâli ve algılayanla iletişim kurduktan sonraki hâli. Işığın henüz algılayanla iletişimi olmadığı koşula Saf Işık denir, çünkü Işığı alanla hiçbir ilişkisi yoktur. Zira Yaradan'ın Işığı hariç tüm nesneler Işığı almak ve Işık tarafından hazla doldurulmayı isterler; dışımızda olan Işığı algılamak, incelemek, hissetmek ya da hayal bile etmek mümkün değildir.

Dolayısıyla, eğer Yaradan'a 'Güçlü Olan' olarak hitap edersek, o an O'nun Gücünü gerçekten hissettiğimizdendir (bu durum sadece Yaradan'ı gerçekten algılayan birisi için geçerlidir!) Ancak Yaradan'ın hiçbir niteliğini algılamadan, O'nu herhangi bir şekilde adlandırmak mümkün değildir, çünkü "Yaradan" kelimesi bile aslında kişinin Işığın belli bir niteliğini algıladığının ifadesidir.

Ancak, kişi Yaradan'ın niteliklerini duyularından hissetmeden telaffuz ederse (yani birer birer O'nun niteliklerini saysa), o zaman bu davranış kişinin Işığa, henüz Işığı algılamadan isimler vermesini ifade eder ve bu da yalan söylemekle aynı şeydir zira saf bir Işığın adı yoktur.

Manevi olarak yükselmek isteyenlerimiz dışsal etkilerden sakınmalı ve henüz olgunlaşmamış olan bu kişisel inancını bizi destekleyecek gerekli algıyı edinene kadar kollamalıdır. Kişinin kendisini manevi gelişime uzak kişilerden korumasına gerek yoktur çünkü bu kişiler zaten konuyla alakasızlardır ve en kötü ihtimalle manevi gelişimle ilgili negatif konuşabilirler. Esasen kişi kendisini "sanki" maneviyata yakınmış gibi görünen kişilerden (dinci kesim) korumalıdır. Zira dışarıdan, kişi sanki gerçeğin içerisindeymiş gibi, sanki kendisini tümüyle Yaradan'a adıyormuş ve tüm sevapları işliyormuş gibi görünebilir, ancak kişinin "Hak'tan yana" (erdemli) olup olmadığı dışarıdan kimseye belli olmaz ve bu hareketleri kişisel menfaati için yapılıyor olabilir.

Bu tür kişiler veya gruplar maneviyatta gelişmeyi arzulayanlar için çok büyük tehdit oluşturmaktadır, çünkü yeni başlayan bir kişi başkalarının yaptıklarını görüp bu insanların Yaradan'a bağlı olduğunu gözleriyle görse de, gerçekten Yaradan'ı algılamak ve anlamak uğruna çalışıp çalışmadıklarını veya çocukluğundan beri yetiştirilişinden kaynaklanan hayat tarzı olup olmadığını, hatta daha da kötüsü başkalarının saygınlığını edinmek ya da başkalarından menfaat sağlamak için yapıp yapmadığını tayin edemez.

Aynı zamanda, manevi yoluna yeni başlama safhasında olan bir kişi bu tür "Hak'tan yana" olan kişilerin kendilerine yapabilecekleri yardım gücünden de etkilenme tehlikesi içerisindedir; ve bu tür yardımların arkasında egoist bir niyet olup olmadığını da anlaması mümkün değildir. Dahası, egoizm ve kendilerinin haklı olduklarını kanıtlama arzusu, bu insanlara güç vermektedir, ancak gerçek Kabala kişinin Yaradan'a yönelik bir arzu duyması için onu iyice zayıflatır.

Eğer insan bu tür "Hak'tan yana" (erdemli) insanların dışsal hareketlerinden etkilenirse buna Kutsal kitaplarda bahsedilen Firavun'un kölesi olur denir, zira Mısır sürgünüyle ilgili şöyle yazar, İsrail için Firavun'a kölelik yapmak güzeldi. Kutsal kitaplar sadece kişinin geçirdiği manevi koşulları anlattığı için, burada kölelik manevi kölelik anlamındadır ve yeni başlayan bir kişinin içine düşebileceği durumu yansıtmaktadır, sonuç itibariyle kişi egoizmine karşı koyma yolunda harcadığı tüm çabadan pişman olma durumuna gelebilir.

Diğer taraftan da, manevi yoluna yeni başlayan bir kişinin Kabala konusuna uzak olanlara yönelik endişe duyması gereksizdir, zira maneviyata uzak kişilerden bir şey öğrenmesi söz konusu olmadığından, manevi köleliğe girmesine sebep olacak bir tehdit unsuru da oluşturmazlar. Egoizmimiz sadece korku hissettiği zaman ilerlememize izin verir. Ancak o zaman, bu hissi nötrleştirmemiz için bizi her türlü hareketi yapmaya iter. Dolayısıyla, kişi Allah korkusunu hissedebilirse manevi yolda çalışmak için yeterli gücü ve arzuyu geliştirebilir.

İki çeşit korku vardır: günah işleme korkusu ve Yaradan korkusu. İnsanı günah işlemekten alıkoyan bir korku vardır, yoksa kişi günah işler. Bununla beraber, kişi günah işlemekten korkmuyorsa zira tüm yaptıklarını zaten Yaradan adına (Yaradan'ı memnun etmek için) yapmaktadır o zaman tüm emirleri korkudan değil, Yaradan'ın arzusu bu olduğu için yerine getirir.

Günah işleme korkusu egoist bir korkudur, çünkü kişinin kendisine zarar vereceği endişesi vardır. Allah korkusu ise özgecil bir korkudur, çünkü Yaradan'ın arzusunu yerine getirememeye yönelik bir endişeden yani sevgi hissinden doğmaktadır.

Ancak, kişi Yaradan'a mutluluk vermek için büyük bir istek duysa bile yine de Yaradan'ın isteklerini (Yaradan'ın bizlerden yapmamızı beklediği davranışlar) yerine getirmek çok zordur zira kişi bunları yerine getirmenin gerekliliğini görememektedir.

Michael Laitman

Üst Dünyaları Edinmek

Sevgiden kaynaklanan korku egoist korkudan daha güçlü olmalıdır. Örneğin, kişi herhangi bir suç ya da günah işlerken başkasının görebileceğini düşündüğünden dolayı utanç ve ıstırap hissi içerisine girer. Benzer şekilde, bir Kabalist Yaradan için yeterince bir şeyler yapamadığı için, kendi içerisinde bir gerginlik hissiyatı oluşturur. Bu his, bir egoistin işlediği açık bir günah için cezalandırılma korkusu kadar büyüktür.

"Kişi sadece arzuladığını öğrenir." ("İnsan sadece kalbinin arzuladığı yerde öğrenir.") Bu varsayımdan başlayarak, kişinin arzusu olmadan bir takım kuralları ve normları öğrenmesi mümkün değildir diyebiliriz. Fakat ne tür bir insan çoğu zaman kendi kusurlarını bile algılayamazken oturup ahlaki değerleri dinlemek ister ki? O zaman, kim, hatta kendisini düzeltmeyi arzulayan bir kişi bile, nasıl amaca ulaşabilir?

İnsan sadece kendisini memnun etmek arzusuyla yaratılmıştır. Dolayısıyla, sadece kendi arzularını tatmin edebilecek yolları öğrenir ve kendisini yüceltmeyecek, mutlu etmeyecek bir şeyi öğrenmez, çünkü insanın gerçek doğası budur.

Dolayısıyla, her kim Yaradan'a yakın olmak istiyorsa, "Yaradan'ın rızası için" davranmayı öğrenebilmek için Yaradan'dan kendisine yeni bir kalp vermesini talep etmelidir ki egoist olan arzuları özgecil arzularla değişsin. Eğer Yaradan kişinin bu arzusunu kabul ederse o zaman insan nerede öğrenirse öğrensin, Yaradan'ı memnun etme yollarını her zaman bulabilir.

Ancak ister egoistçe ister özgecil olsun hiçbir zaman kalbimize zıt olan bir şeyi algılamayız. Bu yüzden de asla kalbimizi memnun kılmayan bir şeyi yapmak zorunda hissetmeyiz. Ancak Yaradan kalbimizi egoist kalpten özgecil bir kalbe çevirdiği zaman, yeni edinilmiş özelliklerimizle kendimizi düzeltmek için ne yapmamız gerektiğini hemen o an anlarız, dahası bu dünyada Yaradan'a memnunluk vermekten daha önemli hiçbir şeyin olmadığını keşfederiz.

Ek olarak, kusur olarak gördüğümüz niteliklerimiz ve eksikliklerimiz erdemliliğe dönüşür çünkü bunları ıslah ederek Yaradan'a mutluluk getiririz. Ancak, kendisini düzeltmeye hazır olmayan kişiler kendi kusurlarını göremezler, zira insanın kusurları ancak kendisini düzeltebileceği dereceye kadar ifşa olur.

İnsanın kişisel mutluluğuna yönelik tüm davranışları, buna "kendisi için yaptığı manevi çalışma" da dâhil, bu dünyadan ayrıldığı zaman kaybolur. Kişinin umurunda olan ve ıstırap çektiği her şey bir anda ortadan kalkar.

Dolayısıyla, eğer bu dünyadaki bir şey için çalışmaya değer olduğunu ve sonra da uğruna çalıştığımız her şeyi hayatımızın bir anında ölerek kaybedeceğimizi düşünecek olursak, belki de o zaman "Yaradan'ın rızası için" çalışmayı tercih etme sonucuna varabiliriz. Yaradan'ın rızası için çalışma kararı almak Yaradan'ın yardımının gerekliliğini fark etmemizi sağlar, özellikle de kişisel kazanım sağlama beklentisiyle manevi çalışmasında çok çaba sarf etmişse.

Maneviyata çok fazla çaba harcamayan bir kişi yaptıklarını "Yaradan'ın rızası için" değiştirmeye fazla arzulu değildir çünkü bu durumda kaybedecek fazla bir şeyi yoktur, ancak kişisel manevi değişim için çok büyük bir çaba gerekmektedir.

Bu nedenden dolayı, kişi elindeki tüm koşulları kullanarak çabasını Lo Lişma, "Yaradan'ın rızası için değil" çalışmasına yoğunlaştırmalıdır ki bu Yaradan'a dönme arzusunu geliştirsin ve kişi daha sonra, Lişma, O'nun rızası için çalışabilsin.

Doğamızın Dönüşümü

Tüm hislerimizi Yukarıdan alırız. Eğer bir istek, bir aşk ve Yaradan'a doğru bir çekim hissediyorsak, o zaman bu Yaradan'ın da aynı hisleri bize yönelik hissettiğine dair bir işarettir (zira bir kural vardır; "insan Yaradan'ın gölgesidir"). Yaradan'a yönelik ne hissediyorsak, Yaradan'da bize yönelik aynısını hisseder.

Hz. Âdem'in günah işleyip manevi düşüşünün sonucu olarak (bu durum ilk yaratılan ruhun Atsilut dünyasından "bu dünyaya" ya da "bizim dünyamıza" düşüşünü sembolize eder), ruhu 600,000 farklı parçaya ayrıldı. Bu parçalar bedenlere bürünerek bu dünyada doğdular. Her bir parça ıslahını tümüyle gerçekleştirmesini sağlayacak süre kadar bedenlerle kıyafetlenerek geri gelecek. Tüm parçalar bireysel ıslah süreçlerini bağımsız olarak tamamladıktan sonra tekrar "Âdem" olarak bilinen tek bir ruh halinde kolektif olarak bütünleşeceklerdir.

Nesillerin birbirini izlemesinde "babalar" olarak bilinen bir etki ve "oğullar" olarak bilinen bir sonuç vardır. Oğulların ortaya çıkmasının nedeni babaların henüz ıslah olmamış koşullarının ıslahını devam ettirmeleri içindir, yani önceki re-enkarnasyonlardaki ruhların ıslahını devam ettirirler.

Yaradan bizi, iyi niteliklerimizden dolayı değil kendimizi kötü hissettiğimizden ve "kirliliğimizden" sıyrılıp düzelmeyi arzulamamızdan dolayı Kendisine yaklaştırır. Eğer manevi yükselişten dolayı kendimizi mutlu, neşeli hissedersek sırf bu hisler için Yaradan adına çalışmanın iyi olduğuna kanaat getirebiliriz. Dolayısıyla, Yaradan genellikle bu manevi hazzı kişinin üzerinden kaldırır ki insan neden manevi yükselişi istediğini anlasın; ya aldığı bu mutluluk hazzından dolayı Yaradan'a hizmet etmek istediğinden ya da Yaradan'a olan inancından dolayıdır. Bu durumda, insana haz uğruna hareket etmemesi için bir fırsat verilir.

Manevi hazzın alınması insanı anında depresyona ve çaresizliğe sürükler ki kişi manevi çalışmaya yönelik en ufak bir istek hissetmez. İşte tam olarak bu durumlarda insan mantık ötesi inançla Yaradan'a yakınlaşmak için gerçek bir şansa sahiptir. Çaresizlik hissi, halihazırda maneviyata yönelik ne kadar az çekim hissettiğinin insanın kişisel algısından başka bir şey olmadığının farkına varması için verilir; zira tüm yaratılışta Yaradan'dan daha yüce bir şey yoktur.

Yukarıda yazılanlardan, manevi bir düşüşün kişiyi daha yüksek bir manevi seviyeye hazırlamak için özellikle Yaradan tarafından gönderildiğini söyleyebiliriz. Bu, insanın inancını arttırması için verilmiş bir fırsattır. Dolayısıyla şöyle denir: "Yaradan hastalıktan önce şifayı hazırlar" ve ayrıca "Yaradan insana neyle vurduysa, onunla iyileştirir."

Yaşam gücümüzü ya da yaşam ilgimizi ortadan kaldıracak her deneme, her çaba insanın tüm varlığını titretir, eğer gerçekten manevi olarak yükselişi arzuluyorsak mantık ötesi inançla daha da yükselme fırsatını hoş karşılar ve bununla da kişisel zevklerimizden kendimizi özgür kılma arzumuzu gerçekten teyit etmiş oluruz.

İnsan genellikle kendisiyle ilgilenir, kişisel ıstırap ve hazzın his ve düşüncelerine odaklanır. Ancak, manevi algı edinme yönünde çaba sarf ederken, odak noktamızı kişisel olmayan konulara, dışımızda Yaradan'ın doldurduğu mekana yönlendirmeliyiz ki böylelikle Yaradan'ın arzusu ve varoluşu tüm yaşam odağımız olabilsin. Meydana gelen her şeyi Yaradan'ın planı olarak değerlendirmeli ve benliğimizi

Michael Laitman

Üst Dünyaları Edinmek

O'na çevirmeliyiz ki sadece fiziksel beden olan kabuğumuz fiziksel çerçevede kalsın. Bununla beraber, iç hislerimiz, benliğimizin özü, yani ruh olarak tayin edilen her şey bedenin "dışına" aktarılmalıdır. Sadece o zaman yaratılışın içine nüfuz eden iyiliğin gücünü sürekli olarak hissedebiliriz. Bu his, mantık ötesi inanca yakın bir histir, çünkü tüm içsel hislerimizi dışarıya, bedenin sınırları dışına aktarmaya çabalamaktayız.

Yaradan'a inancı edindikten sonra Yaradan tarafından ne engel gönderilirse gönderilsin bu durumda kalmalıyız ki Yaradan'a olan inancımızı sürekli artırıp inanç sayesinde oluşturulan kabımızın içine O'nun Işığını yavaş yavaş almaya başlayalım.

Tüm yaratılış iki karşıt gücün arasındaki iletişim üzerine kurulmuştur: egoizm (zevk alma arzusu) ve ihsan etme (başkasına memnunluk verme arzusu). Aşamalı olarak ıslah olmanın yolu egoist olan arzuları tersine çevirmektir ve bu yol iki koşulu bir araya getirerek inşa edilir. Zaman içinde küçük küçük egoist arzular özgecil arzularla birleşir ve böylece ıslah olurlar. Doğamızın bu yöntemle değişimini sağlamaya "üç çizgiyle çalışmak" denir. Sağ çizgiye beyaz çizgi denir, çünkü hiçbir hata ya da eksikliği yoktur.

Sağ çizgiye sahip olduktan sonra, egoizmimizi barındıran sol çizginin de (aynı zamanda kırmızı çizgi de denir) büyük bir kısmını elde edebiliriz. Manevi davranışlarda egoizmin kullanılması üzerinde bir kısıtlama vardır, çünkü egoizmin etkisi altına girmemiz mümkündür.

Arı olmayan güçler/arzular Yaradan'ı algılamak, kendini mutlu etmekle uğraşmak ve bu algıları kişisel haz almakta kullanmak için erdemlik Işığını, Or Hohma, almak, Yaradan'ı egoist arzuları içerisinde kendi zevkleri için hissetmek isterler. Eğer mantık ötesi inanç niteliğiyle, (almak ama egoist arzularımız için değil) Yaradan'ı, O'nun yaptıklarını, O'nun hâkimiyetini algılama ihtimalini reddeder, O'nun Işığından alınan mutluluğu reddeder; ve her şeyi öğrenmek ve yaşamak, tüm olanları önceden bilmek, hareketlerimizin karşılığında ne ödül alacağımızı bilmek gibi doğal arzularımızın ötesine gitme kararını alırsak; o zaman sol çizgiyi kısıtlı kullanma koşuluna bağlı olmayız. Bu karara "gölgeyi yaratmak" denir, çünkü kendimizi Yaradan'ın Işığından ayırmaktayız.

Bu durumda, sol taraftaki arzularımızın küçük bir kısmını alıp sağ tarafla ilişkilendirme seçeneğine sahip oluruz. Güçler ve arzuların birleşmesinden kaynaklanan sonuca "orta çizgi"denir. Yaradan tam olarak bu çizgide Kendisini ifşa eder. Aynı koşul kendisini her Üst manevi derecede tekrarlar, ta ki insan manevi yolunu tamamlayana kadar.

Bir köleyle ücretli çalışan adam arasındaki fark çalışma esnasında ücretli çalışanın yaptığı iş için alacağı ödülü, parayı düşünmesidir; alacağı ödül bellidir ve kişinin bu işi yapmasının nedenidir. Ancak bir köle, herhangi bir ödül almaz, yaşamı için sadece ihtiyaç duyduğu şeyleri alır. Bir kölenin sahip olduğu hiçbir şey yoktur, her şey onun sahibine aittir. Dolayısıyla, eğer bir köle çok çalışıyorsa bu, sahibini mutlu etme, onun için iyi bir şeyler yapma arzusu olduğuna dair bir işarettir.

Bizim amacımız, manevi çalışmaya yönelik, hiçbir ödül için çalışmayan bir kölenin yaklaşımına sahip olmaktır. Manevi seyahatimiz, herhangi bir ceza ya da ödül beklentisinden etkilenmemelidir, sadece Yaradan'ın arzusunu yerine getirmek için özgecil bir arzu olmalıdır.

Hatta, bunun ötesinde çalışmamızın sonucu olarak Yaradan'ı algılamayı bile beklememeliyiz, zira bu da bir nevi ödüldür. Yaptıklarımızı, O'nun adına yaptığımızdan Yaradan'ın haberi yokmuş gibi, hatta O'nun adına özel bir şey yaptığımızı bile düşünmeden, çalışmamızın sonucunu görmeden, ama sadece Yaradan'ın yaptıklarımızdan mutlu olduğuna inanarak yapmalıyız.

Eğer manevi çalışmamız gerçekten yukarıda anlatıldığı şekilde olursa, o zaman ödül ve ceza kavramlarını tümüyle aklımızdan çıkartmalıyız. Bunu anlayabilmek için, ödül ve cezanın maneviyatta ve Kabala'da ne anlama geldiğini anlamamız gerekir.

Arzuladığımız bir şeyi elde etmek için belli miktar çaba harcadığımızda bir ödül alırız. Bu çabaların karşılığında arzuladığımız şeyi alır ya da buluruz. Ödül, dünyamızda sonsuz bollukta ve herkese açık olan bir şey değildir. Çalışma, belli bir ödülü almaya yönelik çabaya dönüşür ki bu çaba olmadan da ödülü alamayız.

Örneğin, eğer etraf taş doluysa kişi tesadüfen bulduğu bir taş için çalıştım ve buldum diyemez. Bu durumda ne yapılan bir iş vardır ne de ödül. Öteki taraftan ise, küçük değerli bir taşı edinebilmek için, kişi çok yoğun bir çaba sarf etmelidir, çünkü bulması çok zordur. Böyle bir durumda, gerçek çaba harcandığı için ödül kazanılır.

Yaradan Korkusu

Yaradan'ın Işığı tüm yaratılışı doldurur. Aslında bu Işığın içerisinde yüzmemize rağmen algılayamıyoruz. Hissettiğimiz zevkler Yaradan'ın merhametiyle bize yansıyan sadece küçücük yansılardır, zira hiçbir şeyden zevk almasaydık varlığımızı sona erdirirdik. Bu yansıları bizleri, içlerine giren yansımalardan dolayı belli nesnelere çeken güçler olarak hissederiz. Nesnelerin kendileri aslında bir sonuç değildir, zira belli bir noktada daha önce çok ilgimizi çeken bir şeyle hiç ilgilenmemeye başlarız.

Yaradan'ın tüm Işığını almak yerine küçücük bir yansımasını almamızın nedeni egoizmimizin bir engel teşkil etmesinden kaynaklanır. Eğer egoist arzularımız varsa, Işık form eşitliği (benzerlik) kanununa dayalı olarak bizler tarafından algılanamaz. İki nesne birbirlerini sadece niteliklerinin benzerliği derecesine kadar algılayabilirler. Bizim dünyamızda bile, tümüyle farklı düşünce ve arzulara sahip iki kişinin birbirlerini anlayamadıklarını görürüz. Dolayısıyla, Yaradan'ın niteliklerine sahip bir birey tümüyle sonu olmayan bir haz ve bilgelik okyanusu içerisine dalmış olur.

Ama eğer Yaradan her şeyi tümüyle Kendisiyle dolduruyorsa ve Yaradan'ı değerli bir taşı ararcasına aramamıza gerek yoksa o zaman açıkçası ödül diye bir kavramın olmadığı da barizdir.

Bu yüzden aramak olarak tanımlanan çaba sarf etme işi de Yaradan'la ilişkilendirilemez, çünkü Yaradan hem her tarafta hem de içimizdedir. Yaradan'ı algılayamayabiliriz, ancak O etrafımızda ve içimizdedir.

Evet, O'nu algılayamayabiliriz ama O içimizde, inancımızın içindedir. Ama aynı zamanda, O'nu algıladığımız zaman ve O'ndan mutluluk hissettiğimiz zaman, ödüllendirildiğimizi de söyleyemeyiz, zira eğer çaba denilen bir iş yapmadıysak ve arzulanan şey dünyada bolluk içerisinde mevcutsa o zaman ödüllendirildik diyemeyiz.

O zaman şu soru hâlâ gündemde, peki egoist doğamıza karşı koymak için yaptığımız çalışmanın ödülü nedir?

Michael Laitman

Üst Dünyaları Edinmek

Öncelikle Yaradan'ın neden form eşitliği kanununu (benzerlik kanunu) oluşturduğunu anlamamız gerekir, zira sonuç olarak, Yaradan tüm evreni doldurmasına rağmen bizler O'nu algılayamıyoruz çünkü bu kanunun uygulanmasından dolayı Yaradan Kendisini bizlerden gizliyor. Bunun cevabı şöyledir: Yaradan'ın form eşitliği kanununu oluşturmasıyla, sadece bizlerle aynı manevi seviyede olan nesneleri algılayabiliyoruz. Böylece, O'ndan haz aldığımızda yaratılışın doğası olarak egoizmimizden kaynaklanan en korkunç hisleri yaşamaktan korunuyoruz, zira hazla birlikte utanç ve aşağılanma hisleri de ortaya çıkıyor.

Egoizm böyle bir hisse tahammül edemez. Eğer kendimize ya da başkasına karşı yaptığımız kötü davranışları bir şekilde haklı çıkaramazsak; eğer isteğimize karşın yaptığımız kötü bir şey için kendimize dışsal bir neden bulamıyorsak; o zaman "benliğimizin" aşağılanması dışında her türlü cezayı kaldırabiliriz, çünkü "benlik" kişinin varoluşunun temel taşıdır ve bir kez aşağılandığında manen kaybolur; sanki bu kişi yer yüzünden buharlaşıp kaybolmuş gibi olur.

Ancak tüm arzumuzun her şeyi sadece Yaradan'a vermek olduğu bir anlayış seviyesine geldiğimizde ve sürekli Yaradan adına başka ne yapabilirim düşüncesiyle meşgul olduğumuzda o zaman Yaradan'dan haz almak için yaratıldığımızı keşfederiz ve Yaradan'ın bundan başka bir isteği yoktur. Bu noktada, mümkün olan tüm zevkleri alırız çünkü Yaradan'ın arzusunu yerine getirmek istiyoruzdur.

Böyle bir durumda, içimizde utanç hislerine hiç yer yoktur, çünkü Yaradan bize mutluluk vermek istediğini göstermekte ve bizim de bunu kabul etmemizi istemektedir. Dolayısıyla, kabul ederek kendi egoist arzumuzu değil Yaradan'ın

363

Üst Dünyaları Edinmek

Michael Laitman

Arzusunu yerine getiriyoruz. Sonuç olarak, Yaradan'ın niteliklerine benzeriz ve aramızdaki sınır kalkar. Bütün bunlar birbirini izler zira, tıpkı Yaradan gibi, haz verebilecek manevi seviyeye ulaşmışızdır.

Yukarıda anlatılanlardan görebiliriz ki, çabamızın karşılığında edindiğimiz ödül yeni, özgecil nitelikler kazanmaktır – "ihsan etme" arzuları, haz verme arzuları – Yaradan'ın bize yönelik arzuları gibi. Bu manevi seviye ve bu nitelikler "Yaradan korkusu" olarak bilinir.

Manevi, ihsansal korku, tıpkı manevi nesnelerin diğer egoist olmayan nitelikleri gibi, bütün niteliklerimizden ve algılarımızdan tamamıyla farklıdır. "Yaradan korkusu", Yaradan'dan uzağa itilme korkusudur. Ancak bu korku kişisel bir çıkar hesabından ya da egoizmle baş başa kalmak veya Yaradan'a benzemek korkusundan kaynaklanmaz. Bütün bunlar kişisel menfaat hesaplarıdır ve sadece kişinin içerisinde bulunduğu koşulu hesaba katmaktadır.

Yaradan korkusu, kişinin kendisini hiç düşünmeden Yaradan adına yapılabilecek bir şey olup da acaba yapmadım mı endişesidir. Bu tür bir düşünce, kendi ihtiyaçlarımızı tatmin edememe olan egoist korkumuzun tersine manevi bir nesnenin özgecil niteliğidir.

Yaradan korkusu niteliğini edinmek çabamızın sebebi ve amacı olmalıdır. Tüm gücümüzü bu çabaya adamalıyız. Ondan sonra, edinilen niteliklerin yardımıyla, kendimiz için hazırlanan tüm zevkleri alabiliriz. Bu durum, "ıslahı tamamlamak" (Gmar Tikun) olarak bilinir.

Yaradan korkusu, Yaradan sevgisinden önce gelmelidir. Bunun nedeni şöyledir: vecibelerimizi sevgi hissiyle yapabilmek; Yaradan'ın "emirleri" olarak bilinen manevi hareketlerdeki hazzı kavramak; ve bu hazların sevgi hissini

uyandırması (zira bizim dünyamızda sevdiğimiz şeyler bize haz veren şeylerdir, ıstırap getiren şeylerden de nefret ederiz) için öncelikle Yaradan korkusunu edinmeliyiz.

Eğer Yaradan'ın emirlerini sevgiden haz almak için değil de korku hissiyle yerine getiriyorsak o zaman vecibelerin uygulanmasındaki hazzı algılamıyoruz ve Yaradan'ın emirlerini cezadan korktuğumuz için yerine getiriyoruz demektir. Beden elbette bu duruma karşı koymaz zira beden de cezadan korkar, ancak sürekli bu görevi neden yerine getirdiğini sorar.

Bu durum korkumuzu ve Yaradan'ın Hâkimiyetindeki ödül ve ceza kanunlarına olan inancımızı yükseltmek için bize bir sebep verir, ta ki Yaradan'ın varlığını sürekli algılamaya başlayana dek. Yaradan'ın varlığının hissini edindikten sonra, yani Yaradan'a inancı edindikten sonra, Yaradan'ın arzusunu sevgi hissiyle yerine getirebiliriz, zira şimdi Yaradan'ın rızasını yerine getirmenin tadını almışızdır.

Diğer taraftan, eğer Yaradan, emirlerini sevgiyle yerine getirmenin tadını en baştan verseydi, yani Yaradan korkusu denilen safhayı atlayarak sadece yaptığımızdan mutluluk alsaydık, o zaman asla Yaradan'a inancı geliştiremezdik. Bu durum hayatını sadece dünyevi arzular peşinde koşarak geçiren kişilerin durumuna benzetilebilir, öyle ki bu insanların doğalarının gereği olan Yaradan'ın emirlerini, kanunlarını yerine getirme inancına ihtiyaçları yoktur çünkü doğaları onları ödül peşinde koşmaya zorlamaktadır.

Dolayısıyla, eğer bir Kabalist Yaradan'ın manevi kanunlarının tadını ilk baştan algılasaydı, onları gönülsüzce yerine getirmiş olurdu, tıpkı Yaradan'dan ödüller alma beklentisiyle O'nun için bir şeyler yapan insanlar gibi olurdu. Böyle bir durumda hiç kimse Yaradan'a yakınlaşamazdı.

Bu nedenden dolayı manevi çalışmada alınan zevkler üzerinde gizlilik vardır (Işık her manevi kanunda gizlidir; Yaradan'ın Işığı tüm manevi kanunların toplamıdır). Bu hazlar kişi ancak Yaradan'a daimi inancı edindiğinde ifşa olur.

Özgecilik Tohumu

Mutlak egoist nitelikleriyle yaratılan insan, sadece kendi bedeninin kendisine hükmettiği arzuları hisseden, kendi algıları dışında hiçbir şey hayal bile edemeyen bir varlık, nasıl olur da bedensel arzularının ve doğal duyularının ötesinde var olan bir şeyi algılayabilir?

Yaratılışımız gereği egoist olan arzularımızı zevkle tatmin etme özlemiyle doğduk. Böyle bir koşulda, kendimizi değiştirebilecek ve egoist niteliklerimizi tersine çevirebilecek hiçbir imkâna sahip değiliz. Egoizmi özgeciliğe dönüştürme olanağı yaratabilmek için Yaradan, egoizmi yaratırken içine bir ihsan tohumu yerleştirdi ve bizler bu tohumu maneviyatı çalışarak ve buna uygun hareket ederek geliştirebiliriz.

Bedensel arzularımızın hükmettiğini hissettikçe bunlara karşı koyamayız. Dolayısıyla, tüm düşüncelerimiz bedenin arzularını yerine getirmeye yönelir. Bu tür bir durumda, hareket etme özgürlüğümüz, hatta kişisel arzumuzu tatmin etmek dışında düşünme özgürlüğümüz bile yoktur.

Öteki taraftan, manevi yükseliş esnasında manevi olarak gelişmeyi ve bizi aşağı çeken fiziksel arzulardan sıyrılmayı arzulamaya başlarız. Böyle zamanlarda, bedensel arzularımızı algılamayız bile ve dolayısıyla maneviyatla fizisellik arasında özgür bir seçim yapmaya ihtiyaç bile duymayız.

Michael Laitman

Üst Dünyaları Edinmek

Sonuç olarak, egoizm içerisinde kalarak ihsan etmeyi seçecek güce sahip olamayız. Ancak bir kez maneviyatın yüceliğini algıladığımızda artık karşımızda bir seçim koşulu yoktur çünkü maneviyat zaten arzuladığımız şeydir. Dolayısıyla, tüm özgür irade nosyonu bir seçimden ibarettir: Hangi güç bizi kontrol edecek, egoizm mi yoksa ihsan etmek mi? Peki hangi koşulda bu seçimi özgürce yapabileceğimiz tarafsız bir durum ortaya çıkar?

İşte bu nedenden dolayı, kendimizi bir rehbere teslim etmekten, otantik kitapları çalışmaktan, aynı amaca ulaşmak için çalışan bir grup insanın arasına girmekten, düşüncelerimizi ihsan etmeye ve manevi güce açmaktan başka yapabileceğimiz hiçbir şey yoktur. Bu çalışmanın sonucu olarak içimizdeki ihsan etme tohumu uyanacaktır, bu tohum her birimizin içinde mevcuttur ancak bazen bir çok hayatlar boyunca uyanmadan kalır.

İnsanın özgür iradesinin özü bu tohumdur. İçimizde özgecil arzuların uyandığını hissettikçe, maneviyatı fazla çaba sarf etmeden algılamaya başlarız. Manevi düşünceler ve davranışlar içerisinde olmayı arzulayan ancak hâlâ belli bir kişisel inanca sıkıca bağlı olmayan bir insan sürekli egoist düşünceleri içerisinde yaşayan insanlardan kendisini kollamalıdır. Bu özellikle mantık ötesi inanç ile yaşamayı arzulayanlar için geçerlidir. Bu nedenden dolayı kişi kendisini hayatını kişisel aklının sınırları içerisinde yaşayanlara karşı kollamalıdır çünkü mantık dâhilinde yaşayanların hayat felsefeleri manevi düşünceye tümüyle terstir. Kabala kitaplarında şöyle yazar "cahillerin aklı manevi aklın zıttıdır."

Kendi aklımızın sınırları içerisinde düşünmek öncelikle yaptıklarımızdan ne menfaat sağlayacağımızı

Üst Dünyaları Edinmek Michael Laitman

düşündüğümüzü ima eder. Öteki taraftan da Kabala'da, yani mantığın ötesinde inançta, yaptıklarımızın hiçbir şekilde egoist bir hesap ve mantığa dâhil olmayacağı ön koşulu vardır, ya da yapılanlardan sonuç olarak bir menfaat sağlamama koşulu olmalıdır.

Başkalarının yardımına muhtaç bir kişi fakir olarak kabul edilir. Sahip olduğuyla mutlu olan bir kişi ise zengin kabul edilir. Ancak, tüm yaptıklarımızın egoist arzu (Liba) ve düşüncelerin (Moha) sonucu olduğunu anlamaya başlarsak, o zaman gerçek manevi koşulumuzu, egoizmimizin ve kötülüğün içimizdeki gücünü anlamaya başlarız.

İçinde bulunduğumuz gerçek manevi koşulun farkına varmakla hissettiğimiz acı hisler kendimizi düzeltme arzusunu uyandırır. Bu arzu yeterli yoğunluk derecesine geldiğinde Yaradan kişinin ruhuna (kabına/Kli'sine) ıslah eden Işığını gönderir. Bu durumda manevi basamaklardan yükselmeye başlarız.

İnsanlar genellikle egoist doğalarına uyumlu yetiştirilirler, bu duruma dindar bir yetiştiriliş de dâhildir ve dini vecibelerle yetiştirildiyseler bunları otomatik olarak uygularlar. Dini bir yaşam bu insanların Yaradan'la kurdukları böyle bir seviyedeki bağı koparmamalarını sağlar. Dolayısıyla, bedenimiz (alma arzusu) neden dini vecibeleri uyguluyorsun diye sorduğunda kendi kendimize böyle yetiştirildiğimden dolayı diyoruz, bizim ve toplum için kabul edilen yaşam tarzı bu. Yetiştiriliş tarzı temeli oluşturur ve alışkanlık ikinci doğamız oluverir böylece doğal hareketlerimizi uygulamak için çaba gerekmez çünkü hem beden hem de akıl tarafından emredilmekteyizdir.

Dolayısıyla, en doğal ve aşina gelen şeyden dönme riski yoktur. Ancak yetiştirilişimize aykırı hareket etmek istersek

o zaman en önemsiz hareket bile bedenimiz tarafından sorgulanır: Neden bu hareketi yapıyoruz ve bizi içinde bulunduğumuz sükûneti terk etmeye ne zorluyor?

Bu durumda bir sınama ve seçimle karşı karşıya kalırız, çünkü ne biz ne de içinde bulunduğumuz toplum yapmayı planladığımız hareketi yapmaktadır. Örnek teşkil edecek ve niyetimizi destekleyecek hiç kimse yoktur. Başkaları da benim gibi düşünüyordur diye aklımızdan geçirmek bile bize huzur vermez. Dolayısıyla, ne yetiştirildiğimiz çevremizden ne de toplumdan bir örnek bulamadığımız için, bu yeni düşünce ve davranış şeklinde davranıp düşünmemizin Yaradan korkusu olduğu sonucuna gelmek durumundayız. Bu durumda, destek ve anlayış için Yaradan'dan başka döneceğimiz kimse yoktur.

Yaradan Tek olduğundan ve bizim tek desteğimiz O olduğundan kendimizi emsalsiz kabul eder ve içinde doğduğumuz toplumun ve kitlenin bir parçası olmadığımızı düşünürüz. Kitleler arasında kendimize destek bulamadığımızdan ve tümüyle Yaradan'ın merhametine bağlı olduğumuzdan Yaradan'ın Işığını alabilecek bir değere sahip oluruz ve bu Işık bize yolumuzda rehberlik eder.

Yeni başlayan herkesin ortak bir sorusu vardır: Yolun yönüne kim karar verir, insan mı yoksa Yaradan mı? Başka bir deyişle, kim kimi seçer: Kişi mi Yaradan'ı seçer, yoksa Yaradan mı kişiyi seçer?

Bir bakış açısına göre insan Yaradan özellikle beni seçti demelidir ve bu "kişisel Takdiri İlahi" olarak bilinir. Dolayısıyla insan kendisine yakınlaştırdığı ve O'nun için bir şey yapabilme fırsatı verdiği için Yaradan'a şükretmelidir. Ancak insan Yaradan'ın neden özellikle kendisini seçtiğini ve böyle eşsiz bir fırsat verdiğini düşündüğünde bir soru doğar: neden manevi emirleri uygulayalım? Bunun sebebi nedir?

Sonra, bu fırsatın Yaradan için bir şey yapmayı teşvik etmek için verildiği, çabanın kendisinin ödül olduğu ve bu çalışmadan uzaklaşmanın ceza olduğu sonucuna varır. Artık bu çalışmayı üslenmek, Yaradan'a hizmet etmek insanın özgür seçimidir, dolayısıyla kişi tüm hareketlerinin Yaradan'a mutluluk getirmesi niyetini güçlendirmek için O'ndan yardım talep etmeye hazırdır. Kişinin hayatında yaptığı özgür seçim budur.

Yaradan'ın Tekliğini Algılama Savaşı

Kabala'da kitlelere "ev sahibi" (Ba'al Bait) denir, zira kendi evlerini (egoist kap-Kli) yapma ve hazla doldurmayı arzularlar. Manevi yükselişte olan bir insanın arzuları Yaradan'ın Işığından gelir ve O'nun Işığıyla doldurmak için kalbinde Yaradan için bir ev inşa etme işine odaklanır.

Tüm kavramları ve olayları kendi algılayışımıza göre değerlendiririz. Duyularımızın reaksiyonuna göre olayları tanımlar ve isimler veririz. Dolayısıyla, herhangi bir nesne veya olaydan bahsederken kişisel olarak nasıl algıladığımızı ifade etmekteyizdir.

Bir şeyin kötülük derecesini o nesnenin arzulanan zevke ne kadar engel olduğuna göre tayin ederiz. Bazı koşullarda, belli bir nesneye yakın olmaya tahammül edemeyiz. Dolayısıyla, manevi çalışmanın ve bu çalışmanın kanunlarının önemini anlama seviyesi kişinin manevi kanunları yerine getirme yolunda nelerin kendisine engel teşkil ettiğini görmesini sağlar. Bu yüzden de, eğer tüm kötülüğe karşı nefret etme seviyesine gelmek istiyorsak o zaman aklımızda maneviyatın ve Yaradan'ın önemini artırmak için çaba sarf etmeliyiz. Böylelikle, içimizde Yaradan'a yönelik sevgi ve aynı zamanda da egoizmimize karşı nefret geliştirmeye başlarız.

Eski bir hikâyede dört oğlun adı geçer ve her biri kişinin manevi çalışmasına yönelik bir soru sorar. Bu dört niteliğin her birimizin içinde mevcut olmasına ve Kabala'da insanın Yaradan'la ilişkisinden tek bir birleşik olgu olarak bahsedilmesine rağmen yine de bu dört nitelik dört farklı kişilik olarak incelenebilir.

Kabala öğretisi egoizmimizle mücadeleye odaklanabilmemiz için gönderilmiştir. Eğer kendi doğamızla ilgili hiçbir sorumuz yoksa, henüz kişisel kötülüğümüzü keşfetmemişiz demektir dolayısıyla da Kabala'ya ihtiyacımız yoktur. Bu durumda, eğer ödül ve cezaya inanıyorsak manevi kanunları yerine getirerek bir ödül alacağımız inancı bizi teşvik edebilir.

Ancak, zaten ödül almak için bir şeyler yapıyorsak ve egoizmimizi hâlâ hissetmiyorsak kendimizi ıslah edemeyiz, zira kişisel bozukluklarımızın farkında değilizdir. Bu durumda kendimizi hesaba katmadan emirleri yerine getirmeyi öğrenmemiz gerekmektedir. Bunun sonucu olarak egoizm su yüzüne çıkmaya başlar ve kendine sorar: "Bunları neden yapıyorum ki?"; "Bu yaptıklarımın bana ne faydası olacak?"; "Ya benim isteğimin dışında sonuçlar doğarsa?" İşte bu noktada kendi kötülüğümüzü hissetmeye başladığımız an Kabala'dan faydalanabilir ve egoizmimize karşı çalışmaya başlayabiliriz.

Özel bir manevi güç vardır – bir "melek" – ve kişinin egoizmini tatmin ederek asla mutlu olamayacağını anlayabilmesi için insana ıstırap getirmekten sorumludur.

Üst Dünyaları Edinmek

Michael Laitman

Bu ıstırap sonsuza kadar köle olarak kalmaması için insanı egoizmin sınırlarından çıkmaya zorlar.

Eski kitaplarda şöyle denir Yaradan Tora'yı İsrail'e vermeden önce dünyadaki tüm uluslara sundu ama hiçbiri almak istemedi. Bu yazıda geçen manevi bir tanımdır; 'insan "uluslar" adı verilen binlerce arzudan oluşmuş küçük bir dünyadır' denir. Şunu bilmeliyiz ki Yaradan'a yakınlaşma arzusu dışındaki diğer bütün arzuların hiçbiri manevi yükseliş için uygun değildir. Yaradan'a yakınlaşma arzusuna "İsrail" denir (bu isim kişinin içindeki manevi yükselme arzusuna verilen isimdir ve dünyevi tanımlarla hiçbir alakası yoktur. İbranice'de İsrail kelimesi 'Yaşar' – doğrudan, direkt; ve 'El' – Allah kelimelerinden oluşur ve anlamı "Allah'a direkt" demektir). Kişi diğer tüm arzuların arasından sadece bu arzuyu seçerek manevi ilmin derinlikleri olan Kabala'yı çalışabilir.

Kişinin manevi seviyesinin gizliliği başarılı bir manevi yükselişin en zorunlu ve önemli koşullarından biridir. Bu gizlilik durumu, kişinin manevi hareketlerinin başkaları tarafından fark edilmemesi içindir. En önemli neden ise, kişinin düşünce ve arzularının gizli olmasıdır. Eğer bir Kabalistin içsel bir koşulu ifade etme gereği doğarsa, konuyu ancak üstü kapalı ve çok genel olarak ifade etmelidir.

Örneğin, bir insan Kabala öğretileri için büyük bir bağış yaptı diyelim ve bağışına karşılık olarak adının ve bağış miktarının gazetede yayınlanması koşulunu koydu, böylelikle toplumdan saygı ve itibar görerek zevk alacaktır. Ancak, bu davranışın itibar edinmek için olduğu açıkça görünse de asıl gizli nedeni bu manevi ilmin makalenin bir çok kişi tarafından okunması vasıtasıyla daha da fazla halka aktarılmasını sağlama isteği olabilir. Dolayısıyla, gizlilik daha ziyade niyette olur yapılan harekette değil.

Eğer Yaradan'ın bir Kabaliste manevi düşüş hissiyatı vermesi gerekiyorsa öncelikle Kabalistin kendisinden daha yüce olan Kabalistlere inancını alır. Aksi takdirde kişi başka Kabalistlerden güç alabilir ve asla manevi bir düşüşü yaşamayabilir.

Dini vecibelerle ilgilenen kitleler sadece yaptıklarıyla ilgilenirler, niyetleriyle değil. Bu yaptıklarının karşılığında bu hayatta ya da sonrakinde bir ödül alacakları kendileri için barizdir. Her zaman yaptıklarını haklı çıkaracak bir şey bulurlar ve kendilerini Hak'tan yanaymış gibi algılarlar.

Öteki taraftan da bir Kabalist yaratılıştan gelen egoizmini ıslah etmek için çalışırken niyetini sürekli kontrol altında tutmaya çalışır. Arzusu, Yaradan'ın isteğini kendini düşünmeden yerine getirmek olsa da bedeni engel teşkil edecek bir sürü düşünce ile buna sürekli karşı koyar. Sonuç olarak da Kabalist kendisini günahkâr hisseder.

Bunların hepsinin bir tek nedeni vardır. Yaradan, Kabalisti düşünce ve niyetini ıslah etmesi için sürekli teşvik eder ki egoizmin esiri olup kitleler gibi kendisi için almaya yönelik çalışmasın ve Yaradan'ın arzusunu yerine getirmenin O'nun rızası adına çalışmaktan başka bir yolu olmadığını anlasın.

Bu süreçten geçerken Kabalist kendisinin kitlelerden çok daha kötü olduğunun yoğun bir izlenimi içerisindedir. Kitlelerin dini vecibeleri fiziksel hareketler olarak uygulamalarının nedeni gerçek manevi koşulu algılayamamalarından kaynaklanır. Ancak manevi ifşaya sahip olan bir Kabalist egoist niyetini ihsan etmeye değiştirmekle yükümlüdür, yoksa kendisini asla ıslah edip Yaradan'ın arzusunu yerine getiremez. Bu nedenden dolayı da Kabalist kendisini kitlelerden çok daha kötü olarak algılar.

İnsan sürekli arzularına uyum sağlamak için bir savaş içerisindedir. Ancak daha farklı bir doğaya sahip savaş vardır; kişinin kalbinin tümünü Yaradan'a açmak için kendisiyle yaptığı savaş, kişinin kalbini en doğal düşmanı olan ihsan etmekle doldurması. Bu savaşın amacı Yaradan'ın insanın tüm benliğini doldurmasını sağlamaktır, ancak sadece Yaradan'ın arzusu olduğu için değil, insan tarafından da arzulandığı için; dolayısıyla, biz talep ettiğimiz için Yaradan bizi yönlendirmeli ve yönetmeli.

Böyle bir savaşta, insan kendisini sürekli bedeniyle ilişkilendirmeyi bırakıp, bedenin, akıl ve düşüncelerin, duyguların – tüm bu dışsal niteliklerin insana Yaradan tarafından, Yaradan'dan yardım istemesi; bu nitelikleri aşabilme talebinde bulunması; Yaradan'ın Tek'liği nosyonunu güçlendirmesi; tüm düşüncelerin Yaradan tarafından gönderildiğinin farkına varabilmesi; Yaradan'ın varlığını ve İlahi Yönetimini hissedip inanması ve dua etmesi için gönderilir.

Bu şekilde tüm zıt düşünceler susar. Artık her şeyin kişiye bağlı olduğuna ya da bu dünyada Yaradan'dan başka bir güç ve irade olduğuna inanmayız.

Örneğin, her şeyi Yaradan'ın yarattığını ve O'nun kontrol ettiğini bilmemize rağmen (sağ çizgi), hâlâ bir başkasının bize kötülük yaptığını veya yapabileceğini düşünebiliriz (sol çizgi). Bir taraftan, her şeyin tek bir güçten kaynaklandığına ikna olmamıza rağmen (sağ çizgi) öteki taraftan da hâlâ bir başkasının bizi etkilediği, ya da bir olayın sonucunun Yaradan dışında bir şeye bağlı olabileceği düşüncesini bir türlü bastıramayız (sol çizgi).

Michael Laitman

Üst Dünyaları Edinmek

Karşıt algılamadan kaynaklanan bu tür içsel çatışmalar, kişinin sosyal bağlarına bağlı olarak ta ki Yaradan'ın yardımıyla orta çizgiyi edinene kadar birkaç nedenden dolayı olur. Savaş, Yaradan'ın Tek'liğinin algılanması içindir ve kişiye engel teşkil eden düşünceler sırf bunun için gönderilir. Yaradan'ın yardımıyla kazanmak, O'nun yönetimini algılamak ve inancı daha fazla edinmek için savaşırız.

Tıpkı dünyamızdaki tüm savaşların nedeni gibi, bizim doğal savaşımız egoizmimizi yüceltmek ve daha fazla çıkar sağlamaya odaklanır. Ancak, doğamıza zıt olan savaş "düşmanımız" olan – Yaradan'ın kontrolüne teslim olmaktır. Bu içsel savaş tüm aklı ve kalbi Yaradan'ın kontrolüne teslim etmek içindir; Yaradan tüm bu alanı doldursun diye, tüm dünyayı fethetsin, hem kişinin küçük dünyasını hem de bir bütün olarak dünyayı; ve böylelikle yaratılanların isteği doğrultusunda hepsini Kendi nitelikleriyle doldurabilsin diye.

Kişinin tüm düşüncelerini Yaradan'ın arzu ve nitelikleriyle doldurması durumuna "özgecil" ya da "ihsan etme koşulu" denir. Bu durum, "vermek" koşulunu, kişinin fiziksel ruhunu Yaradan'a teslim etmesi koşulunu, pişmanlık (Teşuva) koşulunu kapsar. Tüm bu koşullar Yaradan'ın merhamet Işığı (Or Hasadim) etkisi altında olur ve bu Işık bize bedensel engellere karşı koyacak gücü verir.

Yukarıdaki koşul sürekli olmayabilir. Bazı engelleri düşüncelerimizde aşabiliriz, ancak yeni bir düşünce dalgası bizi geri götürebilir. Tekrar düşüncelerin etkisi altına girip Yaradan'ın Tek'liğiyle ilgili şüpheye düşebiliriz; tekrardan bu düşüncelerle başa çıkmak ve Yaradan'ın Işığını almak için O'na dönme ihtiyacı hissetmemiz ve bu düşünceleri yeniden O'nun yönetimine teslim etmemiz gerekmektedir.

Üst Dünyaları Edinmek

Michael Laitman

Yaradan adına, O'nun için, zevk alma koşulu, yani sadece "düşmanımıza" – Yaradan'a, teslim olmak değil aynı zamanda O'nun tarafına geçme koşulu "Yaradan'ın rızası için almak" olarak bilinir. Doğal olarak yaptığımız hareketlerin ve düşüncelerin seçimi, bilinçli ya da bilinçaltı olsun, her zaman kendimiz için daha büyük ödül getirecek yöndedir. İnsan küçük hazları büyük olanlara kıyasla hiç dikkate bile almaz.

Bu süreçte özgür irade veya seçim söz konusu değildir. Seçme hakkı ve karar verme özgürlüğü sadece kendi mutluluğumuz yerine gerçek kriterler üzerine temellenmiş kararlar verme istediğimizde ortaya çıkar.

Bu koşul, ıstırap dolu anlar getirse de sadece gerçeğin yoluyla ilerleme kararı aldığımızda mümkün olabilir. Ancak, bedenin doğal içgüdüsü ıstıraptan kaçmak ve nasıl olursa olsun haz almaktır. Bu eğilim "gerçek" prensibine dayalı karar vermemize engel olur. Yaradan adına bir şey yapmak isteyen bir insanın tüm kişisel arzuları Yaradan'ın arzusunun altında yer almalıdır.

Kişi kendi arzusunu yerine getirmektense Yaradan'ın arzusunu yerine getirebilecek yeterli güce sahip olmak için sürekli Yaradan'ın yüceliğini algılayabilmeyle ilgilenip bunu düşünmelidir. Yaradan'ın yüceliği ve gücüne inancımızın derecesi O'nun arzularını doldurma yeteneğimizi belirler. Dolayısıyla, tüm çabamızı O'nun görkemini kavramaya odaklamalıyız. Yaradan bizim mutlu olmamızı istediği için içimizde mutlu olma arzusunu yarattı. İçimizde bu arzunun dışında hiçbir nitelik yoktur. Tüm düşünce ve hareketlerimizi bu arzu yönlendirir ve varoluşumuzu programlar.

Egoizm kötü bir melek olarak bilinir, kötü bir güç, çünkü Yukarıdan hazlar göndererek bizi kontrol eder ve

bizler bilinçsizce kölesi oluruz. Bu koşula boyun eğerek kabullenmeye kölelik ya da manevi sürgün (Galut) denir.

Eğer bu kötü meleğin vereceği hiçbir şey olmasaydı, insanı kontrol edemezdi. Aynı zamanda, eğer egoizmin sunduğu hazlardan vazgeçebilseydik, bu zevklerin kölesi olmazdık. Dolayısıyla, kölelik koşulundan çıkabilecek bir durumda değiliz; ancak bunu denersek ki buna özgür seçim diyoruz, o zaman Yaradan Yukarıdan egoizmin esir tutan zevklerini bizden ayırarak yardım eder. Sonuçta, egoizmin kontrolünden çıkarak özgür kalabiliriz. Dahası, arı manevi güçlerin etkisi altına girerek özgecil eylemlerden haz duymaya başlarız ve özgeciliğin hizmetçisi olur.

Sonuç: Biz insanlar zevklerin kölesiyiz. Eğer hazzı 'almaktan' alıyorsak o zaman egoizmin kölesiyiz (kutsal kitaplarda geçtiği gibi Firavun'un, kötü meleğin vs. kölesi). Eğer özgeciliğin (ihsan etmenin) kölesi olursak o zaman Yaradan'ın (ihsan etmenin) hizmetçisiyiz. Ancak biraz da olsa haz hissetmeden yaşayamayız. İnsanın özü budur; Yaradan bizi bu şekilde yarattı ve bu durum değiştirilemez. Yapabileceğimiz tek şey Yaradan'ın bize ihsan etme arzusu vermesini istemektir. Özgür irademizin ve duamızın özü budur.

İhsan Etmek İçin Almak

Yaradan'a doğru (etkili) hitap etmenin iki safhası vardır. Öncelikle insan Yaradan'ın tüm varlıklara yönelik iyi olduğunu anlamalıdır, istisnasız, dışarıdan ne kadar kötü görünse de O'nun tüm eylemleri iyilikle doludur. Dolayısıyla, Yaradan sadece bizim için ne iyiyse onu gönderir ve bizim için en gerekli olan şeyle bizi doldurur.

Üst Dünyaları Edinmek — Michael Laitman

Bu yüzden Yaradan'dan talep edecek bir şeyimiz yoktur. Durumumuz ne kadar kötü olursa olsun Yaradan'dan aldığımızla tatmin olmalıyız. Aynı zamanda Yaradan'a şükretmeli ve O'nu yüceltmeliyiz: Kişisel halimize, içinde bulunduğumuz duruma ekleyebileceğimiz hiçbir şey yoktur ve insan kaderiyle mutlu olmalıdır.

Öncelikle, her zaman Yaradan'a geçmişimiz için teşekkür etmeliyiz. Ancak o zaman gelecek için bir talepte bulunabiliriz. Ama hayatımızda bir eksiklik hissediyorsak, o zaman hissettiğimiz bu eksikliğin derecesine kadar Yaradan'dan uzaklaşırız. Bunun nedeni Yaradan'ın tümüyle mükemmel olmasıdır ve bu duruma karşılık biz kendimizi mutsuz algılamaktayız.

Dolayısıyla, sahip olduğumuzun bizim için en ideal durum olduğunu hissetmeye başladığımızda, ki bu zaten Yaradan'ın bize gönderdiği tüm koşullardır, o zaman Yaradan'a yakınlaşabilir ve gelecek için bir talepte bulunabiliriz.

Kişinin "yazgısından mutlu olma" koşulu hayatımızda tüm olanların Yaradan tarafından gönderildiği ve kendi yaptıklarımızın bir sonucu olmadığını fark etmemizle gerçekleşebilir. Bu koşul, aynı zamanda Yaradan ile ilgili bir kitap okuduğumuzdan da kaynaklanabilir; ölümsüzlük, hayatın yüce amacı. Yaradan'dan yaşamımızı değiştirmeyi nasıl talep edeceğimizin yöntemiyle ilgilenmek ve dünyadaki milyonlarca insanın bunu gerçekleştirme fırsatına sahip olmadıklarını görmek de insanı "yazgısından mutlu olma" koşuluna getirebilir. Dolayısıyla, Yaradanı algılamak isteyen ama bu sonuca henüz gelemeyenler, koşullarıyla mutlu olmalıdır, zira bu koşul Yaradan'dan gelmektedir.

Bu insanların hâlâ hazla dolmamış arzuları olduğundan (Yaradan'ın kendilerine verdikleriyle mutlu olmalarına

ve bu yüzden O'na yakın olmalarına rağmen, Yaradan'ın Işığını almaya layıktırlar ve bu durum kendilerine mutlak bilgi, anlayış ve haz getirecektir.

Kendimizi manevi olarak egoizmden ayırabilmek için, kendi değersizliğimizi, ilgi duyduğumuz şeylerin gereksizliğini, arzu ve zevklerimizin, hazlarımızın ilkelliğini anlamamız lazım. Ayrıca, hangi boyuta kadar her şeyi sadece kişisel başarımız için yaptığımızı ve tüm düşüncelerimizde sadece kendi menfaatimizin peşinde koştuğumuzun farkına varmamız gerekmektedir.

Kendi alçaklığımızın farkına vardığımız zaman, önemli olan şey gerçeği anlamaktır: yani kişisel hazlarımızı tatmin etmek Yaradan'dan daha önemlidir ve yaptıklarımızda en küçük bir kişisel menfaat görmezsek, ne düşüncelerimizde ne de hareketlerimizde en ufak bir kıpırtı bile olmaz.

Yaradan bize haz vermekten mutlu olur. Eğer Yaradan'a bizi mutlu etme fırsatı verdiğimiz gerçeğinden zevk alırsak, o zaman insan ve Yaradan arzu ve niteliklerinde benzer olurlar zira ikisi de "verme sürecinden" mutludur: Yaradan mutluluk verir ve biz de bunu alabilecek koşulları yaratırız. Her biri diğerini düşünür kendisini değil ve tüm yaptıklarını belirleyen şey bu olur.

Ancak, insanlar egoist olarak doğduklarından, başkalarını düşünecek kapasiteleri yoktur, sadece kendilerini düşünürler. Sadece verdiğimizden daha fazla bir menfaat elde edeceğimizi, ya da anında bir geri ödeme alacağımızı gördüğümüz zaman verebiliriz (tıpkı iş hayatında olduğu gibi). Bu niteliğinden dolayı insan tümüyle Yaradan'dan uzaktır ve O'nu algılayamamaktadır.

Yaradan'la insan arasındaki bu mutlak ayırım egoizmimizden – tüm hazzın kaynağından – kaynaklanıyor

Üst Dünyaları Edinmek

ve çektiğimiz tüm ıstırabın kaynağı budur. Bunun farkına varmak "kötülüğün farkına varılması" olarak bilinir, zira mükemmellik, haz ve ölümsüzlüğü edinmek ile aramızda duran, en ölümcül ve tek düşmanımız egoizmden nefret ederek onu reddetmenin yolu kendimizin kötülüğünü tümüyle hissetmek ve anlamakla mümkün olur.

Dolayısıyla, tüm yaptıklarımızda, bu, Kabala çalışmak ya da dini vecibelerimizi yerine getirmek olsun, manevi çalışmamızın amacını egoizmden kurtulmak ve Yaradan'ın ihsan etme niteliğini edinerek O'na yakınlaşmak olarak belirlemeliyiz. Ancak o zaman özgecil hareketlerden aldığımız haz egoist hazlardan aldığımız zevk gibi olabilir.

Eğer, elbette Yukarıdan yardımla, özgecil davranışlardan haz almaya başlarsak ve mutluluğu ve hazzı bunda bulursak, bu koşula "ihsan etmek için ihsan etmek" denir. Mutluluğumuz sadece Yaradan için bir şeyler yapabilmekten gelir.

Bir kez o manevi dereceyi edinip Yaradan'a bir şey vermek istediğimiz zaman, Yaradan'ın sadece bir tek şey istediğini açıkça görürüz: insana mutluluk vermek. O zaman, zevk almaya hazırızdır zira Yaradan'ın isteği budur. Bu doğayla gerçekleştirilen bir davranışa "ihsan etmek için almak" denir.

Manevi durumlarda, kişinin akıl, mantık ve bilgisi Erdemlik Işığına (Or Hohma) tekabül eder. Kişinin kalbi, arzuları ve hisleri ise Merhamet Işığına (Or Hasadim) tekabül eder. Sadece kalplerimiz dinlemeye hazır olduğu zaman, mantığımız bizi etkileyebilir. Or Hohma sadece Or Hasadim'in olduğu yerde yansıyabilir. Eğer Or Hasadim mevcut değilse o zaman Or Hohma yansımaz. Böyle bir duruma "karanlık" ya da "gece" denir.

Ama bizim dünyamızda, yani hâlâ egoizmin köleliğinde kalan bir kişide mantık asla kalbi yönetemez çünkü kalp tüm arzuların kaynağıdır. Kalp tek başına insanın efendisidir, akıl ise kalbin arzularını aşacak güce sahip değildir.

Örneğin, hırsızlık yapmak isteyen bir kişi bunu nasıl yapacağıyla ilgili aklından tavsiye alır ve planını nasıl uygulayacağına karar verir. Dolayısıyla, akıl kalbin arzularının uygulayıcısıdır. Öteki taraftan ise, eğer kişi iyi bir şey yapmak istiyorsa, akıl ona tekrar yardımcı olur, tıpkı bedenin tüm diğer parçaları gibi. Bu yüzden, kalbi egoist arzulardan arındırmaktan başka hiçbir çare yoktur.

Yaradan Kendisinin kişiye zevk vermek isteğini özellikle gösterir ki insan alma koşulunun utanç hissinden kurtulma fırsatını yakalayabilsin. İnsan "Yaradan'ın rızası için" haz aldığı zaman öyle güçlü bir izlenim oluşturur ki O'nu gerçekten mutlu eder, yani Yaradan'dan haz almayı değil sadece Yaradan'ı yüceltir.

Kabala metoduyla manevi bir çalışmaya girildiği zaman kişi tarafından yapılan üç çeşit çalışma vardır. Her birinde hem iyi hem de kötü arzular bulunmaktadır:

1. Kişi içselliği kendi için çalışır, örneğin çok bilgili ve ünlü bir hoca olabilmek, Yaradan dışında kendisini saran insanlardan saygı görmek ya da insanlar hocalığı için para ödedikleri için. Bu nedenden dolayı, manevi ilimi her kesin önünde çalışır yoksa kendisini tatmin edecek bir ödül alamaz.

2. Kişi maneviyatı Yaradan'ın rızası için fakat hem bu dünyada hem de bir sonraki dünyada ödül alabilmek için çalışır. Böyle bir durumda kişi yaptığı manevi çalışmayı toplumun içinde yapmaz zira tüm ödülünü toplumdan değil Yaradan'dan almayı istemektedir. Böyle bir öğrenci,

etrafındaki insanlar kendisini ödüllendirmeye başlarsa sadece Yaradan tarafından ödüllendirilmek niyetinde zaafa uğrayabileceğinden korkar.

Kişinin manevi çalışmasındaki bu tür niyetler "Yaradan'ın rızası için çalışmak" olarak bilinir, çünkü kişi O'nun için çalışmaktadır ve O'nun tüm emirlerini sadece O'ndan ödül almak için yapar. Bu durum da yukarıdaki birinci maddeye benzer, kişinin halktan göreceği saygınlık ya da para için yaptığı bir çalışma gibidir.

Her iki koşulda da hakim olan ortak yön yapılan çalışma için bir ödül talep etmektir. Birinci koşulda kişi halk adına çalıştı ve yaptığı çalışma için ödül bekledi. İkinci koşulda da Yaradan için çalıştı ve Yaradan'dan bir ödül bekliyor.

3. Yukarıdaki iki safhadan sonra ancak kişi egoizmin köleliği altında olduğunun farkına varır. Beden (alma arzusu), sorgulamaya başlar: "Bu ne tür bir çalışmadır? Nerede bunun karşılığı?" Ancak kişi bu sorularına cevap alamaz.

Birinci aşamada, egoizm fazla soru sormaz, zira başkaları adına yaptığı bu çalışma için etrafındakilerden ödül almaktadır. İkinci safhada ise, insan egoizmine etrafındakilerden alabileceğinden çok daha fazla ödül alacağını söyler, yani hem bu dünyada hem de sonraki dünyada manevi zevklerle dolu bir hayat arzulamaktadır.

Ancak üçüncü safhada, Yaradan insana ihsan etmek istediği zaman, kişi içinde bulunduğu köleliğin farkına varmaya başlar, egoizmin pençesinde olduğunu görür ve bedenine verebilecek hiçbir cevabı yoktur. Ve Yaradan'ın insana sadece ihsan etmek istemesi gerçeği, insana da ihsan etme isteğini getirir ve sonunda, ihsan edebilme yaptıklarının ödülü olur.

Michael Laitman

Üst Dünyaları Edinmek

"Ödül" insanın yaptığı çalışma karşılığında 'arzuladığını almak' olarak bilinir. Biz bunu genellikle "haz" olarak tanımlıyoruz. "Çalışma" ise bedenin akıl ile, fiziksel olarak ya da ahlaki bir çaba uygulamasıdır. Ödül aynı zamanda, itibar, para, şöhret vs. olarak da gelebilir.

Bedenimize karşı koyacak güçten mahrum olduğumuzu, en ufak bir işi bile yapacak gücü bulamadığımızı hissettiğimizde bunun nedeni bedenin ödül görmezse hareket etmeyeceğidir ve bu durumda yardım için Yaradan'a dönmekten başka çare yoktur. Doğa üstü bir gücün, insanın doğasına ve aklına karşın çalışabilmesini sağlaması için dua etmeliyiz.

Bu yüzden, aslında en önemli problem, doğal kanunların tersine gibi görünse de, Yaradan'ın insana yardım edeceği gerçeğine inanmaktır, aslında Yaradan böyle talepleri, duaları beklemektedir. Ancak, kişi bu tür bir duaya elinden gelen tüm çabayı gösterip de sonunda kendi beceriksizliğinin hayal kırıklığını yaşadığı zaman gelebilir. Yaradan her insanın kendisinin doğruyu seçip, yanlıştan uzaklaşmasını ister. Yoksa insanı baştan Kendi nitelikleriyle yaratırdı, ya da egoizmi yarattıktan sonra, Kendisi insanı 'Üst Mükemmellik' koşulundan sürgüne göndermeyip, hiçbir sıkıntı yaşatmadan ihsan etme niteliğine ve mükemmelliğe getirirdi.

Istırap Mutlak İyilik Olarak Gönderilir

Özgür irade insanın bağımsız olarak Firavun'un (Firavun'un tanımı egoizmdir, insan bir kral anlamında değildir) yerine Yaradan'ın kendisini yönetmesini seçebilmesidir. Firavun'un (egoizmin) gücü alabileceğimiz ödülleri göstermekten ibarettir. Egoist eylemlerimizden elde edeceğimiz çıkarı net bir şekilde algılarız; bu ödülleri

aklımızla idrak eder gözümüzle görürüz. Sonuç baştan bellidir; ve toplum, aile, çocuklar, ebeveynler vs. tarafından da onaylanmaktadır.

Bu yüzden beden Firavun'a, yani insanın egoizmine sorar; "Yaradan kim ki ben O'nun söylediğini dinleyeceğim?" (Çıkış 5,2) ve bunun anlamı da şudur: "Yaptığım manevi çalışmadan ne kazancım olacak ki?"

Dolayısıyla, kendi doğamıza karşı ilerlemenin mümkün olmadığını görmekte haklıyız. Ancak ilerlemenin kendisi nihai amaç değildir, sadece Yaradan'ın kişiyi değiştirebileceğine inanma eylemidir.

Yaradan'ın Işığı, O'nun insana ifşa olması, "hayat" olarak bilinir. Yaradan'ın ilk kez ve kalıcı olarak kişiye ifşası insanın manevi doğum anı olarak bilinir. Ancak tıpkı bizim dünyamızda insanın doğal yaşama arzusu olduğu gibi, kişi kendisi için manevi dünyada da aynı arzuyu geliştirmek zorundadır.

Eğer kişi, "arzu için çekilen ıstırap alınan hazzı belirler" prensibine göre gerçekten manevi doğumu arzuluyorsa o zaman manevi dünyada da bu arzuyu geliştirmekle yükümlüdür.

Dolayısıyla, insan manevi edinim için Kabala çalışmalıdır, yani sadece Yaradan'ın ve O'nun Işığının ifşası için. Eğer kişi bunu amaç edinmezse muazzam acı ve ıstırap hisseder. Bu koşul "ıstırap dolu bir yaşam" olarak bilinir. Ancak insan ne olursa olsun çabasına devam etmelidir. İnsanın Yaradan'ın ifşasına gelmemiş olması sadece çabasını Yaradan ifşa olana kadar artırmasını sağlamalıdır.

Çok bariz olan bir şey var ki o da kişinin çektiği ıstırabın, Yaradan'ın ifşası için gerçek bir arzuyu doğurduğudur. Çekilen bu acıya "sevginin acısı" denir. Ve bu tür bir ıstırap herkes tarafından kıskanılmaya layıktır! Kap bu tür bir ıstırapla yeteri kadar dolduğunda Yaradan kendisini bu arzuyu edinmiş kişilere ifşa eder.

Genellikle, bir iş sözleşmesini tamamlayabilmek için aracı kişiye ihtiyaç duyulur, yani satışa çıkan malın değerinin aslında satıldığı fiyattan daha fazla ettiğini aktaracak bir kişi gibi. Başka bir deyişle, mal sahibi fiyatı şişirmemektedir.

Aslında "nasihat alma" (Mussar kitabı olarak bilinir) tümüyle bu prensip üzerine inşa edilmiştir, yani insanı maddi varlıkları bir kenara bırak ve bunları manevi olanlarla değiştir diyerek ikna etmeye çalışır. Tüm Mussar kitapları insana dünyevi zevklerin sahte olduğunu ve hiçbir değerlerinin olmadığını söyler. Dolayısıyla, birey manevi hazlar almak istediği zaman aslında hayatından hiç de önemli bir taviz vermiyor.

Kabalist Baal Şem-Tov'un yöntemi biraz farklıdır. Satın alınan mala daha fazla önem verilmektedir. İnsana manevi edinimin sonsuz değeri ve yüceliği gösterilmektedir. Dünyevi hazlarda elbette bir değer olduğu gerçektir, ancak tercih edilen kişinin bunlardan vazgeçmesidir zira manevi hazlar dünyevi hazlarla kıyaslanamayacak kadar büyüktür.

Eğer birey egoizm içerisinde kalabilseydi ve aynı zamanda manevi zevkleri maddi zevklerle beraber yaşayabilseydi, insanın arzuları sürekli artardı. Sonuç olarak kişi Yaradan'ı algılayabilmekten giderek daha fazla uzaklaşırdı zira Yaradan'la arasındaki niteliklerin farkı artardı. Kişi Yaradan'ı algılayamadığı için de haz alma eyleminden utanç hissedemezdi.

Kişi Yaradan'dan ancak O'nun niteliklerine benzeyerek haz alabilir, ancak beden bu duruma anında karşı çıkar. Bu karşı koyuş sorular şeklinde ortaya çıkar:

Üst Dünyaları Edinmek

Michael Laitman

"Bu kadar çaba sarf etmeme rağmen bu çalışmadan ne elde ettim?"; "Geceleri neden bu kadar fazla çalışayım ki?"; "Gerçekten Kabalistlerin anlattığı gibi maneviyatı edinebilir ve Yaradan'ı bu denli algılayabilir miyim?"; "Bu benim gibi sıradan bir kişi tarafından becerilebilir mi?"

Egoizmimizin bu önerilerinin hepsi doğrudur: insan manevi derecelerin en küçüğünü bile kendi başına edinecek güce sahip değildir. Ancak, insan Yaradan'ın yardımıyla bunu yapabilir. En zor durum, Yaradan insana yardım edene kadar O'nun yardım edeceğine inanabilmektir. Egoizmle yüzleşirken, Yaradan'ın yardımı kişiye O'nun yüceliği ve gücünün ifşası olarak gelir.

Eğer Yaradan'ın yüceliği dünyadaki herkese ifşa olsaydı, her bir kişi Yaradan'ı mutlu etmeye çalışmaktan başka hiçbir şey yapmazdı, ödül bile almadan, zira O'nun için bir şey yapabilme fırsatı başlı başına bir ödül kabul edilirdi ve kimse bir ödül talebinde bulunmazdı. Hatta ek herhangi bir ödülü bile geri çevirirlerdi.

Ancak, Yaradan'ın yüceliği gözlerimizden ve duyularımızdan gizli olduğu için Yaradan adına herhangi bir şey yapacak durumda değiliz. Bedenimiz (mantığımız) kendisini Yaradan'dan daha önemli görmektedir, zira sadece kendisini algılamaktadır. Bu yüzden de beden, mantıklı olarak, Yaradan'dan daha önemli ise ödül almak için kendi adına çalışması gerekir der.

Ancak, insan yaptığı çalışmadan bir menfaat sağlayacağını düşünmüyorsa bu çalışmayı yapmamalıdır. Bununla beraber görüyoruz ki bizim dünyamızda sadece çocuklar oyun oynarken, ya da duygusal olarak dengesiz insanlar, ödül beklentisi olmadan bir şey yapabilirler. Her iki koşulda da bu duruma doğaları gereği zorlanıyorlar: çocuklar gelişimleri

gereği ve duygusal dengesizlik yaşayan insanlar da ruhlarını ıslah etmenin bir gereği olarak.

Zevk, daha önceden oluşan bir arzunun türevidir: acıkmak, ihtiras, ıstırap ve iştah. Her şeye sahip olan bir insan mutsuzdur zira haz almak için arayışa girebileceği bir şey yoktur ve dolayısıyla depresyona girer. Eğer insanın sahip olduklarını mutluluğun algılanmasıyla ölçseydik, o zaman fakir insanlar en zenginler olurdu, çünkü en küçük şeyler bile onları mutlu eder.

İnsanın gerçek ve doğru bir arzu geliştirebilmesi için Yaradan Kendisini hemen ve tamamen ifşa etmez. Aslında tam olarak bu nedenden dolayı Yaradan Kendisini gizler ki kişi Yaradan'ın ifşasına acil ihtiyaç duysun. İnsan Yaradana yakınlaşma kararı aldığında verdiği karardan mutluluk ve manevi edinimden haz duyacağına bir sürü problemler ve sıkıntılar içine düşer.

Bunun amacı, kendi düşünce ve hislerimizin üzerinde Yaradan'ın iyiliğine olan inancımızı geliştirmek içindir. Aniden üzerimize yağan ıstıraba rağmen içsel çabamızla çektiğimiz acıyla ilgili düşünceleri aşmalıyız ve kendimizi yaratılışın amacını düşünmeye zorlamalıyız. Ayrıca, kendimizin olayların neresinde yer aldığımızı, kalbimiz ve aklımız bunları düşünmeye meyilli olmasa bile dikkate almalıyız.

Kendimize yalan söyleyip ıstırap çekmiyorum dememeliyiz. Ama çektiğimiz sıkıntıyla birlikte, hislerimiz ne kadar tersine olsa da Yaradan'a inanmalıyız. Bu, O'nu ve O'nun ifşasını algılamayı ve bize yolladığı ıstırabın sebebiyle ilgili düşüncelerini, yaptıklarını ve planlarını net olarak bilmemizi gerektirmez. Zira bu bir rüşvet gibi olur, yani çektiğimiz acıya karşı alınan bir ödül gibi.

Üst Dünyaları Edinmek

Michael Laitman

Hiçbir yaptığımız ya da düşüncemiz kendimize ya da benliğimize yönelik olmamalıdır, yaşadığımız acı hislere ya da bu ıstıraptan nasıl kurtulurum düşüncelerine odaklanmamalıyız. Bunun yerine, algımızı bedenimizin dışına yönlendirmeliyiz, sanki içimizi dışına çeviriyormuşuz gibi. Yaradan'ı ve O'nun planını kalbimizle değil dışarıdan algılamaya çalışmalıyız, benliğimizi ıstırap sürecinden uzaklaştırıp kendimizi Yaradan'ın yerine koyup, bu ıstırabı Yüce Hakimiyete inancımızı güçlendirmek için gerekli bir ön koşul olarak kabul etmeye çalışmalıyız ki her şeyi O'nun adına yapabilelim.

Yukarıda anlatılan koşulu gerçekleştirmekle Yaradan'ın ifşasını, O'nun İlahi Işığının ve gerçek Hakimiyetinin algısını kazanabiliriz. Bunun nedeni Yaradan'ın Kendisini sadece özgecil arzulara ifşa etmesidir; çünkü sadece kendimizin ve kişisel problemlerimizin 'dışındaki' düşüncelerde Yaradan'ın nitelikleriyle bizlerin nitelikleri arasında bir benzeme, bir uyum olabilir.

Ancak kalbimizde Yaradan'dan ıstırap çekmemeyi ya da bizi ıstıraptan kurtarmasını talep edersek, o zaman bir dilenci, bir egoist durumunda oluruz. Bu nedenden dolayı Yaradan'a yönelik olumlu hisler keşfetmeliyiz. Ancak o zaman Yaradan'ı ifşa edebiliriz.

Yaradan'ın gizliği ve çektiğimiz tüm ıstırapların bizlerin egoist niteliklere sahip olmamızdan kaynaklandığını hatırlamamız gerekmektedir, çünkü Yaradan sadece haz ve berraklık yansıtmaktadır.

Ancak bunu görmenin koşulu "benliğimizi" ve "ben" olgusunu tümüyle reddederek egoist doğamızdan tamamen vazgeçip içimizde özgecil arzular yaratmaktır. Sonuç

itibariyle, sürekli ıstırap çekeriz çünkü yer ayaklarımızın altından çekiliyormuş gibi hissederiz.

Manevi ve kişisel gelişimimiz için harcadığımız bunca çabaya karşılık, doğal olarak, iyi bir ödül bekleriz. Ama bunun yerine sadece çaresizlik, acı hisleri ve kritik durumlarla karşılaşırız. Özgecil eylemlerden alınan hazlara karşı koymak egoist eylemlerden alınan hazlara karşı koymaktan daha zordur, zira ikisinin arasındaki haz farkı kıyaslanamayacak kadar büyüktür.

Aklımızla bir an bile olsa bunun Yaradan'ın yardımı olduğunu kabullenmek çok zordur. Beden, tüm mantığına karşı koyarak, bu koşuldan sıyrılmak ister. Sadece Yaradan'ın yardımı insanı ortaya birden çıkıveren problemlerden kurtarabilir, ancak elbette ki çözüm talep ederek değil.

Cevap, bedenin taleplerine karşın, bir fırsat için dua etmek, mantık ötesi inanç sahibi olmak, Yaradan'ın yaptıklarıyla hemfikir olarak ilerlemektir çünkü her şeyi yöneten sadece O'dur ve sadece O nihai manevi iyiliğimizi sağlamak için tüm koşulları yaratır.

Tüm dünyevi azaplar, manevi ıstıraplar, utanç ve azarlanmalar bir Kabalistin Yaradan'la bütünleşmek adına ilerlediği yolda tahammül etmesi gereken şeylerdir. Kabalistler tarihi örneklerle doludur: Raşbi, Rambam, Ramhal, Ari, vs.

Ancak kendi algımıza karşın, mantık ötesi inanç sahibi olur olmaz, çektiğimiz tüm sıkıntıları Yaradan'ın mutlak iyiliği ve O'nun bizi Kendisine yakınlaştırma isteği olarak algılar algılamaz; içinde bulunduğumuz koşulu kabullenip bu koşulu egoist hazlarla doldurmak için değiştirmeye çalışmadığımız an, bütün bu koşullar bir araya geldiğinde, Yaradan Kendisini bize tüm yüceliğiyle ifşa eder.

Kötü Eğilim

Kabala'ya göre bedenimiz, Yukarıdan inen ve sonsuz var olan bir ruhu geçici olarak kıyafetlendiren bir kılıftır ve yaşam ve ölüm bizim dünyamızda insanın kıyafet değiştirmesine benzetilen bir durumdur. Ruh bir bedenden diğerine tıpkı bizlerin bu dünyada kıyafet değiştirmesi gibi kolaylıkla geçer.

Yaradan'ın arzusunun hiçbir kişisel doyum olmadan yapılmasının ve hem düşüncede hem harekette ihsan edebilmenin tanımı; Yaradan tarafından özellikle gönderilen, ne kadar tatsız olay, his ve koşuldan geçiyor olursak olalım kişisel değerlendirme sürecini kapsar. Kişisel değerlendirme, kişinin kendisinin gerçekte ne kadar alçak olduğunu kişiye göstermeli ve aynı zamanda kişinin kendisini hâlâ Yaradan'ın arzusuna adamaya ve "kişisel" çıkarlarının tersine doğru ve adil olan manevi dünyanın kanunlarını uygulamaya yönelik arzusuna bağlı tutmalıdır.

İnsanın Yaradan'ın niteliklerine benzeme arzusu kişinin yaşadığı sınama ve acılardan kaynaklanabilir; ya da aynı zamanda Yaradan'ın yüceliğinin algılanmasından olabilir. Bu noktada insanın seçimi Yaradan'ın kişiyi manevi yolla ilerletmesine yönelik olmalıdır. Niyetimizle harekete geçirilmiş olarak yaptığımız her şey Yaradan'ın yüceliğini algılayabilmek için olmalıdır ki bu olguyu algılama ve gerçekleştirme insanı arındırarak daha manevi olmasını sağlasın.

Manevi olarak ilerleyebilmek için, her basamakta Yaradan'ın yüceliğini algılamanın içimizdeki gelişimiyle

yakından ilgilenmeliyiz. Manevi mükemmelliği edinmek ya da içinde bulunduğumuz manevi seviyede kalabilmemiz için Yaradan'ın yüceliğini daha da derinden anlama yolunda kendimizi geliştirmeliyiz.

Bir hediyenin değeri, onu verenin önemiyle ölçülür. Bu büyük ölçüde gerçek bir olgudur. Örneğin, toplumda ünlü ve önemli bir kişiye ait olan bir eşyanın değeri milyonlarla ölçülmektedir.

Maneviyatın değeri de bize bunu edinme fırsatını sağlayanın yüceliğiyle tayin edilir. Eğer insan Yaradan'a inanmıyorsa, o zaman Kabala bu kişi için hiç değeri olmayan tarihsel ya da her hangi bir literatür değerindedir. Ancak kişi, Yaradan'a (Üst Güç) inandığı için Kabala çalışmanın gücüne ve kendisine faydasına inanırsa, o zaman Kabala'nın değeri ölçülemeyecek kadar büyüktür.

Yaradan'a ne kadar inanırsak, Kabala da bizim için o kadar değerli olur. Dolayısıyla, Yaradan'a inancımızın boyutu kadar, O'nun İlahi Yönetimine kendimizi bıraktığımız zaman, Kabala'nın önemini ve içsel anlamını kavrarız. Bu bağlamda diyebiliriz ki her yeni manevi basamağa yükseldiğimizde yeni bir Işık alırız ve Yaradan'ı tümüyle farklı algılarız.

Yukarıdaki süreç sadece manevi basamaklardan çıktıkça Yaradan'ın Işığının yeni bir ifşasını edinen kişi için geçerlidir. Bu nedenden dolayı şöyle denir; "Hak'tan yana olan kişi inancıyla yaşar"- kişinin inancının boyutu algıladığı Işığın miktarını tayin eder. Kabalist kitaplarda, "Her yeni gün yeni bir Işığın ödülüdür" şeklinde yazar; bir Kabalist için, her "gün" (Yaradan'ın Işığının yansıdığı 'zaman') yeni bir Işıktır.

Üst Dünyaları Edinmek

Michael Laitman

Dini vecibelere uygun yetiştirilmiş olabiliriz ancak hareketlerimize gerekli özgecil niyeti uygulama gerekliliği öğretilemez, çünkü böyle bir niyet fiziksel ihtiyaçlarımızı karşılamak için yaptığımız hareketler gibi otomatikman yapılamaz.

Eğer egoizme karşı yaşadığımız savaşı karanlık güçlere, Yaradan'ın niteliklerine zıt niteliklere karşı yaptığımız hissi ile dolarsak o zaman bu güçleri kendimizden ayırabilir, kendimizle ilişkilendirmez; ve onlardan sanki bedensel arzulardan sıyrılıyormuş gibi düşüncelerimizde uzak dururuz.

Bu duyguları hissetmeye devam ettikçe bunlardan nefret etmeye başlarız, tıpkı düşmanımızdan nefret ettiğimiz gibi. Ancak bu şekilde, egoizmi aşabilir, aynı zamanda da çektiğimiz sıkıntılarda sükûnet bulabiliriz. Bu tür bir savaşa, "Yaradan adına intikam almak" (Nikmat Haşem) denir. Zamanla doğru hedefleri, düşünceleri ve niyetleri bedenimizin arzu ve egoist taleplerine rağmen görmeye alışırız.

Eğer çalışırken, kendimiz için hiçbir menfaat görmezsek ve bu kişisel menfaati algılayamamak bize acı veriyorsa, bu duruma kötü eğilim (Yetser Ra) denir. Kötülüğün derecesi, şayet bunda kişisel bir menfaat algılamıyorsak, kötülüğü ne kadar algıladığımıza ve maneviyata çekim eksikliğinden kaynaklanan ıstırabın derecesine bağlıdır.

Değişmeyen koşulumuzdan ne kadar çok ıstırap çekersek, kötülüğü algılayışımızın derecesi o kadar fazladır. Eğer aklımızla manevi olarak ilerleyemediğimizi anlayabiliyorsak ve bu bizi üzmüyorsa henüz kötü eğilimimiz yok demektir, çünkü kötülüğümüzden ıstırap duymamaktayızdır. Ve eğer kötü eğilimi hissetmiyorsak o zaman Kabala çalışmalıyız.

Ancak, kendimizdeki kötülüğü algılıyorsak bundan mantık ötesi inançla kurtulmalıyız.

Yukarıda verilen tanımlar açıklanmalıdır. Kabala kitaplarında şöyle yazar: "Kötü eğilimi (güç, arzu) Ben yarattım ve Tora'yı da (Tora, Türkçe'de dini tanımıyla Tevrat olarak bilinir ama aslında bu yanlış bir tanımdır, manevi ilimde Yaradan'ın Işığı demektir) şifa (Tavlin) olarak verdim." Tavlin (dünyevi anlamı şifalı ot), ilave ya da ek anlamındadır, yemeğe tat verir ve yenilmeye daha hazır bir hale getirir.

Görüyoruz ki temel yaratılışımız egoizm – kötülüktür. Kabala buna sadece bir ilavedir, yani kötülüğün tadına varmamızı ve ıslah yolunda kullanabilmemizi sağlar. Bu biraz tuhaftır, çünkü Yaradan'ın emirleri ruhu arındırmak için verilmiştir diye belirtilir. Bu şunu anlatır; kişi arındıktan sonra, Yaradan'ın emirlerine (ıslah olmak için yapılan manevi hareketler) artık ihtiyaç duymaz.

Yaratılışın gerçek amacı Yaradan'ın yaratılanlara haz vermesidir. Bu nedenden dolayı, yaratılan varlıkların zevk alma isteği Allah vergisidir. Yaratılanların Yaradan'dan haz aldıklarında utanç hissetmemesi ve dolayısıyla aldıkları zevki bozmamaları için yaratılan varlığa bu utanç duygusunu ıslah edebilmek üzere bir fırsat verildi.

Bu ancak yaratılan varlıkların kendileri için bir şey istemeyip sadece Yaradan'a mutluluk vermek uğruna almalarıyla mümkün olabilir. Ancak o zaman haz almaktan utanç hissetmezler, zira kendilerini hazla doldurmak için değil Yaradan'ı mutlu etmek için alırlar.

Peki ama Yaradan'ı mutlu etmek için O'na ne verilebilir ki? Yaradan bunun için bize Kabala ilmini ve manevi kanunları verdi, onları O'nun adına öğrenebilelim diye. O zaman bize, utanç ve sadaka alıyormuş hisleriyle yok edilmeyen ve alabileceğimiz hazlar gönderir.

Eğer manevi kanunlara göre davranırsak, yani Yaradan için (O'nun adına), yaptıklarımızda Yaradan'ın insanoğluna mutluluk vermeye yönelik hareketlerine benziyoruz denir. Arzularımız, yaptıklarımız ve niteliklerimiz Yaradan'ın yaptıklarına benzedikçe biz ve Yaradan giderek birbirimize yakınlaşırız. Yaradan, aldığımız hazlar utancın gölgesinde kalmasın ve sadaka gibi hissedilmesin diye Kendisinin bize yaptığı gibi bizim de O'na ihsan etmemizi istemektedir.

Manevi arzu, yani Işığı tümüyle almak için gerekli tüm koşullara sahip bir arzu, alınacak hazzın boyutunu ve çeşidini tayin eder, çünkü Yaradan'ın Işığı içerisinde her şeyi barındırır, yani her arzumuza tekabül eden bir haz vardır. Tüm Işıktan bizim arzuladığımızı ayırır.

Yaradan içimizdeki kötülüğün iyiliğe çevrilmesi için tam olarak 613 emir vermiştir, çünkü bizim haz alma arzumuzu tam olarak 613 parçadan yarattı ve her bir emir bir arzu ya da niteliğin ıslahını gerçekleştirir. Bu nedenden dolayı şöyle yazar, "Kötü eğilimi Ben yarattım ve Tora'yı da bunun ıslahı için verdim."

Ancak, ıslah olduktan sonra Tora'yı (manevi yasaları) yerine getirmenin anlamı nedir? Manevi kanunların bizlere verilme nedenleri:

1. Yaradan'la aramızdaki niteliklerin farklılığından dolayı Yaradan'dan uzağız ve hâlâ doğamızın kölesi olduğumuzdan Yaradan adına hiçbir şey yapamamaktayız.

613 emir egoizmden sıyrılmamız için bize güç verir.

2. Islahın sonunda, Yaradan'la niteliklerimiz ve arzularımızda bütünleştikten sonra, Tora'nın Işığını

almaya layık oluruz. 613 manevi emir, manevi bedenimizin bir parçası olur, ruhumuzun kabı olur ve bu 613 arzuyu Işıkla doldurarak haz alabiliriz.

Görüyoruz ki bu safhada manevi emirler ıslahın aracı olmaktan hazzın hissedilebileceği bir "yer" (Kap) halini alıyorlar.

Üç Çizgi Üzerinde Çalışmak

İnsana arzuladığından mahrum olduğu için ıstırap getiren sol çizgide Yaradan'ın yardımı için bir ihtiyaç uyanır ve bu yardım ruha yansıyan Işık olarak gelir. Sağ çizgide, insanın kendisi için hiçbir şey istemediği koşulda, sadece Merhamet Işığı (Or Hasadim), manevi niteliklerin benzerliğinden duyulan haz mevcuttur.

Ancak bu koşul mükemmel değildir, zira erdemlikten ve içsel anlayıştan mahrumdur. Sol çizgide mükemmellik yoktur çünkü alınan Erdemlik Işığı ile uyum ve nitelikler ile Işık arasında benzerlik varsa yansıyabilir.

Niteliklerin benzerliği Or Hasadim ile sonuçlanır ki o da sağ çizgide bulunur. Manevi kazançlar sadece arzu sahibi olarak edinilir. Ancak sağ çizginin hiçbir şeye arzusu yoktur. Tüm arzular sol çizgide odaklanmıştır fakat arzulanan Işık egoist arzuların içerisine giremez.

Dolayısıyla, bu iki niteliği birleştirme gerekliliği vardır, böylece Erdemlik Işığı ve sol çizgiden alınan haz sağ çizginin özgecil niteliklerine girebilir ve orta çizginin Işığı yaratılan varlığı aydınlatabilir. Sağ çizginin Işığı olmadan, sol çizginin Işığı ifşa olmaz ve sadece karanlık olarak algılanır.

Hâlâ egoizmin kölesi olduğumuzda bile, sağ ve sol çizgideki çalışma devam eder. Ancak, henüz arzularımızı kontrol edecek güce sahip değilizdir. Tersine, arzularımız düşünce ve davranışlarımızı kontrol eder ve Yaradan'a benzerlik Işığı olan Or Hasadim Işığıyla ve sonsuz Bilgelik Işığı olan Or Hohma ile dolmamızı engeller.

Bu durumda sadece dünyaların, Sefirot'un ve Kelim'in (Kli kelimesinin çoğulu) adını söyleyebiliriz. Böyle bir durumda manevi dünyaların yapılarını ve etkilerini çalışmak, yani Kabala kitaplarını çalışmak, Yaradan'a yakınlaşma arzusunu geliştirmek açısından özellikle çok faydalıdır. Bu süreç içerisinde o manevi arzulara benzeme isteği başlar ve manevi duyuların eksikliğinden dolayı henüz süreci algılayamasak da üzerimize Üst Dünyaların inayetini çekeriz.

Ancak manevi güçler sadece manevi niteliklere yakınlaşmak amacıyla maneviyatı çalışıyorsak bizi etkiler. Sadece bu koşulda Saran Işığın arılaştıran etkisini üzerimize çekebiliriz. Geçmişte bir çok koşulda da görüldüğü gibi, Kabala doğru bir rehber eşliğinde çalışılmazsa konuyla ilgili bilgiyi alıp "anlamlı" yorumlar yapabilsek de asla öğretinin içsel özünü kavrayamayız.

Ancak, manevi seviyeleri kendi çalışmalarıyla edinenler en önemsiz olanları bile edinseler bu dünyanın içinde değil kabuğunda var olurlar ve bu dünyaya geliş nedenleriyle ilgilenirler.

Öteki taraftan ise, hafızası ve bilgisi güçlü olan "akıllılar" genellikle egoizmlerini ve tereddütlerini artırırlar ve bu onları amaçlarından uzaklaştırır. Bu yüzden şöyle denir; Kabala çalışan bir kişiye gelen Işık ya hayat veren bir şifa (Sam Hahayim) ya da ölümcül bir zehir (Sam Hamavet) olur.

Michael Laitman

Üst Dünyaları Edinmek

Yeni başlayan bir kişi kimin gerçekten maneviyatı algıladığını, bir Kabalist olduğunu veya Kabala'yı sosyal bir ilim gibi çalışıp çalışmadığını ayırt edemez. Yeni başlayanlar için üç çizgi üzerinde yapılan çalışma maneviyatı zaten edinmiş olan kişilerin Üst Işığı edinmeye odaklanmaları gibi değil kendi içinde bulundukları koşulu analiz etmeye odaklanmalarıyla olur. Zira Üst Işık'la üç çizgide çalışmak manevi edinimi olan bir kişi içindir.

Sağ çizgide, aynı zamanda "ihsan etmek" (Hesed) ya da mantık ötesi inanç olarak da bilinir, Yaradan'ın bize verdiği kaderden mutluyuzdur ve bunu bize verilen en büyük hediye olarak kabul ederiz. Bu durum, henüz içsel anlamını algılamadan Yaradan'ın emirlerini yerine getirmemiz gerçeğine bakmadan, çalışmayı yetiştiriliş tarzımız, belli görevleri kabullenmemiz ya da kişisel gelişimimiz için yapmaktır.

Elbette bu koşul sağ çizgi olarak kabul edilmez çünkü henüz sol çizgi yoktur. Ancak zıt koşul ortaya çıktığı zaman çizgilerin herhangi birinden bahsedebiliriz. Dolayısıyla, sadece kendimize yönelik eleştirel bir incelemeye meylettikten, kendi başarılarımızı takdir ettikten ve çabamızın sonuçlarına eleştirel yaklaşımda bulunduktan sonra, ancak o zaman sol çizgiyi ediniriz.

Burada önemli olan şey yaratılışın amacıdır. Bunu saptıyoruz, işin özü aslında Yaradan'dan haz almaktır. Aynı zamanda, böyle bir şeyi daha önce hiç yaşamadığımızı hissederiz.

Çalışmamız sürecinde bu durumun sadece bizimle Yaradan'ın nitelikleri arasında bir benzerlik olursa ortaya çıkabileceğini öğreniyoruz. Dolayısıyla, arzularımızı ve eğilimlerimizi incelemek, onları mümkün olduğunca tarafsız

Üst Dünyaları Edinmek — Michael Laitman

yargılamak, her şeyi kontrol ve analiz etmek zorundayız ki gerçekten egoizmden vazgeçip insan sevgisine doğru ilerliyor muyuz tayin edebilelim.

Eğer manevi konuları çalışan öğrenciler olarak egoist arzularımız içerisinde kaldığımızı ve daha iyi bir koşula doğru ilerlemediğimizi görürsek genellikle çaresizlik ve kayıtsızlık hissederiz. Hatta dahası, sadece egoist arzuların içinde kalmanın ötesinde, egoizmimizin daha da arttığını, daha önce basit, değersiz ve ilkel olarak gördüğümüz zevklerden tat almak için arzu duymaya başladığımızı görürüz.

Böyle bir koşulda emirleri yerine getirmek ve manevi çalışmaya aynı istekle devam etmek elbette zorlaşır. Daha ziyade, çaresizlik hisseder hayal kırıklığına uğrarız, kaybettiğimiz zamana, harcadığımız çabaya ve mahrum kaldığımız bir çok şeyden dolayı çektiğimiz ıstıraptan pişmanlık duyarız. Böylece yaratılışının amacına isyan ederiz.

Bu koşula "sol çizgi" denir, çünkü ıslaha ihtiyacı vardır. Artık kendi boşluğumuzu algılamışızdır ve bu durumda sağ çizgiye dönmeliyizdir; bütünlük hissine, tatminliğe ve kaderimizle mutlu olmaya.

Daha önce sağ çizgide olduğumuz söylenemezdi zira sadece tek bir çizgideydik, ikinci bir çizgi olmadığından da hiçbir kişisel eleştiri mevcut değildi.

Ancak, ikinci çizgideki kişisel bozukluğumuzun gerçekten farkına varabilirsek, birinci çizgiye döneriz, yani mükemmellik hissine (gerçek hislerimiz ve koşulumuzun tersine), o zaman sadece birinci ya da ikinci çizgide değil iki çizgi boyunca ilerliyor sayılırız, iki zıt çizgiyle; hem sağ hem de sol çizgiyle ilerliyor oluruz.

Michael Laitman

Üst Dünyaları Edinmek

Egoizmi reddetmek ve kişisel menfaatin dar sınırlarından kurtulmanın tek yolu sağ çizgi temeline dayanır. Bedenimizin geçici, değersiz ve sürekli değişen arzuları olan "kişisel menfaatimizden" kopmamız gerektiği söylenir. Bu arzular bize Yukarıdan hayatımızın amacı olarak kabul etmemiz için verilmedi; bunlardan, sonsuz, yüce ve mutlak manevi hazları edinme ve evrendeki İlahi Güç olan Yaradan'la bütünleşme yolunda vazgeçmemiz için verildi.

Ancak, kişisel düşüncelerden ve arzulardan kendimizi koparmamız mümkün değildir, zira kendimizden başka hiçbir şeyi algılayamamaktayız. İçinde bulunduğumuz durumda mümkün olan bir şey vardır, Yaradan'ın var olduğuna, O'nun mutlak Hâkimiyetine, yaratılanlar için hazırladığı amaca ve bedenimiz isyan etse bile bu amaca ulaşmamız gerektiğine inanmak!

Algılayamadığımız bir şeye inanca – anlayabileceğimizin üzerinde var olan bir şeye inanca – "mantık ötesi inanç" denir. Tam olarak sol çizgiden sonra, bizim için artık yukarıda bahsi geçen realiteyi algılama zamanıdır. Egoist arzularımızın sonucu olarak, bize zevk ve mutluluk vermese de Yaradan'ın arzusunu yerine getirmeye layık görüldüğümüz için yine de mutluyuz. Bu hislerimizin yanı sıra, Yaradan'dan özel bir hediye aldığımıza inanırız.

Dolayısıyla, hissen bu durumda olsak bile, yaptıkları mekanik hareketlerin bilincinde bile olmadan, haz almak için ya da yetiştiriliş tarzlarından, eğitimlerinden dolayı Yaradan'ın arzusunu yerine getiren bir çok insana göre Yaradan'ın arzusunu yerine getirebiliriz.

Ayrıca, bedenimize ters davrandığımızı fark ederiz, yani içsel olarak bedenimizden yana değil Yaradan'ın tarafındayızdır. Her şeyin bize özel bir bağ ile Yukarıdan, Yaradan'dan yansıdığına inanırız. Dolayısıyla, Yaradan'dan gelen böyle bir hediyeye çok değer verir, sanki en yüksek manevi algı ile ödüllendirilmiş gibi bundan ilham alırız.

Sadece böyle bir durumda ilk çizgi sağ çizgi olarak, mükemmellik olarak bilinir, çünkü mutluluk bize kendi koşulumuzdan değil, Yaradan'la aramızdaki ilişkinin sonucu olarak, bizim egoist arzularımızın sınırları dışında davranmamıza fırsat verildiğinden dolayı gelir. Böyle bir durumda, egoizmin köleliğinden henüz tam olarak kurtulmamış olmamıza rağmen Yukarıdan manevi yansıma alabiliriz.

Henüz Üst Yansıma bize girememesine rağmen, zira Işık egoist arzulara giremez, bu Işık yine de bizi sarar (Or Makif) ve bizim maneviyatla bağımızı kurar. Ayrıca, Yaradan'la en ufak bir bağın bile büyük bir ödül ve haz olduğunu anlamamızı sağlar. Işığın algılanması açısından ise kendimize Işığın gerçek değerini takdir edecek güce sahip olmadığımızı söylemeliyiz.

Sağ çizgiye aynı zamanda "gerçek" de denir, zira net bir şekilde manevi seviyeyi edinemediğimizi görürüz ve kendimize yalan söyleyemeyiz. Gelen koşul, her ne kadar tatsız da olsa, Yaradan'dan bize geliyor deriz. Dolayısıyla, mantık ötesi inanç çok değerli bir şeydir, çünkü Yaradan'la bir bağ vardır.

O zaman görebiliriz ki sağ çizgi manevi algının eksikliğinin farkına varılması ve kişisel değersizliğin kendimizi kötü hissettirmesi üzerine inşa ediliyor. Bunu da egoist hesaplamalardan sıyrılarak, "ben ne elde edeceğim değil Yaradan ne arzuluyor" prensibiyle hareket etme izler.

Eğer Yaradan'dan özel bir ilgi aldığımızı fark edersek ve maneviyata ve manevi çalışmaya yönelik özel bir bağa

sahipsek, kitleler hayatın gereksiz işleriyle ilgilenirken, bizim yaptığımız bir takım hesaplar gayet makuldür. Yine de bu hesaplar hâlâ aklın ürünüdür. Mantık ötesi değildir. İçinde bulunduğumuz durumda mutlu olsak bile kendimize mantık ötesi inançla ilerlememiz gerektiğini söylemeliyiz, böylelikle aldığımız haz inancımızın üzerine inşa edilebilir.

Sol çizgi ise diğer insanlara olan gerçek sevgimizi doğrulamak; ihsan edebilip edemediğimizi ve kendimizi düşünmeden hareket edip edemediğimizi tayin etmek; ayrıca gerçekten çabamız için bir ödül istemediğimizi gözden geçirmek üzerine inşa edilmiştir.

Eğer hâlâ, tüm bu hesaplamalardan sonra bile, kişisel ilgilerimizden az da olsa vazgeçemediğimizi görürsek, o zaman Yaradan'a kurtarılmamız için yalvarmaktan başka çaremiz yoktur. Bu nedenden dolayı sol çizgi bizi Yaradan'a getirir.

Sağ çizgi bize mükemmelliğinden dolayı Yaradan'a teşekkür etme fırsatı verir. Ancak bu bize içinde bulunduğumuz koşulun gerçek algısını sağlamaz – mutlak bilgisizlik ve maneviyatla tümüyle bağsızlık nitelikleriyle tanımlanmış bir koşul. Dolayısıyla da sağ çizgi bizi duaya getirmez ve gerçek bir dua olmadan manevi Işığı anlamak mümkün değildir.

Ancak sol çizgide, gerçek koşulumuzu kendi irademizle aşmaya çalışırız ve böyle bir şeyi yapacak yeterli güce sahip olmadığımızı görürüz. Ve sadece o zaman Yukarıdan yardım almaya ihtiyacımız olduğunu idrak etmeye başlarız, zira sadece doğa üstü güçlerin bize yardım edebileceğini görürüz. Sadece sol çizgi vasıtasıyla arzulanan sonucu edinebiliriz.

Üst Dünyaları Edinmek

Michael Laitman

Ancak şu çok iyi anlaşılmalıdır; iki çizginin öyle bir dengelenmesi lazım ki ikisi de eşit şekilde kullanılabilsin. Sol ve sağ tarafı tek bir çizgide birleştiren orta çizgi sadece o zaman oluşabilir. Eğer bir çizgi diğerinden daha büyükse bu iki çizginin bütünleşmesi mümkün olmaz, zira herhangi bir koşulda büyük çizginin kendisine yönelik menfaati daha ağır basar. Dolayısıyla, iki çizgi tümüyle eşit olmalıdır.

İki çizgiyi eşit olarak kullanmadaki fayda, iki çizginin üzerine kurulu temel ile insan orta çizgiyi yani Üst Işığı edinir, Üst Işık özellikle iki çizginin deneyimlenmesiyle ifşa olur ve algılanır.

Sağ taraf mükemmelliği verir çünkü insan Yaradan'ın mükemmelliğine inanır. Sadece O, Yaradan, dünyayı yönettiğinden, eğer egoizm hesaba katılmaz ise o zaman kişi mükemmellikte olur.

Sol çizgi insana içinde bulunduğu durumun eleştirel değerlendirmesini verir ve kişinin eksikliğini hissettirir. Sol çizginin hiçbir koşul altında sağ çizgiden daha büyük olmaması çok önemli bir durumdur. (Pratik olarak bir örnek verecek olursak, kişi günün 23,5 saatini sağ çizgide geçirmeli ve sadece günün yarım saatinde egoizmini aktiviteye geçirebilmelidir).

Sağ çizginin etkisi öyle olmalıdır ki mutlak mutluluğu hissetmek için başka hiçbir niteliğe ihtiyaç duyulmamalıdır. Bu süreç kişisel egoist eğilimlerden kontrollü olarak ayrılmayı temsil etmektedir. Dolayısıyla, mükemmelliği ifade eder, zira mutluluğu hissetmek için başka bir şeye ihtiyaç yoktur.

Böyle olmasının nedeni tüm düşüncelerin bedenin kendi arzularıyla değil bedenin dışındaki diğer şeylerle, yani Yaradan'la birlikte olan her şeyle ilgili olmasıdır. Sol çizgiye değişim, sağ çizgiden sol çizgiye geçiş ve geri dönüşü gerektirir. Bunu içinde bulunduğumuz ruh haline göre değil, bilinçli olarak önceden belirlenmiş bir zamanda ve koşulda gerçekleştirmeliyiz.

Aksi takdirde manevi algımızda ve anlayışımızda hiçbir mesafe alamadığımızı ve dahası günlük dünyevi hayatımızın da öncekine göre daha kötü olduğunu görürüz. Bu durumda ileri gitmek yerine egoizmimize daha da çekiliriz.

Böyle bir koşulda durumumuzu ıslah etmek için hemen bir duaya dönmeliyiz. Bununla ilgili Mısır sürgünü hikâyesinde, Mısır'dan (egoizmden) kaçışın en son, yani kırk dokuzuncu kirli (arı olmayan) arzunun içindeyken olduğu yazılmıştır. Sadece egoizmimizin tüm kötülüğünü ve derinliğini keşfettiğimizde yardım için haykırırsak o zaman Yaradan bizi yükseltir, orta çizgiyi verir ve bize bir ruh bağışlar, Yaradan'ın Işığı. Bu Işık bize Yukarıdan yansımaya başlar ve özgeciliğe yönelecek ve manevi dünyada doğacak güçleri verir.

Gerçek Doğamızı Anlamak

Yaratılışın amacına ulaşabilmek için buna bir "açlık" hissetmemiz gerekmektedir, böyle bir açlık olmadan Yaradan'ın bize sunduğu tüm zevklerin derinliğini tatmamız ve bu zevkleri tatmadan da Yaradan'a mutluluk vermemiz mümkün olmaz. Bu nedenden dolayı, egoizmi ıslah etmek çok önemlidir, ancak bu şekilde Yaradan uğruna tüm zevkleri hissedebiliriz.

Korku hissettiğimiz zamanlarda neden Yaradan tarafından bu hislerin gönderildiğini anlamalıyız. Dünyada Yaradan'dan başka hükmeden hiçbir güç yoktur, ne karanlık güçler ne düşmanlar. Ancak, Yaradan bize başka güçler varmış hissini verir ki neden birden bu şekilde hissettiğimizi düşünebilelim.

Ondan sonra da arayışımız sayesinde inanca yönelik çabamızla, Yaradan'ın bu hisleri gönderdiğini kendimize söyleyebilelim.

Ancak, tüm çabamıza rağmen, hâlâ korku hissi geçmediyse bunu Yaradan'ın yüceliğini ve gücünü ne denli hissetmemiz gerektiğine dair bir örnek olarak yorumlamalıyız. Bu hayali dünyadaki korkunun kaynağı bedenimizi nasıl titretiyorsa, Yaradan korkusuyla da o denli titremeliyiz.

Tam anlamıyla hangi manevi koşulda olduğumuzu nasıl tespit edebiliriz? Kendimizden emin ve mutlu hissettiğimiz zaman; bu durum genelde kişisel gücümüze olan inancımızın sonucudur ve bu durumda Yaradan'a ihtiyaç hissi olmaz. Aslında bu koşul kendi egoizmimizin en derinlerine gömüldüğümüze ve Yaradan'dan tümüyle uzak olduğumuza işaret eder.

Öteki taraftan da, kendimizi çaresiz ve kaybolmuş hissettiğimiz zamanlarda, Yaradan'ın desteğine güçlü bir ihtiyaç duyarız. Böyle bir durumda kişisel gelişimimiz ve iyiliğimize yönelik çok daha iyi bir safhaya geliriz.

Eğer çaba sarf ettikten sonra ve bize "iyi" görünen bir eylem gerçekleştirdiysek ve sonuç olarak bundan memnuniyetlik duyuyorsak, anında egoizmimizin tuzağına düşeriz. Yaradan'ın bize iyi bir şey yapma fırsatı verdiğinin farkına varmayız; dolayısıyla yaptıklarımızla kendimizi iyi hissediyorsak sadece egoizmimizi büyütürüz.

Ancak gün be gün manevi çalışmamıza çaba sarf edip, düşüncelerimizde yaratılışın amacına yönelmeye çalışıp, yine de hiçbir şey anlamadığımızı ve belli bir dereceye kadar kendimizi ıslah edemediğimizi hissediyorsak ve eğer içinde bulunduğumuz durumdan dolayı Yaradan'a sitem ediyorsak, o zaman "gerçek"ten daha da uzaklaşırız.

Özgeciliğe geçmeye teşebbüs eder etmez, bedenimiz ve mantığımız hemen bu tür düşüncelere karşı çıkar ve her türlü kurnazlıkla bizi yolumuzdan çıkarmaya çalışır. Yüzlerce düşünce, bahane ve acilen yapılması gereken şeyler ortaya çıkıverir, zira özgecilik yani bedene menfaat sağlamayan her şey insan tarafından nefret edilir. İhsan etmek gibi bir kavrama aklımızın bir saniye bile tahammül etmesi mümkün olmadığından bu tür arzular anında bastırılır.

Dolayısıyla, egoizmle ilgili düşünceleri etkisiz hale getirmek son derece zor ve insan üstü güç gerektiriyormuş gibi görünür. Ancak eğer bu düşünceler böyle algılanmayacak olurlarsa bu, belli bir tavırda düşünüp hareket etmemizi sağlayacak, düşüncelerimizin ve yaptıklarımızın özgecil olduğuna dair bizi aldatan, derinlerde bir yerde beden için bir menfaatin gizli olduğuna işarettir.

Belli bir düşünce ya da hareketin ihsan etme veya egoizm kaynaklı olup olmadığını sınamanın en iyi yolu şudur: Kalp ve akıl bu düşüncenin bir şekilde sürekliliğini sağlıyor mu ya da buna dayanarak bir hareket yapıyor mu? Eğer kalp ve akıl hemfikir ise o zaman bu kişisel kandırmadır gerçek ihsan etmek değil.

Bedenimizin menfaati olmayan düşüncelere odaklandığımızda anında sorular belirir: "Buna neden ihtiyacım var ki?" ve "Bu yaptığımın kime menfaati var?" Böyle durumlarda, engellerin bedenden geldiğini hissetsek de (kişisel zevk alma arzusu), eninde sonunda keşfetmemiz gereken en önemli faktör bedenin bu soruları sorup kendi ilgi sınırlarının (menfaatinin) ötesinde şeylerle ilgilenmemizi sınırlamamasıdır.

Üst Dünyaları Edinmek — Michael Laitman

Bu aslında Yaradan'ın Kendisinin yaptığı bir aksiyondur. Yaradan içimizde bu düşünce ve arzuları oluşturur ve bedenin arzularından kendimizi koparmamıza izin vermez ve Yaradan'dan başka hiçbir şey yoktur. Nasıl bizi Kendisine yakınlaştırıyorsa, aynı şekilde O'na giden yolun üzerine engeller koyan da yine Yaradan'dır. Böylelikle kendi doğamızı öğrenebilir ve kurtulma isteğiyle bedenin her düşünce ve arzusuna karşılık verebiliriz.

Şüphesiz, böyle durumlar sadece Yaradan'ın niteliklerini edinmek ve "manevi dünyaya geçmek" isteyen kişilerin başına gelebilir – Yaradan her bir kişiye çeşitli engeller gönderir ve kişi bunları kendisini maneviyattan uzaklaştıran bedenin düşünce ve arzuları olarak hisseder.

Bunların hepsi kişinin içinde bulunduğu gerçek manevi seviyeyi ve Yaradan'la ilişkisini keşfedebilmesi içindir. Aklımızın itirazlarına karşın Yaradan'ı ne kadar haklı çıkarabildiğimizi ve özgecil niteliklerden bir gramlık bile zevk alamayan bedenin, hayatımız mutluluk ve zevklerle doluyken birden bizden tüm zevkleri alan ve bizi çaresizliğin en karanlık noktasına iten Yaradan'dan ne kadar nefret ettiğimizi görebilmemiz için gelir bütün engeller.

Bize sanki olumlu ve olumsuz olarak algılanan düşünce ve hisleri vererek aklımız ve duyularımıza etki eden Yaradan değil de kendi bedenimiz karşı koyuyormuş gibi gelir. Yaradan kalbimizde ve aklımızda belirli reaksiyonlar oluşturarak öğrenmemizi ve kendimizle tanışmamızı sağlar.

Bebeğine bir şey öğreten anne önce bir şeyi gösterir, sonra tadına bakmasına izin verir ve hemen ardından açıklama getirir. Benzer şekilde Yaradan da bize maneviyata olan gerçek tavrımızı ve bağımsız davranma kapasitemizin olmadığını gösterir ve sonra açıklar.

Michael Laitman

Üst Dünyaları Edinmek

Manevi yükselişin en zor kısmı kendi içimizde iki fikrin, iki gücün, iki amacın, iki arzunun sürekli çatışması gerçeğidir. Bu durum yaratılışın amacına yönelik bile olsa aynıdır: bir taraftan Yaradan'ın nitelikleriyle bütünleşmeyi sağlamak zorundayız, öteki taraftan da Yaradan rızası için yaptığımız her şeyi kenara itecek bir arzuya sahip olmaya razıyızdır.

Ancak Yaradan tümüyle ihsan edendir ve hiçbir şeye ihtiyacı yoktur; tek isteği sonsuz ve mutlak mutluluğa gelmemizdir. Yaradan'ın yaratılışı yaratmasındaki amaç budur. Ancak, bu amaç çelişkili gibi gelir; bir kere her şeyden Yaradan için vazgeçerken aynı anda da memnun olmak ve mutlak mutluluğu edinmek zorundayız.

Görünen bu çelişki için bir cevap vardır; bu koşullardan bir tanesi amaç değildir, amaca ulaşmak için bir araçtır. Öncelikle, tüm düşüncelerin, arzuların ve hareketlerin egoizmin sınırları dışında yer aldığı koşula ulaşmak zorundayız ki tümüyle özgecil ve sadece "Yaradan'ın rızası için" koşulunda olsunlar. Ancak tüm evrende insan ve Yaradan dışında hiçbir şey olmadığından beş duyumuzun sınırları dışında var olan her şey Yaradan'ın sınırları içerisindedir.

Yaratılışın ıslahını edindikten sonra, yani kendi kişisel niteliklerimiz Yaradan'ın ihsan etme nitelikleriyle uyumlu hâle geldikten sonra, yaratılışın amacını idrak etmeye, egoizmimizin limitleriyle sınırlanmamış sonsuz mutluluğu Yaradan'dan almaya başlarız.

Islah olmadan önce, sadece kişisel mutluluk arzusu vardır. Kendimizi düzeltme yolunda ilerledikçe, her şeyi verme arzusunu kendimiz için haz almaya tercih etmeye başlarız. Ancak bu seviyede hâlâ Yaradan'dan haz alamamaktayız. Sadece kişisel ıslah sürecini tamamladıktan sonra sonsuz haz almaya başlayabiliriz, bu da elbette ki kendi egomuzun doyumu adına değil yaratılışın amacı adına olur.

Kendi egoist doyumumuz için haz almamamız bizde utanç duygusu yaratmaz, çünkü alırken, anlarken ve Yaradan'ı algılarken yaptıklarımızın karşısında Yaradan'ın aldığı hazdan mutluluk duyarız. Dolayısıyla, Yaradan'dan ne kadar alır ve O'ndan mutluluk duyarsak, Yaradan'ın mutluluk duymasından da o denli mutlu oluruz.

Manevi Işık ve karanlığın (gün ve gece) algısıyla dünyamızdaki aydınlık ve karanlık arasında bir benzetme yapabiliriz. Bu, Yaradan'ın varlığının ya da yokluğunun; O'nun İlahi Yönetiminin varlığının ya da yokluğunun; ya da "Yaradan'ın içimizdeki varlığının veya yokluğunun" hissiyatıdır.

Başka bir deyişle, eğer Yaradan'dan bir talepte bulunursak ve anında istediğimizi alırsak, bu Işık, gündüz olarak tanımlanır. Ancak Yaradan'ın varlığından ve tüm evrenin İlahi Yönetiminden tereddüt duyuyorsak, o zaman bu duruma karanlık, ya da gece denir. Daha açık bir şekilde ifade edecek olursak, Yaradan'ın gizli olması karanlıktır, zira bu durumda insanın içerisinde Yaradan'la ilgili gerçek olmayan düşünceler ve tereddütler oluşur ki bu hisler insan tarafından gecenin karanlığı olarak hissedilir.

Gerçek isteğimiz Yaradan'ı algılamak ve yaptıklarını anlamak olmamalıdır, çünkü bu tamamıyla egoist bir durumdur. İnsan duyduğu muazzam zevklerden kendisini alıkoyamaz ve tekrar egoist arzularının kontrolüne düşer.

Gerçek istek Yaradan'dan, bedenin arzularına ve aklın düşüncelerine karşı koymaya devam edecek gücü talep etmektir, yani insan aklının bedenî arzuların üzerine çıkacak inancı edinmek olmalı arzumuz. Yaradan'ı ve O'nun sevgi

dolu İlahi Yönetimini ve tüm yaratılıştaki gücünü algılayıp anladıktan sonra Yaradan'ı tüm yüceliğiyle görmemeyi tercih etmeliyiz, zira bu inancımızı hafife almak olur.

Bunun yerine inancın erdemliği ile, bedensel ve zihinsel ihtiraslarımıza karşı koyarak ilerlemeliyiz. Tüm arzulayabileceğimiz O'na ve O'nun tüm evreni yönettiğine inanma gücü olmalıdır. Böyle bir manevi inanç seviyesine gelmek "Işık" veya "gündüz" olarak bilinir çünkü bu koşulda bedenin arzularından, bedensel ve zihinsel ihtirasların köleliğinden tümüyle kurtulmuş olarak korkusuzca haz alabiliriz.

Bu yeni doğayı edindiğimizde, yani bedensel arzulardan tümüyle bağımsız davranabildiğimizde, Yaradan bize Işığından hazlar verir. Eğer üzerimize karanlık çökerse ve manevi edinim yolunda ilerlemekten ya da Yaradan'la özel bir bağ kurabilmekten haz almıyorsak, Yaradan korkusu ve O'na karşı sevgi hissetmiyorsak o zaman tek bir çaremiz vardır; ruhun yakarışı.

Yaradan'a bize merhamet gösterip O'nu kalbimizden ve gözlerimizden gizleyen tüm his ve düşüncelerimiz üzerindeki karanlık bulutları kaldırması için dua etmeliyiz. Çünkü kalbin çığlığı en güçlü duadır.

Hiçbir şey fayda sağlamadığında, elimizden gelen tüm çaba, bilgi, tecrübe, fiziksel hareketler ve faaliyetlerin Üst Manevi Dünya'ya girmekte yetersiz kaldığından emin olduğumuzda, mümkün olan tüm yolları bütün benliğimizle denediğimizde, işte sadece o zaman bir tek Yaradan'ın bize yardım edebileceğini anlarız; sadece o zaman Yaradan'a tüm kalbimizle haykırır ve O'nun bizi kurtarması için gerçek bir duaya gelebiliriz.

Michael Laitman

Ancak, bu an gelene kadar hiçbir zorluk bizi kalbimizin derinliğinden Yaradan'a gerçek bir haykırış noktasına getiremez. Sadece önümüzdeki tüm seçeneklerin kapalı olduğunu hissettiğimizde "gözyaşlarının kapısı" açılır ve biz bu kapıdan geçerek Üst Manevi Dünyaya, Yaradan'ın var olduğu yere girebiliriz.

Bu nedenden dolayı, manevi edinim için kendi başımıza tüm yolları denedikten sonra, üzerimize zifiri karanlık koşulu çöker. Sadece tek bir kaçış yolu vardır; ancak Yaradan bize yardım edebilir. Ancak yine de egoist "benliğimizin" kırılmasında henüz bizi yöneten ve rehberlik eden Gücün algısına gelemediysek, henüz bu gerçek tarafından ıslah olmadıysak ve bu koşulu algılayamıyorsak, bedenimiz Yaradan'a haykırmamıza izin vermez.

Bu nedenden dolayı manevi yolda ilerlerken, Yukarıdan bir mucize beklemeyip, elimizden gelen, gücümüzün yettiği kadarıyla, her şeyi yapmakla yükümlüyüz.

Bu koşul Yaradan'ın bize merhamet etmek istemediğinden ya da "kırılma noktamızı" beklediğinden dolayı gerekli değildir. Zira çaba sarf ettikçe kendi doğamızı tecrübe eder, anlayış ve algı kazanmaya başlarız. Geçirdiğimiz hisler gereklidir, çünkü bu hisler içerisinde alırız ve bu hislerle Yaradan'ın Işığını ve Üst Zekâyı ifşa ederiz.

Michael Laitman

Üst Dünyaları Edinmek

Manevi Alıntılar

Kişisel gelişimin en önemli koşulu, kişinin Yaradan'ın önündeki alçak gönüllülüğüdür. Bu elbette suni bir hareket olmamalı, kişinin çabasının amacı olmalıdır. Kişi kendi üzerinde yaptığı çalışma sonucunda, bu niteliği geliştirmeye başlarsa o zaman doğru yönde yol alıyor demektir.

İnsan mutlak bir egoist olarak doğar ve bu niteliği o kadar kurnazdır ki kendisini zaten Hak'tan yana (erdemli) olduğuna ve egoizminden tümüyle kurtulduğuna inandırabilir.

Manevi kitaba Yaradan'ın Işığı denir ve ancak bu Işığı alabilen birisine maneviyatı çalışıyor denir, zira kitapları dünyevi arzularını tatmin etmek için çalışanlar da vardır.

Yaradan'ın Işığı gizlidir. O'nun Işığı sadece Hak'tan yana olanlara (erdemlik seviyesini edinmişlere) ifşa olur.

Kişi, manevi çalışması sayesinde manevi yükseliş dışında hiçbir şey istememe seviyesine geldiği zaman, yani kişisel zevklerinin değil, sadece fiziksel varoluşunun gerekliliklerini kabul ettiği zaman manevi dünyaya yükselişin ilk adımını atmış olur.

Kişi kendisinin alçaklığını hissettikçe, gerçek koşuluna ve Yaradan'a yaklaşır. Kişinin maneviyatı Yaradan'la bütünleşmek dışında bir amaç için çalışması yasaktır.

Kişinin yükselebileceği en yüksek manevi potansiyel "yönetme eylemi"dir. Kişi kendisini öyle bir safhaya kadar ıslah etmiştir ki dünya üzerindeki İlahi Yönetim o kişi vasıtasıyla yürütülebilir.

Manevi yükseliş için gerekli olan bir koşul, sürekli Yaradan'la bütünleşme arayışı içerisinde olmaktır. Yola girdikten sonra ümitsizliğe kapılmayın, zira eğer kişinin arzusunun yönü doğru olursa Yaradan kişinin başarıyla amaca ulaşacağının kefilidir.

Kişinin en önemli vasfı başardıkları değil arzusudur çünkü başarıyı sadece egoizm talep eder. Kişi doğuştan aldığı niteliklerin önemsizliklerini hissetmeye çabaladığı kadar manevi çalışmasının ve amacının önemini de o kadar yüce görmeye çalışmalıdır.

Yaradan'a ulaşmaya çalışan bir kişi O'nun çocuğu olarak bilinir, ancak çalışmalarına karşı bir ödül (saygı, bilgi, para) beklentisi içinde olanlara bu sıfat verilmez.

Yaradan'a tutunun. Kabala ilmi sırların (Nistar) öğretisi olarak bilinir çünkü ancak kişinin iç niteliklerini değiştirme seviyesine göre algılanabilir. Dolayısıyla, kişi algıladıklarını bir başkasına aktaramaz, ancak aynı yolu aşmaları için diğerlerine yardım etmelidir.

Yaradan'ın doldurmadığı bir dünyayı kim hayal edebilir ki? Kişi bu dünyada Yaradan'la yalnız olduğunu düşünmelidir. Kutsal kitaplarda yazılan hikâyeler ve karakterler bir insanın ve tüm insanların farklı niteliklerine ve manevi yollarında geçirdikleri farklı safhalara işaret ederler. Yazılan her şey, nitelikler ve geçirilen safhalar insan adları, onların yaptıkları ve coğrafi yerler olarak anlatılır.

Kişi manevi yükseliş yolunda çalışıp kişisel niteliklerini değiştirmeye çaba sarf ederken durumunu maneviyatı çalışmaya başlamadan önceki halinden daha kötü görüp asla ümitsizliğe kapılmamalıdır. İnsanın egoizminin gerçek doğası kişiye manevi olarak diğerlerinden daha da yükseldikçe ifşa olur, bu nedenden dolayı kişi aslında daha iyileşmiş olmasına rağmen kendisini kendi gözünde daha kötü görür.

Michael Laitman

Üst Dünyaları Edinmek

Tüm dünya sürekli dünyevi zevkler peşinde koşarken sadece bir kaç kişinin Yaradan'a yükseldiği konusuyla kafanızı meşgul etmeyin.

Kişinin manevi ilerleyişinin en önemli noktası Yaradan'a yönelttiği taleptir. Egoizmin en kötü şekilde ifşası kibir, kendini beğenmişlik ve gururdur.

Kişi, tüm dünyanın kaçınılmaz değişimini ve bütün insanoğluna gelecek olan huzuru önceden kutlayarak yaratılışın amacını anlayışından güç almalıdır.

İnanç kurtuluşun tek yoludur. Diğer tüm kavramlarda kişinin kafası egoizmi tarafından karıştırılabilir, ancak inanç manevi dünyaya yükseliş için gereken tek temeldir.

İnanç, kişinin içerisinde korku hissi olmadan kendini göstermez çünkü egoizm sadece korkuya boyun eğer. Kişi hiçbir şey yapmıyor olsa bile egoizmi bir çok kötülük yapması için kendisini dürter. Dolayısıyla, günah işlemeyen bir kişi sevap işlemiş bir kişiye benzer. İnsanın Yaradan'la bütünleşmesi sadece niteliklerinin benzerliğiyle mümkün olur.

BNEY BARUH HAKKINDA

Bney Baruh, Kabala bilgeliğini tüm dünya ile paylaşan büyük bir Kabalistler grubudur. 38 den fazla dildeki çalışma araçları bir nesilden diğerine geçmiş otantik Kabala metinlerini temel alır.

Mesaj

Bney Baruh dünya çapındaki binlerce öğrencinin birçok çeşitli hareketinden oluşmaktadır. Her öğrenci kendi kişisel koşullarına ve yeteneklerine göre kendi yolunu ve yoğunluğunu seçer.

Son yıllarda grup, orijinal Kabala kaynaklarını çağdaş bir dille sunan gönüllü eğitim projeleriyle uğraşan bir hareket olarak büyüdü. Bney Baruh tarafından dağıtımı yapılan mesajın özü insanların birlik olması, ulusların birliği ve insan sevgisidir.

Binlerce yıldır, Kabalistler insan sevgisinin yaratılışın temeli olduğunu öğretmektedirler. Bney Baruh kesinlikle Din, Irk, Dil, v.b. bir ayırım gözetmez. Bu sevgi Hz. İbrahim'in, Hz. Musa'nın ve onların kurduğu Kabalist grupların günlerinden beri hakim olmuştur. İnsan sevgisi temelsiz nefrete dönüştüğü zamanlarda, millet sürgün ve ızdırap içine düşmüştür. Eğer bu eski-ama-yeni değerler için bir yer açarsak, farklılıklarımızı bir kenara koyup birleşmek için gerekli olan güce sahip olduğumuzu keşfedeceğiz.

Bin yıldan beri gizlenmiş olan Kabala bilgeliği şimdi açığa çıkıyor. Bizim yeterince geliştiğimiz ve onun mesajını uygulamaya hazır olduğumuz bir zaman için bekliyordu. Bugün Kabala ulusların kendi içlerindeki ve uluslar arasındaki gruplaşmaları, ayrılıkları birey ve toplum olarak çok daha iyi bir durumda birleştirecek bir mesaj ve çözüm olarak ortaya çıkmaktadır.

Tarih ve Kökeni

Kabalist Michael Laitman, Ontoloji (Varlık Bilimi) ve Bilgi Kuramı Profesörü, Felsefe ve Kabala konusunda doktora, Tıbbi Bio-Sibernetik konusunda yüksek lisans yapmıştır ve 1991 de, hocası Kabalist Baruh Şalom HaLevi Aşlag'ın (Rabaş) vefatından sonra Bney Baruh adlı Kabalist grubunu kurmuştur.

Kabalist Michael Laitman akıl hocasını anmak için onun anısına grubuna Bney Baruh (Baruh'un Oğulları) adını verdi. Hayatının son 12 yılında, 1979 dan 1991 e kadar onun yanından hiç ayrılmadı. Kabalist Laitman, Aşlag'ın en önemli öğrencisi ve özel asistanıydı ve onun öğretim metodunun takipçisi olarak tanındı.

Rabaş 20.yüzyılın en büyük Kabalisti Yehuda Leib HaLevi Aşlag'ın ilk oğlu ve takipçisidir. Yehuda Aşlag, Zohar kitabı üzerine yazılmış en kapsamlı ve en saygın tefsirin yazarıdır. Sulam Tefsiri (Merdiven Tefsiri) manevi yükseliş için eksiksiz bir metod ifşa eden ilk Zohar tefsiridir.

Bney Baruh tüm çalışma metodunu bu büyük manevi liderler tarafından kazılmış yol üzerine temellendirir.

Kabala Dersleri

Yüzyıllardır Kabalistlerin yaptığı gibi ve Bney Baruh faaliyetlerinin odağındaki en önemli ögesi olarak, Kabalist Laitman Bney Baruh'un İsraildeki merkezinde her gün 03.00-

06:00 (İsrail ve Türkiye saatiyle) arası verdiği dersler yer almaktadır. Dersler simultane olarak 7 dilde; İngilizce, Rusça, İspanyolca, Almanca, İtalyanca, Fransızca ve Türkçe olarak çevirilmektedir.

Tüm Bney Baruh faaliyetleri gibi canlı yayınlarda dünyanın her yerinden olan binlerce öğrenci için ücretsiz olarak sunulmaktadır.

Finansman

Bney Baruh Kabala bilgeliğini paylaşmak üzere kâr amacı gütmeyen bir organizasyon olarak kurulmuştur. Bağımsızlığını ve niyetlerin saflığını koruyabilmek için Bney Baruh hiçbir devlet ya da politik oluşum tarafından desteklenmemektedir, fonlanmamaktadır ya da hiçbir kuruluşa bağlı değildir.

Çoğunlukla bu aktiviteler ücretsiz olarak sunulduğu için, grup aktivitelerinin temel kaynağı öğrencilerin gönüllü olarak katkıda bulunmalarından oluşmaktadır.

Kabalist Michael Laitman'ın Kabala'yı Arayışı

Bir çok derste ve röportajda Kabala'ya nasıl geldiğim bana sürekli sorulan bir sorudur. Kabala'dan uzak bir takım konuların içerisinde olsaydım muhtemelen bu sorunun geçerliliğini anlayabilirdim. Ancak Kabala hayatımızın amacının öğretisidir; hepimize çok yakın ve her birimizi ilgilendiren bir konu! Dolayısıyla bence daha uygun bir soru, Kabala'nın kişinin kendisi ve hayat ile ilgili soruları içinde barındırdığını nasıl bulduğum olmalı. Yani soru, "Kabala'yı nasıl keşfettiniz?" değil, "Neden Kabala ile ilgileniyorsunuz?" olmalı.

Hâlâ çocukluk çağındayken, tıpkı bir çok insan gibi, neden var olduğum sorusunu sordum. Bu soru, dünyevi zevklerin peşinde koşarak bu soruyu bastırmadığım anlarda sürekli beni rahatsız ediyordu. Bununla beraber, bu soruyu defalarca suni şeylerle, örneğin ilginç bir meslek edinip kendimi yıllarca işime adayarak ya da uzun yıllar peşinde koştuğum kendi ülkeme göç etmekle bastırmaya çalıştım.

1974 yılında İsrail'e geldiğimde de hayatın manası nedir sorusuyla hâlâ boğuşuyordum; yaşamaya değecek bir neden bulmaya çalıştım. Elimdeki imkânları kullanarak eski konuları (politika, iş hayatı vs) farklı yorumlarla ele alıp herkes gibi olmaya çalışsam da hâlâ bu ısrarlı soruyu silip atamıyordum: Hangi nedenden dolayı tüm bu şeyleri yapmaya devam ediyorum? Diğer herkese benzeyerek ne elde ediyorum?

Maddi ve manevi zorlukların etkisiyle beraber realiteyle başa çıkamayacağımın farkına varmam 1976 yılında beni dindar bir hayat yaşamaya getirdi, ümidim bu hayat tarzının bana daha uygun düşünceler ve fikirler getireceği ve yapıma daha uygun olacağı inancıydı.

Hiçbir zaman insanlığa özel bir meylim olmadı, sosyal bilimler, psikoloji ya da Dostoyevski'nin derinliğinin değerini ölçecek bir ilgiye sahip değildim. Sosyal bilimlerdeki tüm ilgim hep alelâde seviyedeydi. Belli bir düşünce ya da hissin derinliğinden kaynaklanmıyordu.

Buna rağmen, çocukluğumun erken dönemlerinden beri bilime güçlü bir çekim hissediyordum ve sanırım bu bana çok faydalı oldu.

1978 yılında tesadüfen Kabala dersleri için bir reklam gördüm. Hemen gidip kayıt yaptırdım ve doğamın geleneksel heyecanıyla Kabala'ya daldım. Bir çok kitap aldım ve bazen haftalarımı bile alsa cevaplar bulabilmek için bu kitapları derinlemesine çalışmaya başladım.

Hayatımda ilk kez böylesine derinden, özümden etkilenmiştim ve anladım ki benim ilgi alanım buydu çünkü yıllardır kafamı karıştıran konuların hepsiyle ilgileniyordu.

Gerçek bir öğretmen aramaya başladım, tüm ülkeyi dolandım ve bir çok yerde derslere katıldım. Ama içimden bir ses sürekli esas Kabala'nın bu olmadığını söylüyordu, çünkü benden değil soyut ve uzak şeylerden bahsediyordu.

Tüm bulduğum hocaları terk ettikten sonra bana yakın bir arkadaşımın da Kabala'ya ilgi duymasını sağladım. Akşamlarımızı birlikte, bulabildiğimiz tüm Kabala kitaplarını çalışarak geçirirdik. Bu aylarca sürdü.

1980 yılında soğuk, yağmurlu bir kış gecesi, Pardes Rimonim ve Tal Orot kitaplarını çalışmak yerine, çaresizlikten, kendimi de şaşırtacak şekilde arkadaşıma Bney-Barak şehrine gidip bir hoca arayalım dedim.

Orada bir hoca bulursak derslere katılmak bizim için uygun olur diye de teklifimi haklı çıkarmaya çalıştım. O güne kadar Bney-Barak şehrini sadece birkaç kere Kabala kitapları ararken ziyaret etmiştim.

O gece Bney-Barak soğuk, rüzgarlı ve yağmurluydu. Kabalist Akiva ve Hazon-İsh dört yoluna geldiğimizde camı indirip sokağın öteki tarafında uzun siyah palto giymiş bir adama seslendim: "Buralarda nerede Kabala çalışırlar bana söyler misin?" Dinci bir mahallenin ne tür bir atmosferi olduğunu bilmeyenler için bu sorunun kulağa çok garip geleceğini söyleyebilirim. Kabala hiçbir dini eğitim okulunda öğretilmiyordu. Hatta Kabala'ya ilgi duyduğunu başkasına söyleyecek kişiler bile bulmak mümkün değildi. Ancak sokağın karşı tarafında duran bu yabancı, sanki hiç şaşırmamışçasına bana cevap verdi: "Sola dön ve turunç bahçelerine gelene kadar devam et, orada bir bina var. Orada Kabala öğretiyorlar."

Tarif edilen yere geldiğimizde karanlık bir bina bulduk. İçeriye girdiğimizde yan bir odada uzun bir masa gördük. Masada dört beş tane uzun ak sakallı adam vardı. Kendimi tanıttım ve Rehovot'tan geldiğimizi söyleyip Kabala çalışmak istediğimizi ekledim. Masanın başında oturan yaşlı adam bizi katılmaya davet etti ve ders bittikten sonra konuşuruz dedi.

Sonra ders Zohar Kitabı'ndan Sulam tefsiriyle bir bölüm okuyarak, yarı Aşkenazi (Yidiş) dili mırıldanarak ve sadece yarı bakışlarla insanların birbirlerini anladığı bir ortamda devam etti.

Bu insanları görüp dinledikten sonra sadece yaşlılıklarını geçirmek için bir araya gelen bir grup adam sandım, henüz akşam fazla geç değildi ve Kabala çalışabileceğimiz bir yer daha bulmak için zamanımız vardı. Ama arkadaşım beni durdurdu ve bu kadar kaba davranmamın uygun olmadığını söyledi. Birkaç dakika sonra da ders sona ermişti ve yaşlı adam kim olduğumuzu öğrendikten sonra telefon numaralarımızı istedi. Bizim için uygun bir hocanın kim olabileceğini düşünüp haber vereceğini söyledi. Bunun da çabamızı daha önceleri gibi boşa harcamaktan başka bir şey olmayacağını düşündüğümden telefon numaramı vermekte biraz çekingendim. Benim tereddüdümü hisseden arkadaşım kendi numarasını verdi. Ve iyi akşamlar diyerek oradan ayrıldık.

Ertesi akşam arkadaşım evime geldi ve yaşlı adamın kendisini arayıp bize bir hoca ayarladığını ve hatta ilk dersin o akşam olduğunu söyledi. Bir geceyi tekrar boşa geçirmek istemiyordum ama arkadaşımın arzusuna boyun eğdim.

Tekrar oraya gittik. Yaşlı adam bir başkasını çağırdı, kendisinden biraz daha genç fakat onun gibi beyaz sakallı biri; genç adama Yidiş dilinde birkaç kelime söyledi ve ayrılarak bizi yalnız bıraktı. Hocamız hemen oturup çalışmaya başlayalım dedi. Bir makale ile başlamayı tavsiye etti "Kabala'ya Giriş"; ben ve arkadaşım bu makaleyi daha önce defalarca anlamaya çalışmıştık.

Boş odadaki masalardan birine oturduk. Bizlere her paragrafı açıklayarak tek tek okumaya başladı. O anı hatırlamak benim için her zaman çok zordur; yıllarca arayıp da hiçbir yerde bulamadıktan sonra sonunda aradığımı bulduğuma dair keskin bir his vardı içimde. Dersin sonunda bir sonraki gün için ders ayarladık.

Ertesi gün bir kayıt cihazıyla geldim. Esas derslerin her sabah saat 3 ile 6 arasında olduğunu öğrendikten sonra, her gece gelmeye başladık. Ayrıca her ay yeni ayı kutlama yemeklerine de katılmaya başladık ve herkes gibi merkezin masraflarına katkıda bulunup aylık ödemelerimizi yapmaya başladık.

Her şeyi ille de kendim keşfedeceğim arzusuyla genellikle de biraz agresif olarak sık sık tartışmalara girdim. Ve bizlerle olan tüm olaylar grubun hocasına hep gidiyordu ve o da bizler hakkında sürekli soru soruyormuş. Bir gün bizim hocamız sabah dersinden sonra saat 7 gibi grubun büyük hocasının benimle "Zohar Kitabı'na Giriş" kitabını çalışabileceğini söyledi. Ancak, birkaç ders sonra benim bu derslerden hiçbir şey anlamadığımı görünce, kendi hocam aracılığıyla bu derslerin durdurulacağını söyledi.

Hiçbir şey anlamamama rağmen onunla çalışmaya devam etmeye razıydım. İçsel anlamlarına inebilme ihtiyacının dürtüsüyle, sadece mekanik olarak okumaya bile hazırdım. Çok alınmama rağmen zamanımın gelmediğini bilmiş olsa gerek ki dersleri sona erdirdi.

Aradan altı yedi ay geçti ve bizim hocamız vasıtasıyla büyük hocamız onu arabamla doktora götürüp götüremeyeceğimi sormuş. Elbette hemen kabul ettim. Yolda bana bir çok konudan bahsetti. Ben ise ona Kabala ile ilgili sorular sormaya çalışıyordum. Ve o yolculukta bana, şu an ben hiçbir şey anlamıyorken benimle her şeyden konuşabileceğini ama gelecekte anlamaya başladıkça benimle bu kadar açık konuşmayacağını söyledi.

Ve aynen söylediği gibi oldu. Yıllarca sorularıma cevap vermedi bana şöyle derdi "Kimden talep edeceğini biliyorsun" yani Yaradan'dan bahsediyordu, "talep et, sor, yalvar, iste, ne istiyorsan yap, her şeyi O'na yönlendir ve her şeyi O'ndan talep et!"

Doktor ziyaretlerimiz pek bir işe yaramadı ve kendisini kulak iltihabından koca bir ay hastaneye yatırmak zorunda kaldık. Bu zamana kadar hocamı bir çok kez doktora götürdüm; ve hastaneye alındığı gün geceyi onun yanında geçirmeye karar verdim. Tüm bir ay boyunca hastaneye sabah 4'de gelir, telleri tırmanır, görünmeden binaya girerdim ve çalışmaya başlardık. Tüm bir ay boyunca! O zamandan sonra Kabalist Baruh Şalom Halevi Aşlag, Baal HaSulam'ın en büyük oğlu, benim hocam oldu.

Hastaneden ayrıldıktan sonra, sık sık parklara uzun yürüyüşlere gittik. Bu yürüyüşlerden döndükten sonra duyduğum her şeyi harıl harıl yazardım. Bu sık yürüyüşler her gün üç dört saat sürerdi ve zaman içinde alışkanlık oldu.

İlk iki yıl boyunca hocama sürekli daha yakına taşınabilir miyim diye sordum, ama yakında oturmamın bir gereklilik olmadığını hatta Rehovot'a gidiş gelişlerimin manevi çalışma açısından çaba olduğunu söyledi. Ancak, iki yıl sonra hocam yakına taşınmamı ve Bney-Barak'ta yaşamamı kendisi tavsiye etti ve nedendir bilinmez pek bir acelem yoktu. O kadar yavaş hareket ediyordum ki bu konuda, hocam gidip benim için kendisine yakın bir apartman dairesi buldu ve taşınmamı söyledi.

Hâlâ Rehovot'ta yaşarken hocama daha önce katıldığım bir merkezde Kabala çalışmaya teşebbüs eden birkaç kişiye ders verebilir miyim diye sordum. Bu haberi fazla heyecanlı karşılamasa da daha sonraları derslerimin nasıl gittiğini sordu. Kendisine Bney-Barak'taki grubumuza yeni kişileri davet edebileceğimi söylediğim zaman kabul etti.

Sonuç olarak bir çok genç erkek grubumuza katıldı ve birden tüm merkez cıvıl cıvıl hayat dolu bir yer oldu. İlk altı ayda yaklaşık on kadar düğün oldu. Hocamın hayatı ve günleri sanki yeni bir anlam kazanmıştı. Birçok insanın Kabala çalışmak istediğini görmesi kendisini çok memnun etmişti.

Günümüz genellikle sabah saat 3'de başlardı ve sabah saat 6'ya kadar çalışırdık. Her gün sabah saat 9'dan 12'ye kadar parka yürüyüşe ya da denize giderdik.

Döndükten sonra ben evime çalışmaya giderdim. Sonra tekrar eve giderdim ve sabah saat 3'de tekrar derse katılırdım. Bu şekilde yıllarca devam ettik. Tüm dersleri kasete kayıt ederdim, derslerin kayıtları bini geçti.

Son beş yılımızda, 1987'den itibaren, hocam beraber Tiberias'a yolculuk etmemizin iyi olacağını söyledi ve her iki haftada bir iki günlüğüne Tiberias'a giderdik. Bizi herkesten ayıran bu geziler aramızda bir yakınlaşmaya sebep oldu. Ama zamanla aramızdaki manevi algılayışın farkından kaynaklanan mesafe içimde giderek büyümeye başladı ve bu mesafeyi nasıl kapatacağımı bir türlü bilemedim. Bu mesafeyi, o yaşlı adamın her defasında fiziksel bir ihtiyacı nasıl geri çevirerek mutlu olduğunu net olarak algılayabildiğimde görebiliyordum.

Onun için sonucun net olduğu bir şey kanundu, ister yorgun olsun ister hasta günlük çalışma programı son derece disiplinli uygulanıyordu. Yorgunluktan yığılacak bile olsa günün gerekli olan tüm planını her detayıyla eksiksiz yerine getirirdi ve üstlendiği hiçbir şeyi tam halletmeden bırakmazdı. Yorgunluktan nefessiz kalıp, nefes darlığı çekmesine rağmen bir dersini bile atlatmaz, sorumluluğunu hiçbir zaman bir başkasına devretmezdi.

Onun bu olağanüstü gücünün, amacının yüceliğinden ve Yaradan'dan geldiğini bilmeme rağmen, onu sürekli böyle gördüğümde kendime olan güvenim sarsılır ve başarılı olma ihtimalimin olmadığını düşünürdüm.

Onunla T'veria ve Meron dağına yaptığımız gezilerin bir anını bile unutmam mümkün değil. Uzun geceler onun karşısında oturur, bakışlarını, sözlerini ve mırıldandığı şarkıları içime alırdım. Bu hatıralar içimde hâlâ yaşıyor ve bugün bile benim yolumu belirleyip rehberlik ediyorlar. On iki yıl boyunca her gün bire bir çalışmamızdan içimde kalan tüm bilgi, bağımsız olarak yaşıyor ve işliyor.

Sık sık hocam bir konuşmasından sonra çok alakasız bir cümle söylerdi ve bunu bu cümlelerin dünyaya girip yaşaması ve işlevlerini yerine getirdiğinden emin olmak için yaptığını söylerdi.

Grup çalışması Kabalistler tarafından çok eski zamanlardan beri yapılmaktadır ve ben de hocamdan yeni gelenlerden böyle gruplar oluşturmasını ve bu grupların bir araya gelmelerini düzenleyecek yazılı bir plan talep ettim. Bu şekilde haftalık makale yazmaya başladı ve hayatının son günlerine kadar da devam etti.

Sonuç olarak bizlere kendisinden sonra bir araya getirdiğimiz bir çok ciltlik muazzam materyal kaldı ve yıllar boyunca biriktirdiğim kayıtlarla birlikte, Kabala ilmi üzerine çok geniş kapsamlı anlatımlar oluşturduk.

Yeni yıl kutlamaları esnasında, hocam aniden göğsündeki bir baskıdan dolayı rahatsızlandı. Ancak çok yoğun ısrardan sonra tıbbi bakıma girdi. Doktorlar kendisinde hiçbir hastalık ya da rahatsızlık bulamadılar, ama Tişrei ayının beşinci gününde 5752 (1991) yılında vefat etti.

Son yıllarda gruba katılan bir çok öğrenci hâlâ Kabala çalışmaya devam etmekte ve yaratılışın içsel anlamını araştırmaktadır. Öğreti yaşamaya devam etmektedir, tıpkı geçmiş yüz yıllarda olduğu gibi. Kabalist Yehuda Aşlag ve onun büyük oğlu, hocam Kabalist Baruh Aşlag, çabalarıyla bu öğretiyi bizim neslimizin ve zamanımızda dünyamıza inen ruhların ihtiyacına göre uyarladılar.

Manevi bilgi Kabaliste Yukarıdan kelimeler olmadan aktarılır ve tüm duyu organları ve akıl tarafından eş zamanlı algılanır. Dolayısıyla, bütünüyle anında algılanır.

Bu bilgi sadece bir Kabalistten, ya aynı ya da daha Üst Seviyedeki bir başka Kabaliste aktarılabilir. Aynı bilgiyi henüz o manevi seviyeye ya da manevi dünyaya gelmemiş bir insana aktarmak mümkün değildir, çünkü bu kişi gerekli algıdan yoksundur.

Bazen bir hoca kendi perdesiyle (Masah) öğrencisini geçici olarak kendi bulunduğu manevi seviyeye çekebilir. Bu durumda, öğrenci manevi güçlerin ve hareketlerin özüyle ilgili bir nosyon edinebilir.

Manevi dünyaya henüz geçmemiş bir kişi için standart bilgi aktarım yöntemleri uygulanır: yazılar, sözlü anlatım, direkt iletişim, kişisel örnek vs.

"Yaradan'ın İsimleri" adlı makaleden de bildiğimiz gibi harflerin tarifi anlamının ötesinde bir şey, yani içsel manevi mesajı aktarmak için kullanılabilir. Ancak kişi manevi anlamlarına tekabül eden algıları edinmediği sürece, kelimeleri okumak masaya boş tabaklar koymak ve yanlarına güzel yemeklerin isimlerini yazmak gibidir.

Müzik daha soyut bir şekilde bilgi aktarmaktadır. Bizim dünyamızı yöneten ve yedi kısımdan ya da Sefirot'tan oluşan manevi varlık "Atsilut'un Partsuf Zer Anpin'i" gerçeğinin ışığı altında, tıpkı görünebilen bir ışık gibi, yedi temel güç -nitelik- tondadır.

Bulunduğu duruma göre, kişi müziği besteleyen Kabalistin manevi koşullarını çıkarabilir. Bu kişi melodiyi oluşturan Kabalistle aynı seviyede olmak zorunda değildir; içsel manasını kişisel manevi derecesinin mümkün kıldığı kadarıyla kavrayabilir.

1996, 1998 ve 2000 yıllarında Baal HaSulam ve Rabaş'a ait üç müzik diski kaydedilmiş ve çıkartılmıştır. Melodiler Kabalist Laitman'ın hocası Kabalist Aşlag'dan duyduğu şekilde sunulmuştur. Sözlere ek olarak, melodilerin sesleri de bir çok Kabalistik bilgi taşımaktadır.

Kabala Bilimi - Herkes İçin Manevi İlim Kitabı

Çağımızın büyük Kabalistlerinden Yehuda Aşlag ve onun oğlu ve varisi Baruh Şalom Aşlag, yaşamın temel sorusuna cevap getirir: Hayatımın anlamı ne? Zohar ve Yaşam Ağacı kitaplarının yorumlarına dayandırılan bu kitapla günlük yaşamda Kabala ilminden nasıl faydalanacağımızı öğreniriz. Büyük Kabalistlerin otantik metinlerine ilave olarak, bu kitap, bu metinlerin anlaşılmasını sağlayan pek çok yardımcı makaleyle birlikte, Kabalistlerin deneyimlediği Üst Dünyaların evrimini betimleyen çizimlerden oluşur.

Kabala Bilimi kitabında, Baruh Aşlag'ın kişisel asistanı ve baş öğrencisi Michael Laitman, manevi dünyaları edinmeyi amaçlayan Kabala öğrencileri için kadim makaleleri uyarlamıştır. Laitman günlük derslerini bu ilham verici makalelere dayandırarak, Üst Alemlere muhteşem yolculuğumuzda izleyeceğimiz manevi yolu daha iyi anlamamız için bizlere yardımcı olur.

Merdivenin Sahibi

İnsanlık tarihinin en yıkıcı çağının şafağında, 20. yüzyılda, gizemli bir adam insanlık ve onun acılarının alışılmadık çözümüyle, sosyo-politik arenada ortaya çıktı. Kabalist Yehuda Ashlag, yazılarında açıklıkla ve tüm detaylarıyla öngördüğü savaşları, karışıklıkları ve daha çarpıcı olarak da bugün yüz yüze kaldığımız ekonomik, politik ve sosyal krizi anlattı. Birleşmiş bir insanlık için duyduğu derin özlem, onu Zohar Kitabını açmaya -ondaki eşsiz gücü- herkes için ulaşılabilir yapmaya zorladı.

Kabalist, kabala, maneviyat, özgür seçim ve realitenin algısıyla ilgili bildiğinizi düşündüğünüz her şeye arkasını dönen, sinematik bir romandır. En yüksek edinim derecesine ulaşmış, tüm realiteye hükmeden tek güçle direkt temas içindeki insanın, hissiyatını ve içsel çalışmasını aktarmaya çalışan kendi türündeki ilk romanıdır.

Kabalist, bilimsel bir açıklık ve şiirsel bir derinlikle birlik mesajı verir. Dinin, milliyetin, mistisizmin, uzay ve zamanın şeffaf yapısının ötesine geçerek, bize tüm insanlıkla beraber doğayla ahenk içinde olduğumuzda, tek mucizenin içimizdeki mucize olduğunu gösterir. Bize hepimizin Kabalist olabileceğini gösterir.

Ölümsüz Kitabın Sırları

Musa'nın beş kitabı, tüm zamanların en çok satan kitabı Tora'nın parçasıdır. Bu şekliyle Tora, şifreli bir metindir. Masalların ve efsanelerin altında, insanlığın en yüksek seviyeye doğru yükselişini— Yaradan'ın edinimi- anlatan bir alt metin saklıdır.

Ölümsüz Kitabın Sırları, Tora'nın Yaratılış ve İsrail Halkının Mısır'dan sürgünü hikayeleri gibi en gizemli ve sıklıkla alıntı yapılan dönemlerinin şifresini çözer. Yazarın enerjik ve kolay anlaşılır üslubu, insanın kendi dünyasını sadece arzu ve niyetle değiştirebildiği realitenin en derin seviyelerine, mükemmel bir giriş yapmanızı sağlar.

Kitabı okurken Tora'da anlatıldığı gibi olmuş veya olmamış fiziksel olayların seviyesinin ötesine geçiş yapacaksınız. İçinizde Firavun, Musa, Adem, Havva, hatta Habil ve Kabil'in olduğunu keşfedeceksiniz. Onların hepsi sizin bir parçanız. Onları içinizde keşfettikçe ve Ölümsüz Sevgiye, Yaradan'ın edinimine doğru ilerledikçe, bu gizli realitenin muhteşem hazineleriyle bizi ödüllendiren Yaradan'ın sonsuz sevgisini de keşfedeceksiniz.

Kişisel Çıkar Özgecilliğe Karşı

Bu kelimelerin yazıldığı zaman, dünya hala İkinci Dünya Savaşından beri en uzun gerileme sürecini geçiriyor. Tüm dünyada on milyonlarca insan, işlerini, birikimlerini, evlerini ve en önemlisi gelecekleri için olan ümitlerini kaybettiler.

Ancak krizler tarih boyunca sürekli olağandı. Bu krizi geçmiş krizlere kıyasla farklı kılan insanoğlunun şu anki gerginliğinin yapısıdır. Toplumumuz çatışma içeren iki uç noktaya doğru çekilmiştir – bir taraftan globalleşme ile gelen bağımlılık ve öteki taraftan da giderek büyüyen kişisel, sosyal ve politik narsizm. Bu koşul dünyanın daha önce hiç görmediği bir felaketin oluşumu!

Bu karanlık geleceğin önüne geçebilmek için, Kişisel Çıkar Özgeciliğe Karşı, bu dönemde dünyanın önünde bulunan sorunlarına yeni bir perspektif getirerek, insanoğlunun bir dizi hatasına bağlamaktansa, gereklilikten büyüyen egoizminin sonucu olarak değerlendirmektedir. Bu anlayışla, kitap egomuzu bastırmak yerine, toplumun iyiliği için kullanmanın gerekliliğini dile getirmektedir.

Kabala ve Bilim

Prof. Michael Laitman eşsiz ve etkileyici bir kişilik: Kabala ve bilimin sentezini anlaşılır bir şekilde gerçekleştiren yetenekli bir bilimadamı

—Daniel Matt, Tanrı ve Big Bang kitabının yazarı: Bilim, maneviyat ve Zohar arasındaki harmoniyi keşfetmek.

Bu gezegendeki geleceğimiz için kritik tercihler yapacağımız bir dönemde, kadim Kabala bilgeliği seçeneklerimizi hem arttırdı hem de yeniledi. Klasik kutsal yazılarda yer alan bilgelik, yüzleşmekte olduğumuz ve önümüze açılan fırsatları taşıyabilmemiz için getirilmeli ve bu mesaj tüm dünyada tüm insanlara ulaşılabilir yapılmalı. Prof. Michael Laitman, diğerlerinden farklı olarak bu çok önemli meydan okumayı başarmaya ve bu tarihi görevi yerine getirmeye yetecek güçtedir.

—Prof. Ervin Laszlo, Kaos Noktası, Bilim ve Akaşik Alan kitabı da dahil 72 kitabın yazar : Herşeyin Birleşik Teorisi

Kadın ve Kabala

Bir arzu sonucu ortaya çıkanı ellerinizde tutuyorsunuz. Birçok kadın bir araya gelerek, yeni gelen bütün kadınlara Kabala çalışmasında yardımcı olabilmek için bu kitapçık üzerinde çalıştı. Toplanan soruların tümü Bney Baruh Kabala Eğitim Merkezine yeni başlamış olan kadın öğrencilerin sordukları sorulardan olulmaktadır. Cevaplar Dr. Laitman'ın kitaplarından, derslerinden ve konuşmalarından alınmıştır. Sorulan sorular bizim maneviyatı edinmek isteme ihtiyacımızdan ortaya çıkmıştır: bizler buna açız, kalplerimiz bunun ağırlığında haykırıyor. Bizler kendimizi her şeyi yapabilecek duruma hazır, amaca doğru erkeklerimizi desteklemeye hazır buluyoruz.

Dr. Laitman bize der ki: "Kadınların karşılıklı sorumluluk hissiyatı içerisinde erkekleri uyandırmak ve onları bir araya getirmek için bağ kurmaları gerekir ki, erkekler birbirleri ile bağ kursunlar ve bu birlik sayesinde maneviyata erişsinler. Daha sonra erkekler arasındaki bu bağ ve karşılıklı sorumluluk sayesinde maneviyat kadınlara da geçecektir. Bunun sonucunda herkes bir bütün olacaktır –ulusun erkek ve dişi parçası veya bütün insanlığın."

Işığın Tadı

"Bu nesilde bulunduğum için mutluyum zira artık Kabala Bilgeliğini yaymak mümkün."

Kabalist Yehuda Aşlag – Baal HaSulam

Binlerce yılın sonunda gizli olan Kabala Bilgeliği bizim neslimizde ifşa olmaya başladı. "Işığın Tadı" adlı bu kitap bilgeliğin üzerine bir pencere açmakta. Kitap, günümüzün her bireyi için ilk defa duygularında tadacağı bir lezzet ve kalplerinde yoğun bir anlayış sağlayacaktır.

Bu kitap neslimizin en yüce kabalisti Dr. Michael Laitman'ın her sabah verdiği canlı derslerden derlenmiştir.

Kabalanın Sesi

Bizim neslimizin en sonuncusu olan Büyük Kabalist Baruh Aşlag'ın öğrencisi ve kişisel asistanı olmak benim için çok büyük bir ayrıcalıktır. Basitçe söylemek gerekirse, tüm içtenlik ve sevgimle ondan öğrendiklerimi okuyucularla paylaşmaktan çok mutlu olacağım.

Dr. Michael Laitman

Kabala'nın Sesi, Kabala makalelerinden seçilerek ve derlenerek hazırlanmış olup, bu otantik bilgeliğin zengin ve tam bir mozaiğini meydana getiren on bölümden oluşmaktadır.

Bir Demet Başak Gibi

Neden Birlik ve Karşılıklı Sorumluluk Bu Zamanın Çağrısıdır

Bu kitap, bazı Yahudilerin en ürkütücü ve gizemli sorularına ışık tutar: Bu gezegendeki rolümüz nedir? Bizler gerçekten "seçilmiş insanlar mıyız?" Eğer öyle isek, ne için seçildik? Anti-Semitizme neden olan nedir ve bu iyileştirilebilir mi?

Tüm zamanların Yahudi tarihçileri ve bilgelerinin sayısız referansının kullanıldığı bu kitap, Yahudilerin ulaşmak istediği ama bir o kadarda tanımlaması zor hedefini yerine getirmek için bir yol haritası sunar: sosyal bağlılık ve birlik. Gerçekte birlik, yalnızca Yahudilerin bunu sabırsızlıkla bekleyen dünyaya vereceği bir hediyedir.

Birlik olduğumuzda ve bunu tüm dünyayla paylaştığımızda huzur, kardeş sevgisi ve mutluluk tüm dünyada sonsuza kadar hüküm sürer.

Kabalaya Uyanış

Dünyanız değişmeye hazır. Bu neslin en büyük Kabalistinin rehberliğinde sizde bunu gerçekleştirin. Micheal Laitman, Kabalayı Yaradan'a yaklaşmayı sağlayan bir bilim olarak görür. Kabala yaratılış sistemini, Yaradan'ın bu sistemi nasıl yönettiğini ve yaratılışın bu seviyeye nasıl yükseleceğini çalışır. Kabala manevi doyuma ulaşma metodudur. Kabala çalışması ile siz de kalbinizi ve sonuç olarak yaşamınız başarıya, huzura ve mutluluğa doğru nasıl yönlendireceğinizi öğrenirsiniz.

Kadim ilim geleneğine bu farklı, özel ve hayranlık uyandıran girişiyle büyük Kabalist Baruh Aşlag (Rabaş)'ın öğrencisi Laitman bu kitapta, size Kabalanın temel öğretilerinin derin anlayışını ve bu ilmi başkalarıyla ve etrafınızdaki dünyayla ilişkilerinizi netleştirmek için nasıl kullanacağınızı anlatır. Hem bilimsel hem de şiirsel bir dil kullanarak, maneviyatın ve varoluşun en önemli sorularını araştırır:

Hayatımın anlamı ne? Neden dünyada keder var? Reenkarnasyon manevi yaşamın bir parçası mı? Mümkün olan en iyi varoluş aşamasını nasıl edinebilirim?

Bu eşsiz rehber, dünyanın ötesini ve günlük hayatın sınırlamalarını görmeniz, Yaradan'a yaklaşmanız ve ruhun derinliklerine ulaşmanız için size ilham verecek.

Erdemliliğin Yolu

Bugün Kabala Bilgeliğinin insanlığa bir mesajı var:

Günümüzün sorunlarını ancak birlik ve beraberlikle çözüme ulaştırabiliriz. Problemler raslantısal değil, onları gözardı etmemeliyiz. Dahası, oluşan durumu doğru bir biçimde değerlendirebilirsek hayatımız yeni, mutluluk ve sükunet dolu bir yöne akmaya başlayacaktır. Gelişi güzel değil, gayet bilinçli bir şekilde yaşamımıza yön verebiliriz.

Üst Dünyaları Edinmek

Micheal Laitman'ın sözleriyle, "Özü tam bir özgecilik ve sevgi olan manevi nitelikleri anlamak, insan idrakinin ötesindedir. Bunun sebebi insanoğlunun bu tip hislerin var olabileceğini kavrayamaması ve herhangi bir eylemi yerine getirmek için teşvik bekleyip, kişisel kazanç olmadan kendini büyütmeye hazır olmamasından kaynaklanmaktadır. Bu sebeple özgecilik gibi bir nitelik, insana Üstten verilir ve sadece deneyimleyenler bunu anlayabilir."

Üst Dünyaları Edinmek, yaşamımızda manevi yükselişin muhteşem doyumunu keşfetmemize olanak sağlayan ilk adımdır. Bu kitap, sorularına cevap arayan ve dünya fenomenini anlamak için güvenilir ve akılcı bir yol arayan tüm insanlar içindir. Kabala ilmine bu muhteşem giriş, aklı aydınlatacak, kalbi canlandıracak ve okuyucuyu ruhunun derinliklerine götürecek olan farkındalığı sağlar.

Zoharın Kilidini Açmak

Zohar Kitabı(Aydınlığın Kitabı), şimdiye kadar yazılmış en gizemli ve yanlış anlaşılan yapıtlardan biridir. Yıllar boyunca kendinde uyandırdığı hayranlık, şaşkınlık ve hatta korku emsalsizdir. Bu kitap tüm Yaratılışın sırlarını içermesine rağmen, bugüne kadar bu sırların üzeri bir gizem bulutuyla örtülmüştür.

Şimdi Zohar, insanlığa yol göstermek için ilmini tüm dünyanın gözleri önüne sermektedir, şöyle yazıldığı gibi (VaYera, madde 460), "Mesih'in günleri yaklaştıkça, çocuklar bile ilmin sırlarını keşfedecek." 20. Yüzyılın büyük Kabalistlerinden Yehuda Aşlag (1884-1954), bize Zohar'ın sırlarını açığa çıkaracak yepyeni bir yol göstermiştir. Bu yüce Kabalist, yaşamlarımıza hükmeden güçleri bilmemize yardım edecek ve kaderimize nasıl hükmedeceğimizi öğretecek, Zohar Kitabına giriş niteliğindeki dört kitabı ve Sulam (Merdiven) Tefsirini yazmıştır.

Zohar'ın Kilidini Açmak, üst dünyalara nihai yolculuğun davetiyesidir. Kabalist Dr. Michael Laitman, bilgece bizi Sulam Tefsirinin ifşasına götürür. Bu şekilde Laitman, düşüncelerimizi düzenlemekte ve kitabı okumaktan kaynaklanan manevi kazancımızı arttırmaktadır. Zohar Kitabıyla ilgili açıklamaların yanı sıra kitap, bu güçlü metnin kolay anlaşılması ve okunmasını sağlayan, özenle çevrilmiş ve derlenmiş Zohar kaynaklı sayısız ilham verici alıntıya da yer vermiştir.

Kalpteki Nokta

Hayatın elimizden kayıp gittiğini hissettiğimizde, toparlanmak için zamana ihtiyacınız olduğunda ve düşüncelerinizle baş başa kalmak istediğinizde, bu kitap içinizdeki pusulayı yeniden keşfetmenize yardım edecek. Kalpteki Nokta, ilmi sayesinde tüm dünyada ve Kuzey Amerika'da kendini ona adamış öğrenciler kazanmış bu insanın makalelerinden oluşan eşsiz bir kitaptır. Dr. Michael Laitman bir bilim adamı, Kabalist ve büyük saygı uyandırarak kadim ilmi temsil eden büyük bir düşünürdür. Bu fırtınalı günlerde popüler www.kabbalah.info sitesi vasıtasıyla, gerçeği ve sonsuz huzuru arayanlar için umut ışığı olmaktadır.

Açık Kitap

Bu kitap çok temel görünse de, Kabala'nın temel bilgisini ifade eden bir kitap olma niyetini taşımıyor. Daha ziyade, okuyucuların Kabala kavramlarına, manevi nesnelere ve manevi terimlere yaklaşımını ilerletmeye yardım içindir.

Kişi bu kitabı defalarca okuyarak içsel görüş ve duyu geliştirir ve daha önce içinde var olmayana yaklaşır. Bu yeni edinilen görüşler, sıradan duyularımızdan gizlenmiş olan boşluğu hisseden algılayıcılar gibidirler.

Dolayısıyla, bu kitap manevi terimlerin düşüncesini geliştirmeye yardım amaçlıdır. Bu terimlerle bütünleştiğimiz ölçüde, tıpkı bir sisin kalktığı gibi, etrafımızı saran manevi yapının ortaya çıkışını içsel gücümüzle görmeye başlayabiliriz.

Yine, bu kitap olguların çalışılmasını hedeflememiştir. Bunun yerine, yeni başlayanların sahip oldukları en derin ve en güç algılanan hisleri uyandırmak için yazılmış bir kitaptır.

Dost Sevgisi

Grubun Amacı

Burada, Baal HaSulam'ın yolunu ve metodunu takip etmek isteyen herkes, bir grup olmak için bir araya geldik ki hayvan olarak kalmayalım ve insan denilen varlığın derecelerinde yükselelim.

Rabaş'ın Yazıları, 1. Bölüm, "Topluluğun Amacı"

Erdemliliğin İncileri

Erdemliğin İncileri, tüm nesillerin büyük Kabalistlerinin yazılarından, makalelerinden özellikle de Zohar Kitabının Sulam(Merdiven) Tefsirinin yazarı Yehuda Aşlag'dan derlenen alıntılardan oluşur. Bu yapıt, kaynağı referans alarak, insan yaşamının her aşamasıyla ilgili Kabalanın yenilikçi kavramlarını açıklar. Kabala çalışmak isteyen herkes için eşsiz bir hediyedir.

İlişkiler

"Bilim ve kültürün gelişiminin yanı sıra, her nesil kendinden sonra gelen nesle, biriktirdiği ortak insanlık tecrübesini aktarır. Bu bellek bir nesilden diğerine, çürümüş bir tohumun enerjisinin yeni bir filize geçmesi gibi geçer. Belleğin aktarımında var olan tek şey, Reşimo veya enerjidir. Maddenin çürümesi gibi, insan bedeni de çürür ve tüm bilgi yükselen ruha aktarılır. Daha sonra bu ruh yeni bedene yerleşir ve bu bilgiyi veya Reşimo"yu hatırlar.

Genç bir çiftin çocuğunun dünyaya gelişinde tohumdan gelen bilgiyle, ölmüş bir insanın ruhunun yeni bir bedene geçerken beraberinde getirdiği bilgi, arasındaki fark nedir? Neticede anne ve baba hayatta ve çocukları da onlarla beraber yaşıyor! Hangi ruhlar, onların çocukları oldu?

Yüzyıllar boyunca tüm uluslar, doğal olarak sahip oldukları tüm bilgiyi miras yoluyla çocuklarına geçirmek için büyük bir arzu duydular. Onlara en iyi ve en değerli olanı aktarmak istediler. Bunu aktarmanın en iyi yolu yetiştirme tarzı, bilgiyi öğretmek, kutsal olduğu düşünülen fiziksel eylemler yöntemi ile düzenli toplum oluşturmaya çalışmak değildir.

Kabalanın Temel Kavramları

Bu kitabı okuyarak kişi daha önce var olmayan içsel alametler geliştirir.

Bu kitap, manevi terimlerin analizini hedefler. Bu terimlere uyumlu olmaya başladıkça, etrafımızı saran manevi yapının tıpkı bir sisin kaybolmaya başlaması gibi örtüsünü açmaya başladığına tanık oluruz.

Kabala kitapları, Baal HaSulam'ın dünyayı kötülüklerden kurtarmanın sadece ıslah metodunu yaymaya bağlı olduğunu belirten yönlendirmelerini izlemeyi amaçlamıştır, tıpkı şöyle dediği gibi, "Eğer gizli olan ilmi kitlelere nasıl yayacağımızı bilirsek, kurtuluşun tam eşiğindeki bir nesil oluruz."

Bu gerçekleştirmenin tek yolu olan Kabala kitaplarını tüm dünyayla paylaşmak olduğunu biliyoruz. Bu sebeple tüm bu kitapları internette ücretsiz olarak yayınlıyoruz. Amacımız her köşeye bu ilmi mümkün olduğunca yaymaktır. Basılmış kitapları pek çok insana ulaştırabilir, onlar vasıtasıyla ilmin başkalarına yayılmasına yardım edebilirsiniz.

Kabalanın İfşası

Kabalaya gizli ilim denilmesinin 3 nedeni vardır. Birincisi kabalistler tarafından özellikle gizlenilmiş olduğundan. Kabalanın insanlara öğretilmesi ilk 4000 yıl kadar öncelerine Hazreti İbrahim'e dayanmaktadır MÖ 1947-1948 yıllarına. Milat tarihinin başlangıcına kadar geçen 2000 yıllık süreçte bu öğreti gizlenmeden halka öğretilmekteydi. Hz İbrahim'in çadırının önünde oturup geçen yolculara gösterdiği misafirperverlik hikâyesini biliyoruz. Sunduğu yiyecek ve içeceklerle birlikte aynı zamanda insanlara bu ilmi anlattığını da biliyoruz. O dönemlerde var olan ruhlar bizim neslimize göre daha arıydılar ve bu öğretiyi daha doğal olarak anlayabildiler.

Kabalanın Gizli Bilgeliği

Artan krizler dünyasında, fırtınanın ortasında bir ışığa, yanlış giden şeylerin nereden kaynaklandığını görmemizi sağlayan ve en önemlisi de dünyamızı ve yaşamlarımızı daha huzurlu ve yaşanabilir kılmak için ne yapmamız gerektiğini öğreten bir rehbere ihtiyacımız var. Bu temel ihtiyaçlar sebebiyle bugün Kabala ilmi milyonlara ifşa olmuştur. Kabala, yaşamı geliştirme metodu olarak düzenlenmiştir. Kabala bir araç ve Kabala İlminin Gizli Bilgeliği bu aracı nasıl kullanacağımızı öğreten bir yöntemdir. Bu rehber, bu kadim bilimi günlük yaşantımıza uyarlamanın yanı sıra, Kabalanın temellerini öğrenmek için ihtiyacınız olan bilgiyi bize sunar.

Kaostan Ahenge

Kaostan Ahenge: Kabala İlmine Göre Küresel Krizin Çözümü, dünyanın bugün içinde bulunduğu endişe verici aşamasına yol açan unsurları açığa çıkarır.

Birçok araştırmacı ve bilim adamının hemfikir olduğu gibi, insanoğlunun sorunlarının kaynağı insan egosudur. Laitman'nın çığır açan yeni kitabı sadece insanlık tarihi boyunca tüm acıların kaynağı olan egonun ifşasını değil, aynı zamanda egolarımıza bağlı olarak, mutluluğa nasıl ulaşacağımızı ve sorunlarımızı nasıl fırsata dönüştüreceğimizi de açıklığa kavuşturur. Kitap iki bölümden oluşur. İlki, insan ruhunun analizi yaparak, ruhun nasıl egonun zehri olduğunu ortaya koyar. Bu kitap mutlu olmak için yapmamız gerekenlerin ve acıya sebep olduğu için kaçınmamız gerekenlerin bir haritasını çizer. Kitap boyunca Laitman'ın insanlık aşamasının analizi bilim kaynaklı veriler, çağdaş ve kadim Kabalistlerinden alınan örneklerle desteklenmiştir.

Kaostan Ahenge yeni bir varoluş aşamasına kolektif olarak yükselmemiz gerektiğini ve bu hedefi kişisel, sosyal, ulusal ve uluslararası seviyede nasıl başaracağımızı gösterir.

Niyetler

Derste otururken, sizinle beraber çalışanlar vasıtasıyla uyanan müşterek ruha bağlı olarak içsel değişimleri deneyimlersiniz. Herkes, siz de dahil, hepimizi birleştiren Kaynağa bağlanır... Beraber çalıştıkça hepimiz birbirimize bağlanmaya çalışırız. En önemli şey, herkesin aynı Kaynağa, aynı düşünceye bağlanmasıdır... Sadece bu güç bizi birbirimize bağlar.

Ruh ve Beden

Zamanın başlangıcından beri insan, varoluşun temel sorusuna cevap aramaktadır: Ben kimim, dünyanın ve benim var olmamızın sebebi ne, öldükten sonra bize ne oluyor? Hayatın anlamı ve amacı ile ilgili sorularımız, gündelik hayatın sınamaları ve acıları, küresel bir boyuta ulaştı – neden acı çekmek zorundayız? Bu sorulara cevap olmadığından, mümkün olan her yöne doğru araştırmalar yapılmaktadır.

Kadim inanç sistemleri, şimdilerde moda olan doğu öğretileri, bu arayışın bir parçasıdır. İnsanlık sürekli olarak varlığının akılcı kanıtını aramaktadır; insan binlerce yıldır doğanın kanunlarını araştırmaktadır.

Kabala bir bilim olarak bunun araştırılmasında bir yöntem öneriyor. Bu yöntem, insanın evrenin gizli olan bölümünü hissetme becerisini geliştirmesine olanak tanıyor. "Kabala" kelimesi "almak" demektir ve insanın en yüksek bilgiyi alma ve dünyayı doğru pencereden görme özlemini ifade eder.

Yarının Çocukları

Yarının Çocukları: 21. Yüzyılda Mutlu Çocuklar Yetiştirmenin Temel Esasları, siz ve çocuklarınız için yeni bir başlangıç olacaktır. Yeniden başlat düğmesine basabilmeyi ve bu sefer doğru olanı yapmayı hayal edin. Hiçbir mücadele, hiçbir sıkıntı ve en iyisi, hiçbir tahmin yok.

Büyük keşif şudur ki çocukları yetiştirmek, tamamen oyunlardan, onlarla oynamaktan, onlarla küçük yetişkinlermiş gibi ilişki kurmaktan ve tüm önemli kararları birlikte almaktan ibarettir. Çocuklara dostluk ve diğer insanların iyiliğini düşünmek gibi olumlu şeyleri öğretmekle, nasıl otomatik olarak günlük hayatınızın diğer alanlarını da etkilediğinizi görünce şaşıracaksınız.

Herhangi bir sayfayı açın ve orada, çocukların yaşamlarına ait her alana dair düşünceleri sorgulatan sözler bulacaksınız: ebeveyn – çocuk ilişkileri, dostluklar ve sürtüşmeler, okullar nasıl tasarlanır ve nasıl işler konusunda açık, net bir tablo. Bu kitap, her yerdeki tüm çocukların mutluluğunu amaç edinerek, çocukların nasıl yetiştirileceğine dair taze bir bakış açısı sunuyor.

Sonsuza Kadar Birlikte

Yani, eğer bir gün siz de kalbinizin derinlerinde, hafif bir "Şak!" hissederseniz, bilin ki şefkatli ve bilge bir sihirbaz size sesleniyor, çünkü sizin dostunuz olmak istiyor.

Ne de olsa, yalnız olmak çok üzücü olabilir.

İNTERNET AĞIMIZ

Ana sitemiz:

http://www.kabala.info.tr/

İlk internet sitemiz olup en temel dokümanların yayınlandığı portal sitemizdir. Kabala hakkında Türkçe olarak yayında olan dünyadaki en büyük doküman arşivi olarak kabul edilebilir.

Dr. Michael Laitman'ın Blog Sitesi:

http://laitman.info.tr/

Hocamız Dr. Michael Laitman'ın günlük derslerinden derlediği kısa makalelerinin yayınlandığı blog sitedir.

Bu blog sitesi şu an 19 dilde yayın yapmaktadır ve Türkiye'deki öğrenci ve dostlarımızın katkılarıyla site Türkçe olarak da yayınlanmaktadır.

Dr. Michael Laitman'ın Eğitim Sitesi:

http://michaellaitman.com/tr/

Bu sitede Dr. Michael Laitman'ın uluslararası kamuoyunda dile getirdiği güncel sorunlara yönelik sunumlarını ve bu konularla ilgili uzmanlarla yaptığı söyleşileri takip edebilirsiniz.

Dr. Laitman, eğitim metodoloji ve uygulamaları ile günümüzde eğitimin geçirdiği en sıkıntılı dönemlerde olumlu değişimi desteklemektedir. Eğitime yeni bir yaklaşım sunarak, bağımlı ve integral dünyada yaşamın gereklilikleri için eğitime yeni bir yaklaşım sunmaktadır.

ARI Enstitü Merkezi:

http://ariresearch.org/tr/

ARI Enstitüsü, kâr amacı olmayan bir organizasyon olarak kurulmuştur. Eğitim uygulamalarına, pozitif değişime yaratıcı fikirler ve çözümlerle, şimdiki neslimizin giderek daha çok ihtiyaç duyduğu eğitim konularına kendini adamış bir organizasyondur. ARI, entegre ve birbirine bağlı yeni dünya düzeninin ve kurallarının farkına varılmasını ve küresel yeni dünyada uygulanmasını yeni bir düşünce yaklaşımı olarak sunmaktadır. İletişim ağları, multimedya kaynak ve aktiviteleriyle, ARI uluslararası ve farklı akademik çalışma grupları arasında işbirliğini desteklemektedir.

Kabala İlmi Eğitim Sitemiz:

http://em.kabala.info.tr/

Bu site internet olanakları kullanılarak en geniş kapsamlı eğitimi insanlara sunmak için yapılmıştır. İnternet ortamında bulunan sınıflar ve dünyanın en geniş kapsamlı Kabalistik metinler kütüphanesi gibi hizmetler sunan Bney Baruh'un tüm çabası, sorularınıza cevaplar bulabileceğiniz ve içinde yaşadığımız dünyayı daha iyi anlayabilmenizi sağlayacak olan bir ortam yaratabilme üzerine yoğunlaşmaktadır. Tüm kurslar ücretsizdir.

Media Arşivi:

http://kabbalahmedia.info/

Bu sitemizde yıllardır işlenmekte olan tüm ders, çalıştay ve söyleşi programlarının video ve MP3 arşivine ücretsiz olarak ulaşabilirsiniz.

Kabala TV Sitesi:

http://kabalatv.info/

Her sabah 03:00 – 06:00 arası yapılan canlı dersleri bu sitenin ana sayfasından takip edebilirsiniz. Ayrıca bu sitede Bney Baruh Kabala Eğitim Merkezi'nin Türkçe dilinde düzenlediği tüm video arşivini inceleyebilirsiniz. Bu sitede ayrıca 24 saat canlı yayın yapan TV odası ve aynı zamanda belirli zamanlarda canlı yayın yapan Radyo odasına ulaşabilirsiniz.

Sviva Tova – İyi Çevre:

http://kabbalahgroup.info/internet/tr/

Bu sitede Bney Baruh dünya topluluğu ile ilgili günlük bildirimleri takip edebilirsiniz. Bu bildirimler sayesinde tüm etkinliklerimizden haberdar olup bu etkinliklere internet üzerinden dâhil olabilirsiniz.

Ari Film:

http://www.arifilms.tv/

Ari Film yapımcılarının Kabala İlmi hakkında gerçekleştirmiş oldukları tüm sinema ve video çalışmalarına bu site aracılığıyla ulaşabilirsiniz.

Kitap Sitemiz:

http://www.kabbalahbooks.info/

30 farklı dilde yayınlanmış tüm kitapları bu sitede inceleyebilirsiniz.

Müzik Sitemiz:

http://musicofkabbalah.com/

Her birimiz müziği farklı algılarız. İki kişinin aynı melodiyi nasıl algıladığını karşılaştırmak mümkün değildir. Kabala, ruhun ilmi, bu nedenden dolayı kişiye özeldir. Kabala ruhun tümüyle açılıp, yaratıldığı zaman içinde mevcut olan mutlak potansiyeline ulaşması için bir yoldur.

Bu sitede yer alan melodiler, çok büyük kabalistlerden biri olan Baal HaSulam ve geçmişteki Kabalistlerin yaptıkları bestelerin farklı değişimleriyle düzenlenmesinden oluşmuştur. Ziyaretçiler ayrıca müzik ve Kabala ile ilgili bazı materyallere bağlantı bulabilirler.

Sosyal Ağlar:

Tüm sosyal ağlarımızın kısa linklerine sitelerimize girerek ulaşabilirsiniz.

Katkı Sunun

Kabala İlmi bir grup çalışmasıdır. Dünya'nın birçok ülkesinde grupları bulunan Bney Baruh Kabala Eğitim Enstitüsü tüm faaliyetlerini öğrencilerinin gönüllü katkıları ile sürdürmektedir. Bu katkılar bireylerin niteliklerine göre değişmektedir. Sitemizde de incelediğiniz gibi Bney Baruh, prensipleri gereği, kullanılabilecek tüm Öğrenim Araçları ile Manevi Bilgi'yi öncesinde hiç bir ön koşul öne sürmeden tüm insanlığa ücretsiz olarak götürmeyi kendisine ilke edinmiştir.

Bu doğrultuda Manevi Dağıtıma katkı sunmak isteyenler **turkish@kabbalah.info** adresine yazarak Bney Baruh ile iletişime geçebilirler.

NOTLARIM

www.ingramcontent.com/pod-product-compliance
Lightning Source LLC
Chambersburg PA
CBHW071115080526
44587CB00013B/1347